上海汽车工业教育基金会资助

汽车技术创新与研发系列丛书

汽车内外饰设计

主　编　邱国华

副主编　俞　梅

主　审　张觉慧　徐　平

机械工业出版社

《汽车内外饰设计》是上汽技术中心的工程师们对十余年开发实践经验的归纳和总结。本书结合实例，将汽车内外饰系统按零件性质划分为九个子系统，较为全面地介绍了内外饰系统的结构、设计、材料、工艺、创新等内容，立足上汽自主品牌开发经验，兼顾国内外设计趋势，力求做到简明扼要、术语规范、深入浅出。本书文字精练、图文并茂，可以作为汽车研究开发、设计制造专业人员的参考用书，也可用作高校教材以及汽车行业新人和汽车爱好人员的自学用书。

图书在版编目（CIP）数据

汽车内外饰设计/邱国华主编. —北京：机械工业出版社，2019.1（2022.3重印）
（汽车技术创新与研发系列丛书）
ISBN 978-7-111-61120-2

Ⅰ. ①汽⋯ Ⅱ. ①邱⋯ Ⅲ. ①汽车 – 装饰设计 Ⅳ. ①U472

中国版本图书馆 CIP 数据核字（2018）第 234583 号

机械工业出版社（北京市百万庄大街22号 邮政编码100037）
策划编辑：何士娟 责任编辑：何士娟
责任校对：刘志文 责任印制：张　博
盛通（廊坊）出版物印刷有限公司印刷
2022 年 3 月第 1 版第 3 次印刷
169mm×239mm·27 印张·6 插页·556 千字
3 801—4 800 册
标准书号：ISBN 978-7-111-61120-2
定价：168.00 元

凡购本书，如有缺页、倒页、脱页，由本社发行部调换
电话服务　　　　　　　　　　　网络服务
服务咨询热线：010 - 88361066　机工官网：www.cmpbook.com
读者购书热线：010 - 68326294　机工官博：weibo.com/cmp1952
　　　　　　　010 - 88379203　金 书 网：www.golden - book.com
封面无防伪标均为盗版　　　　　教育服务网：www.cmpedu.com

序

携品质和创新走向新四化

中国汽车工业经过几十年的长足发展，从无到有，从小到大，已经成长为中国经济的重要支柱产业，对中国的经济发展和社会进步产生了巨大的作用和深远的影响。

随着汽车市场竞争压力的不断加剧，中国汽车工业逐步转入稳步发展阶段，并由"速度增长"加速向"质量增长"转移。同时，随着互联网和新能源技术的发展，国内汽车工业日渐显示出"电动化、智能网联化、共享化、国际化"的"新四化"发展趋势。中国的民族汽车工业要想搭乘行业"新四化"的巨轮迎头赶上世界先进水平，必须着力于基础研发，掌握核心技术，将产品的核心竞争力从过去的"性价比"转型升级为"品价比"和"创新力"。价格优势只是产品竞争力的一部分，只有品质和创新才是贯穿产品始终、能够持续发展和不断进步的核心竞争力。以品质树立行业标杆，以创新引领发展潮流，这既是汽车行业"新四化"的"船票"，也是中国民族汽车工业不断向上攀登的基石。

"新四化"的浪潮也对汽车内外饰系统的设计开发提出了全新的挑战。与国际先进水平相比，中国汽车的内外饰系统设计开发水平仍然存在一定的差距。发展初期以"功能实现"为主，造型模仿，用料粗糙，自主开发程度较低。可喜的是，经过几十年的发展和进步，国内的汽车内外饰设计已摆脱了初始发展瓶颈，逐步向"品质化""创新化"方向发展。品质和创新才是提升中国汽车内外饰设计竞争力的最佳切入点，正逐步成为中国汽车内外饰系统研发人员的理念和共识。

国内关于汽车内外饰系统设计开发的书籍较少，可参考的资料亦不多见。在此情况下，编撰一本系统介绍汽车内外饰系统设计开发的书籍有充分的必要性和紧迫性。上海汽车集团股份有限公司技术中心承担着集团自主品牌全系列车型的设计开发工作。从最初荣威名爵车型的改型设计，到现在完全的独立设计、自主开发、全球联动，技术中心的工程师们筚路蓝缕，迎难而上，锐意进取，用十余年的时间追赶世界汽车技术发展的脚步，取得了令人瞩目的成绩。十年如一日地坚持自主开发，技术中心的工程师们积累了大量的整车开发经验，他们将实践经验总结提炼，汇总归纳成为《汽车内外饰设计》。这本书由邱国华博士带领数位经验丰富的资深工程师历经数百个日夜编写而成。邱国华博士从事整车开发工作二十余年，先后在国内的合资及自主品牌研发中心从事整车及内外饰系统研发工作，积累了丰富的设计开发经验。本书参编人员都经历过多个内外饰开发项目的历练。这群怀揣梦想的工程师，将长期的一线开发经验总结提炼，最终编成了这本书。

《汽车内外饰设计》涵盖了汽车内饰和外饰系统正向开发所涉及的各个方面，包括内外饰设计总体要求，内外饰各个系统的选型策略、技术要求、结构设计等，很好地体现了汽车内外饰开发的整体思路；通过对各类国家标准、企业标准的介绍，论述了汽车内外饰开发的要求以及各个系统的实现形式。整书结构清晰，论述充分，案例丰富，不仅可以作为汽车研究开发、设计制造专业人员的参考用书，也可作为汽车行业新人和汽车爱好人员的自学用书。

雄关漫道真如铁，而今迈步从头越。当前，全球汽车工业发展格局和我国经济发展环境正在发生重大变化，中国的民族汽车工业必须紧紧抓住当前难得的机遇，突出创新驱动，品质提升，知难而进，奋起直追，实现中国制造向中国智造转变，中国产品向中国品牌转变，最终实现汽车工业强国梦。作为一本全面、系统地以汽车内外饰系统设计为主题的专业书籍，希望本书的出版对从事汽车内外饰设计和制造的专业人员有所裨益，对中国汽车内外饰系统的技术发展和进步起到积极的推动作用。

上汽集团副总裁
上汽乘用车公司总经理兼技术中心主任　王晓秋

前　言

在即将进入 21 世纪第三个十年的今天，随着互联网和新能源技术的发展，全新的汽车工业时代正在到来。上汽集团率先提出"电动化、智能网联化、共享化、国际化"的"新四化"发展趋势，这一趋势对汽车内外饰系统的设计开发提出了新的要求。内外饰系统作为整车重要的子系统之一，在顺应这种发展趋势的同时，呈现出面向个性化、面向创新以及面向品质等显著特点。

十年如一日地坚持自主开发，上汽技术中心的工程师们积累了大量的整车开发经验。但是，随着上汽自主品牌车型平台、开发项目的增多，单纯依靠单个员工自身的总结和积累无法满足技术中心整体技术能力提升的需求，这就需要通过建立系统性的知识管理方法，将散布在员工之中的知识有效地整合和共享，并发挥最大效力，为进一步创新服务、为可持续发展服务。同时，内外饰系统作为整车重要的子系统之一，国内尚缺乏相关的设计开发著作和教科书，可参考的资料亦不多见。在此情况下，《汽车内外饰设计》的编撰有充分的必要性和紧迫性。

本书内容分为十二章，由邱国华主编，俞梅任副主编，张觉慧、徐平任主审，上汽技术中心相关资深工程师参与各章节编写。本书的编写分工如下：第一章由邱国华、周博、邹开贺、陈卫、杨莉莉、肖雪飞编写，第二章由邱国华、杨麟、徐祥合、肖雪飞、俞梅和杨莉莉编写，第三章由邱国华、杭飞、刘倩、张华、郝戈和凡婷编写，第四章由邱国华、陈思、王露、江中华和李永川编写，第五章由李永川、徐旭云、江中华和张晶编写，第六章由张晶、张淑立、甘志常、杭飞和陈思编写，第七章由樊瑶雯、蔡昱丹、王辉和俞梅编写，第八章由姬秋云、汤唯涛、王明、俞梅和周士冲编写，第九章由吴猛、邹讯、王辉和王懿编写，第十章由王懿、李怡璞、姬秋云和邹讯编写，第十一章由周士冲、时浩、刘帅和张华编写，第十二章由俞梅、杨麟、赵勇、刘倩和樊瑶雯编写，全书由邱国华和俞梅统稿。在此，感谢上汽培训中心蒋建华校长、罗淑敏老师，卢明老师和王哲老师的大力支持，同时谨向参与并支持本书编著、印刷的同事们表示感谢！

由于编者知识水平有限，书中难免有缺点和不足之处，诚恳期望读者给予批评指正。

《汽车内外饰设计》编写组

主编简介

邱国华博士，教授级高级工程师，现任上海汽车集团股份有限公司技术中心总监。

从事汽车研发工作二十多年，有丰富的整车研发、质量管理和知识管理理论基础和实践经验，已在国内外重要学术刊物发表论文十余篇，主持和参与国家重点研发计划、上海市科委重大专项课题以及整车开发项目二十余项。曾获中国汽车工业科学技术奖、上海市科学技术奖、上海市质量技术奖等多项奖励，被评为上汽优秀工程技术带头人，获得上海市五一劳动奖章等荣誉。

目　录

第一章
内外饰概述

第一节　内外饰发展简史

从卡尔·本茨发明第一辆汽车到福特 T 型车，从风靡世界的大众甲壳虫到当今世界各品牌的百花齐放，汽车经历着它的百年变革，而汽车内外饰也同样经历着从无到有、从简单到奢华的发展历程。

19 世纪末至 20 世纪初是汽车发展的萌芽时期，汽车从某个角度讲还只是增加了动力系统的马车。这个阶段的内外饰也正处于马车向汽车的过渡阶段，如图 1-1 所示。整辆车上只有座椅和煤油灯等简单的装置，甚至转向盘也仅仅是旋转手柄。座椅与传统马车座椅无异，基本由木板、各种填充物和表面覆盖物组成，仅满足基本的乘坐需求，尤其在福特 T 型车出现之前，整车制造都是在手工作坊定制而成，因此座椅用料各异，车灯更是直接承袭了马车上的煤油灯。

a) 传统马车　　　　　b) 世界上第一辆汽车　　　　c) 第一辆四轮汽车

图 1-1　汽车的早期进化

20 世纪的前 20 年是汽车发展的初期，福特 T 型车（图 1-2）引入的流水线装配，代替了传统手工制作，极大地提高了汽车的生产效率，降低了生产成本，汽车迅速走入寻常百姓家，此时汽车内外饰也有了初步的发展。虽然福特 T 型车的外观还是类似马车的结构，但增加了顶棚、前风窗玻璃、转向盘、后视镜、储物箱等，前照灯也不再使用煤油灯，取而代之的是乙炔灯。同一时期，电光源的白炽灯也开始逐渐应用，到 1925 年左右，

福特 T 型车带来了汽车工业的腾飞，其销量达到惊人的 1500 万辆。自此汽车也有了内外饰的概念。

图 1-2　福特 T 型车

白炽灯已经完全取代了乙炔灯。此时的前照灯由灯泡、反光镜和防护玻璃组成，发出中心对称的光束，像手电筒一样。但它只有照明功能，没有防眩目功能，无法避免交会车时因前照灯的强光刺激而造成的来车驾驶员眩目，不利于行车安全。

20 世纪 20 年代至第二次世界大战期间，是汽车内外饰的快速发展时期。"汽车设计之父"哈利·厄尔将汽车外形设计的概念引入汽车工业设计中，他主导设计的第一款车凯迪拉克 LaSalle（图 1-3），被认为是艺术家而非工程师设计的经典汽车，也是第一辆从前保险杠到尾灯都由设计师设计的汽车，开创了汽车外观设计的

图 1-3　凯迪拉克 LaSalle

先河。人们不仅仅关注汽车的功能性，汽车的外观造型也成为购车的主要影响因素，汽车内外饰也从追求功能性进入追求外观造型美感的全新快速发展时期。

这个阶段的汽车在外观上已经逐渐有了现代汽车的雏形，外饰已经有了前后保险杠、前后灯及众多的装饰件。在车灯方面，出现了双灯丝前照灯，以此技术为基础的非对称式前照灯应运而生。这种前照灯将同一灯泡的两个灯丝分别作为前照灯（远光）和会车灯（近光）的光源，以基准轴为中心，将光束一分为二：一侧光束抬高，增加照射距离；而来车一侧的灯光光束压低，防止眩目，从而降低会车事故的发生率。内饰也出现了仪表板、中控台和门饰板，并配以色彩纹理来提升内饰品味，前排座椅也开始注重整体舒适性。

第二次世界大战以后至 20 世纪末，随着世界政治秩序的相对稳定，汽车工业迎来了长时间的高速发展，内外饰发展也进入了成熟期。这一时期的汽车内外饰在设计、材料、功能和安全性等方面都有了长足的进步，基本形成了现代汽车内外饰的完整架构。

在外饰上，汽车更加注重流线型设计，汽车轮胎挡泥板已经被隐藏在车身内，以降低行驶中的风阻，如图 1-4 所示。前后保险杠也逐渐脱离车身钣金件，成为单独的零件。由于注塑工艺、复合材料和高性能轻量化塑料的应用，保险杠成为设计师发挥想象力的主战场，世界各大知名品牌也在这一时期形成了各自的家族特征，成为汽车设计最重要的差异化辨识点。

a）大众甲壳虫　　　b）雪佛兰迈锐宝　　　c）奥迪A7

图 1-4　汽车外饰变化

随着科技的进步，前后灯出现卤素灯、氙气灯等新发光技术，在功能方面也出现了远近光切换、灯光高度调节等功能，转向指示也从甲壳虫时代的手势指标发展成为独立的转向灯；另外，雾灯、倒车灯、制动灯、高位制动灯和牌照灯也已经成为汽车的标配，极大地提高了驾驶的安全性。后视镜也从单纯的镜片逐渐融入了折叠、加热、防眩目、自动调节等多种功能，部分豪华车型上还配备了天窗，甚至全景天窗。刮水器技术的成熟及普及，极大地提高了雨天行驶的安全性。前风窗玻璃由原来的单层玻璃演变成了夹层玻璃，降低了发生事故时玻璃破碎的风险，降低了伤亡率。

在汽车内饰上，除了布局的不断成熟，装饰件的表面纹理也越加丰富，出现了水转印、喷漆、电镀、皮质包覆等各种工艺，可实现木质、科技纹等纹理特征，如图 1-5 所示。座椅不但在造型上实现高品位，同时在配置上也加入了加热、电动调节、腰托、通风等功能，进一步提升了汽车内饰美观度和舒适度。

a) MG TB　　　　　　　　b) 奔驰CLS　　　　　　　　c) 荣威MARVEL X

图 1-5　汽车内饰变化

另外，车内的振动噪声控制以及驾驶的安全性更是有了突破性的进步。在噪声控制方面，前围隔音垫、地毯、吸音棉等零件的出现用来隔绝发动机和外部的噪声；仪表板背部和座椅的内部也增加了金属骨架，确保其自身的模态，避免共振异响。在安全方面，安全带成为汽车的标配，1980 年奔驰 S 级轿车首先在转向盘中央区域配备了安全气囊，开启了乘员保护的新篇章。随着安全要求的不断提高，还在仪表板前排乘客侧、座椅靠背和顶棚等区域布置气囊装置，降低了事故的伤亡率，为乘员的驾驶安全提供更有力的保障。

进入 21 世纪，汽车内外饰进入进阶发展阶段，汽车外观造型依然是消费者购车的主要因素，世界各大品牌也在内外饰造型上逐渐趋同，内外饰零件在科技和智能方面的发展成为提升客户吸引力的又一重要方向。例如座椅已实现完全电动化控制，甚至增加了按摩和保健功能，可坐可躺。汽车前照灯 LED 时代的到来，使得车灯造型特征得以自由实现，使汽车的照明系统一跃成为保险杠之外的另一个差异辨识点，突出了品牌的特征元素。随着 OLED、地面投影技术以及激光前照灯技术的成熟，车灯将变得更加酷炫和智能。

当前，"电动化、智能化、网联化、共享化"已经成为整个汽车行业对未来汽车发展的新共识。随着新能源汽车的普及、自动驾驶的快速发展、万物互联的推进以及共享文化的传播，内外饰的发展面临着前所未有的变革与创新。内外饰将不仅仅是外观饰件，它还将是人与车、车与车之间的交互载体，并为乘员提供集生活、娱乐、办公为一体的多功能空间。我们已经来到一个创想的时代，面对未来，汽车内外饰也将携着历史的积淀和魄力，紧扣时代要求不断创新变革。

第二节　内外饰开发简介

一般而言，汽车内外饰分为外饰系统和内饰系统两大部分。内外饰零件开发是整车开发流程的重要组成部分。下面将对内外饰系统的组成以及开发流程进行介绍。

一、外饰系统简介

外饰系统主要集中在车身外部，包含照明、保险杠、功能件和饰件四个子系统。汽车外饰系统零件的分布如图 1-6 所示。

图 1-6　汽车外饰系统零件的分布

照明系统作为汽车的"眼睛"，不仅是外饰造型件，也是汽车安全行驶的必备系统。照明系统按功能分为照明灯和信号灯：照明灯包括近光灯、远光灯和前雾灯等；信号灯包括转向灯、位置灯、昼间行驶灯、制动灯、倒车灯、后牌照灯、后雾灯和回复反射器等。

功能件系统主要包括后视镜、天窗、刮水器等部件。后视镜是驾驶员获得间接视野的工具，即通过后视镜获得车辆侧面和后方的图像信息。为了驾驶员的安全行车，减少交通事故的发生，各国均规定汽车上必须安装后视镜。天窗是安装在车顶，为车内人员提供采光、散热、通风换气功能的装置，属于舒适性配置。一般按照打开方式的不同，天窗可分为内藏式和外开式。

保险杠系统是汽车安全防护装置之一，具有一定的强度、刚度和装饰性。从安全上看，汽车发生碰撞事故时能起到缓冲作用，保护前后车体；从外观上看，它可以很自然地与车体结合在一起，浑然成一体，具有很好的装饰性。

饰件系统以外观装饰件为主，主要包括前后风窗玻璃、前后三角窗玻璃、行李架、扰流板、进气格栅、底部导流板、轮罩饰板、脚踏板、防擦条、亮饰条、牌照饰板、字牌等。

汽车外饰的整体协调一直是汽车设计审美视觉的共性追求，浑然一体势必是汽车外饰发展的永恒追求。

二、内饰系统简介

内饰系统主要集中在乘员舱内部，包含座椅、约束、座舱、门饰板和声学五个子系统。汽车内饰系统零件的分布如图1-7所示。

图1-7　内饰系统零件的分布

座椅系统一般分为前排座椅和后排座椅，对于三排座椅的车型则按第一排座椅、第二排座椅、第三排座椅划分。座椅主要由骨架、发泡、头枕、靠背、坐垫、扶手、面料、调节机构及电器模块组成。座椅不仅是内饰外观件，更是功能件和安全件。作为乘员直接接触的部件，座椅的舒适性极为重要。

约束系统主要包括转向盘、安全带、驾驶侧安全气囊（DAB）、前排乘客侧安全气囊（PAB）、侧安全气帘（CAB）、座椅侧安全气囊（SAB）及膝部安全气囊（KAB）等。约束系统的开发并不是各自独立的，而是一项系统工程，各零件之间的性能匹配非常重要。在碰撞发生时，转向盘、安全带及安全气囊等零件的完美配合，能最大限度地保护舱内驾乘人员的人身安全。

座舱系统主要包括仪表板横梁、仪表板系统及中控台系统。座舱系统是内饰最大的集成件，集成了组合仪表、音响系统、空调系统和各类电器开关等。其外观、布置和性能是整车内饰评价的关键性指标。

门饰板系统包括前后门饰板总成、防水膜、内开拉手、窗框饰条和前后门三角窗饰板等。门饰板系统作为车身遮蔽件和重要的造型件，兼具诸多功能，不仅要做到操作舒适、碰撞安全、防水降噪，还需要外表靓丽、时尚美观，与整体的内饰风格融为一体。

声学系统主要包括地板地毯、顶棚、发动机舱隔音垫、前围内隔音垫、后轮罩隔音垫等区域的吸音棉零件。声学系统的设计关系到整车声品质，直接影响驾乘舒适性。

汽车内饰给驾乘人员以最直观的感受，影响着驾乘品质。通常内饰的品质可用四个舒服来概括，即"看着舒服""听着舒服""摸着舒服""闻着舒服"。

①"看着舒服"体现在内饰造型风格、色彩设计、零件精致度等方面。

②"听着舒服"体现在良好的 NVH 性能上，给驾乘人员营造安宁的车内环境和娱乐享受。

③"摸着舒服"体现在内饰的质感以及零件的匹配间隙和面差等方面，大部分车主在判断一部车是否高级的标准便是摸起来是否柔软，甚至会将内饰柔软部位的多少以及触感如何作为评判指标。

④"闻着舒服"体现在对内饰材料和工艺的环保要求，通过环保性材料和工艺的开发，有效降低车内空气污染物含量，保护驾乘人员的生命安全。

三、内外饰系统开发流程

内外饰开发流程是基于整车开发流程的要求，结合内外饰零件的开发特点，进行适应性调整和细化的子流程。流程明确了各系统零件开发节点要求、各阶段开发工作的责任分配及工程人员角色定义、开发过程中各里程碑之间的关系以及各节点内外饰相关的交付物和评审机制。通常来讲，内外饰开发流程可分为三个阶段：前期阶段、产品开发阶段、生产及验证阶段。

1. 前期阶段

前期阶段的整车主要任务是确认架构开发目标，完成对竞争车型的分析，明确产品定位并开展各部门策略研究。对于内外饰而言，需要在这个阶段中预估整个开发周期需要的工程预算、制定初版内外饰系统开发计划、制定关键零件的选型策略、分析工程可行性、支持造型主题选择、确定工程设计目标、设计工程概念方案、支持前期样车（俗称骡子车）造车。

前期阶段最为重要的是工程设计目标的确定以及概念设计。工程设计目标的优劣直接决定了产品的市场竞争力，因此工程目标的设计在整个开发过程中显得尤为重要。设计目标的确定需要结合整车的市场定位、竞标车水平、造型风格、成本、重量、关键性能等方面的要求，综合评估零件的结构、材料、性能等方面的内容，最终制定各系统的目标。工程设计目标确定后进入概念设计阶段，通过完善选型方案、技术策略和创新方案，结合整车的总布置进行空间的校核和硬点的确定，最终完成内外饰造型方案的概念设计。

2. 产品开发阶段

产品开发阶段包括项目批准和工程发布。该阶段需完成以下工作：更新工程预算、分析工程可行性、支持造型发布、工程结构设计、设计验证、设计发布、软模制造、支持各阶段验证车制造。产品开发阶段的工作重点是工程结构设计和设计验证。

工程结构设计包括造型设计和非外观面结构设计等。在整个设计过程中需要综合考虑整车布置、结构强度、刚度模态、可靠性、外观质量、人机工程和模具可行性等方面的要求；同时要关注前车客户抱怨问题，并熟悉市场竞标车的水平及工艺和客户感知的最新趋势等。

设计验证的主要手段有虚拟分析和实物验证两种。虚拟分析是指通过各种虚拟软件，对零件的结构、强度、模具可行性及是否满足法规等方面进行分析验证；实物验证主要是用软模件或硬模件做相关的整车、台架及子系统试验。验证中发生失效时，需要在产品开发团队对整改方案进行充分的分析及讨论后，做相应的设计变更，以保证最终量产的产品达到最佳状态。

3. 生产及验证阶段

生产及验证阶段由产品和工艺验证、预试生产、试生产、正式投产四个步骤组成，此阶段主要进行以下工作：硬模制造、零部件匹配和整车匹配、零部件试验和整车试验、各阶段造车支持。

总体来说，内外饰开发流程服务于整车开发流程，整个开发过程中内外饰与造型、质量、制造、采购等部门协同合作、相互配合，保证整车高质量开发和量产。各阶段内外饰相关的主要工作内容如图1-8所示。

四、内外饰系统开发管控

内外饰系统开发管控是指在有限的资源约束下，运用系统的方法和理论，对项目开发过程中涉及的全部工作进行有效的管理，以实现项目的目标。管控主要包括进度控制、成本控制和质量控制。

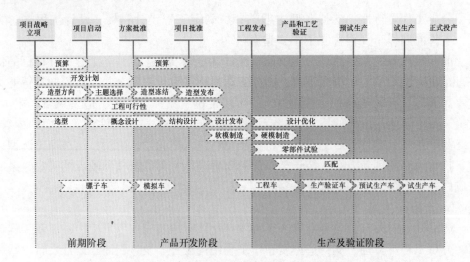

图 1-8　各阶段内外饰相关的主要工作内容

1. 进度控制

项目主计划是指项目自启动到正式投产的整个开发过程的时间计划。主计划一般由公司负责产品规划或项目管理部门负责编制和维护，并在项目最高决策层正式批准后发布。根据项目主计划的开发节点，内外饰各系统制定子系统的开发计划，通常采用甘特图形式。子系统的开发计划需包含开发过程中的主要工作内容，并规定其开始－结束时间及交付物节点。

在内外饰零件系统中，照明、保险杠、座椅、座舱以及门饰板等作为长周期零件开发系统，其子系统开发计划需重点跟踪。计划管控的关键是监控项目的实际进度，及时、定期地将它与计划进度进行对比，对于有出入的部分，需要立即采取必要的纠正措施。

2. 成本控制

成本控制分为项目预算控制及零件成本控制。有效的成本控制对于降低整车售价、提升市场占有率具有重要意义。

项目启动时，根据车型的定位制定项目到 SOP 前的费用预算。费用大概包含每个零件的开发费用及项目费用。每个零件的开发费，以座舱系统为例，大致包括零件开发费用（CAE 分析、点爆 DV 试验、散发试验等）及样件费用（展车、公告车等）。根据以往项目经验，对项目整体预算，需要评估覆盖后期会产生的工程更改费用。根据前期的预算规划，在项目的每个节点对项目的开发费用做控制。

零件成本以最初的零件工程定义，加后期所产生的工程更改组成。在前期造型阶段，工程平衡造型需求及成本（单价、固定投入）等确定零件最初状态。在零件开发及各级评审中，会涉及零件的工程更改，每一次的工程更改都会进行严格的控制。通过工程更改流程，以及对每个零件从横向同级别车型、纵向豪车及低级别热销车型进行对标，决策工程更改的实施。

3. 质量控制

质量控制贯穿于整个项目的开发过程。通过质量控制来提高前期的设计可靠性，对后期的产品质量提升有非常重要的意义。在开发过程中，产品质量通过一整套管理流程控制，主要包括项目阀点评审、数据评审、实车评审等手段，如图1-9所示。

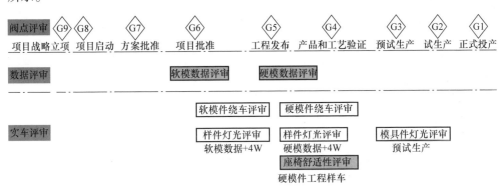

图1-9　产品质量控制管理流程

（1）阀点评审

汽车零件开发是个复杂的过程，从概念设计、开发认证、生产上线的每个阶段，都需要完成相应的工程交付物。为保证开发工作顺利推进及各交付物质量，根据阀点的阶段性项目质量评审非常重要。阀点评审需在项目阀点开启前，通过专家委员会评审。若不通过，则在限定时间内整改并复评；若条件通过，根据评审的结论，建立问题跟踪清单，下一阀点或状态评审时跟踪进展至关闭。评审通过后，按评审会签模板及阀点签署权限完成签署，并归档。阀点评审的目的是通过项目质量评审制度提升设计品质，确保项目交付物质量，完善知识管理体系。

（2）数据评审

通常内外饰零件数据发布分为软模数据发布和硬模数据发布。为保证数据的质量和可靠性，多层次评审制度至关重要，如科室功能块评审、集成评审、项目评审等。数据评审的内容包括零件结构及布置设计、CAE 虚拟分析、模具可行性、装配可行性、质量外观检查、色彩搭配、成本和重量要求等，同时还需对前车历史问题进行预防检查，确保设计的可靠性和最优化，最大限度避免后续工程更改。

（3）实车评审

对于内外饰开发来说，除了数据类的虚拟评审外，实车评审也是一个重要环节。实车评审包括绕车评审和零件评审。其中绕车评审是对于内外饰零件整体装车效果的检查，主要关注色彩纹理搭配、匹配状态等。零件评审是基于整车状态评审零件的性能，如灯光评审和座椅舒适性评审等。

灯光评审的目的是在整个开发流程中关注并跟踪照明系统零件的点灯效果与路面性能，进而提升其感知质量。灯光评审一般可分为静态评审、前期模拟评审和动态评审三个阶段。对于照明功能的静态评审，主要从照射距离、宽度、亮度、高度、均匀性、杂散光等方面进行评价；对于信号功能的静态评审，主要从发光边界清晰度、过渡、发光均匀性几个方面进行评价。前期模拟评审包括点灯模拟、法规测试、路面模拟等，其评审方式主要是借助 CAE 软件。动态评审主要包括灯光路面均匀性评价、灯光路面亮度评价、近光截止线是否抖动评价、路面杂散光评价、照射距离主观评价等。

座椅舒适性评审的目的是在整车开发不同的阶段，针对座椅发泡硬度、造型包裹性以及支撑感等方面进行的全方位评估，以保证给驾乘人员带来最舒适的乘坐体验。座椅的舒适性评审包括操作舒适性评审、静态舒适性评审和动态舒适性评审。座椅的舒适性开发贯穿整个座椅的开发过程。在各阶段，由舒适性领域专家进行主观评估，并根据评估结果进行座椅舒适性整改。同时，座椅舒适性评审也是一个动态的过程，需要不断地对座椅状态进行校准和完善。

第三节　"新四化"浪潮中的内外饰

当前汽车正经历着电动化、智能化、网联化、共享化的深刻变革，各车展上层出不穷的"概念车"，将随着技术的进步，在"新四化"的浪潮下逐步变为现实。汽车正从传统意义上的交通工具向移动空间演变。这一切都深深影响着汽车内外饰的发展。汽车外饰更多地扮演者人与车、车与车之间交互平台的角色，而汽车内饰也从驾驶空间逐渐演变成一个强调生活和乐趣的智能座舱系统。

近年来，汽车"电动化"已成大势所趋。在国家政策的鼓励和引导下，新能源汽车及其产业链如雨后春笋般快速成长壮大。因此汽车"电动化"是"新四化"的基础，也是对内外饰零件创新发展影响最大的一环。对于新能源汽车来说，降低风阻系数、减轻整车重量以提高续驶里程是内外饰需要攻克的难题。如荣威MARVEL X 等车型采用的主动进气格栅系统，可实现进气面积可调，从而有效地降低风阻系数（图 1-10）。同时主动前唇、主动扩散器、

采用了主动进气格栅、保险杠侧风道、底部护板等设计的荣威 MARVEL X，实现了超低风阻系数 0.29，在同级别车型中达到先进水平。

图 1-10　荣威 MARVEL X

主动升降式尾翼等空气动力学套件的开发应用，让空气动力学不再只是航天科技领域的专用词，也是汽车内外饰未来可开发或优化的重点领域。另外在轻量化方面，木纤维门饰板本体、薄壁注塑保险杠、聚丙烯纤维的吸声材料、弹性聚氨酯座椅泡棉以及广泛应用碳纤维材料都是减轻整车重量的有效手段，对于提升续驶里程有积

极的影响，助力新能源汽车的发展。此外各种新技术亦是层出不穷，例如：在天窗玻璃下方直接集成了太阳能电池板，可以将太阳能转化为电能，有效利用了清洁能源，同时减少了电池的负荷，增加新能源汽车的续驶里程，达到一石三鸟之功效。

相对于新能源时代的到来，"智能化""网联化"更容易被广大年轻消费者所接受。"网联化"可以对汽车大数据进行采集，并通过"智能化"的内外饰系统提供给消费者更多生活便利、畅爽的体验与驾驶乐趣。越来越多的整车厂把内外饰的研发重点放在了零件的智能化、网联化方面。

智能化的交互系统使得行人、驾驶员、乘员与车不再是相互独立的个体，而是一个可以交流的整体。矩阵式激光前照灯整合了数字微镜装置（DMD）技术，犹如投影仪一般，可以在地面上投射出各种形式的照明效果，如人行横道、方向标志甚至光毯。

"智能化""网联化"正逐渐颠覆着人们对传统汽车的认知和想象，并对标准法规也提出了新的挑战。从近期各地车展上推出的概念车来看，设计师们无一例外地钟情于外后视镜造型的设计。近年来全时数字化外后视镜系统（图1-11）更是大有直接取代传统后视镜的趋势。它通过传感器采集汽车侧后方的视野图像，经ECU处理后直接显示在车内的LED显示屏内，图像更加清晰直观；因为取消了传统外后视镜，极大地降低了整车的风阻系数。在不久的将来，这种可能或将变成现实。

全时数字化外后视镜系统用摄像头等传感器装置取代传统外后视镜，当前依旧面临着安全、稳定性、法规、驾驶习惯等多方面的因素挑战，但可以预见，这必将成为不可阻挡的一次伟大变革。

图1-11　用摄像头取代外后视镜

Tips1　在"新四化"的浪潮下，预计到2020年，中国市场的新能源汽车销量将超过200万辆，也因此催生了一批互联网车企。传统车企在巩固固有优势的同时，越来越多地将资金、人力、物力投入到新能源车型的研发中。内外饰的发展也迎来了前所未有的机遇与挑战。

在"网联化""智能化"的时代，智能驾驶将会是发展的终极目标。届时座舱系统的概念也将完全颠覆。开启车门，智能座椅、折叠伸缩转向盘自动调节至方便驾驶员及乘员进出位置；按下启动按钮，流媒体后视镜系统启动工作，同时前风窗玻璃显示出前方道路及整车状态信息；在驾驶过程中，车内氛围灯伴随驾驶状态律动工作，座椅上集成的传感器实时检测驾驶员身体指标，保证行驶安全；车内的各种按键全部替换成门饰板或仪表板上的智能装饰条上的虚拟按键，可实现语音控制、手势控制、面部扫描等全新交互方式；配合移动魔方，座舱又成为人们新的休闲、办公、娱乐的平台。如果忙碌了一整天的您累了，放平舒适化座椅，透过集成了氛围灯的全景天窗，看着满天星空，又是何等的惬意。

当下是一个全球共享经济的时代，共享文化被推广到越来越多的领域，也被越来越多的人所接受。共享汽车将会是未来的趋势。这也进一步推动了电动化、智能化、网联化汽车的发展。"新四化"的浪潮已经涌起，变革迫在眉睫。内外饰的发展必然要紧紧跟随时代的脉搏，抓住机遇，突破创新，提升品质，完成从外观件、功能件、安全件到为乘员提供全方位舒适娱乐驾驶体验的综合服务者的角色转变。

第二章
内外饰设计要求

第一节　汽车市场准入要求

一、概述

汽车市场准入制度是特定区域对汽车的销售许可，一般是指一国政府或地区组织规定公民或法人进入市场从事汽车生产、经营活动所必须满足的一系列条件和必须遵守的制度和规范的总称，是为了保护本地社会公共利益而对市场进行监管的基本制度。市场准入制度通常是包括技术法规、标准、合格评定程序在内的技术性贸易措施和包括关税调节、政策调控等在内的非技术性贸易措施。

市场准入制度对汽车产品的影响主要涉及汽车零部件技术标准要求、产品认证要求、测试规范、安全性、排放、废弃物回收和有毒有害物质限量要求等。这些要求通常体现在不同的标准和技术法规之中，并且对其更新周期越来越短。另外还有以专利等知识产权为支撑的策略，无疑提高了市场准入的门槛。

二、国内准入要求

国内汽车的市场准入制度以公告管理为主，其他认证形式并存：工信部将符合准入管理制度规定的相关法规、技术规范等强制性要求的汽车产品列入《车辆生产企业及产品公告》，在发布后才能进行生产和销售；汽车及相关产品的强制性认证是由国家质检总局制定"中国强制认证"（China Compulsory Certification, CCC, 简称3C认证）的规章制度，认监委负责CCC的建立、管理和组织实施；生产、进口或销售汽车（发动机）的企业需向国家环保部进行污染物排放达标车型和发动机型的核准申报，国家环保部对满足要求的产品进行机动车环保达标车型目录公告；一些地方环保局也制定了更加严格的环保规范，如北京环保局《北京环保目录》。

3C认证是政府为保护广大消费者人身和动植物生命安全，保护环境和国家安全，依照法律法规实施的一种产品合格评定制度，它要求产品必须符合国家标准和技术法规。3C认证是通过制定强制性产品认证的产品目录和实施强制性产品认证程序，对列入《中华人民共和国实施强制性产品认证的产品目录》（后简称《目录》）中的产品实施强制性的检测和审核。凡列入目录内的产品，没有获得指定认证机构的认证证书，没有按规定施加认证标志，一律不得进口、不得出厂销售，不得在经营服务场所使用。

3C 认证程序由以下全部或部分环节组成：

（1）认证申请和受理

认证申请和受理认证程序的起始环节，是由申请人向指定的认证机构提出正式的书面申请，按认证实施规则和认证机构的要求提交技术文件和认证样品，并就有关事宜与认证机构签署协议（与申请书合并亦可）。认证申请人可以是产品的生产者、进口商和销售者。

（2）型式试验

型式试验是认证程序的核心环节，由指定的检测机构按照认证实施规则和认证机构的要求具体实施。型式试验原则上一个单元对应一份试验报告，但对于同一申请人、不同生产厂地的相同产品，仅做一次试验即可，试验报告可以共用。

（3）工厂审查

工厂审查是确保认证有效性的重要环节，工厂审查由认证机构或指定检查机构按照认证实施规则要求进行。工厂审查包括两部分内容：一是产品的一致性审查，包括对产品结构、规格型号、重要材料或零部件等的核查；二是对工厂的质量保证能力的审查。原则上，工厂审查将在产品试验完成后进行。

（4）抽样检测

抽样检测是针对不适宜型式试验产品设计的一个环节或针对工厂审查时对产品的一致性有质疑时采用的。抽样一般安排在工厂审查时进行，也可根据申请人要求事先派人抽样，检测合格后再做工厂审查。

（5）认证结果评价与批准

认证机构应根据检测和工厂审查结果进行评价，做出认证决定并通知申请人。原则上，自认证机构受理认证申请之日起到做出认证决定的时间不超过 90 日。

（6）获证后的监督

为保证认证证书的持续有效性，根据产品特点对获得认证的产品，应安排获证后的监督，认证实施规则中对此做出了详细规定。获证后的监督包括两部分内容，即产品一致性审查和工厂质量保证能力的审查。

强制性产品认证标志是《目录》内产品准许出厂销售、进口和使用的证明标志。如获得认证的汽车内饰件产品应使用安全类（S）认证标志，如图 2-1 所示，一般贴在产品表面或通过模压压在产品上。

图 2-1　CCC 标志

三、国外准入要求

作为汽车制造强国的欧洲、美国和日本，一直引领着世界汽车工业的发展，而它们各自制定的技术法规体系成为其他国家和地区汽车技术法规参考的标杆，逐渐形成欧美日几大法规体系。而从认证制度而言，又各具特色。

1. 欧洲汽车市场准入制度

欧洲以整车型式认证（Whole Vehicle Type Approval，WVTA）制度来管理机动车辆。欧洲有两种形式指令批准：e‑Mark 和 E‑Mark。e‑Mark 是以欧盟指令（EC Directive）为依据的关于机动车辆、子系统及零部件型式批准的框架性技术指令，2007/46/EC 列出了整车型式认证的 61 项系统及零部件单项技术指令，并规定了等效 ECE 法规。E‑Mark 则以欧洲 WP29de 技术条件要求（ECE Regulation）为依据，主要针对车辆系统和零部件，不含整车，通过后获得 E‑Mark 认证，相应产品可以在欧洲绝大多数国家以及日本、澳大利亚等 48 个国家销售。

零部件的 E/e‑Mark 认证分为强制和自愿两种。强制认证类零件为必须拿到零部件证书的部件，销售到欧盟地区必须在零部件上打刻 E/e‑Mark 号，这类零部件包括安全带、玻璃、轮胎、喇叭、后视镜和灯具。除强制认证的六大类零部件外，还有一类零部件可以自愿进行认证，此类零件有发动机防盗系统、洗涤器储液罐、车用电器等。

2. 美国汽车市场准入制度

美国采取自我认证制度来管理汽车产品，美国联邦政府根据国会通过的有关法律，分别授权美国运输部（DOT）和美国环境保护署（EPA）制定并实施有关汽车安全、环保、防盗和节能方面的汽车法规，以实现政府对汽车产品的有效控制。

另外，进入美国市场的厂家一般会考虑 UL 认证。UL（Underwriter Laboratories，美国保险商试验所）是一家产品安全测试和认证机构。UL 并非强制性认证，但通过认证表示产品符合相应的安全级别，同时也能体现企业的实力和形象。

3. 日本汽车市场准入制度

日本汽车市场准入制度总体上与欧洲一样，是属于型式认证制度，但又有自身的特点。日本机动车认证体系由汽车型式指定制度、新型汽车申报制度和进口汽车特别管理制度三个认证制度组成。另外日本在采取欧盟的形式批准制度的同时，又引入了美国的机动车辆召回制度。

四、国内外回收利用要求

为了限制汽车产品中有害物质的使用和含量，减少产品对环境的污染，降低对人身健康的伤害，提高汽车产品回收利用率，以利于促进资源综合利用，降低后期环境污染，实现可持续发展，各国各地区制定了对汽车产品回收利用的要求。

1. 中国汽车回收利用要求

工信部 2015 年 38 号文《汽车禁用物质和可回收利用率管理要求》规定：汽车产品有害物质和可回收利用率纳入产品公告管理，新产品 2016 年 1 月 1 日实施，在产产品 2018 年 1 月 1 日实施。对豁免范围内的零部件需填报《有害物质信息表》及《RRR 佐证材料》进行备案，产品获得公告后 6 个月内向车辆拆解企业提供

《车辆拆解指导手册标准基础》。

为实施汽车产品回收利用率和禁用/限用物质管理，提高汽车材料回收利用率，中国汽车技术研究中心开发了汽车材料数据管理平台（CAMDS，图2-2），2009年正式上线使用。零部件供应商可完成对整车企业的零部件信息在线填报和提交。整车企业在系统中进行材料审核和统一分类管理，同时在研发、制造、销售和报废回收各阶段对车辆中有害物质进行跟踪分析。

图2-2　CAMDS平台

2. 欧盟回收利用法规

（1）ELV 指令

欧盟发布的 2000/53/EC《关于报废汽车的指令》（End – of – Life Vehicle，ELV），对汽车设计、生产阶段限制使用有害物质，提高可回收利用率和可再利用率进行了规定，一般使用 IMDS 作为供应商提交材料的标准系统。

（2）RRR 指令

欧盟发布的 2005/64/EC《关于型式认证中车辆可再使用性、可再利用性和可回收利用性的指令》（Reusability，Recyclability and Recoverability），将汽车回收利用和禁用物质要求纳入新车型式认证中，对新车型可回收利用率（可回收利用率95% 和可再利用率85%）和禁用重金属实施型式认证。

（3）REACH 法规

REACH 法规的全称是 Registration，Evaluation，Authorization and Restriction of Chemicals，即化学品注册、评估、授权和限制。

SVHC 清单（高关注度物质清单）是 REACH 管理机构欧洲化学品管理局（ECHA）发布的清单，截至 2016 年 12 月 19 日，共发布 16 批 173 项。

（4）其他要求

如金属标牌及标识物这一类与人体直接接触的部件，它的镍释放量需要满足94/27/EC（镍释放指令）要求。关于多环芳烃的指令，2005/69/EC 对汽车轮胎和填充油中的多环芳香烃提出要求。

3. GADSL

GADSL（Global Automotive Declarable Substance List，全球汽车申报物质清单）由全球汽车相关利益者团体 GASG（Global Automotive Stakeholders Group）发布，目的是跟踪汽车生产过程中所用的特定物质，为汽车行业供应商及主机厂信息沟通和交流提供便利，并对车辆和零部件中存在的物质进行规定。GADSL 独立于 IMDS 系统，并于 2005 年集成为 OEM 的标准。作为 IMDS 的用户，这意味着 GADSL 是唯一一种要进行检查申报物质的清单。

第二节　可靠性要求

一、概述

汽车在规定的时间和使用条件下，完成规定功能的能力被称为汽车的可靠性。汽车可靠性要求的提出是为了保障汽车在使用过程中，不断经受自身和外界气候环境、机械环境的影响，仍能正常工作。因此在产品开发过程中，需要提出可靠性要求。依据内外饰零部件的材料、结构以及所受环境影响的不同特点，可靠性要求可分为整车级和系统级。

二、整车级可靠性要求

整车级可靠性要求是指内外饰零部件在整车试验环境条件下应该满足的规定功能和技术指标，主要包括耐久性要求、耐候性要求等。

整车级可靠性要求一般通过整车试验场/室试验（图 2-3）和整车道路试验进行验证。内外饰零件相关的整车试验见表 2-1。

图 2-3　整车试验场

表 2-1　内外饰零部件相关整车试验

整车试验场（室）试验	整车饰件环境耐久模拟试验、综合道路环境模拟试验、砌块路耐久性试验、乘用车综合耐久性试验、约束系统滑车试验、噪声与振动试验、碰撞试验、雨淋试验、整车水侵入试验、车辆腐蚀性能试验、整车涉水试验等
整车道路试验	耐候性普通道路耐久试验、黑河冬季耐久性试验、海南夏季耐久性、高速耐久性试验、城市循环耐久性试验、非限速专用公路耐久性试验、夏季扬尘试验等

三、系统级可靠性要求

系统级可靠性要求是内外饰零部件系统自身的技术要求，包括功能可靠性要求和耐久可靠性要求。功能可靠性要求是指内外饰零部件必须具备的规定功能及其技术指标，这里所指的规定功能是汽车设计任务书、使用说明书、订货合同以及国家标准规定的各种功能、性能和要求。耐久可靠性要求是指内外饰零部件在规定时间和条件下，仍具备的规定功能及其技术指标。这里所说的规定时间和条件是环境试验的周期和频次。

系统级可靠性要求是通过模拟系统使用环境的试验来进行验证的。图2-4所示为仪表板模态试验台。内外饰零部件系统级可靠性要求和试验见表2-2。

图2-4 仪表板模态试验台

表2-2 内外饰零部件系统级可靠性要求和试验

	可靠性要求	可靠性试验
功能	照明系统配光性、气囊/安全带等的碰撞安全性、座椅的乘坐安全性和舒适性、刮水器的刮刷性、后视镜的可视性、保险杠的碰撞吸能性、饰件系统的遮蔽美观性/耐冲击性/密封性等	配光试验、气囊爆破试验、碰撞试验、运动模拟试验等
耐久	零部件结构的强度、刚度、模态要求、装配可靠性要求、耐刮擦性要求、耐高低温性要求、耐腐蚀性要求、耐光照性要求等	运动件往复耐久性试验、高低温存放试验、光照试验、耐试剂腐蚀试验等

第三节　内外饰品质设计要求

一、概述

汽车已从最初的交通工具转变为与人们日常生活密不可分的消费品，内外饰零件是消费者选购心仪车辆时最直接看到和摸到的零件，高品质的设计定位也体现了车主的品位和对生活的态度。因此，高品质的内外饰零件设计要求不仅要满足各种标准，还应该考虑车主在使用车辆过程中的感知体验，如设计感、色彩纹理、驾乘舒适性等一系列的高品质诉求。

二、设计感

设计感是理性与感性的结合，既需要天马行空的创作，也需要深思熟虑的逻辑关系。只有优秀的设计协调性，才能让卓越的设计感表现得淋漓尽致。

在汽车领域，造型所涉及的设计协调性可以归纳为四大类，即主题协调、视觉协调、色彩协调和操作协调，下面将对设计协调性的应用进行重点阐述。

1. 主题协调性设计

评判汽车造型是否具备设计感，首要的评价标准是是否有鲜明的设计主题。在汽车设计中需要针对不同的客户群体、不同的使用场景，进行不同的内外饰造型设计，有取舍和侧重点，而并非东拼西凑地将功能区域单独设计后进行简单的堆放。例如针对多用途汽车（MPV）的设计，需要在规整简洁方面多作考虑；又如房车的设计，针对家庭场景的设计主题需要更偏向活泼和温馨的基调；而类似运动型多用途汽车（SUV）车型，则更多地考虑旅游或者探险的使用场景，需要专业而个性的设计。图 2-5 所示为几种不同风格的内饰。

图 2-5 不同风格的内饰

2. 视觉协调性设计

视觉的协调性设计在日常生活中的服饰、家装等领域较为常见。在汽车设计中，设计师们也一直在寻找一种视觉的协调关系，不懈地追求着完美的视觉表现。

在汽车设计中，合理的视觉协调关系可以起到强化和突出主题的作用。比如在外饰的应用上，同样为满天星格栅，通过烫印面积的变化和不同的排布，可以给人不同的视觉感受，如图 2-6a、b 所示；又如在内饰设计中，娱乐屏的尺寸和布置都会对造型风格产生影响，不同的布置关系应遵循不同的车型定义来进行协调性设计以烘托主题，如图 2-6c、d 所示。

3. 色彩协调性设计

首先，色彩的选用要与主题贴合，其次才是各个色彩之间的协调和融合设计。

a) 格栅1   b) 格栅2

c) 娱乐屏1   d) 娱乐屏2

图 2-6 视觉协调图例

"色不在多，和谐则美"，协调的配色方法，应该是选择一两个系列的颜色，以此为主色调装饰，其他少量的颜色作为辅助，进行对比、衬托或点缀。

色彩搭配主要分同类色搭配、近似色搭配和对比色搭配。比如咖啡配米色、深红配浅红等，同类色配合会显得柔和文雅；比如红色与橙红、黄色与橙黄色的近似色相配，会更突显层次而又避免突兀；又比如黄色与紫色、红色与青绿色这类配色较为强烈，可以形成鲜明的对比，应用得当会收到意想不到的效果。

4. 操作协调性设计

汽车设计不同于其他设计，有自身的特殊性，设计时必须要考虑驾驶员和乘员在车辆行驶过程中所被允许的活动范围以及在受限制情况下的零件使用操作协调性。例如：门把手、中央扶手、电器按钮、储物盒、电源开关等零件的布置位置均需考虑人机操作协调性。图 2-7 所示为信息娱乐系统的操作示意。

图 2-7 操作协调图例（信息娱乐系统）

综上所述，设计者应站在用户的角度进行汽车造型的设计和评价。好的设计应以客户体验为设计原点，从主题、视觉、色彩和操作协调等多方面给使用者带来更深层次的感受，以提升客户的品质感知。

三、CMF

CMF 是 color（颜色）、material（材料）、finishing（表面处理工艺）三个单词的缩写，最早在工业设计领域出现。CMF 涉及美学、色彩学、材料学、心理学等，是各学科、流行趋势、工艺技术、创新材料、审美观念等跨学科的综合产物。CMF 概念最早出现在欧洲，其发展已超过 20 年；在日韩地区，CMF 概念的产生也已经超过 10 年；而在中国，CMF 在企业内发展则在 10 年以内，属于刚起步阶段。因此，我国 CMF 的发展空间巨大。

随着汽车工业的发展，汽车不仅是一种代步交通工具，更是消费者身份的象征、文化内涵的体现。现在消费者购车除了关注汽车整车配置，越来越看重内饰的舒适感和美观性，而内饰的颜色搭配、材料选择和表面处理工艺都是提高其舒适感和美观性的关键。

1. 颜色

颜色是指不同波长的电磁波反射到人眼产生的视觉效果。不同的颜色组合在一起构成了颜色搭配，通过颜色搭配可以改变空间的舒适度和环境氛围。汽车内饰颜色搭配则是在整个汽车内部空间里面，通过定义不同区域的颜色实现不同的内饰设计语言，形成不同的内饰风格。

（1）颜色定义

在汽车内饰设计中，车内环境是综合了零件形状、颜色和材质等构成的，这些因素都可以诉诸视觉。但是在进入车内时，首先映入眼帘的是颜色，相同形状和材质的零件，因为颜色的不同可以形成差别极大的感受和氛围。因此，颜色搭配设计对于汽车内饰设计来说至关重要。如果颜色搭配不协调，即使内饰造型设计再好，也会直接影响整个内饰的品质。

汽车内饰颜色定义区域通常划分为顶部区域、座舱区域和脚部及行李箱区域三部分，如图 2-8 所示。三大区域的颜色定义要求不同，通常遵循以下原则：

图 2-8　内饰颜色定义划分区域

① 顶部区域一般为浅色（以米色为主），主要是因为浅色能给人以居家舒适的

感觉。如果使用黑色，空间压抑感很强，中国消费者很少能接受，并且顶部区域一般接触少耐脏要求低，因此功能上也不需要使用深色。不过现在也有一些个性化车型开始使用黑色顶棚。

② 座舱区域的颜色比较丰富多变，一般会根据内饰主题，设计不同的颜色搭配。考虑到中部区域有反光要求，一般仪表板上体和门板上体要使用深色，其他零件则可以按照设计风格定义。

③ 脚部及行李箱区域一般为黑色，因为脚部区域是用户触碰区域，行李箱则是储物存放区域，这些区域容易接触到脏物，所以一般使用比较耐脏的黑色。不过也有一些豪华车或商务车在脚部区域使用浅色。

（2）颜色搭配

三大区域中，顶部区域、脚部区域及行李箱区域一般不跟随内饰颜色的变化而变化，通常市场配置中提到的内饰颜色指的是座舱区域的颜色，座舱风格不同，其颜色搭配也有所不同。

① 传统的内饰颜色搭配。传统的内饰颜色以全黑或者黑色搭配米色为主。其中全黑内饰一直是标准的内饰颜色：黑色既成熟稳重又充满科技感，可以适应于不同的内饰风格；黑色内饰很容易同其他材质的颜色搭配，并很好地突显设计元素。例如在对高端车型内饰进行设计时，一般会应用钢琴黑饰板搭配亚光电镀饰圈来体现豪华感和科技感。其中亚光电镀的银色同黑色形成的对比更好地突显零件本身的形状并起到很好的勾勒效果。在对中低端车型内饰进行设计时，也会在黑色软包饰件或者座椅面套上使用异色缝线来点缀，突出层次感。黑米搭配也是比较传统中庸的内饰颜色，可以营造温馨居家的氛围。其表现形式有两种：一种是上深下浅（图2-9a），这种形式通常空间感较大；另一种是三明治形式，即上下深中间浅（图2-9b），这种形式空间感稍微紧凑、层次感强。

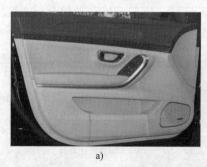
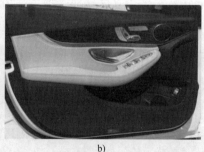

a)   b)

图2-9　黑米搭配的表现形式

② 流行的内饰颜色搭配。除了用传统的内饰颜色作为标配外，流行色在汽车内饰上的应用也日益增多。

棕色是目前的流行色系之一，其灵感来源于自然木质和皮革。棕色作为饱和度较低的中性色，既不会显得过于跳跃，也不会显得过于抢眼，不论是单独应用还是与其他颜色搭配都会给人稳重的感觉。近年来棕色被广泛运用于中高端车型，其主要表现形式有全棕内饰或者黑棕搭配。各大车企也按照不同的偏好，调配出不同色相的棕色，包括红棕、黄棕等，如图 2-10 所示。

图 2-10 棕色内饰表现形式（见彩插）

黑彩搭配也是现在流行的颜色搭配之一，它越来越受到年轻消费者的追捧，正成为 SUV 和互联网汽车的主流内饰颜色。黑彩搭配设计中，彩色一般适用于软包和装饰件，例如红色软包饰板、红色装饰件或者红色座椅面套等，使整个内饰充满运动感和时尚感，如图 2-11 所示。

图 2-11 红色应用示例（见彩插）

③ 个性化的内饰颜色搭配。随着新能源汽车、互联网汽车、智能汽车等概念的提出，整个汽车设计都将发生较大转变，作为内饰设计中不可或缺的要素，颜色也会有相应的演变。例如白色作为纯净、简洁的颜色，将会越来越多地应用到电动汽车内饰中来，以体现环保节能的理念，如图 2-12 所示。定制化颜色也将成为一种趋势，客户可以根据自己的喜好定制专属的内饰颜色搭配。

图 2-12 电动车内饰颜色举例（见彩插）

综上所述，不同的颜色搭配对应不同的内饰风格，每部车在设计时都会有不同的定位和目标受众，因此颜色纹理设计师需要根据产品的特点、使用环境、产品的定位以及流行色趋势等完成不同颜色的搭配，实现整个内饰的品质提升。

2. 纹理

纹理是指生长于生物表面的天然纹路，通常指在人类或其他动物（如牛、羊、鹿、鳄鱼等）皮肤表面的自然纹路，也可泛指在植物（如树木表皮、断面、叶片等）表面的纹理。随着设计概念的不断拓展，纹理的概念已经发展到其他天然或人工物品表面的纹理，如大理石纹、山川纹、编织纹理等。内饰纹理主要包括塑料纹理、薄膜装饰纹理、皮革面料纹理等。下面将主要介绍塑料纹理，其他材质的纹理见第十二章。塑料纹理主要是指经过腐蚀工艺处理，在塑料件表面形成凹凸不平的效果，既包括纹理本身，也包括纹理的光泽度。纹理一般根据应用区域不同分为动物纹理、几何纹理、磨砂纹理。一般来说，具有反光特性的动物纹理主要应用于仪表板上体、仪表板下体、中控台本体、门饰板本体等高关注区域；几何纹理考虑其美观因素通常被应用于仪表板中嵌、门饰板中嵌、门饰板饰条等装饰区域；其他低关注区域或小零件的表面常采用磨砂纹理。对于动物纹理而言，不但要求其纹理本身层次丰富、清晰立体，还要求其表面具有柔和的光泽度，能最大限度地降低塑料感，保证它与软包材质的匹配度；磨砂纹理的要求则为纹理精细，能够体现整个零件的精致感；几何纹理更多关注的是其微观结构是否闭合，避免因排气困难导致的表面质量缺陷。

纹理是影响内外饰风格的最重要因素之一，不但能够在一定程度上削弱产品外观的缺陷，还能增加零件表面的触感以及在透明物体上产生散射效果以达到减少反光的目的。纹理的巧妙应用能够呼应设计主题，突出整车风格。如图 2-13 所示，全新 MG3 在内饰中大胆采用了巴宝莉格子的元素，不但体现在仪表板装饰条上，还体现在座椅织物面料上，使消费者在进入车内的第一时间就被这个元素所吸引，再配以黑色碳纤维纹理的装饰，既突出 MG 品牌英伦风格，又增强了运动感。

图 2-13　MG3 仪表板和座椅上巴宝莉格子元素的体现

　　不同纹理的和谐搭配是内外饰整体设计风格的重要体现，将有力提升内外饰品质和价值。不同材质之间纹理的匹配是对纹理的最高要求，如荣威 i6 的仪表板（图 2-14）上体采用颗粒较大的荔枝纹，立面皮革包覆采用了较细的仿 Nappa 纹理，仪表板下体采用颗粒稍小于上体的荔枝纹。通过两种材质、三种纹理的巧妙搭配，更能突出整车的层次感。通过对塑料件光泽度的严格控制，实现了不同材质间纹理和光泽的良好匹配。

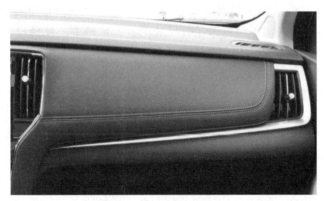

图 2-14　荣威 i6 仪表板上不同纹理的巧妙搭配

　　随着表面纹理和加工工艺的发展，各材质展现出不同的特点和发展趋势。

　　（1）塑料纹理

　　传统的塑料纹理已经越来越难以满足市场需求，在低成本的开发环境下，利用纹理模拟出越来越多其他材质的外观效果成为争相追捧的热点，比如用纹理喷漆取代水转印或用纹理印刷取代油墨类型的模内嵌件注射成型工艺（以下简称 INS）都正悄然兴起。金属拉丝纹、碳纤维纹、渐变花型纹、内饰主题纹等纹理应用越来越广泛，再配以高光或亚光效果的喷漆，营造出超出想象的视觉效果，打破了传统塑料纹理的概念。

　　（2）薄膜装饰纹理

　　薄膜装饰纹理实现的方式越来越多，水转印、模内装饰技术（以下简称 IMD）和 INS 已成为中低档车型的代名词，取而代之的是更真实、更具自然效果的装饰工艺。模外覆膜工艺（以下简称 TOM）是新兴的膜片加工方法，不但可以保持膜片本身的触感，还可以实现零件本身的凹凸造型，达到视觉和触觉双重感官的立体效果，其纹理本身更倾向于自然实木，但却能制造出比自然实木装饰更复杂的零件。此外，内饰品质感、科技感日益重要，使得真铝和实木工艺逐渐向中低端车型扩展。通过真铝和实木的运用，更能突显车型的运动感与豪华感。

　　（3）织物纹理

　　经编、纬编、机织、压花等织物的纹理已经太过传统，在各大车展上，特殊纹理和处理工艺已成为一大看点。例如：仿大理石纹理、仿丝绸的烫金纹理、多层材质层合交织纹理、仿麂皮绒的磨毛纹理等装饰纹理；高频焊接工艺、防水防污防静电后处理工艺，使得面料在原本的装饰效果中又增添抗菌、发光、导电等更多的功能性。

（4）皮革纹理

皮革自身的纹理比较有局限性，一般为动物皮肤的肌理或模拟动物皮肤的肌理，但皮革表面的特殊处理使得纹理呈现复杂多样化，如参数化打孔、绗缝图案、刺绣特征和压印 logo 等应用越来越为广泛。目前在 PVC 或 PU 材料成型过程中，通过 PU 树脂喷墨打印来实现织物印花效果的图案，使得皮革纹理设计能够像织物纹理一样自由设计，给设计师提供更大的发挥空间。

3. 表面处理

表面处理是指在材料表面人为处理形成的，在物理性能、化学性能和力学性能等方面有别于材料基体的表层工艺。表面处理的目的是满足产品的耐候性、耐磨性、美观性和其他特殊要求等。汽车内饰表面材料种类繁多，总体分为软质材料和硬质材料。材料不同，表面处理工艺会有所不同。

① 软质材料工艺主要包括织物工艺、PVC 工艺、PU 工艺和真皮工艺等。通过对材料表面进行压花、刺绣、压印、数控打孔、高频焊接等处理呼应整车的设计主题，展现车型的与众不同，如图 2-15 所示。

图 2-15　软质材料表面处理示例

② 硬质材料工艺主要分为注塑皮纹、喷漆、电镀、薄膜装饰等。塑料材料的表面处理一般为皮纹、火花纹和喷砂等工艺，主要为了降低零件表面光泽度、遮蔽零件表面缺陷。薄膜装饰又分为模内装饰和模外装饰。模内装饰指在模具内铺设带有印刷图案的薄膜，在零件注射成型的同时，直接将薄膜覆在零件表面的工艺；模内装饰通常指的是 IMD、INS 工艺，通过不同的薄膜选择实现不同的装饰效果。模外装饰指在零件注射成型后完成覆膜的工艺，通常指的是 TOM、真木和真铝工艺，详见第十二章。硬质材料按照表面处理的成本从低到高依次分为塑料皮纹、喷漆、电镀、水转印、热烫印、IMD、INS、TOM、真铝和真木。图 2-16 所示为硬质材料表面处理示例。

随着汽车向互联化、智能化方向的发展，内饰智能表面将是未来发展趋势。内饰表面将从传统的装饰件发展为集表面装饰、传感技术、电子功能为一体的多功能装饰件。

图 2-16 硬质材料表面处理示例

四、驾乘舒适性

驾乘舒适性包含面非常广,比如:车辆行进中是否有异响、新车车内是否有污染物、乘坐的空间是否满足各类人群的需求、驾驶员在操控汽车时是否安全便捷、驾乘人员是否乘坐舒适、车辆的储物空间是否满足日常的需求。以上这些,都会直接或间接地影响驾乘的舒适性。因此,进行内外饰设计时需要综合考虑以上因素,以满足不同用户驾乘舒适性的要求。

1. 乘坐舒适性的评判方法

乘坐舒适性是指乘员以舒适坐姿使用操纵件的同时拥有较大的乘员空间,使驾乘人员在长时间驾乘时不易疲劳。

(1)舒适性坐姿的确定方法

为了满足 5% 女性到 95% 男性整个区间的所有人体的舒适坐姿要求,座椅必须有一定的调节范围。以 95% 男性为正常驾驶时的最后 H 点,以 5% 女性为正常驾驶时的最前 H 点,座椅调节范围应大于 5% 女性和 95% 男性正常驾驶时 H 点的调节范围。舒适坐姿常用的人机参考点如图 2-17 所示。

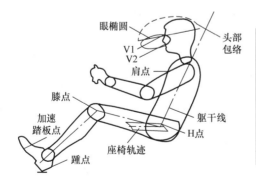

肩点——乘员肩部参考点
H点——跨点,人体躯干和大腿的关节点
膝点——小腿中心线与大腿中心线交点
踵点——人体脚跟与地毯的交点,此时脚踏在加速踏板上,是布置人体基准的开始
躯干线——H点与肩点的连线,也是座椅靠背的设计角度
V1/V2——表征驾驶员眼睛位置,视野校核的基准点
加速踏板点——脚和加速踏板的接触点

图 2-17 人机参考点

摆放人体坐姿时,先确定加速踏板和转向盘的位置,然后将脚跟着于地毯上,脚面踏在加速踏板上,脚跟与地毯的交点为踵点,踵点与地毯的压缩量要根据地毯

面料的厚度确定，以踵点为人体布置的起点，分别将95%、5%的人体模型按人体舒适的姿势摆放来确定H点。同时需要综合考虑车内长高的设计指标，协调空间大小与驾驶姿势的关系，并比较两种百分位人体布置的各关节角度变化和坐姿位置变化情况，分析各H点位置和座椅调节行程是否合适，分析加速踏板全行程人体姿势的变化，最终确定H点位置。推荐人体舒适性坐姿范围见表2-3。

表 2-3 推荐人体坐姿范围

	A1	$20°\sim30°$
	A2	$25°\sim28°$
	A3	$105°\sim115°$
	A4	$100°\sim105°$
	A5	$110°\sim130°$
	A6	$85°\sim90°$

（2）乘员空间的评判方法

乘员空间是指乘员坐姿确定后其相应的活动空间尺寸，主要包含头部、肩部、臀部、肘部、膝部、腿部、脚部空间等。

① 头部空间是为了保证乘员头部可以正常活动以及在颠簸等情况下有缓冲空间。在考虑头部空间的目标值时，需要综合考虑遮阳板、天窗及外造型等因素。在保证头部空间的前提下，也不要浪费内部空间而造成车型尺寸增加。常用头部空间尺寸如图2-18所示。

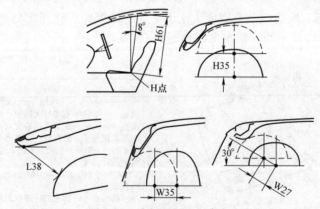

图 2-18 头部空间人机参考点

H61——头部前排有效空间，H点沿向后8°线到顶盖的距离加上102mm。

H35——头部前排垂直空间，95%人体头部包络垂直移动，与内饰接触时最小移动距离。

L38——头部前端空间，95%人体头部包络到水平方向上最低点的距离。

W35——头部横向空间，95%人体头部包络横向移动，与内饰或其他部件接触时的最小移动距离。

W27——头部斜向空间，95%人体头部包络斜向上30°方向移动，与内饰接触时的最小移动距离。

② 肩部、臀部、肘部空间是乘员在车辆中宽度方向的尺寸。在加大该尺寸保证舒适的同时，也要保证内饰板到钣金件的合理距离，以满足侧碰的要求。

③ 膝部、腿部空间是乘员在车辆长度方向的尺寸，与 H 点位置相关，要综合轴距和整车长度考虑该尺寸是否合理，如图 2-19 所示。

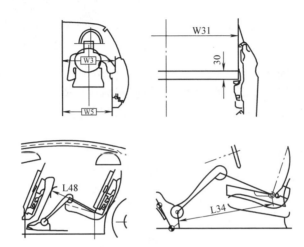

图 2-19　肩部、臀部、肘部、膝部、腿部空间人机参考点

W3——前排肩部空间，在过 H 点的平面内，并在 H 点之上 254mm 门内饰间的距离。

W5——前排臀部空间，在过 H 点的平面内，左右门饰板之间的距离。

W31——前排肘部空间，在过 H 点的平面内，扶手向上 30mm 门内饰间的距离。

L48——二排假人膝部转动中心到前排靠背的距离减去 51mm。

L34——前排腿部空间，右脚脚踝点到 H 点的距离加上 254mm。

2. 空间设计

空间是乘坐舒适性的重要因素之一。很多人买车追求大空间，因为大就意味着宽敞、舒服、实用和更大的承载能力。但是车内空间大并非意味着车身大，而是使用空间或者感知空间充足，因此空间设计可主要分为客观空间和主观空间两方面。

（1）客观空间感设计

① 座椅到车顶的高度差。影响车内客观空间的因素很多，例如众所周知的底盘高度。除此之外，汽车座椅的设计高度也是重要的影响因素，因为有些底盘低的车辆，如果座椅设计偏高，也会显得车内较为拥挤，而同样高度的车，座椅设计偏低则头部空间就更大。

② 后排座椅设计对空间的影响。后排座椅设计也是车内空间的重要因素之一，如图 2-20 所示。坐垫长度越短，腿部空间越大，就不容易碰到前排座椅；后排座椅的靠背厚度越薄，车内空间就越多，但是这样设计的弊端是影响用户乘坐的舒适性和腿部支撑，降低用户体验满意度，故设计时需综合考虑。

③ 汽车车头长度。这里指的是汽车发动机舱的长度。有些车为了追求美感和优化车身配重，会采用中置发动机设计。这类设计会导致车头过长，大大压缩车身内部空间。如果可以适当缩短汽车发动机舱长度，将更多空间留给座舱，那么车内空间将会相对增大很多。

图 2-20　坐垫长度示意

④ 汽车尾部造型对空间的影响。有许多运动型轿车喜欢用后溜背造型以减小风阻，通常此类车型的尾部造型会下压，这会对后排空间产生不利的影响。如奥迪 TT 就是一款典型的运动型轿车，其下压的运动造型使得其第二排空间和舒适度都相应下降。

（2）主观空间感设计

所谓主观空间设计，是指让客户获得更大的视觉空间感。那么如何从造型设计来达到这种视觉上的空间效果？在此之前，先解释空间感概念，简单而言，它可以被称为"立体感"，大致可以分为以下几种表现方法：

① 比例对比关系。所谓比例对比，就是通过点、线、面的结合按一定规律排布，然后组成一个具有层次感的内饰设计。通俗来讲就是近大远小，设计时可以利用这种视觉错觉来强化空间感。类似地，运用粗细、明暗等的对比都可以达到这样的空间效果。图 2-21 展示了不同比例关系的视觉效果。

图 2-21　比例对比关系图例

② 光线对比增加空间感。我们在对一个形体进行素描的时候，会进行明暗光线处理，甚至把暗部的地方再进行对比，显示出更暗的效果。调子素描就是在不断地对比中塑造出一个物体的"空间感"，那么在汽车设计时可同样通过不同的光线或色彩的明暗调整来突显空间的立体感。

③ 清晰与模糊的对比。简而言之，清晰会给人距离近和重要的感觉，模糊显然是次要的，如同摄影中的聚焦特效。缺少背景会显得画面单调，而运用模糊处理，则会让画面立体起来。这也是空间感的一种表现。

④ 颜色对比。颜色明度和纯度较高或颜色较为鲜艳的物体在经周围其他颜色的对比之后，会被烘托而出，显得更为靠近观察者。当然，前提也和上面一样，在"对比"下空间感觉会强很多。

车内较少用单一颜色，基本都会采用 2～3 种颜色作搭配处理。通常以一种颜色为主，其他颜色作点缀。主色调用浅色更能体现出空间大，比如现在用得比较多的米白色、浅棕色，配上黑色和银色的点缀，明暗交错，既有立体感，又体现了空间感。

在汽车内饰设计中，合理地运用上述技巧可以很好地增加内饰空间感和层次感，在有限的空间下实现更好的空间感知。

3. 车内储物要求

（1）车内前排储物空间

通常车内前侧是驾乘人员取放物品较为便利的方位，因此在仪表板上我们会看到比较多的储物空间。但考虑到安全气囊布置和安全碰撞的要求，通常建议以封闭式储物空间为主，例如杂物箱、IP 中央储物盒、DSL 卡片储物盒等，如图 2-22 所示。

图 2-22　前侧储物空间

车辆在实际使用中，前排储物常常存在较多误区，一些物品常被放置于危险区域，这些错误的储物操作很可能对驾乘人员造成严重的伤害。例如：仪表板上放置物品会对驾驶员的视野造成一定的遮挡，存在安全隐患；当车辆发生碰撞促发安全气囊点爆时，放置在仪表板上的香水瓶或者手机都将成为致命的武器，如图 2-23 所示。

图 2-23　前侧储物空间误区

（2）车内中央区域

车内中央区域的储物非常重要，主要集中在中控台和座椅区。在中控台上的储物盒的形式也较为多样，有敞开式和封闭式。

① 敞开式，通俗来说就是不带盖子的，它的特点就是使用方便，放钥匙、零钱、卡片等取放方便。

② 封闭式，是指带盖子的，这里的盖子种类也较多，较为常见的盖子有弹开式、卷帘等。这类储物盒的特点是私密性较高，也可以让整车更为干净整洁，如图2-24所示。

图2-24　中控台上的储物空间

中控台前部下端也常被设计成储物空间，为客户提供更多的利用空间。但通常这些区域空间有一定局限，因此大多被设计成放置手机、钥匙等小物件的小区域储物空间，如图2-25所示。

图2-25　中控台两侧和座椅上的储物空间

座椅的储物空间有限，通常集中在靠背和中央扶手区域，以地图袋或网袋形式居多。后排中央扶手区也会设有杯托和小储物盒。

（3）车内两侧储物空间

两侧的储物通常指的是门饰板上和座椅旁侧板上的储物空间，例如门饰板地图袋、扶手拉杯等。门饰板地图袋的储物需求通常为瓶装水、保温杯等；扶手拉杯处的储物空间较小，多被用来放置卡片、钥匙、手机等。为了进一步扩大储物空间，也可以在门饰板地图袋区域进行可扩展设计。这种带有可扩展功能的门板储物盒较为灵活，当有大件饮料或物品需要存放时可以展开，而当座椅需要调节时，储物盒又可以收起，留给驾驶员更充裕的手部空间，如图2-26所示。

图 2-26　门板及座椅储物空间

（4）车内后舱储物空间

后舱是整车最大的也是较为完整的储物空间，通常用于放置大件物品，如图 2-27 所示，如手提箱、帐篷、收纳盒等。设计行李的储物空间时，除容积上的要求外，对行李的利用率和规整度也会有一定要求。

图 2-27　行李箱储物空间

另外，考虑到物品在车辆行驶过程中易出现滑移的情况，地毯面通常选用毛毡类摩擦力较大的材质，同时一定程度上提升了整个行李的品质。这种材料也越来越多地被应用到两侧的饰板上以取代塑料饰板。

（5）车内顶部储物空间

汽车顶部须考虑驾乘人员的头部空间和舒适性等因素，同时还需要考虑物品存放的安全性及便利性，因此顶部区域的储物空间通常较小，主要集中在顶控台和遮阳板上，如图 2-28 所示。

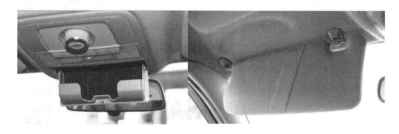

图 2-28　顶部储物空间

4. 操作要求

操作要求是指内饰操纵件应满足驾乘人员使用舒适性要求，其布置位置、布置角度、操作空间、操作力大小等需满足驾驶员安全行驶的状态下能够方便舒适地操

作, 能满足驾乘人员舒适愉悦地操控车辆的要求。具体操作要求如下:

① 操作件的位置应布置在驾驶员手伸及舒适性范围。手伸及是指驾驶员以正常坐姿坐在座椅上, 身系安全带, 右脚支撑于加速踏板踵点, 一手握住转向盘时, 另一只手所能伸及的最大空间轮廓面。

② 操作件的角度布置应符合人体正常坐姿状态下的人机工程, 如图 2-29所示侧视图上, 在肩点到按钮的中心连线以上5°~15°范围, 俯视图上需保证在肩点到按钮中心连线10°~15°范围。

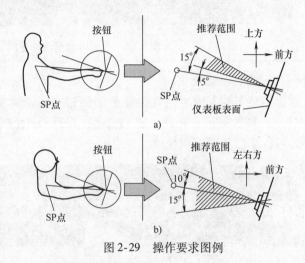

③ 操纵件的操作空间布置根据操纵接触形式的不同需布置足够的操作空间。操纵接触形式分为触及类、旋拧类和抓握类,

图 2-29 操作要求图例

如图 2-30 所示。图 2-31 ~ 图 2-33 所示为常用的手部空间操作及尺寸要求。

a) 触及类　　　　　b) 旋拧类　　　　　c) 抓握类
图 2-30 操纵接触形式

触及类的操作是指伸出食指触及或拨动按钮的操作姿势, 其操纵件通常有显示屏、按钮等。触及类零件一般设计要求如下:

① 圆形按钮直径 D: 最小 10mm。方形按钮长 A、宽 B: 最小 10mm。

② 按钮行程 H: 1.5 ~ 3mm。

③ 按钮边界 d: 最小 8mm。

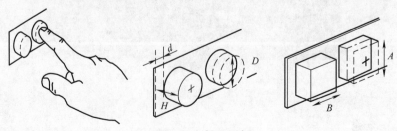

图 2-31 触及图例

旋拧类的操作是指伸出三个指头或四个指头旋转旋钮的操作姿势, 其操纵件通

常有空调、音量等旋钮。旋拧类零件一般设计要求如下：

① 直径 D：最小 10mm；最大 75mm。

② 高度 H：最小 10mm。

③ 距离边界 d：最小 25mm。

抓握类的操作是指满手握住的操作姿势，其操纵件有转向盘、组合开关、变速杆、驻车制动手柄等。抓握类零件一般设计要求如下：

① 操纵球杆包络空间：最小 17mm。

② 操纵球杆直径：最小 6mm，最大 16mm。

③ 操纵球杆高度：最小 22mm。

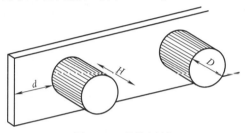

图 2-32　旋拧图例

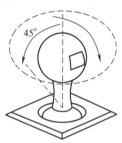

图 2-33　抓握图例

常见手部操作尺寸见表 2-4。

表 2-4　常见手部操作尺寸

手指宽度		手指厚度		手掌厚度	
5% 女性	95% 男性	5% 女性	95% 男性	5% 女性	95% 男性
11 ~ 14mm	15 ~ 21mm	22mm	34mm	44mm	70mm

操作力是指驾乘人员以舒适坐姿，操作内饰件使用的力。操纵力主要包括肢体的臂力、指力、腿力、脚力等，有时也包含腰力、背力等躯干力。操纵力与施力人体部位、施力的方向和指向，施力时人体的体位姿势、施力的位置等相关。内饰操纵件的操作力要求操作轻便、快捷，长时间使用不易疲劳。表 2-5 和表 2-6 所示分别为常见手部拉力和手指操作力的范围。

表 2-5　常见手部拉力

手臂的角度	拉力/N		推力/N	
	左手	右手	左手	右手
	向后		向前	
180	225	235	186	225
150	186	245	137	186

（续）

手臂的角度	拉力/N		推力/N	
	左手	右手	左手	右手
	向后		向前	
120	157	186	118	157
90	147	167	98	157
60	108	118	98	157
	向上		向下	
180	39	59	59	78
150	69	78	78	88
120	78	108	98	118
90	78	88	98	118
60	69	88	78	88
	向内侧		向外侧	
180	59	88	39	59
150	69	88	39	69
120	88	98	49	69
90	69	78	59	69
60	78	88	59	78

表 2-6　常见手指操作力

按钮用食指按压（N）	按钮用拇指按压（N）	按钮用手掌按压（N）
1~8	8~35	10~50

5. 声音控制

我们这里所说的声音控制并非指车辆故障产生的异响，而是指汽车在正常行驶中所产生的非正常的声音或噪声的控制。车内较为常见的异响通常发生在内饰零部件、电器件、机械组等，比如：饰板安装不可靠、杂物箱松动、安全带锁扣撞击内饰板等，这些异响虽然不会对行车安全造成影响，但是往往会给客户带来不良的质量感知。

因此内外饰前期设计时需从零件结构设计上规避异响，以提升整车的品质感。

（1）内部声音控制

结构设计导致的异响应在设计前期避免，如顶棚异响、饰板异响、门饰板异响、转向盘晃动、储物盒松动等。在零件开发前期，应充分考虑零件材料自身的收缩或变形等物理特性、尺寸公差的要求、装配策略、紧固件的合理选用和实车应用情况等。通过对这些关键参数的严格把控和设计优化，来控制零部件结构异响。

　　在使用和操作中产生的异响也可以在结构和功能上进行优化，如安全带锁扣撞击饰板、遮物帘随车晃动、遮阳板撞击顶棚、座椅滑移产生的摩擦声等。在开发前期，通过增加结构或零件来改善，如为安全带锁扣增加垫块或阻隔物、为遮物帘增加导向结构防止晃动异响、为遮阳板区域顶棚内部增加垫片以防止回位时撞击声等，如图 2-34 所示。

图 2-34　撞击零件图示

　　外部物件带来的异响也需进行设计控制，如水杯、硬币、卡片、手机和手提箱等，当这些物品被放置在中控台杯托、杂物箱或行李箱等区域时，车辆行驶过程中由于颠簸等而产生撞击声。设计时应该在这些区域做防异响措施，比如在杯托底部增加橡胶垫片、在杂物箱和行李箱里铺一层毛毡类的表面处理，以减少异响的产生。

　　（2）外部声音控制

　　除了上述提到的来自汽车内部的声音需要控制之外，还需注意对来自车辆外部的声音进行控制或阻隔。

　　① 发动机舱内和底盘路面等产生的声音。这类声音可以通过增加前围隔音垫或在地毯下方增加发泡层等来缓解。

　　② 汽车行驶过程中路面石子撞击轮罩和底盘的声音。这类声音可以通过更换轮罩衬板的材料，比如改用毛毡等吸声材料，或者增加底部护板等措施来改善。

　　③ 外后视镜、开启的天窗等这类外凸零件所带来的风噪。可通过优化其外观造型尺寸和迎风角度等参数来降低风噪的产生。

　　④ 运动件产生的声音，比如刮水器在刮刷时的声音。可以在设计前期通过优化风窗玻璃的曲率、刮水器的长度及比例、压杆力大小等因素来改善。

　　⑤ 空气快速通过前保险杠格栅通风孔时产生的高频啸叫。为避免此类啸叫声，设计格栅造型和内部结构时应尽量避免深而窄的槽。

　　综上所述，要给客户一个舒适静逸的用车环境，设计时不仅要内疏还要外堵。双管齐下才能更有效地做好整车声音控制。

6. 易挥发性有机化合物（VOC）

　　近年来，作为车内空气污染物之一的挥发性有机物质越来越受到消费者的关注，媒体时有曝出车内空气质量问题，为汽车行业敲响了警钟。

政府相关部门为此出台了相应指导性文件和标准法规，如 HJ/T 400—2007《车内挥发性有机物和醛酮类物质采样测试方法》、GB/T 27630—2011《乘用车内空气质量评价指南》等。目前还有一项《车内非金属部件挥发性有机物和醛酮类物质检测方法》标准正在征求意见中。

（1）VOC 的概念

易挥发性有机化合物（Volatile Organic Compounds，VOC），按 WHO 的定义是指在常温状态下容易挥发的有机化合物，较常见的有三氯乙烯、四氯乙烯、甲醛、甲苯、苯、二甲苯等，此外还有乙醇类和酮类等多个种类。这些有害化学物质具有易挥发（易干燥）和亲油（易于去除油污）等特点，被广泛应用于涂料、黏合剂等溶剂以及洗涤剂等工业领域。WHO 对 VOC 的定义举例见表 2-7。

表 2-7　WHO 对 VOC 的定义举例

沸点	名称	VOC 举例与沸点
沸点 <50℃	高挥发性有机化合物（Very Volatile Organic Compounds，VVOC）	甲烷（－161℃）、甲醛（－21℃）、甲硫醇（6℃）、乙醛（20℃）、二氯甲烷（40℃）
50℃≤沸点 <260℃	挥发性有机化合物（Volatile Organic Compounds，VOC）	乙酸乙酯（77℃）、乙醇（78℃）、苯（80℃）、甲乙酮（80℃）、甲苯（110℃）、三氯乙烷（113℃）、二甲苯（140℃）、苧烯（178℃）、烟碱（247℃）

（2）VOC 的来源

VOC 主要来源于汽车地毯、仪表板的塑料件、车顶毡、座椅等非金属零部件和车内黏结装饰材料所使用的各种化工胶水、油漆涂料等。

（3）车内 VOC 的特点

按照 JAMA 的研究，车内 VOC 有如下几个特点：

① 历时变化：一般来说，车内 VOC 的浓度会随着时间的推移有所降低，但不同物质的降幅有所不同，如图 2-35 所示。

② 温度依存性：车内 VOC 浓度与车厢内温度有关。停放在烈日下的汽车，其车厢内 VOC 浓度可能会上升，如图 2-36 所示。

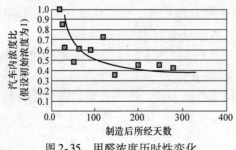

图 2-35　甲醛浓度历时性变化

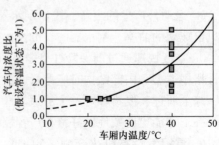

图 2-36　甲醛浓度的温度依存性

③ 通风效果：行驶过程中打开车窗或空调进行通风，可大幅降低汽车内 VOC。

（4）VOC 的检测

VOC 的检测方法是将 GB/T 27630—2011《乘用车内空气质量评价指南》内的限值要求作为整车空气质量的最低要求，然后将其分解到各级零件，再从零件分解到材料，如图 2-37 所示。通过材料—部件—整车三级控制，来实现车内空气质量的控制和提升，具体如下：

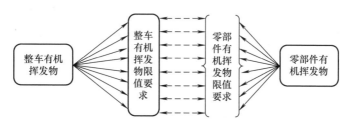

图 2-37　零件与整车的 VOC 关系

① 材料的检测方法普遍以 VDA270、275 – 278 为蓝本进行气味、甲醛、雾翳和总碳的检测和控制。

② 部件的检测常用方法有袋式法和箱式法，如图 2-38 所示。袋式法指将样件装入一定尺寸氟塑料采样袋中，充入适量氮气后密封，在给定的温度条件下加热、采集气体的试验方法。箱式法指将样件放入试验箱内（常见为 $1m^3$ 箱），在给定的温度、湿度和空气交换率条件下进行处理后，采集气体的试验方法。

③ 整车空气质量按 HJ/T 400—2007《车内挥发性有机物和醛酮类物质采样测定方法》进行测试，限值按 GB/T 27630—2011 进行考核。

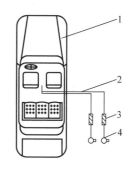

图 2-38　整车空气质量
样品采集示意图
1—受检车辆　2—采样导管
3—填充柱采样管　4—恒流气体采样器

第四节　内外饰发展趋势

一、环保化

随着人们环保意识的不断增强，以及汽车保有量的不断提升，要求内外饰零件从选材、制造、使用、回收等各个环节都要考虑对环境的影响。近些年，去塑料化的概念被提出，通过采用天然材料或生物可降解材料与塑料的混合，可以有效规避塑料不易分解的缺点。

天然材料如木纤维、麻纤维，可运用在门饰板骨架、立柱、顶棚、衣帽架等面积大、型面相对平整的非高关注零件上。同时通过与塑料的合理配比，及色彩纹理的合理搭配，也可以使用在可视零件上，体现环保主题。

生物可降解材料则是在天然材料的基础上更进一步的材料，如聚乳酸（Polylactic Acid，PLA）是一种热塑性的脂肪族聚酯，其结构单元乳酸是一种天然的、用途广泛的有机酸。它是以玉米、小麦、木薯等一些植物中提取的淀粉为原料，由其制成的零件产品废弃后，30 天内就会在微生物、水、酸和碱的作用下彻底分解成二氧化碳和水，不会对环境产生污染，因而是一种完全自然循环型的生物可降解材料。

二、轻量化

材料和模具行业的发展，向来都是工艺进步的助推剂。内外饰零件中最重要的工艺，自然非注射成型莫属，比较代表性的有薄壁注射和注射发泡。

① 薄壁注射成型工艺，顾名思义就是减薄注射成型零件的壁厚，此工艺几乎可以运用在所有塑料件上。对于可视外观件，为了避免注射成型缺陷，保证外观质量，推荐壁厚减薄 10% 以内，材料密度降低 15% 以内，可实现 15% 左右的减重；对于非外观件，在保证结构强度的前提下，推荐壁厚减薄 30% 以内，密度维持不变，可实现 30% 左右的减重。

② 注射发泡工艺可分为物理发泡和化学发泡两种，它们的目的是一致的，即通过在注塑件中增加气孔，使零件在相同的体积下密度降低，从而减轻重量。受工艺机理的限制，可视外观件多采用化学发泡，非外观件多采用物理发泡。

三、功能多样化

一谈到汽车，人们总会提起"发动机、变速器、底盘"三大件，内外饰显得并没有那么受人关注。但随着新能源汽车的日渐兴起和无人驾驶技术的蓄势以待，汽车逐步由驾驶体验为主转向乘坐体验为主，内外饰零部件也从以往的装饰件升级为具有功能性、可交互性、智能网联化的新载体。光、电、人工智能的运用，赋予了内外饰零部件新的生命。

不妨让我们畅想一下未来的汽车将会是怎样的：

清晨你以饱满的精神状态，走出家门，你的座驾缓缓向你驶来，全 LED 虚拟格栅和 OLED 前照灯展显出拟人化的笑脸向你打招呼。当你走近车门时，只需通过语音和面部识别，就可以快速解锁上车。

进入车内，在前风窗玻璃上会显示出当天重要日程、天气、交通等基础信息，同时还会显示关注对象的相关信息。在你给出下一步指示后，汽车就进入自动驾驶模式。只见转向盘自动折叠收至仪表板中，整个仪表板上已经不再是传统的表皮或饰件装饰 + 电器模块 + 显示屏的布局，而是相互融合、没有明显边界的全覆盖柔性装饰屏。你可以直接在装饰屏上进行命令操作。

当你需要休息时，座椅自动向后移动，靠背调节至你的最佳坐姿，腿托缓缓抬起，气动按摩功能随即启动，仪表板上出风口根据车内温度，自动调节到最佳吹风角度和风速，可变色车窗玻璃根据室外光线强度和温度，自动调节至最佳颜色和深度。

当到达目的地后，语音助手会提前通过座椅振动将你唤醒。在行驶过程中，通过集成在座椅上的感应器，已为你进行了全身状态扫描，如心律、体内含水量、体脂含量、肌肉疲劳度等，同时给你提供一份合理的健康参考文档。

根据用户的不同需求，汽车座舱还有商旅会议模式、家庭出行模式、自驾旅行模式等。相信在不久将来，汽车的属性一定会从单一的交通工具转向多元化发展。而内外饰零件设计需要更多地从这些需求点出发，同时扩展电控、声控、触控和软件等方面的技术延伸，真正地实现智能座舱和交互内外饰设计，带来更多新功能，提供更多便捷性，让人类快乐出行。

第三章 照明系统

第一节 照明系统概述

汽车照明系统是指给汽车提供照明和信号的系统，是帮助驾驶员及时了解汽车行驶环境、保证行车安全的汽车必备系统之一。经过一个多世纪的技术发展，汽车照明系统，尤其是前组合灯，从燃料时代的煤油灯发展到电气时代的卤素灯、氙气灯，继而演变至 LED 灯和激光灯，经历了巨大的飞跃。其发展历史如图 3-1 所示。

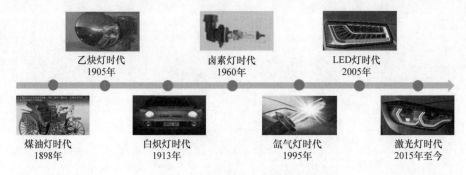

图 3-1　前组合灯发展路线图

汽车照明系统分为外部灯系统和内部灯系统，每个子系统包含的主要灯具如图 3-2 所示。

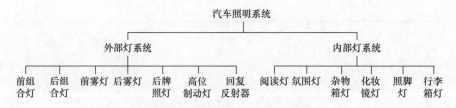

图 3-2　照明系统功能框架图

随着照明系统技术的发展，灯具早已不局限于单纯地满足国家强制性法规要求，还被赋予了更多的功用，如提升整车的外观品质和美观度，提供高性能、智能化和交互式的照明来提升行车安全，增强内饰的氛围感和客户的体验感等。照明系统最大的特点在于它是交互的跨学科系统，物理学科常见的"热、声、电、力、光"均有涉及，整个系统复杂多变，这也是设计中的难点。以下各节主要从灯具的法规、结构、光学、电子、材料等方面来阐述照明系统的设计与开发，同时介绍灯具的新技术与发展趋势。

第二节　外　部　灯

一、外部灯概述

外部灯的作用是保障车辆行驶安全，提高运输效率。不同种类的汽车灯具在各个国家的法规中都明确规定了安装数量、安装位置、光色及配光性能等要求，这些法规要求是各汽车公司和灯具公司都必须遵守的。前文已提及，根据在整车上的安装位置，外部灯主要包括前组合灯、后组合灯、前雾灯、后雾灯、后牌照灯、高位制动灯、回复反射器等灯具，布局位置如图3-3所示。

图3-3　外部灯整车布置位置示意图

根据法规中的定义，外部灯根据功能分为照明和信号灯具。照明灯具包括近光灯、远光灯、前雾灯、角灯；信号灯具包括转向灯、位置灯、昼间行驶灯、制动灯、倒车灯、后牌照灯、后雾灯、回复反射器等。各功能详细定义如下：

① 远光灯：照明车辆前方远距离道路的灯具。

② 近光灯：照明车辆前方道路，对来车驾驶员和其他道路使用者不会造成眩目或不舒适感的灯具。

③ 位置灯：从车辆前方或者后方观察，表明车辆存在及宽度的灯，包括前位置灯和后位置灯。

④ 转向灯：用于向其他使用道路者示意车辆将向右或向左转向的灯具。转向灯也可作为车辆警告系统的一部分，包括前转向灯、后转向灯和侧转向灯。

⑤ 昼间行驶灯：昼间行驶时，便于其他车辆辨别的一种面向前方的灯具。

⑥ 前雾灯：用于改善雾天或者类似低能见度路况下车辆前方道路照明的灯具。

⑦ 角灯：用于向车辆即将转向的近前方道路的转角处提供辅助照明的灯具。

⑧ 制动灯：用于向车辆后方其他道路使用者示意车辆正在制动的灯具。

⑨ 后雾灯：在雾天或者类似低能见度路况下，从车辆后方观察，使得车辆更易辨识的灯具。

⑩ 倒车灯：用于照明车辆后方道路和警告其他使用道路者，车辆正在或即将倒车的灯具。

⑪ 后牌照灯：用于照明后牌照板空间区域的装置，该装置可由几个光学元件组成。

⑫ 回复反射器：通过反射外来光源照射的光，向位于光源附近的观察者示意车辆存在的装置。

以上各功能，其中①②③④⑤一般会包含在前组合灯中，③④⑧⑨⑩一般会包含在后组合灯中。以下各小节将着重对前组合灯和后组合灯的设计开发要点进行具体阐述。

1. 前组合灯

汽车前组合灯根据不同的划分原则有不同的类型。

按照光源种类的不同可以分为白炽前组合灯、卤素前组合灯、氙气前组合灯、LED 前组合灯、激光前组合灯等。

按照配光设计的不同可以分为反射式前组合灯、投射式前组合灯。

按照汽车装备的数量可分为两灯制前组合灯系统、四灯制前组合灯系统等。

汽车前组合灯在构造上大体分为配光镜、反射镜、光源（光源模块）、饰圈和灯光调节机构等部分。其结构分解图如图 3-4 所示。

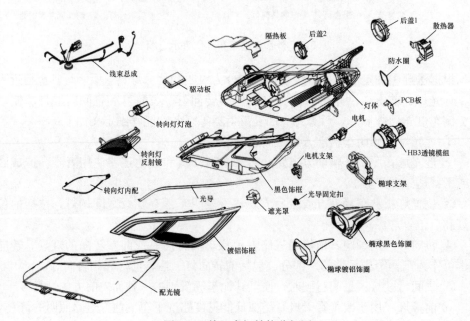

图 3-4　前组合灯结构分解图

2. 后组合灯

汽车后组合灯按光源种类的不同可以分为卤素后组合灯、LED 后组合灯等。

后组合灯的各个功能根据造型需求集成于一个或几个灯中。与前组合灯一样，每个灯的构造通常包含配光镜、反射镜、灯体、饰圈、光源（光源模块）、插接件、紧固件等。其结构分解图如图 3-5 所示。

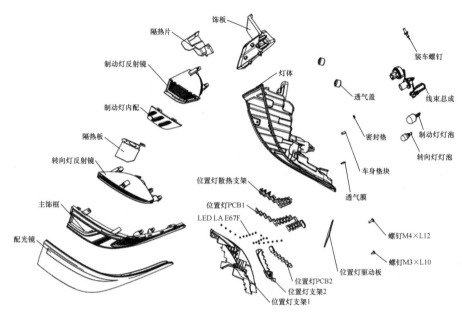

图 3-5 后组合灯结构分解图

二、外部灯技术要求

1. 标准与法规

鉴于外部灯对于交通安全的重要作用，世界各国都以法规形式规定了外部灯标准要求，且灯具法规不尽相同。目前全球汽车市场中，接受度最高的是 ECE 法规（Economic Commission of Europe，ECE），即 E 标志认证。我国汽车灯具法规通过行业管理部门的整合，已建立起一套比较完善的、适应中国国情的标准法规体系。

（1）标准体系框架

外部灯标准针对灯具的光源、安装位置、配光等方面做了详细的要求。标准体系框架如图 3-6 所示。

（2）外部灯技术标准体系表

外部灯及灯光领域技术标准体系见表 3-1，其中仅包括汽车归口的本专业领域技术标准。

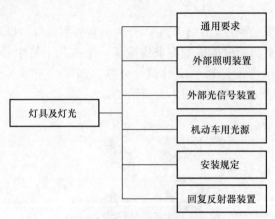

图 3-6　外部灯标准体系框架

表 3-1　外部灯及灯光领域技术标准体系表

序号	标准号	标准名称	对应标准
		通用要求	
1	GB/T 10485—2007	道路车辆　外部照明和光信号装置　环境耐久性	ISO/DIS 12346
		外部照明装置	
2	GB 4599—2007	汽车用灯丝灯泡前照灯	ECE R. 1&2 ECE R. 5 ECE R. 8 ECE R. 20 ECE R. 31 ECE R. 112
3	GB 21259—2007	汽车用气体放电光源前照灯	ECE R. 98
4	GB 21260—2007	汽车用前照灯清洗器	ECE R. 45
5	GB 25991—2010	汽车用 LED 前照灯	ECE R. 112
6	GB 4660—2007	汽车用灯丝灯泡前雾灯	ECE R. 19
7	GB/T 30036—2013	汽车用自适应前照明系统	ECE R. 123
		外部信号装置	
8	GB 5920—2008	汽车及挂车前位灯、后位灯、示廓灯和制动灯配光性能	ECE R. 7
9	GB 11554—2008	机动车和挂车用后雾灯配光性能	ECE R. 38
10	GB 15235—2007	汽车及挂车倒车灯配光性能	ECE R. 23
11	GB 17509—2008	汽车及挂车转向信号灯配光性能	ECE R. 6
12	GB 23255—2009	汽车昼间行驶灯配光性能	ECE R. 87
13	GB 18409—2013	汽车驻车灯配光性能	ECE R. 77
14	GB 18099—2013	机动车及挂车侧标志灯配光性能	ECE R. 91
15	GB 18408—2015	汽车及挂车后牌照板照明装置配光性能	ECE R. 4
16	GB/T 30511—2014	汽车用角灯配光性能	ECE R. 119

（续）

序号	标准号	标准名称	对应标准
		机动车用光源	
17	GB 15766.1—2008	道路机动车辆灯泡 尺寸、光电性能要求	ECE R.37
18	GB/T 15766.2—2007	道路机动车辆灯泡 性能要求	ECE R.37
19	GB/T 15766.3—2007	小型灯	ECE R.37
		安装规定	
20	GB 4785—2007	汽车及挂车外部照明和光信号装置的安装规定	ECE R.48
		回复反射装置	
21	GB 11564—2008	机动车回复反射器	ECE R.3
22	GB 19151—2003	机动车用三角警告牌	ECE R.27
23	GB 23254—2009	货车及挂车 车身反光标识	FMVSS571.108
24	GB 25990—2010	车辆尾部标志板	ECE R.69 ECE R.70

（3）外部灯法规对车灯设计的要求

外部灯的法规检查包括但不限于安装位置、视认角、配光、安全及行人保护等，具体如下：

① 根据 GB 4785—2007 对灯具的安装位置、视认角等进行相应的法规校核，见表3-2。

表3-2　安装位置和视认角法规一览表

参数				安装位置/cm				视认角/(°)			
A—与车身外缘距离 B—车灯间距 C—最低点高度 D—最高点高度 I—内侧视认角 O—外侧视认角 U—上侧视认角 D—下侧视认角											
功能	数量	颜色	A_{max}	B_{min}	C_{min}	D_{max}		I_{min}	O_{min}	U_{min}	D_{min}
近光灯	2	白色	400	600	500	1200 或 1500①		10	45	15	10
远光灯	2	白色	—	—	—	—		5	5	5	5
前雾灯	2	白色或黄色	400	—	250	800		10	45	5	5
昼间行驶灯	2	白色	400	600	250	1500		20	20	10	10
前位置灯	2	白色	400	—	350	1500		45	80	15	15 或 5③
后位置灯	2	红色	400	—	350	1500		45	80	15	15 或 5③

（续）

功能	数量	颜色	A_{max}	B_{min}	C_{min}	D_{max}	I_{min}	O_{min}	U_{min}	D_{min}
前转向灯	2	琥珀色	400	600	350	1500	45	80	15	15 或 5③
侧转向灯	2	琥珀色	—	—	350	1500	30	5	15	15 或 5③
后转向灯	2	琥珀色	400	600	350	1500	45	80	15	15 或 5③
制动灯	2	红色	400	600	350	1500	45	45	15	15 或 5③
高位制动灯	1	红色	居中	—	850 或 150②	—	10	10	10	5
倒车灯	1 或 2	白色	—	—	250	1200	45 或 30④	45	15	5
后雾灯	1 或 2	红色	—	—	250	1000 或 1200⑤	25	25	5	5
回复反射器	2	红色	400	—	250	900 或 1500⑥	30	30	10	10 或 5③
牌照灯	1 或 2	白色								
参数			安装位置				视认角			

① 对于 N3G 类（越野）车辆，最大高度可增加到 1500mm。

② 离地高度大于 850mm 或其下边缘高于玻璃下边缘 150mm，且高于制动灯上边缘。

③ 当灯的离地高度小于 750mm 时，下侧视认角可减至 5°。

④ 若仅安装一只倒车灯，则内侧视认角为 45°；安装两只为 30°。

⑤ 对于 N3G 类（越野）车辆，最大离地高度可增至 1200mm。后雾灯与各制动灯的间距应大于 100mm。

⑥ 若车型结构不能保证安装高度在 900mm 内，可增至 1500mm。

② 根据 GB 4599—2007、GB 21259—2007、GB 25991—2010、GB 5920—2008、GB 17509—2008、GB 23255—2009 及 ECE R112、ECE R123、ECE R7、ECE R6、ECE R87 等对灯具的配光进行验证。

③ 根据 GB/T 24550—2009《汽车对行人的碰撞保护》、ECE R94 行人保护要求对灯具的行人保护进行确认。通常根据碰撞区域或得分要求，对前组合灯进行相应的设计，包括灯体到前盖的距离、灯体在碰撞后的溃缩量等。

（4）法规认证要求

灯具认证是灯具进入市场的通行证，分为零部件认证和整车认证两个部分。灯具零部件认证一般在灯具零部件试验完成后进行。各汽车生产大国都对整车认证有严格的标准，我国主要采取 CCC 认证，与 ECE 近似，它包括先前的产品安全认证、进口安全质量许可制度以及电磁兼容认证等。

2. 外部灯试验要求

外部灯在车辆使用过程中处于非常严苛的环境，如太阳暴晒、高低温、剧烈振动、腐蚀性雨水冲刷等。为保证外部灯在使用过程中性能稳定可靠，设计时需对外部灯具进行一系列材料和性能方面的试验验证。

（1）外部灯材料试验

综合考虑外部灯实际使用环境以及所用材料类型，材料性能主要通过以下两大类试验进行考核及验证：

① 总成材料性能测试。

② 子零件材料性能测试。

（2）外部灯性能试验

试验样品在试验前必须进行外观检查，检查项有配光镜是否存在斑点、开裂、变形等，反射镜和饰圈是否存在尘点、起泡、镀铝不良、涂料缺失等。除非另有说明，施加在插接件端子上的电压应尽可能优先使用直流电源。如果没有直流电源，也可使用从交流电转换过来的直流电，但电压峰值的波动变化通常要小于所供电压的1.5%。根据车辆的使用环境，按照表3-3所列的试验条目进行性能测试。

表3-3 外部灯具性能试验项目汇总表

序列	试验类型	试验名称	适用范围
1	灯具子零件试验	配光镜涂层附着力试验	车前部灯具
2		盐雾试验	所有外部灯具
3		碎石冲击试验	车前部灯具
4		耐试剂试验	所有外部灯具
5	法规试验	配光及色度值测试	所有外部灯具
6	调光试验	配光范围试验	前组合灯和前雾灯
7		调光力矩试验	前组合灯和前雾灯
8		灯光标定试验	前组合灯
9	密封性试验	气密试验	所有外部灯具
10		配光镜－反射镜/配光镜－灯体粘接力	车前部灯具
11		防尘试验	所有外部灯具
12	电性能试验	工作电压试验	所有外部灯具
13		反向保护试验	所有外部灯具
14		操作电压缓慢降低/增加试验	所有外部灯具
15		超短时间电压下跌试验	所有外部灯具
16		绝缘电阻试验	所有外部灯具
17		快速充电/跳变试验	所有外部灯具
18		LED 持续点灯试验	LED 功能
19		LED 脉冲点灯试验	LED 功能
20		电磁兼容性试验	LED、电动机等电子部件
21	温度试验	空气中热冲击试验	所有外部灯具
22		温度试验	所有外部灯具
23		常温点灯试验	所有外部灯具

(续)

序列	试验类型	试验名称	适用范围
24	雾气试验	水密性测试	所有外部灯具
25		耐湿测试	所有外部灯具
26		结雾试验	车前部灯具
27	机械性能试验	石击试验	车前部灯具
28		复合振动试验	所有外部灯具
29		跌落试验	所有外部灯具
30		机械冲击试验	所有外部灯具

针对上述性能试验，选择其中一些关键性能试验进行具体阐述：

① 气密测试：该试验用于测试灯具的密封性能。试验采用橡皮泥密封灯具通气结构，仅保留一个通气结构连接通气管，给试验样品通气加压，并完全浸没到水平面下，试验过程中应无气泡产生。

② 超短时间电压下跌：该试验考核 LED 电路在车辆起动瞬间，电压下跌后恢复正常电性能的能力。按图 3-7 所示的波形进行试验，试验后试验样品需进行全功能检测，试验样品应能正常工作。

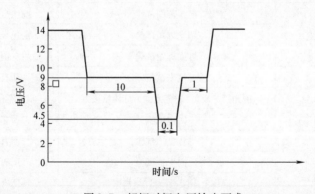

图 3-7　超短时间电压输出要求

③ LED 持续点灯试验：该试验主要考核 LED 及其控制单元的耐久性。试验前，需检测试验样品的配光性能；试验过程中，采用额定电压点亮试验样品，持续点灯一段时间；试验后，要求所有功能正常，重新对试验样品进行配光检测，配光值变化率不能超过 25%。

④ 温度测试：该试验考核在一定的环境温度下点灯，灯具内各种材料的耐温能力。试验中采用设定的点灯节拍和环境温度变化节拍进行试验。试验中及试验结束后，样品不能出现任何明显的材料变形、变色等变化；不能出现影响灯具功能的损坏；试验后灯泡能正常更换且符合气密测试要求。

⑤ 雾气试验：通过设定不同的发动机舱内外的环境温湿度，模拟不同的用车环境（如雨天行驶模式、日间洗车模式、夜间洗车模式）来验证灯具的结雾状况。按图3-8所示安装样品，在试验样品内侧的通气孔后安装吸风管，在试验样品外侧的通气孔后安装送风管。试验样品取出后，静置在试验箱中放置5min观察雾气，记录每一步结束时的雾气状况及消失时间，最终试验结束时不可有雾气。

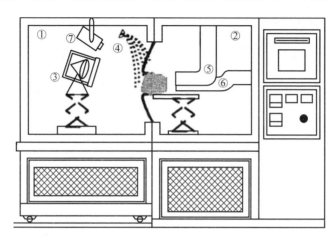

图3-8　结雾试验安装示意图
①—模拟车辆外部空间　②—模拟车辆前舱空间　③—模拟太阳光照射装置
④—雨水喷淋装置　⑤—通风装置　⑥—加热装置　⑦—摄像装置

⑥ 复合振动试验：该试验模拟整车的振动方式，考核灯具在振动环境下保持功能及结构的可靠性。复合振动设备庞大且自身振动强烈，安装位置必须与地面紧贴。试验采用随机振动模式，温度范围通常在 $-40 \sim 70$℃。为了验证在振动的环境中灯具功能的可靠性，通常会在振动试验过程中按照一定的点灯节拍进行点灯。试验后试验样品不得出现开裂、松动、明显变形等影响功能的缺陷；试验样品在试验中和试验后功能正常，试验后灯泡能正常更换，气密测试、调光力矩和调光范围仍符合要求，并需对近光的明暗截止线的窜动量进行检测。复合振动点灯设备如图3-9所示。

图3-9　复合振动点灯设备

Tips1 汽车使用面临各种严苛气候及道路环境的挑战，对于汽车灯具来讲，关键的性能体现在密封、抗振动、耐高温及点灯寿命，因此相关零部件试验需要特别关注。

三、外部灯结构设计

外部灯是实现各部分功能的重要基础，下面从外部灯的安装定位、安全要求、维修要求和结构设计要求等方面简要介绍外部灯的设计。

1. 安装定位

为保证灯具与周边零件匹配的一致性及灯具的安装强度，需要对灯具的安装定位进行规范。

灯具的定位一般要满足"3-2-1定位原则"，如图3-10所示：用3个点模拟"面接触"，限制3个方向自由度；用2个点模拟"线接触"，限制2个方向自由度；用1个点模拟"点接触"，限制1个方向自由度。6个自由度都限定后，灯具的位置实现锁定。

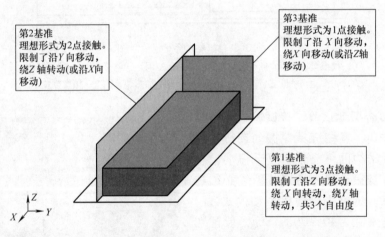

图3-10 3-2-1定位原则

对于整车坐标系，X向是车辆前后方向，Y向是车辆左右方向，Z向是车辆上下方向。

灯具一般通过螺栓、定位销与车身连接。安装点需布置均匀，并分布在灯具重心的四周，以保证安装的稳定性。下面分别以前组合灯、后组合灯为例，详细介绍灯具的安装定位。

以某车型前组合灯的安装定位为例，如图3-11所示。

① 安装点1为第一定位点，布置在翼子板翻边处，定位 $X/Y/Z$ 向。

② 安装点2为第二定位点，布置在翼子板下部，定位 X 向。

③ 安装点 3 布置在前组合灯灯体内侧下部，定位 X 向。

④ 安装点 4 布置在前组合灯灯体内侧上部，定位 Z 向。

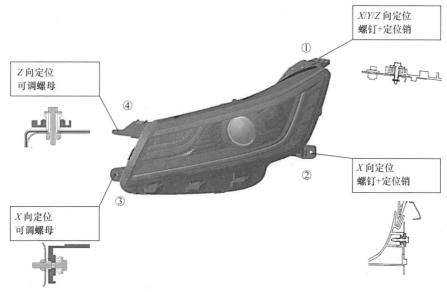

图 3-11　前组合灯安装定位示意图

后组合灯根据安装位置一般分为固定侧（后组合灯 A）与移动侧（后组合灯 B）。通常，固定侧安装在侧围上，移动侧安装在尾门上。

后组合灯 A 通常设计四处安装点，通过销钉、卡扣、螺栓与侧围连接，安装牢靠且易于拆装，如图 3-12 所示。

① 安装点 1 为主定位，通过定位销与钣金件上的卡扣连接，定 X/Z 向。

② 安装点 2 通过螺栓与钣金件连接，定 X/Z 向。

③ 安装点 3 通过螺栓与钣金件连接，定 X 向。

④ 安装点 4 为辅助定位，后组合灯与钣金件上的卡扣连接，定 Y 向。

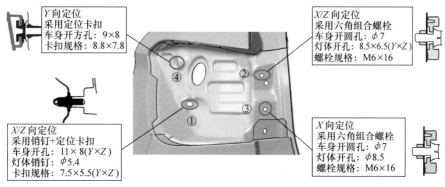

图 3-12　后组合灯 A 安装定位示意图

后组合灯 B 通常设计三处安装点，通过热烫螺钉与尾门上的螺母连接，如图 3-13 所示。

① 安装点 1 为主定位，定 $X/Y/Z$ 向。

② 安装点 3、4 通过灯体上的顶筋与钣金圆台接触，定 X 向。

③ 安装点 2 为辅助定位，定 Z 向。

④ 安装点 5 不做定位要求，通过热烫螺钉与钣金件固定。

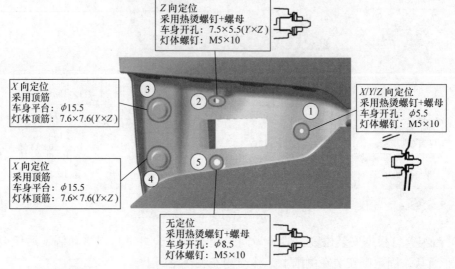

图 3-13   后组合灯 B 安装定位示意图

2. 布置要求

灯具与很多周边零件有配合和装配关联。为保证灯具在整车工况下功能正常，需符合以下布置要求。

（1）装配间隙要求

灯具与周边零件不能产生干涉、摩擦，需保证足够的装配间隙，具体要求如下：

① 与有安装关系的零件建议保持 3mm 以上间隙，如前组合灯与翼子板、后组合灯与车身钣金件等。

② 与相邻静态零件建议保持 10mm 以上间隙，如前组合灯与洗涤壶、熔丝盒等。

③ 与相邻动态零件的运动包络建议保持 0.5mm 以上间隙，如前组合灯与前盖、后组合灯与行李箱盖等。

（2）安全法规的布置要求

当车辆前方与行人发生碰撞时，为降低对行人的伤害，需满足以下设计要求：

① 前组合灯后部及下部需预留足够的空间供灯具碰撞后溃缩。

② 前组合灯如在行人保护区域内，则灯体与上部前盖外板需预留足够的间隙。

为保证车辆发生低速碰撞时，灯具各功能仍能正常点亮，需满足以下空间要求：

① 布置前组合灯时避免灯体结构与缓冲梁前后方向重叠。

② 前组合灯如在碰撞区域内，则灯具后部需预留足够的溃缩空间。

（3）维修空间要求

灯具在使用过程中光源可能发生损坏。为方便更换光源，需在设计时考虑维修空间。

对于前组合灯，通常建议不拆除保险杠或通过快速拆除其他前舱内的零部件就可以直接更换光源，需要考虑在灯体后方留出足够的间隙，确保操作空间，如图3-14 所示。

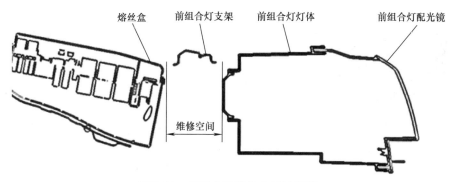

图3-14 前组合灯维修空间示意图

对于自密封的后组合灯，需要先拆灯，再更换灯泡；对于非自密封的后组合灯，可以直接通过后组合灯支架维修孔更换灯泡，节省维修成本及时间。

当尾门内衬为硬饰板时，需在尾门饰板上设计维修盖板，留出后组合灯安装工具及插拔接插件所需的空间，如图3-15 所示。

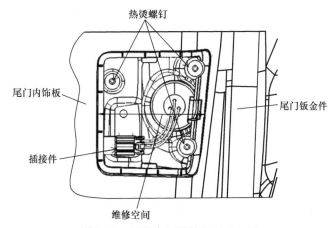

图3-15 后组合灯维修空间示意图

3. 结构设计

外部灯的结构设计需要综合考虑造型、法规、光学、电子、耐热等诸多因素。下面通过灯具内部的几个典型断面，简要介绍其设计要点。

（1）前组合灯近光典型断面

近光典型断面主要体现近光模块与配光镜的距离、出光角度、周边间隙等设计要求，如图 3-16 所示。在设计过程中需注意：

① 前组合灯配光镜与保险杠及饰条的匹配要求。

② 各个子零件之间的配合间隙需满足制造公差。

③ 近光模块与配光镜的距离建议不小于 65mm，近光模块与后部灯体的距离建议不小于 35mm，以满足耐热要求。

④ 近光模块下侧出光角度建议不小于 10°，以满足路面照明的要求；同时避免配光镜特征影响光线偏折。

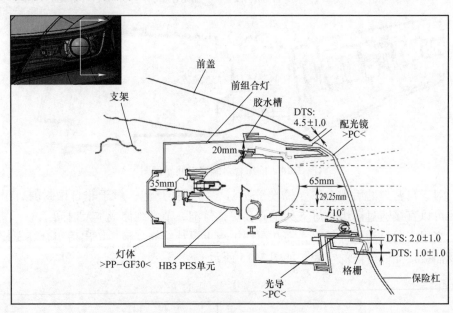

图 3-16　前组合灯近光典型断面

（2）前组合灯光导典型断面

光导是一种实现条状发光的光学结构。前组合灯光导的典型断面如图 3-17 所示。光导的设计要求如下：

① 光导的曲率半径建议大于 5 倍光导直径，以满足光学设计要求。

② 光导与光源的定位需满足光学设计要求。

③ 光导的安装定位需避免卡扣、螺钉结构外露。

④ 光导发光面上需避免出现浇口、抽芯线等特征。

⑤ 光导光学花纹的加工需满足光学设计要求。

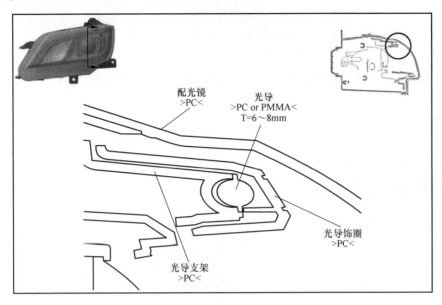

配光镜
>PC<

光导
>PC or PMMA<
T=6~8mm

光导饰圈
>PC<

光导支架
>PC<

图 3-17　前组合灯光导的典型断面

（3）前组合灯聚光器典型断面

聚光器是一种将点光源转化成面光源的光学结构。前组合灯聚光器典型的断面如图 3-18 所示。聚光器的设计要求如下：

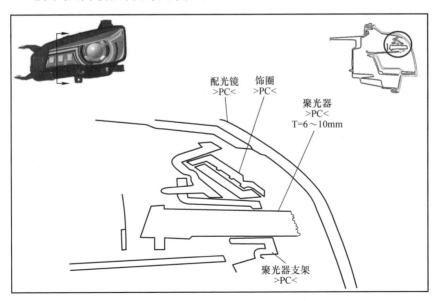

配光镜
>PC<

饰圈
>PC<

聚光器
>PC<
T=6~10mm

聚光器支架
>PC<

图 3-18　前组合灯聚光器典型断面

① 聚光器发光面的 X 向落差需考虑光学设计要求，建议厚度 35～50mm。

② 聚光器与光源的安装定位需满足光学设计要求。

③ 聚光器发光面上需避免出现浇口、抽芯线等特征。

④ 聚光器的安装定位需避免卡扣、螺钉结构外露。

⑤ 聚光器的材料选择需考虑材料的韧性、透光率及高温稳定性。

（4）后组合灯典型断面

后组合灯典型断面如图 3-19 所示，断面中主要体现了各功能的开口尺寸，光源到周边零件的距离及各个子零件之间的配合。在设计过程中主要需注意：

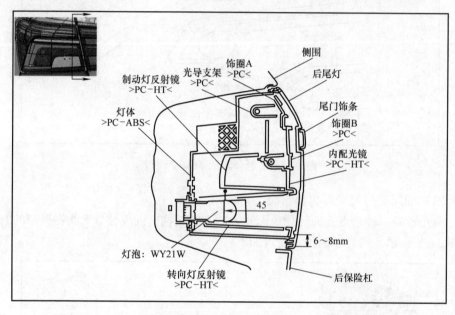

图 3-19　后组合灯典型断面

① 各功能的开口尺寸需满足配光的要求。

② 卤素光源到内配光镜及侧壁的距离需大于 45mm，以满足耐热需求。

③ 各子零件之间的配合间隙应大于 1mm，以满足制造公差。

④ 饰圈及反射镜上要设计挡光结构，避免各功能之间的窜光。

⑤ 灯具周边的焊接结构尺寸应在 6～8mm，以满足制造的要求。

4. 其他要求

（1）前组合灯调光要求

① 调光力矩满足生产要求。

② 调光螺栓周边要求留有足够工具操作空间，以便工具伸入调节。

（2）灯具内部线束要求

① 插拔力要求：需满足灯具试验及使用可靠性要求。

② 线束固定要求：线束走向合理，固定点均匀分布，满足灯具使用可靠性要求。

四、外部灯光学设计

外部灯具不仅需要满足基本的法规要求，也需要良好的灯光性能和发光效果，因此整个光学系统的设计和评价就显得特别重要。

1. 光学系统设计要求

对于不同的功能，光学系统设计要求不尽相同。具体来说，灯光性能是针对照明功能的要求，主要从远光和近光照射的直道引导距离、路口行人探测宽度、主照明区域宽度、眩光度、总光通量、远光最亮值等方面进行评价。

发光效果主要是针对信号功能的要求，良好的发光效果需要发光面有较高的均匀度，不能出现明显的漏光、窜光、杂散光等问题。

2. 光学系统计算机辅助设计

计算机辅助设计（CAE）在光学设计和评价中占据很重要的地位，光学系统需要依靠 CAE 进行设计分析，以便在前期评估强制性法规要求和路面照度、均匀性等要求。在前期设计阶段，CAE 模拟可以有效地指导光学设计并改进相应的缺陷。图 3-20a 是某车型后组合灯不同视角的 CAE 点亮效果图，图 3-20b 是近光的 CAE 法规测试结果与路面照射效果。

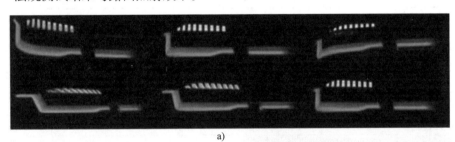

a)

b)

图 3-20 CAE 模拟示意图（见彩插）

3. 光学系统设计指导

光学系统的设计原理是通过光学结构（如抛物反射面、菲涅尔透镜、光导、聚光器等），把光源发出的光线收集并准直，再通过可控的光学设计，如反射镜上反射花纹、配光镜折射花纹、光导齿等，将光线分布到配光法规所要求的测试点或测试区域，同时满足路面照度和点亮效果的要求。

以信号灯的设计为例，法规要求的测试点和测试区域如图 3-21 所示。

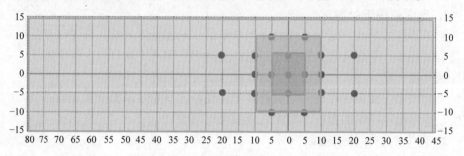

图 3-21　法规要求的测试点和测试区域

根据光学系统的设计原理，信号灯光学系统主要由光源、配光镜、反射镜组成。对于灯泡光源的设计，各系统参数对光学的影响见表 3-4。

表 3-4　光学系统参数说明

类别	重要参数	参数作用
光源	灯泡型号	影响光通量、光型
	灯泡座尺寸	影响反射面切除区域的大小
	灯丝位置	影响空间布置、出光效率、热学
配光镜	花纹形式	影响外观、光扩散
	花纹间距	影响光扩散、模具加工
	花纹拱高	影响水平和垂直方向扩散角
反射镜	反射镜焦距	影响空间布置、出光效率
	反射面数量、大小	影响光扩散、模具加工
	反射面拱高	影响水平和垂直方向扩散角
	反射面面积	影响无效区域大小

对于 LED 光源的设计，光学系统更加复杂多变，发光效果也更加丰富多彩。常见的位置灯光学系统如图 3-22 所示。

Tips2　影响光学系统的设计因素和光学方案有多种，需根据造型的诉求和目标成本选定合适的方案，完成最优设计。

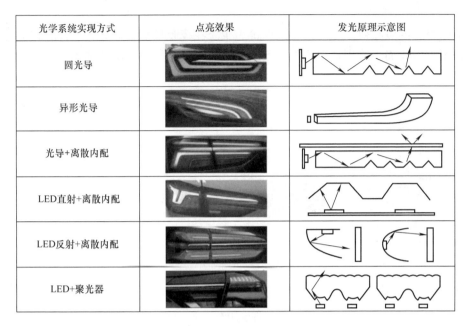

光学系统实现方式	点亮效果	发光原理示意图
圆光导		
异形光导		
光导+离散内配		
LED直射+离散内配		
LED反射+离散内配		
LED+聚光器		

图 3-22　常见的位置灯光学系统（见彩插）

4. 光学系统的评价方法

针对照明灯和信号灯，需要对产品进行灯光评价，以优化产品的灯光性能和点亮效果。具体评价方法如下：

（1）照明灯评价

照明灯的评价通常会把 3lux（勒克斯，照度单位，指单位面积上所接受可见光的能量）的照度值设定为能够对道路特性、行人及障碍物进行识别的阈值，针对的是多数顾客较为满意的性能目标。考虑到灯具外观、结构可能对灯光性能产生影响，评价时需根据实际情况综合评定。照明灯的评价一般分为静态和动态两种：静态评价指夜晚环境，车辆静置在特定的场地上（一般要求长 200m、宽 15m 以上），驾驶员评价灯光在路面的整体性能表现；动态评价指夜晚环境，驾驶员在不同的路况上驾驶车辆，评估灯光性能对车辆行驶的实际影响。远近光的主要评价区域示意图如图 3-23 所示。

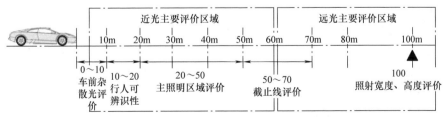

图 3-23　远近光的主要评价区域示意图

（2）信号灯评价

信号灯的点亮效果评价以主观评价为主。在夜晚环境，对灯具进行静态主观评审，要求发光面不能出现引起人眼不适的缺陷。信号灯的评价区域和评价位置如图3-24所示。

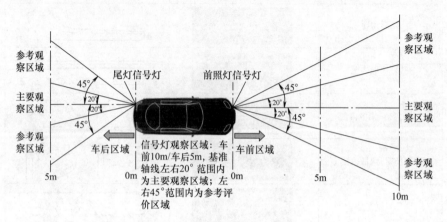

图3-24   信号灯的评价区域和评价位置

五、外部灯电子设计

1. 电子设计概述

当前氙气灯和LED灯已经普及，激光灯和OLED灯也开始逐步进入市场，智能灯光和信息交互已成为灯光发展的新趋势，这对汽车灯具的电子驱动和控制提出了新的要求。

电子驱动主要为光源工作提供电能。以LED灯具为例，因为乘用车的整车供电电压一般在13.5V上下波动，而LED电压微小的变化会导致驱动电流发生很大改变，所以为保证LED驱动电流的稳定性，不能用汽车电池直接为LED提供电能，需要通过电子驱动模块为LED提供恒定的电流。

电子控制主要是实现各光源单位按照设定的时间和亮度点亮，如常用的功能复用（亮度变化）、时序点亮、动态欢迎、自动调光和自适应前照灯（Adaptive Driving Beam，ADB）等，都需要特有的电路控制设计，更多的是需要一个或多个专用的微处理器和配套的软件对光源进行控制。

同时，灯具的这些功能和效果的实现也需要与车身电器架构配合，需要系统地规划电源的分配、触发形式、车身信号、与整车其他电器部件的通信等。由于电子控制的复杂性、多样性，本小节不再做过多阐述，主要从常见的LED驱动方案和电子可靠性要求进行介绍。

2. LED车灯驱动方案

LED是目前车用市场应用前景最广泛的光源，本小节分别从电阻限流、线性恒流和开关电源简述 LED 的三种主要驱动方案。

（1）电阻限流

电阻限流的原理是通过串联电路中的限流电阻，限制所在支路的电流，以防止电流过大烧坏所串联的元器件。该驱动方式的优点是电路简单，成本低廉，但是调节性能较差，并且接入电阻会导致整个电路的效率变低。其应用条件为 LED 电压小于最小电池电压，即仅能在降压状态下工作，不能在升压状态下工作，通常应用于高位制动灯、后位置灯等。

（2）线性恒流

线性恒流的原理是通过工作于线性区的功率晶体管或场效应管限制流过的电流，实现对 LED 的恒流。该驱动方式的优点是成本较低、抗电磁干扰好，但是存在效率低、发热严重（热损耗大）和体积大（需要大尺寸散热片）等缺点。其应用条件为 LED 电压小于最小电池电压，即仅能在降压状态下工作，不能在升压状态下工作，功率较大时也不建议使用，通常应用于制动灯、倒车灯、转向灯和位置灯等。

（3）开关电源

开关电源即直流变换器（DC/DC），可以将直流电转换成另一固定电压或者电压可调的直流电。这种方案可满足目前所有 LED 光源的电流范围，可设计的输出电压范围广，此外还具备效率高（可达 90% 以上）、发热小、对 LED 恒流效果好等优点，但是成本相对较高，电磁干扰大，外围电路比较复杂，对电路和印刷电路板（PCB）的设计有更高的要求。就电压变化形式而言，包括降压型、升压型和升降压型三种类型，适用于远近光、昼间行驶灯、转向灯等较大功率的应用。

三种 LED 驱动方式如图 3-25 所示。

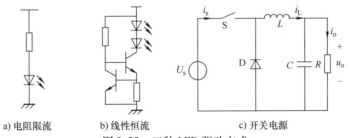

a) 电阻限流　　　b) 线性恒流　　　　　　c) 开关电源

图 3-25　三种 LED 驱动方式

3. 电子可靠性要求

作为整车电器的子系统，车灯功能越复杂多样，对整车电子系统可靠性产生影响的因素就越多。车灯电子的可靠性又直接影响安全性和客户感知，因此其重要性日益突显，要求越来越高。其中硬件、软件和电磁兼容是电子可靠性主要涉及的方面。

（1）硬件可靠性要求

硬件可靠性主要包含：电路设计的可靠性、电子元器件的可靠性、系统的热设计以及 PCB 的可靠性等。

在电路设计验证阶段需要充分考虑各电路的功能和参数的匹配，各类保护电路也需要根据需求设计；电子元器件的选用与控制应该在满足电路各项基本功能的基础上，确保其耐压、工作温度、精度和寿命等满足系统要求，原则上需使用汽车级认证的元件；为了满足整个系统的散热要求，需要针对各种工况进行热分析计算，以及据此完成热仿真和散热设计；PCB 的设计需要考虑元件和线路的合理布置、制造工艺能达到的精度和避免元件贴片焊接时可能出现的问题；各个开发阶段都需要进行电路模块和系统的测试，及时发现问题，使整个系统状态清楚和可控。

（2）软件可靠性要求

随着车灯功能越来越丰富，技术要求越来越复杂，其软件规模也不断增加，软件可靠性要求已经成为车灯电子开发不可缺少的部分。设计过程中要建立以可靠性为核心的质量标准，执行规范的开发流程，制定明确的系统需求，并且建立标准化的软件模块，保证阶段性的软件测试和整个开发过程的软件版本管理。

（3）电磁兼容性要求

电磁兼容性（EMC）指针对电子产品在电磁干扰（EMI）环境下的性能及电磁敏感性 - 抗干扰能力（EMS）的综合评定，是产品质量最为重要的指标之一，也是产品可靠性的重要因素之一。

车灯驱动器和控制器的应用必须考虑 EMC 相关的问题。如果 EMC 设计不合理，则会在整车上引起很多问题，如电磁干扰超标导致收音机频段接收异常、喇叭异响以及信号传输失真、在车身或者外部较强干扰的环境下导致车灯功能异常等。

为保证灯具的 EMC 性能，需要在前期设计中充分考虑 EMC 的设计和测试要求。驱动和控制电路的设计需要全面考虑电源系统的方案选择、滤波、接地、脉冲吸收、PCB 设计、屏蔽和软件设计等。

由于 EMC 性能的测试特性，车灯必须在专业的场地进行 EMC 测试验证，通常包括以下测试项目：射频辐射发射、传导发射、瞬态传导发射、射频抗扰自由场法、射频抗扰大电流注入法、耦合抗干扰、瞬态抗干扰、起动抗干扰以及静电放电等。射频辐射发射测试和射频抗扰大电流注入法测试如图 3-26 所示。

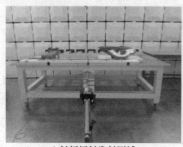

a) 射频辐射发射测试　　　　b) 射频抗扰大电流注入法测试

图 3-26　射频辐射发射测试和射频抗扰大电流注入法测试

六、外部灯常用材料和工艺

在选择灯具材料时，不仅需要考虑塑料件的工艺、结构要求，也需要综合考虑光学、耐热等方面的影响，同时结合整灯成本，做出合理的选择。

1. 外部灯常用材料

（1）材料选择依据

灯具材料需在满足造型和光学法规需求的前提下，保证其在实际使用过程中的可靠性，综合考量各制约条件。影响灯具材料选择的主要因素有耐热性能、造型纹理、加工成型、光学设计等方面。

① 耐热性能：不同的外部灯具造型设计和整车布置不尽相同，需要综合考虑灯具外部和内部的使用环境温度，合理选择材料。灯具设计时需根据外部环境、具体的功能布置及光源配置信息对整灯系统进行热学 CAE 模拟，以确定灯具内部不同零件的材料选择。以材料种类最多的灯具饰圈选材为例，当热学 CAE 模拟温度小于 120℃时，推荐使用普通 PC；当模拟温度为 120～180℃时，推荐使用耐高温PC 或者 PBT；当模拟温度大于 180℃时，推荐使用 PEI。某前组合灯饰圈的热学CAE 模拟结果如图 3-27 所示。

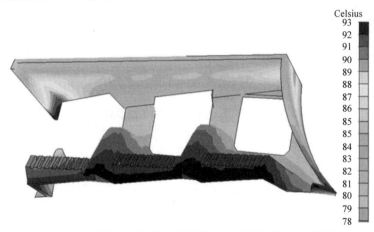

图 3-27　某前组合灯饰圈的热学 CAE 模拟结果（见彩插）

② 造型纹理：由于灯具造型的多样化，尤其是饰圈的色彩纹理定义复杂，一个饰圈上同时存在镀铝、皮纹或者镭雕等多种表面效果的情况日益普遍。根据具体的造型需求，饰圈材料需要有良好的表面处理性能，以将工艺缺陷或者失效风险降至最低。

③ 加工成型：灯具的外部型面弯曲多变，需要灯具材料具备易流动、尺寸稳定等特点，才能满足复杂的成型需求。灯具内部各零件间需要相互连接，结构通常较复杂，因此要求零件材料具有足够的机械强度。在灯具开发阶段，需要通过模流分析和振动分析来判断所选材料是否满足设计要求。图 3-28 所示为某前组合灯饰

圈的模流 CAE 分析结果。

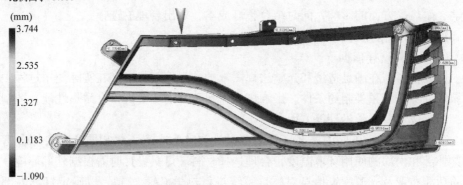

变形,所有效应:Y方向
收缩补偿(G)=0.700%
比例因子=3.000

(mm)
3.744

2.535

1.327

0.1183

-1.090

图 3-28 某前组合灯饰圈的模流 CAE 分析结果（见彩插）

④ 光学设计：不同的光学设计方案，对应光学零件的材料选择也有所差别。例如：已广泛使用的离散型位置灯，使用普通 PC 无法实现，需要选择加入离散剂的 PC 才能实现这种光学效果。需特别提出的是，由于前组合灯、后组合灯均是发光元器件，要求外配光镜选用高透光率的材料。综合考虑其使用环境，前组合灯配光镜普遍选用光学级 PC，后组合灯配光镜普遍选用 PMMA。

（2）灯具常用材料

基于上述影响灯具材料选择的要素，综合灯具实际开发情况，灯具常用材料及主要加工成型特性参数见表 3-5。

表 3-5 灯具常用材料及主要加工成型特性参数

材料	PC	PC – HT	PBT	PMMA	PEI
适用零件	前部灯外配光镜、光导、光学透镜、反射镜、饰圈	饰圈、反射镜	饰圈、反射镜	后部灯外配光镜、光导、光学透镜	饰圈
密度/(g/cm³)	1.19	1.19	1.31	1.19	1.27
维卡/热变形温度/℃	120	140 ~ 180	140 ~ 160	90 ~ 95	215
收缩率(%)	0.5 ~ 0.7	0.8 ~ 0.85	1.5 ~ 2.8	0.2 ~ 0.5	0.5 ~ 0.7
干燥温度/℃	120	120	110 ~ 120	80 ~ 85	150
干燥时间/h	4 ~ 6	4 ~ 6	4 ~ 6	2 ~ 4	4 ~ 6
最大允许含水量(%)	0.02	0.02	0.03	0.02	0.02
成型温度/℃	295 ~ 315	330	250 ~ 275	220 ~ 260	370 ~ 410
模具温度/℃	70 ~ 95	100	40 ~ 80	60 ~ 90	140 ~ 180

2. 外部灯主要工艺

制定灯具工艺时，既要考虑塑料件常用的工艺要求，也要考虑灯具结构、光学以及密封等其他性能要求。灯具常见的工艺有单色注射、双色注射、三色注射、镀铝、涂胶等。

（1）单色、双色和三色注射

① 单色注射。这种工艺在塑料件成型中非常普遍，其原理是将一种颜色的热塑性或热固性塑料利用塑料成型模具和注射机制成各种形状的塑料制品。单色注射的原理图如图 3-29 所示。

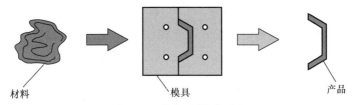

图 3-29　单色注射原理图

② 双色注射。这种工艺普遍应用于灯具的饰圈、配光镜、饰板加工成型。其原理是将两种不同颜色的塑料注入同一模具中进行成型，它能使塑料件中出现两种不同的颜色，简化结构设计，如图 3-30 所示。

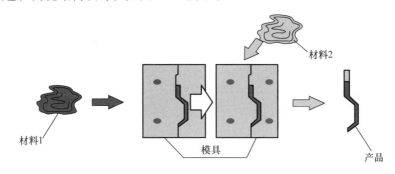

图 3-30　双色注射原理图

如图 3-31 所示，以前组合灯的外配光镜注射为例，它由透明白色 PC 与黑色 PC 通过双色注射而成，实现了单个零件呈现两种颜色的目标。

图 3-31　前灯配光镜双色实例

③ 三色注射。这种工艺多用于后组合灯外配光镜、饰圈的加工成型。其原理是将三种不同颜色塑料通过三次注射成同一产品，更进一步简化了结构设计并丰富了产品的设计层次，缺点是模具复杂且价格高昂，如图 3-32 所示。

一次注射　　　　　二次注射　　　　　三次注射
材料1　　　　　　材料2　　　　　　材料3

图 3-32　三色注射原理图

如图 3-33 所示，以后组合灯的外配光镜注射为例，它由透明红色 PMMA、透明白色 PMMA 以及粉色 PMMA 三种材料通过三次注射而成。第一步先注射红色材料，第二步注射粉色材料，最后一步注射白色材料，实现了单个零件呈现三种颜色的目标。

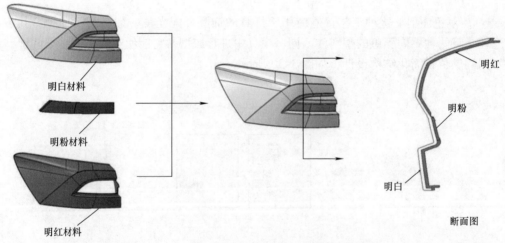

明白材料

明粉材料

明红材料

明红

明粉

明白

断面图

图 3-33　后灯配光镜三色实例

（2）镀铝

为了使灯具反射镜达到良好的光学性能，同时满足造型要求的晶亮外观效果，需要对反射镜进行镀铝。一般采用真空镀铝，以 PC – HT 材料反射镜为例，如图 3-34所示，其加工方法是将要蒸镀的反射镜置于高真空槽内，对铝加热使其蒸发；蒸发的铝蒸汽自由散射，附着于反射镜表面上，形成金属薄膜，从而使反射镜表面具有金属外观。镀铝工序主要包括前处理、烘干、真空蒸镀、表涂、烘烤、硅油等。

（3）涂胶

前组合灯有密封防水的要求，如图 3-35 所示，灯体与外配光镜采用胶来连接密封。胶的性能和涂胶工艺直接影响灯具的外观、尺寸及性能。

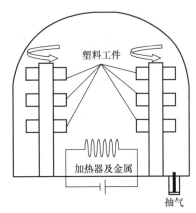

图 3-34　真空镀铝示意图

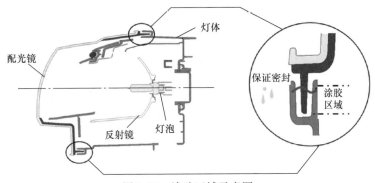

图 3-35　涂胶区域示意图

目前普遍采用机器人进行布胶，先将胶水槽火焰活化处理，增强胶的黏结附着力，然后均匀布胶，如图 3-36 所示。

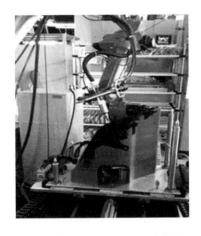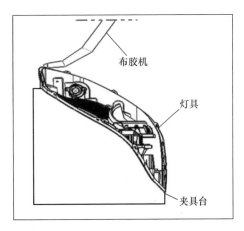

图 3-36　机器人布胶示意图

目前车灯行业用胶的种类及适用性见表 3-6。

表 3-6 车灯行业用胶种类

| 灯具 | 热熔胶 | | | | 双组分硅胶 | 单组分硅胶 |
	丁基	APAO	聚酰胺	反应性聚氨酯		
前组合灯	●	●	●	●	●	●
雾灯	/	/	/	●	●	●
后组合灯	●	●	●	●	●	●

注：●表示适用；/表示不适用。

第三节 内 部 灯

一、内部灯概述

汽车内部灯用于汽车内部的照明和环境烘托，主要包括阅读灯、内顶灯、照脚灯、氛围灯、化妆镜灯、杂物箱灯、行李箱灯等。各灯具的功能定义如下：

① 阅读灯：为乘客阅读地图、书籍或者其他读物时提供照明的灯具，可以通过开关开启。

② 内顶灯：用于室内照明和示警车门是否可靠关闭的灯具，常与阅读灯共用。

③ 照脚灯：用于照明前后搁脚区域，包括驾驶员踏板区域的灯具。

④ 氛围灯：用于营造车内氛围灯光的装饰灯具。

⑤ 化妆镜灯：用于乘客看化妆镜时，提供温和均匀照明的灯具。

⑥ 杂物箱灯：用于乘客在杂物箱中存取物品时提供照明的灯具。

⑦ 行李箱灯：用于行李箱提供照明的灯具。

内部灯在整车上的布置位置如图 3-37 所示。

图 3-37 内部灯在整车上的布置位置

内部灯相较外部灯而言更注重主观感受。为配合不同内饰风格的搭配和便于乘员的使用，内部灯的设计更要考虑人机舒适性，如光色的冷暖、亮度的高低、布置位置的合理性等。在满足照明要求的同时，如何提供更加舒适的环境光，是内部灯需考虑的主要因素。

二、内部灯结构设计

内部灯的种类繁多,下面以典型的阅读灯和氛围灯为例介绍内部灯的结构设计要求。

1. 阅读灯结构设计要求

在对阅读灯进行结构设计时,需要完成布置检查以及装配检查,灯具内部零件间、与外部边界间不应存在静态干涉、装配路径干涉和运动干涉。阅读灯常见的安装和紧固方式有两种:卡脚固定和螺钉固定。

(1)卡脚固定

如图 3-38 所示,灯体通过两个卡脚和两个金属簧片固定在顶棚边框上,易于安装和拆卸。

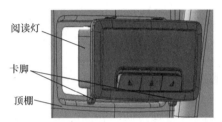
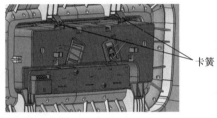

图 3-38 阅读灯安装示意图

(2)螺钉固定

如图 3-39 所示,灯体通过四个螺钉安装于钣金件上。此安装方式适用于灯体重量较大的阅读灯,缺点在于通过螺钉型面定位,对钣金件尺寸精度要求高,容易与周边零件匹配不佳。

2. 氛围灯结构设计要求

随着消费者对驾乘体验和豪华氛围需求的不断提升,近年来氛围灯在车内的应用越来越多,以下主要介绍直射式和隐藏式两种典型形式的氛围灯。图 3-40所示为直射式和隐藏式氛围灯的典型断面示意图。

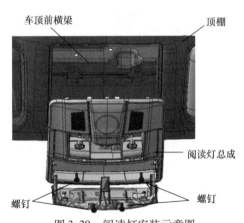

图 3-39 阅读灯安装示意图

直射式氛围灯既可以通过喷漆镭雕工艺发光,也可以直接通过外配光镜发光。前者发光宽度较窄,比较有精致感;后者发光区域宽度较大,变化形式更多样。直射式氛围灯发光宽度通常为 2~6mm,视觉亮度高,乘客可以明显感知,但不能引起人眼的眩目和不适感。

隐藏式氛围灯影响发光效果的参数比较多,如照射面的弧度、材质、皮纹、颜色等均会影响氛围灯的亮度和均匀性。进行结构设计时，需要考虑驾驶员和前排乘客的视野，尽量避免造型面引起的遮挡发光。氛围灯的安装可采用螺钉固定或铆接的形式，也可以组合使用。

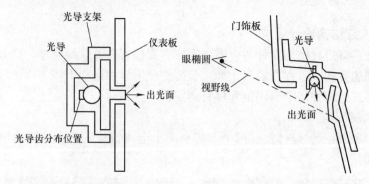

图 3-40　直射式和隐藏式氛围灯典型断面示意图

3. 内部灯设计其他要求

① 阅读灯在前期布置时，应考虑人机操纵的舒适性、操作开关的可视性、灯光照射路径的通畅性，同时需满足照明配光要求。

② 行李箱灯、化妆镜灯、杂物箱灯、照脚灯等具有照明功能的小灯应注意照明区域的空间范围，考虑人机舒适性和安全性。

第四节　照明系统品质设计与发展趋势

一、照明系统品质设计

随着车灯技术的发展，消费者对产品质量、外观造型、点亮效果等各方面的要求日益提高。灯具除了要满足必要的法规要求之外，还要更具品质感。

灯具品质设计主要包含以下几个方面：

1. 车灯的质量品质设计

产品的质量品质设计是提升客户感知体验、减少售后抱怨、宣传公司品牌形象的重要保证。前期的设计在保持造型风格的同时，更要考虑后期可能出现的各种质量问题。以前组合灯起雾问题为例，车灯在造型设计阶段需要尽量避免一些尖角设计，因为此类区域通常无功能，在潮湿天气点灯后，易产生雾气。如图 3-41 所示，前组合灯内部各功能合理分布，非发光区域较小，气流循环空间较大，可以较好地避免雾气产生。

同时，在开发阶段工程设计人员也要借助 CAE 模拟温度场，充分做好验证。具体措施是：在冷区预留通气管、干燥剂等避免雾气；通气孔成对布置，产生空气对流，利于内部空气循环；在灯体上预留较多的通气管，试验验证选择合适的位置

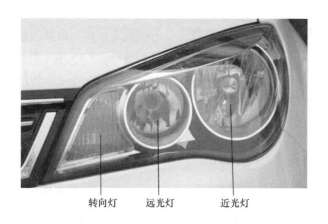

转向灯　　远光灯　　近光灯

图 3-41　功能布置示意图（避免灯具雾气产生）

等。图 3-42 所示为某车型前组合灯的温度场分析及通气孔布置情况。

　　质量品质设计是通过前期多轮的分析模拟，通过材料选择、结构优化等各方面的工作保证产品的高质量，使产品能够满足整车实际工况的严苛需求。

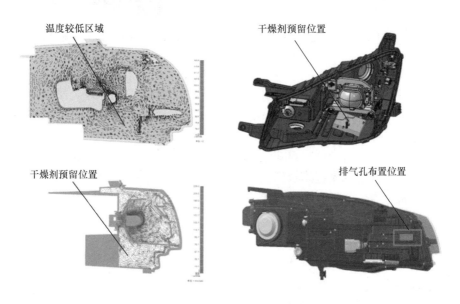

温度较低区域　　　　　　　　　干燥剂预留位置

干燥剂预留位置　　　　　　　　排气孔布置位置

图 3-42　某车型前组合灯的温度场分析及通气孔布置情况

2. 车灯的结构品质设计

　　车灯结构设计的每一个细节都会影响到灯具的静态、动态外观和使用体验，需要特别关注的主要有遮光结构、光源遮挡、车灯降噪、安装结构不外露等设计优化。

（1）遮光结构设计

在光色不同的两功能之间增加结构遮挡，避免窜光、漏光等缺陷。例如布置在后保险杠上的倒车灯及后雾灯，为了避免白光窜到红光区域，通常都在饰圈和饰圈之间增加挡筋。将挡筋和配光镜的间隙控制在 2mm 以内，可以有效控制窜光的发生。某车型后组合灯的遮挡结构设计如图 3-43 所示。

（2）光源遮挡设计

在光源前方增加结构遮挡，或利用造型的一些饰圈遮挡，避免光源直接可见。某车型后组合灯的光源遮挡结构设计如图 3-44 所示。

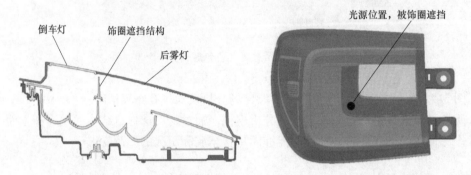

图 3-43　某车型后组合灯的遮挡结构设计　　图 3-44　某车型后组合灯的光源遮挡结构设计

（3）车灯噪声控制

在车灯内的调节电动机、风扇以及电磁阀在工作中易产生噪声，使车内驾驶员及乘客产生不舒适的感觉。有效控制这些噪声，对于提升车灯品质有着很重要的意义。

通常噪声的大小需控制在 60db 以内，通过合理的设计可以实现这一目标。例如：由电磁阀驱动远近光遮光板产生的金属直接碰撞的噪声，可以在结构上增加适当的缓冲结构来有效降低，如图 3-45 所示。

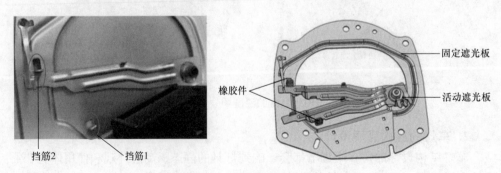

图 3-45　遮光板运动示意图

（4）安装结构不外露

后组合灯安装螺钉在掀开尾门后不应外露，保证其外观品质。通常在车身固定侧的方案为后组合灯饰板后装，移动侧的方案为支架卡接或密封面内螺钉安装，如图3-46所示。

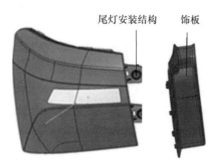

图3-46 后组合灯固定侧安装方案示意图

（5）车灯前舱美观性要求

打开前盖后前组合灯上方外表面直接可见，为了提升前舱整体的美观性，通常通过增加美化罩盖来遮挡以提高其品质；对于一些无美化罩盖的车型，也可通过灯体上方结构的优化来实现外观上的美观性。具体措施如下：

① 灯体与配光镜安装螺钉、卡扣尽量布置在不可见区域。

② 灯体安装脚形式统一。

③ 灯体与车身支架做好遮挡结构。

④ 灯体上的加强结构尽量做得均匀一致。

例如，灯体胶水槽结构优化如图3-47所示。

图3-47 灯体胶水槽结构优化

3. 车灯的工艺品质设计

与结构设计类似，为了保证灯具的动态、静态外观，工艺同样也需要反复推敲。合适的工艺选择是保证生产可行性的重要步骤。

后组合灯上通常有一些在移动侧和固定侧同时点亮的位置灯功能，为了实现发光的连续及贯穿性，推荐采用结构更加紧凑的激光焊接工艺。与现有常规的热板及摩擦焊接工艺相比，激光焊接可以缩短5~10mm的焊接宽度。

双层双色及真三色模具的应用，对于后组合灯品质也有很大提升，细节如图3-48所示。

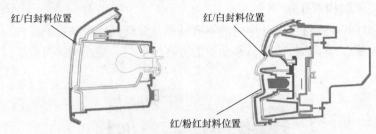

图 3-48　普通双色及双层双色断面对比

合理的浇口布置也是保证外观品质的重要因素。如图 3-49 所示，浇口尽量选择在非镀铝区域，避免浇口印记倒映在镀铝面上影响外观；浇口位置尽量选择在非发光区域，避免影响光学效果；尽量采用侧浇口或潜浇口，避免在可视面上影响外观。

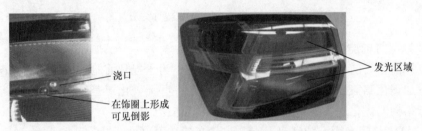

图 3-49　浇口位置示意图

Tips3　车灯的品质设计是在设计初期，通过合理的造型设计、功能布局、结构设计、材料选择和工艺选择，借助大量的模拟分析验证，经过多轮修改，最终确定设计方案，以保证产品的美观性、生产可行性及耐久性。

4. 车灯的光学品质设计

照明灯光的品质与驾驶员夜间安全驾驶息息相关。好的照明品质有利于驾驶员分辨路况和周边环境，提升驾驶安全。信号灯具（如昼间行驶灯、前后位置灯）越来越多地被用来体现整车家族化的设计风格，好的发光品质能更好地彰显品牌力和科技感，同时提升客户感知。

（1）照明灯光的品质设计

以下通过具体示例来阐述照明灯光品质设计的注意要点。

① 照明路面不能有引起驾驶员不适的杂散光。如图 3-50a 所示，路面出现大片亮线、暗线，车前照明均匀度很差。该问题通常是由于光型单侧被遮挡、光学面有不光顺的突变特征导致，在前期设计中应尽量避免。如图 3-50b 所示，整个车前照射面均匀，效果良好，照射品质高。

② 路面照射宽度、亮度、距离良好，让使用者感到满意。如图 3-51a 所示，仅能照射 2 个车道，有效照射距离在 40m 左右，整体亮度偏低。如图 3-51b 所示，

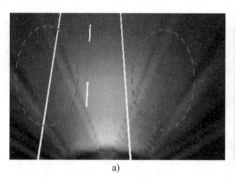 

图 3-50 路面照射示意对比图

达到了 4 个车道以上的照射宽度，有效照射距离在 55m 以上，整个照射范围亮度高。好的路面性能可通过提升光源的光通量、增大造型面的光学出光口、有效平衡光学的亮度与宽度等设计来实现，进而有效地提升照明品质，提高行车的安全性。

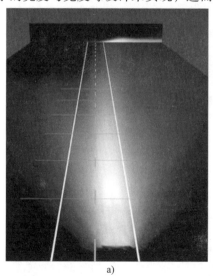 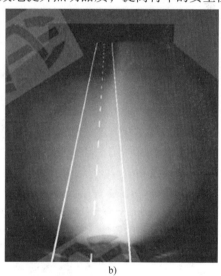

图 3-51 路面照射示意对比图

（2）信号灯具的灯光品质设计

以下通过具体示例来阐述信号灯光品质设计的注意要点。

① 点灯效果的连续性。如图3-52a所示，两个发光面的距离在 35mm 以上，造成一种物理隔断的视觉感，连续性差；如图 3-52b 所示，两个发光面距离缩短到 18mm 左右，连续性增强，整体的发光品质得到很大的提升。在具体设计中，应减少同一功能的发光面间距，提升连续性。

② 发光面的均匀性。如图3-53a所示，整个发光面存在大量的暗区、亮点，均匀性非常差，带来的点灯感知也较低廉；如图 3-53b 所示，发光面整体均匀，不存

在人眼易感知到的亮暗不均缺陷，发光品质较高。在具体设计中，应尽量保证发光面的亮度均匀性，避免光学面局部翻面、灯泡外露、反射面之间有阶差、侧壁高亮反光等设计，来保证均匀性的品质设计要求。

③ 不要有明显的漏光，发光边界清晰。如图 3-54a 所示，位置灯点亮时，下侧会有光漏到制动灯区域，导致发光边界也不够清晰，客户感知不佳。如图 3-54b 所示，发光边界清晰，无漏光，光学品质较高。在具体设计中应注意结构挡光，

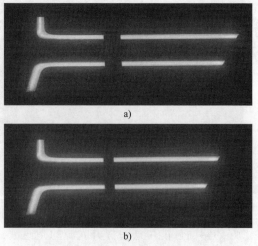

图 3-52　后组合灯发光连续性对比示意图

保证不同功能之间不窜光、不漏光，发光面的结构边界整齐、清晰。

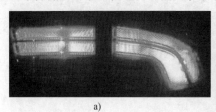

图 3-53　发光均匀性对比示意图

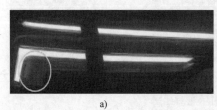
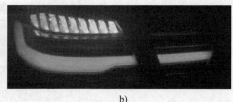

图 3-54　漏光对比示意图（见彩插）

二、照明系统发展趋势

1. 自适应前照灯

随着社会文明的日益发展和科学技术的不断进步，汽车行驶时路面的照明方式、道路的限速条件、行人密度以及天气条件日益复杂，使得传统意义上只具备远光和近光两种照明功能的前照灯已经难以满足人们现阶段对行驶安全的需求。开发

能够显著提高行车安全和舒适驾驶的汽车自适应前照明系统（AFS）是未来汽车发展的必然趋势。这种照明系统的优势在于能够根据行车环境调整配光方式，实现照明范围和照明距离的自动调节，同时该照明系统也能够改善传统前照灯存在照明死角的问题。

最初，人们使用煤油灯作为汽车的夜间照明装置；随着电灯的发明，陆续出现了白炽灯、卤素灯、探照灯等，但这几种灯的亮度较低；随后，以亮度高为特点的25W、35W氙气灯的出现解决了亮度问题，但因氙灯会造成对面车辆驾驶员眩目，所以法规要求亮度超过2000lm的近光灯强制安装自动上下调光装置。除了防眩目外，为了满足日益复杂的路况需要，汽车前照灯的功能逐渐多样化，包括城镇模式、乡村道路模式、高速模式、弯道模式等。

自适应前照明系统的光源主要为氙灯、LED灯和激光灯，其发展历经三代：

① 第一代自适应前照灯（简写为AFS）的主要功能是能够上下左右或者仅上下自动调节。整体功能如下：

图3-55a所示为上下调节功能，图3-55b所示为左右调节功能。上下调节功能能够依据行车速度及车身俯仰情况，实时调控前照灯的照射角度，防止对面驾驶员产生眩目；而左右调节功能主要依据转向盘的转动角度，实时旋转汽车前照灯，进而优化驾驶员视野范围。习惯上称第一代的自适应前照灯为AFS。AFS的整体构成如图3-56所示。

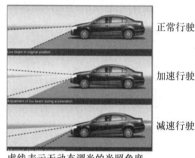
虚线表示无动态调光的光照角度

a) 上下调节功能

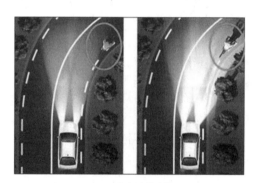
b) 左右调节功能

图3-55　上下调节功能和左右调节功能

② 第二代自适应前照灯称为全功能AFS。在AFS的基础模式（C级）上增加了城镇模式（V级）、高速模式（E级）、恶劣天气模式（W级），同时配置了摄像头系统识别当前路况，如图3-57所示。

图3-58所示是城镇模式，通过将左右车灯向道路两侧旋转或调节头灯内导光片的配光设计来实现。该模式比基础近光的照射范围更宽，能够有效拓宽驾驶员的两侧视野。

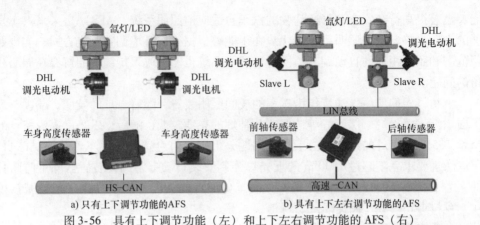

a) 只有上下调节功能的AFS　　　　b) 具有上下左右调节功能的AFS

图 3-56　具有上下调节功能（左）和上下左右调节功能的 AFS（右）

图 3-57　AFS 照明模式示意图

图 3-58　城镇模式（V 级）

图 3-59 所示为高速模式，通过将前照灯抬高或调节前照灯内导光片的配光设计来实现。该模式比基础近光的照射距离更远，能够保证驾驶员具有更远的视野，保证其反应距离。

图 3-60 所示是恶劣天气模式，借助于前照灯内挡光片遮挡部分灯光，同时前照灯旋转一定角度来实现。该模式能够避免灯光照射到路面积水后反射到对面行车驾驶员的眼睛里造成眩目。

图 3-59　高速模式（E 级）

③ 第三代的自适应前照灯习惯被称为 ADB，是基于摄像系统的前照灯辅助技术。其显著的优点是在最大程度提供驾驶员照明的同时，不产生眩目。ADB 系统是通过固定在内后视镜或是前风窗玻璃上的摄像头整合、采集路面信息，然后经过系统内置的逻辑运算程序对光照进行识别，自动实现对光源的控制。图 3-61 所示为摄像头及奥迪 A8 的矩阵式前照灯。

图 3-60 恶劣天气模式（W 级）

a) 摄像头　　　　　　　　b) 奥迪A8的矩阵式前照灯

图 3-61 摄像头和奥迪 A8 的矩阵式前照灯（右）

以奥迪 A8 矩阵式前照灯为例，ADB 系统可以自动识别对向来车，自动调节甚至熄灭部分 LED，以免使对车驾驶员感到刺眼。当会车过后，系统将自动恢复这些 LED 的照明功能。

图 3-62a 是普通前照灯的远近光光型，图 3-62b 是 ADB 前照灯的远近光光型。可以明显看到，在对向来车区域内，ADB 前照灯远光精确地进行了遮蔽，避免使对方驾驶员眩目。

为了防止眩目，越来越多的车型配备了智能远近光系统（IHC）

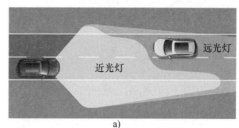

a)

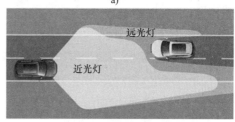

b)

图 3-62 ADB 前照灯与普通前照灯的远近光对比图

或机械式 ADB 前照灯，以达到入门级 ADB 前照灯的效果。但从图 3-63 ~ 图 3-65 的对比可以看出，IHC 在探测到前车或对向来车时，完全关闭了远光，仅剩下近光照明；机械式 ADB 虽然可以保留前车或对向来车两侧的部分远光，但是暗区仍然较大；目前最为理想的方案为矩阵式 ADB，在最大限度满足驾驶员前方照明的同时不产生眩目，从而更有效地保证行车安全。

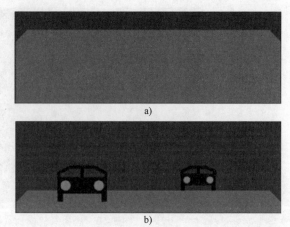

图 3-63　智能远近光切换系统（IHC）

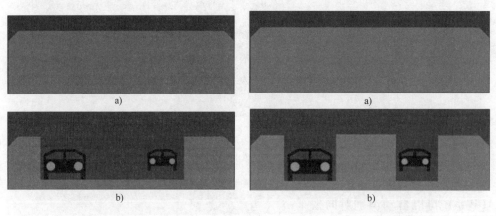

图 3-64　机械式 ADB 系统　　　　　图 3-65　矩阵式 ADB 系统

和 LED 前照灯相比，激光前照灯不仅能耗更低，还具有更快的响应速度、更窄的照明波束、超强的穿透力和更远的照明距离。因此它常用于增强远光灯的照射距离和亮度，如图 3-66 所示。

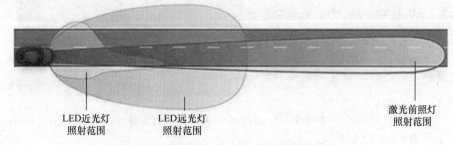

图 3-66　激光大灯与 LED 大灯照射范围对比

与 LED 车灯的工作原理类似，激光前照灯是一种通过激光二极管来发光的照明技术，通过在照明光和激光之间设置中间滤镜，滤镜能够将激光转化成人眼可接受的照明用光，如图 3-67 所示。

在传统激光前照灯的基础上，矩阵式激光前照灯整合了数字微镜装置（Digital Micromirror Device, DMD）技术，使整体性能和功能得

图 3-67 激光前照灯（见彩插）

到了质的提升。DMD 是一种高度集成的电路单元，可以集成约 50 万枚微米级的反光镜片，每个镜片均可通过传动装置单独控制反射角度。通过改变镜片的反射角度，可以控制激光光束反射后的角度和范围。类似于投影仪，矩阵式激光前照灯可投射出各种形式的照明效果，使驾驶员及其他交通参与者获得更好的道路使用体验。常见的投影效果有人行横道、方向标志、光毯及标亮照明，如图 3-68 所示。

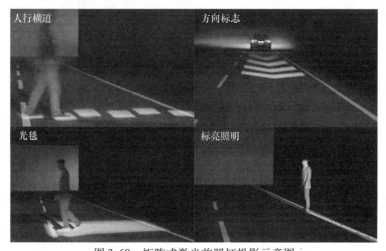

图 3-68 矩阵式激光前照灯投影示意图

除上述几种用于加强驾驶员与其他交通参与者间信息传递的照明效果外，矩阵式激光前照灯还能以更加智能的方式给驾驶员提供更好的驾车体验。比如，车辆行驶在很窄的道路上时，车灯投射在车辆前方道路上的标示线便可以告诉驾驶员汽车的精确路径和宽度，投射在道路上的光轨迹可以让驾驶员在通过瓶颈路段时获得更多的安全感，感到更加轻松；能够提供完美的照明还可以掩盖其他车辆的灯光，避免眩目；也可以特地避开照亮交通指示牌，因为有时指示牌的过强反光会导致驾驶员眩目。

随着自动驾驶技术的发展，矩阵式激光前照灯将会发挥出更大的潜力。因为在

那时，道路使用者之间的交流需要以崭新的方式进行，汽车将可以通过各种方式与行人进行交流。矩阵式激光前照灯还能在驾驶员暂时分心时派上用场，比如驾驶员在阅读邮件时，自动驾驶汽车将会根据车灯发出的光信号引导行驶方向和转弯方向。

2. OLED 技术

矩阵式激光和 OLED 是基于 LED 的两种不同技术，前者是通过激光源追求高亮度，后者是通过 OLED 实现面状照明。

OLED 是在电场作用下，将电子、空穴注入有机薄膜并传输、复合，最终实现发光的技术。与 LED 相比，OLED 在轻薄、柔性、护眼等方面更具优势，特别适合于车内的大面积照明，在未来汽车照明领域中具有诱人的应用前景，如图 3-69 所示。

根据驱动原理的不同，OLED 分为被动驱动式 OLED（Passive Matrix OLED，PM OLED）和主动驱动式 OLED（Active Matrix OLED，A M OLED）。其中，PM OLED 将阴

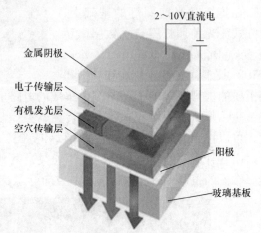

图 3-69　OLED 后组合灯

极和阳极构成矩阵状，通过扫描线逐步扫描的方式来点亮阵列中的像素。每个像素都在短脉冲模式下工作，即瞬间注入高电流、高亮度发光。PM OLED 的结构较为简单且制造成本低廉，然而其驱动电压过高，难以应用于大尺寸或高分辨率的面板。AM OLED 则采用独立的薄膜电晶体来控制每个像素，每个像素独立工作且能够连续驱动，驱动电压低，适合做大尺寸、高分辨率、彩色面板，且寿命长。AM OLED 制造成本高，制作工艺更为复杂。PM OLED 和 AM OLED 的特性对比见表 3-7。

表 3-7　PM OLED 和 AM OLED 特性对比

类型	PM OLED	AM OLED
显示性能	单色或彩色 小尺寸（<3in）	彩色 大尺寸（>2in）
相对优点	结构简单、更改设计 材料和生产成本低 技术门槛低	低驱动电压、低功耗 高分辨率 亮度高 寿命长 响应速度快
相对缺点	不适合大尺寸，高分辨率 耗电量大 发光效率和寿命低	技术门槛高（需搭配 TFT 面板技术） 材料生产成本高

不同类型光源的特性对比见表3-8。与其他各类人造光源技术相比，OLED 技术具有独特的优势，主要有以下优点：

① OLED 的光谱在可见光范围内最接近自然光光谱，提供人眼视觉最优的光品质。

表 3-8　不同光源特性对比

	白炽灯	荧光灯	LED	OLED
效率	△	○	●	●
寿命	△	○	●	○
显色指数	●	○	○	●
调光性	△	○	●	●
智能控制	○	△	●	●
无频闪	○	△	●	●
无眩光	△	○	△	●

注：△差；○一般；●好。

② OLED 照明最大的特点是面发光，发光均匀，富有品质感，且结构简单，可在空间任意排布，造型自由、立体、富有想象力。包括 LED 照明在内的已有照明系统均是利用点光源和线光源来照明，而面发光则是将若干个点光源与线光源排布在一起，再罩上面板形状的内配光镜。而 OLED 是扁平的面光源，它不需要反光板、光导管或其他的光学辅助装置让光线均匀。

③ OLED 灯可以根据需要被分成任意多的发光面，而且每个发光面还可以被单独控制，使 OLED 能够带来丰富多彩的动态点亮效果，如图 3-70 所示。

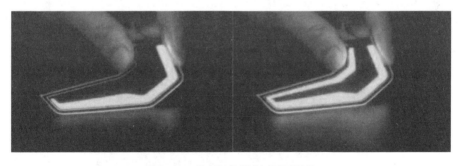

图 3-70　独立区块控制（见彩插）

④ OLED 的另一大优势是可制备柔性器件。将 OLED 制备在柔性的基板上，可制成不易破裂的弯曲光源。利用这一特性可以设计出全新形状的车灯，展现全新的立体效果，这项兼具美学和创新的技术将提供更广阔的设计可能。此外，OLED 还具有低能耗、寿命长以及大可视角度等优点。以上种种优点使柔性 OLED 技术成为目前车灯行业最热门的研究课题之一。

⑤ AM OLED 大尺寸、色彩鲜艳、高分辨率的特点使其成为绝佳的显示屏，目前主要应用于家用手机和电视上。随着互联网、智能汽车的发展，V2X 交互需求不断上升，AM OLED 显示屏未来在汽车内外饰上也将大有作为，为汽车使用者和道路参与者带来全新的交互体验。

3. 氛围灯

近些年，随着社会发展和科技进步，人们更加注重精神享受和视觉享受。车内氛围灯不仅能够提升汽车品质，还能够缓解驾驶员的精神压力、放松心情，未来将成为人们选购车型的重要考虑因素。

氛围灯对灯光控制的要求较高，需要车灯与控制器紧密配合，主要应用在豪华车上。单色灯应用场景相对局限，RGB（红绿蓝颜色系统）多色灯应用场景丰富，常用的有 64 色、128 色，甚至无级变色等。这种灯在夜晚的光学效果十分绚丽，如图 3-71 所示。需要注意的是，车内颜色的变化不能影响到行驶安全。

图 3-71　氛围灯整体效果图（见彩插）

此外，多色氛围灯可以满足人们个性化的定制需求。车主可随自己的心情自由切换氛围灯颜色，设定不同场景的照明效果，烘托出不同氛围。随着无人驾驶技术的不断发展，内饰氛围灯将给内饰照明带来革新的变化。目前氛围灯较为前沿的技术研发，除了变色功能外，还与智能驾驶设备绑定，针对不同模式切换不同的颜色和形状。图 3-72 所示为智能设备与氛围灯互联的效果图。

图 3-72　智能设备与氛围灯互联效果图（见彩插）

第四章
座椅系统

第一节 座椅系统设计

一、座椅系统概述

座椅系统是汽车内饰系统的一个重要组成部分，为驾乘者提供支撑和包覆，并且在保证进出车辆和驾驶操作便利的前提下，对驾乘者提供有效约束和舒适体验。座椅系统是整车系统中除动力系统外最昂贵的系统部件之一，对汽车的安全性、舒适性以及品质感都有着至关重要的影响。

座椅种类及功能繁多，前排座椅通常为独立形式，具有前后、高低、靠背角度等位置调节功能以适应不同身材比例的驾乘者。后排座椅则根据不同车型的需求，有不同的结构形式。例如：对于 SUV 车型，通常要求后排座椅靠背可翻倒，且翻倒后座椅背面与行李箱齐平，以获得较大的行李箱空间；对于 7 座 MPV（图 4-1），则要求二、三排有滑动、翻转、放平、旋转等多种功能，以实现车内空间布局的有效组合和利用。

图 4-1 MPV 座椅

座椅系统组成零件的种类及数量繁多，且结构复杂。前排座椅零件示意图如图 4-2 所示。一般而言，座椅系统主要由以下几部分组成：

（1）座椅骨架

座椅骨架是座椅中最主要的部分，其作用类似于人的骨骼，需要承受大部分的

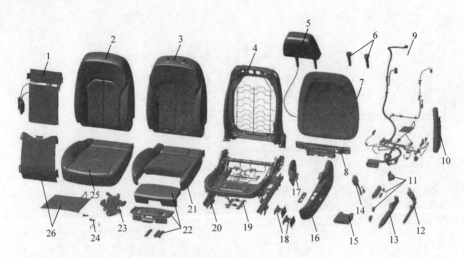

图 4-2　前排座椅零件示意图

1—按摩系统　2—靠背面套　3—靠背发泡　4—靠背骨架　5—头枕　6—头枕导套　7—椅背板　8—触发器
9—座椅线束　10—侧气囊　11—调节开关　12—端片预紧器　13—端片预紧器饰件　14—安全带锁扣
15—控制模块　16—外侧饰板　17—内侧饰板　18—支脚饰盖　19—模块支架　20—坐垫骨架　21—坐垫发泡
22—腿托系统　23—通风系统　24—紧固件　25—坐垫面套　26—加热垫

静态和动态负载，并为座椅上的其他机构提供依附和支撑，发泡、面套、座椅侧饰板、座椅功能件等零件都直接或间接地连接在座椅骨架上。

（2）座椅发泡

座椅发泡是座椅的重要组成部件，位于座椅骨架和面套之间，用于提供良好的乘坐舒适性。同时，当车身受到振动和冲击时，座椅发泡能够吸收冲击能量以保证乘员的安全和舒适。

（3）座椅面套

座椅面套是包覆在座椅发泡外的外观零件，使用不同材质、不同颜色、不同纹理的面料通过裁剪和缝制，做成面套后包覆在座椅上，保证座椅呈现出良好的外观效果和舒适的触感，并满足各种个性化需求。

（4）座椅塑料饰件

座椅塑料饰件与面套配合，以遮蔽座椅内部结构，满足美观效果并且遮蔽锐边，包括内外侧饰板、滑轨端盖、支脚饰盖、椅背板等。

（5）座椅功能件

座椅功能件是座椅的附加机构，使得座椅在满足最基本的功能的前提下，扩展出更多的使用功能，进一步提高座椅的安全性、舒适性、便利性。比如提升安全性能的头枕、气囊、安全带未系报警感应垫；提高舒适感的扶手、腰托、腿托，以及座椅加热系统、通风系统、缓解长途驾乘疲劳的按摩系统；提供储物功能的杯托、鞋盒、小桌板，方便后排乘员进出的 Easy – Entry 机构等。

Tips1 座椅最基础的组成部分包括骨架、发泡、面套，根据配置不同增加结构，实现功能拓展。

二、座椅系统技术要求

1. 标准与法规

座椅是汽车被动安全系统中一个重要的组成部分，在车辆发生碰撞时为乘员提供安全保护。各国政府针对座椅系统均制定了严格的法规标准。除需满足整车及内饰通用的法规标准外，座椅相关的其余法规见表4-1～表4-3。

表4-1　座椅系统相关国内法规

序号	标准号	标准名称
1	GB 11550—2009	汽车座椅头枕强度要求和试验方法
2	GB 15083—2006	汽车座椅、座椅固定装置及头枕强度要求和试验方法
3	GB 14167—2013	汽车安全带安装固定点、ISO FIX 固定点系统及上拉带固定点
4	GB 27887—2011	机动车儿童乘员用约束系统

表4-2　座椅系统相关欧洲法规

序号	标准号	标准名称
1	ECE R14	SAFETY BELT ANCHORAGES
2	ECE R17	THE SEATS, THEIR ANCHORAGES AND ANY HEAD RESTRAINTS
3	ECE R25	HEAD RESTRAINT
4	ECE R44	CHILD RESTRAINT SYSTEMS

表4-3　座椅系统相关美国法规

序号	标准号	标准名称
1	FMVSS 202	HEAD RESTRAINTS
2	FMVSS 207	SEATING SYSTEMS
3	FMVSS 210	SEAT BELT ASSEMBLY ANCHORAGES
4	FMVSS 213	CHILD RESTRAINT SYSTEMS
5	FMVSS 225	CHILD RESTRAINT ANCHORAGE SYSTEMS

除了强制性标准外，座椅系统还需验证强度、耐久、疲劳、操作等多方面性能，分别针对整椅系统及零部件进行考核。

2. 主要技术要求

（1）乘员保护要求

座椅部件需满足强度要求。发生碰撞时，座椅与约束系统共同作用，给予乘员有效的约束和支撑，降低对乘员的伤害。碰撞后的座椅不能影响乘员的进出。如果座椅靠背和头枕是构成行李箱的部件，那么在没有隔离装置时，座椅骨架及头枕需保证足够的强度，以防止后排行李箱内物品在碰撞时对乘员造成伤害。

此外，座椅部件需满足 GB 11552—2009《乘用车内部凸出物标准》要求，防止碰撞时锐边、尖角等对乘员造成二次伤害。

（2）舒适性要求

座椅需配合整车环境布置，为乘员提供合理的进出及乘坐空间，如应方便前、中、后排乘员进出，保证乘员足够的头部空间、脚部空间和膝部空间，使乘员能够获得舒适的驾乘姿势等。

座椅设计需尽可能满足不同体型的乘员对于短途及长途驾驶的驾乘舒适性要求。

座椅自身调节机构的设计应符合人机工程要求，布置在乘员易于操作使用的范围内，同时要避免误操作。调节按钮、操作手柄应易于抓握和使用，同时与周边环境零件保留足够的操作空间。调节力应适中，以避免调节力过大造成调节困难，同时也要避免调节力过小导致误触发。

（3）NVH 要求

车辆在怠速及行驶过程中，无论是乘坐还是空载情况，均要求座椅部件无不良的振动、异响。座椅的固有频率应避开动力总成系统、路面激励等振动频率。

座椅使用过程中不应有令人不适的振动和异响，例如空载时靠背的振动、发泡与骨架、塑料件与面套等相对运动的摩擦异响等。座椅机构的工作噪声通常要求小于 45dB。

（4）可靠性要求

座椅需满足整车及系统可靠性和耐久性要求，设计时需考虑不同的使用环境以及使用频次，避免在使用过程中出现机构失效、零部件松动、异响、操作力异常变化、发泡塌陷、表面破损、褪色等问题。

座椅机构在设计时还应适当考虑滥用工况的需求，保证在一定程度的误用范围内，零部件结构不被破坏。

（5）外观要求

座椅整体外观风格须与整车造型风格一致，与整车色彩纹理匹配，塑料件、面套等表面零件的纹理、颜色、光泽、手感应符合设计定义要求，避免外观缺陷，并满足耐污耐久要求。

面套包覆无折痕、褶皱、抛起，缝线平顺，面料花纹及缝线走向满足造型定义的对齐要求。塑料件无可见分型线，无飞边、毛刺、缩印等外观缺陷。塑料件与面套、塑料件之间相互匹配，满足定义要求。

所有金属件及紧固件应该隐藏在塑料饰件、面套和地毯等内部。如果部件不能被隐藏，则应喷涂或电镀上相配的内饰颜色或色漆，以保证与周边零件匹配。

3. 主要试验要求

为确保座椅的性能达到设计要求，在设计开发后期会通过试验对产品进行验证。座椅作为整车中重要的安全零件，需要进行与安全相关的强度性能验证和耐久性能验证，以确保能够对乘员进行有效的保护；同时，座椅作为与乘员直接接触的零件，需要进行舒适性和与人机操作相关的试验验证及试乘试驾。

（1）强度性能试验

座椅的强度性能试验分为静态试验和动态试验，其中动态试验在滑车上进行。

① 静态试验。静态试验包括：安全带固定点强度试验、国际通用的儿童约束系统固定装置（ISOFIX）强度试验、头枕静强度试验、头枕骨架刚度试验、滑轨剥离力试验等。现以安全带固定点强度试验为例进行说明，试验设置如图 4-3 所示。

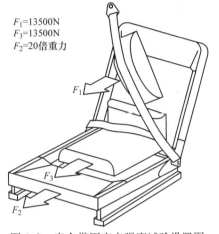

$F_1 = 13500N$
$F_3 = 13500N$
$F_2 = 20$倍重力

对于前向座椅，当安全带安装固定点布置在座椅上时，要求在对座椅施加 20 倍座椅总成重力负荷的同时，还要按 GB 14167—2013 中的有关规定分别在躯干和骨盆模块上施加（13500 ± 200）N 的负荷，用以模拟碰撞时安全带受力并将载荷传递到座椅上的工况。

图 4-3　安全带固定点强度试验设置图

评判标准：在试验过程中，座椅的锁紧装置未松脱；试验后，座椅骨架、固定装置和调节机构的锁止装置均未失效。

② 动态试验。动态试验包括：鞭打试验（Whiplash）、动态行李箱保持试验、座椅碰撞性能试验等。现以动态行李箱保持试验为例进行说明。

目前国内乘用车多采用后排座椅靠背和头枕构成行李箱的通用设计。针对无隔离装置的车型，要求后排座椅靠背和头枕具有足够的强度以保护乘员不因行李的前移而受到伤害。动态行李箱保持试验通过模拟两个 18kg 的刚体样块在 50～52km/h 的速度下与后排座椅发生减速碰撞，由此对后排座椅靠背和头枕的强度进行验证。

评判标准：靠背和头枕（邵氏（A）硬度大于 50）部分不能向前移出如下限制面：靠背部分不可超过 R 点前方 100mm 的平面；头枕部分不可超过 R 点前方 150mm 的平面，如图 4-4 所示。

（2）耐久性能试验

根据座椅的结构，耐久性能试验可以分为骨架耐久试验、功能件耐久试验以及总成耐久试验。

① 骨架耐久试验。骨架耐久试验主要是验证滑轨、调角器、调高泵等核心件能否满足设计要求，主要有：滑道耐久试验、靠背解锁机构耐久试验、前排骨架侧

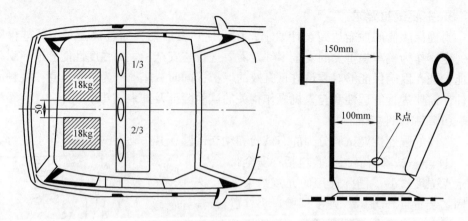

图 4-4　动态行李箱保持试验设置及评判标准示意图

向疲劳试验等。现以滑道耐久试验为例进行说明。

滑道耐久试验的目的是验证滑轨长期使用之后的强度性能以及操作平顺性。将配重后的座椅总成安装至模拟车辆地板的试验台上，将滑轨锁止，在滑道上方施加一个首先向前然后向后的力，进行一定次数的循环。

评判标准：试验后，滑道不应产生任何粗糙表面或凹坑，座椅总成不应出现过度的变形或其他诸如裂缝、紧固件断裂等缺陷；同时，试验后的自由间隙和操作性能仅允许有限程度的下降，且滑轨仍能满足相应的强度要求。

② 功能件耐久试验。

座椅上往往集成了地图袋、扶手、腰托、滑雪盒等功能零件，这些零件的功能同样需要进行耐久验证。现以扶手垂直疲劳试验为例进行说明。

扶手垂直疲劳试验的目的是考核扶手长期使用后的性能衰减程度。将后座靠背安装在车身或刚性夹具上，在扶手自由端施加一个循环负载，循环一定次数，模拟长期使用场景。

评判标准：试验过程中无不正常噪声；试验后，不应出现任何破裂或永久变形；自由行程和操作性能仅允许有限程度的下降。

③ 座椅总成耐久试验。

为确保座椅总成在长期使用后，仍能保持良好的外观、支撑、强度以及操作等性能，需要进行总成级别的耐久验证，主要有：颠簸蠕动试验、导入导出试验、交变环境振动性能试验、靠背冲击耐久试验、后排座椅靠背翻折耐久试验等。现以颠簸蠕动试验为例进行说明。

颠簸蠕动试验的目的是模拟负载状态的座椅在长期振动后面套、发泡乃至骨架的性能衰减情况。将座椅固定在振动台上，调整假臀和坐垫的位置关系与设计状态一致。启动颠簸电动机（振动台），启动蠕动电动机（假臀），按一定的速率振动，并循环一定次数，试验设置如图 4-5 所示。

评判标准：在试验过程中和试验后，座椅不得出现异响；试验后，坐垫面套不得出现磨损和皱褶，不得出现弹簧和缝线断裂、面套固定卡钩脱出及面套损坏等现象，座椅 H 点须在偏差范围内。

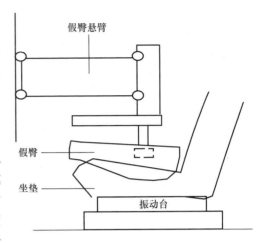

图 4-5　颠簸蠕动试验设置图

（3）舒适性试验

设计开发驾乘舒适的座椅，主观的舒适性评估必不可少，客观的测试和试验也同样重要。舒适性试验包含压力分布试验、H 点试验、发泡硬度测试等。现以压力分布试验为例进行说明，试验设置如图 4-6 所示。

压力分布试验通过模拟不同体型的乘员在乘坐座椅时的压力分布情况，锁定应力集中区域，进而指导设计调整座椅型面，获得较好的舒适性。

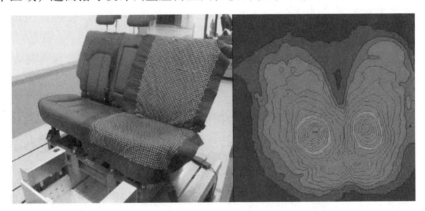

图 4-6　舒适性试验示意图（见彩插）

（4）人机操作试验

友好的人机操作同样是座椅设计的一部分，座椅各调节手柄或按钮的操作性能和滥用力同样需要进行验证。现以滑道解锁手柄滥用载荷试验进行说明。

滑道解锁手柄滥用载荷试验主要是模拟乘员进出车门时脚部误触滑道解锁手柄的工况。将座椅固定在车内或能够模拟车身安装结构的夹具上，在解锁手柄末端操作把手处，沿各方向施加一定的滥用力。

评判标准：试验结束后，操作解锁手柄，解锁功能应正常顺畅并且调节过程中无异响；解锁手柄不应有任何结构松动或分离。

三、座椅系统结构设计

座椅系统需要满足安全、舒适、功能等多方面要求。在设计时，需要从布置、安全性、舒适性、模态等各方面考虑。下面将对这些方面进行简要说明，并对部分关键零件设计进行介绍。

1. 布置设计

（1）布置要求

汽车座椅作为车内乘员直接接触的零件之一，需要保证乘员处于舒适的乘坐姿态，并实现驾驶员与操纵机构处于合理的相对位置。在座椅布置前期，需综合考虑车辆销售区域及整车配置，以确定所需遵循的法律法规条例；还需结合整车总布置要求、造型面及相关边界数据，进行骨架的选型分析。

（2）设计参数定义

① H 点和 R 点。

H 点（Hip point）是指乘员乘坐在座椅上，人体躯干与大腿的连接点即胯点和座椅纵向垂直平面的交点。在 H 点测量工具中，H 点是躯干和大腿的旋转中心，模拟人体躯干和大腿的铰接中心，用于座椅实际 H 点的确定。在理论上，H 点应与 R 点一致，公差须满足标准要求定义。

乘坐基准点／R 点（Seating reference point／R point）是汽车制造商为每个座椅规定的、与车辆结构有关的基准点，相对于车辆三维坐标系所确定。R 点是特定而且唯一的，是整车设计基准点之一。影响前排 R 点布置的主要因素有：驾驶员前后视野、头部空间、进出性、乘员舱内横向空间、驾驶操作便利性等。布置后排座椅时则要综合考虑头部空间、脚部空间、膝部空间、进出性、行李箱空间等因素。

② 假人布置。

驾驶操纵方便性是座椅布置的一个重要考虑因素。参考美国汽车工程师学会（SAE）的定义，对于前排座椅而言，驾驶姿态参数包括躯干角 A40、H 点、臀部角 A42、膝盖角 A44、脚踝角 A46、踵点等，如图 4-7 所示。综合考虑驾驶的安全性及舒适性，躯干角的推荐值一般为 21°~26°，脚踝角一般为 87°左右，同时会根据腿部空间以及坐高进行调整。

③ 座椅与周边零件的关系。

座椅与周边零件如内饰板、中控台、立柱饰板及衣帽架等零件需要保持适当的距离。如果距离太小，座椅可能会在运动过程中产生干涉或异响；如果距离过大，则会影响外观。一般要求座椅在全行程调节过程中，与中控台的间隙保持在 10mm 以上，防止摩擦产生异响，极限位置的要求可以适当放宽。带有侧气囊的座椅还需考虑预留足够的气囊展开空间，一般要求侧气囊与门饰板、B 柱间隙大于 60mm。

后排座椅与衣帽架、遮物帘、行李箱地毯等的间隙视具体配合情况，有相应间隙指导值，既要保证安装和使用的便利性，也要保证外观的品质。

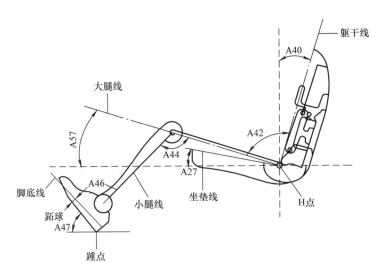

图 4-7 假人布置相关参数

在布置有调节手柄、手轮、按钮的区域，座椅与周边零件的间隙还需考虑人机操作的因素，留出足够的操作空间。

2. 安全性设计

（1）尺寸要求

为保证乘员的安全，国标对座椅的部分关键尺寸进行了明确规定，以保证座椅为乘员提供有效保护，减少意外伤害的风险。关键尺寸主要包括：坐垫尺寸、头枕尺寸和内部凸出物要求等。

GB 7258—2017 中明确要求各个位置座椅的坐垫深度 ≥ 400mm，宽度 ≥400mm。GB 15083—2006、GB 11550—2009 中定义了头枕尺寸要求，包括头枕高度、宽度、枕用部分高度、头枕与靠背的间隙等，具体见表4-4。特别强调，除后排中间头枕外，其余头枕在 750mm 以下应无 "使用位置"，即头枕在低于750mm 的范围内应不能锁止。头枕高度及宽度的测量示意图如图4-8所示。

表 4-4　座椅头枕尺寸要求　　　　　　　　（单位：mm）

参数	头枕高度 （最高位置）	头枕宽度 （沿躯干角从头枕顶部 向下 65mm 处）	枕用高度	头枕与靠背间隙
前排座椅	≥800	≥170	≥100	可调节头枕≤25 固定式头枕≤60
其他座椅	≥750	≥170	≥100	可调节头枕≤25 固定式头枕≤60

为防止碰撞时有尖锐物体对乘员造成二次伤害，汽车内饰零件需满足内部凸出物的要求，GB 15083—2006 中对座椅的内凸要求进行了定义，主要包括三个区域的

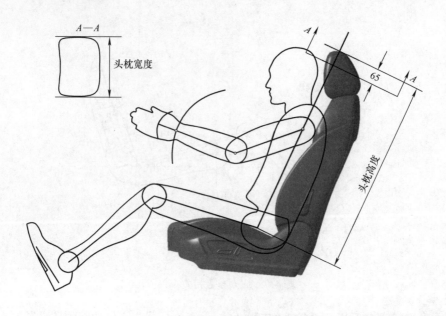

图4-8 头枕高度及宽度的测量示意图

校核，如图4-9及表4-5所示。

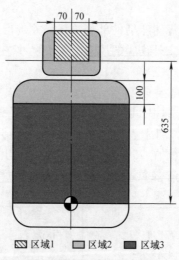

☑️区域1 ⬜区域2 ■区域3

图4-9 座椅内凸区域定义

表4-5 内部凸出物区域定义

区域	描 述	要 求
区域1	位于距座椅纵向中心面70mm的左右两纵向垂直面之间，且在过从R点沿基准线向上635mm处垂直于基准线的平面以上的区域	$R \geqslant 2.5\text{mm}$

（续）

区域	描　述	要　求
区域2	位于过从靠背顶点沿基准线向下100mm处垂直于基准线的平面以上的靠背后面的区域，但不包括位于区域1内部分的区域	$R \geqslant 5mm$ 或者 $R \geqslant 2.5mm$ 且吸能通过
区域3	位于通过本排座椅最低R点的水平面以上的座椅或长条座椅的背面区域	$R \geqslant 3.2mm$

（2）强度设计

在车辆的使用过程中，座椅的头枕、靠背和坐垫除了分别承受着乘员身体不同区域的载荷，还要承受自身惯性力、安全带拉力等多方面的载荷。在相对加速度增大时，这些载荷也相应增大。载荷主要由座椅骨架承担，在载荷传递路线中，靠背骨架把载荷传递给调角器，并通过调角器传递到坐垫骨架，最终至车身地板。座椅强度设计的相关内容将在本节5（1）"骨架设计"中重点介绍。

（3）防下潜设计

车辆在前撞过程中，乘员因为惯性作用向前移动。由于受到安全带的约束，乘员有向前向下滑的趋势，这种现象就叫"下潜"。发生下潜时，安全带会对乘员的盆腔、腹部甚至胸部造成很大伤害；由于坐姿改变，安全气囊也无法提供有效保护。因此在座椅设计时，必须考虑防下潜性能。

对于有坐垫骨架的独立座椅，通常是在坐垫骨架上增加一根刚性横杆来实现，如图4-10a所示，该横杆布置在乘员下潜的路径上，阻止乘员向前向下滑动。防下潜杆的位置与H点的相对关系可参考图4-10b，一般推荐布置在区域1中，即H点向前155~185mm，H点向下50~70mm的范围内。如布置在区域3中，其防下潜性能将大打折扣，不能起到预期效果。防下潜杆的设计还需综合考虑乘坐舒适性和防下潜效果，避免刚性横杆与乘员距离过近引起硬物感，影响舒适性。

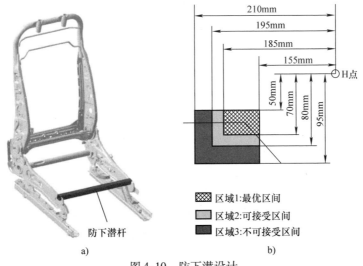

a)　　　　　　　　　　　b)

图4-10　防下潜设计

此外还要求坐盆下方的悬挂固定结构牢靠，发泡和面套的连接可靠，防止碰撞中有零件失效，导致乘员发生意外的滑动。如果座椅有安装支脚，支脚的强度也需进行校核，防止支脚在受到冲击时失效，导致防下潜杆无法发挥作用。

对于没有坐垫骨架的座椅，如普通轿车后排坐垫，预埋在发泡中的线状钢丝框架仅能发挥一定的支撑作用，无法满足防下潜的强度要求。此时防下潜的功能需要依靠优化车身结构或增加硬质发泡来实现。

（4）防鞭打设计

低速追尾碰撞是一种常见的交通事故，而伴随此类事故中发生的挥鞭效应经常造成乘员颈部损伤。欧洲汽车安全星级评价体系 E – NCAP 于 2008 年将防鞭打纳入评价体系，中国新车评价体系 C – NCAP 也在 2012 年 7 月正式纳入防鞭打试验，并且分别在 2015 年及 2018 年修订了该试验评分要求，对座椅的性能要求更加严苛。

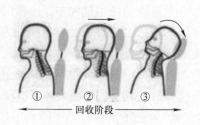

挥鞭（Whiplash）效应发生的过程如图 4-11所示，大致分为三个阶段：

① 第一阶段：在汽车遭遇后撞的过程中，车辆被突然施加一个向前的加速度，座椅靠背会施加一个向前的作用力使得人体躯干向前移动。正常状态下的弓形脊柱受到来自座椅靠背向前的推力被推直，由弯曲变直的脊柱以及人体骨盆的前后移动共同产生了人体头部沿竖直方向的升高。当座椅推动乘员躯干向前移动时，没有束缚的头部由于惯性，有向后运动的趋势。头部相对躯干有相对运动，导致颈部呈现 S 形向后弯折。

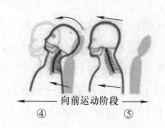

② 第二阶段：头部向后运动与头枕接触后，头枕防止头部继续后摆并缓冲部分能量。颈部直接承受了头枕对头部的作用力。由于座椅骨架和头枕的弹性变形，驱使头部开始发生回弹。

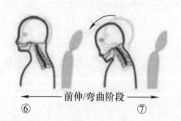

图 4-11　Whiplash 动态示意过程
①—碰撞开始　②—颈部 S 形变形
③—头部与头枕接触　④—回弹运动开始
⑤—回弹运动中　⑥—安全带开始作用
⑦—颈部向前弯曲

③ 第三阶段：在碰撞后期，头部及身体有向前反弹的动作。由于胸部被安全带约束，上躯干速度逐渐放缓，但头部仍继续向前甩动，颈部弯曲呈 C 形。在整个碰撞过程中，头部和颈部的运动就像鞭子的甩动，颈部位置的激烈变化导致颈部受到"挥鞭伤害"。

　　Whiplash 试验的影响因素很多。简单来说，假人头部与胸部的相对运动越剧烈，表明颈部受到的剪切力越大，颈部损伤就越严重，相应的 Whiplash 试验得分就越低。因此在设计时，减小假人头部与胸部的相对运动对 Whiplash 分数的提高有很大帮助。

　　具体可以从两方面着手：一是减少头部向后的运动。头枕位置对 Whiplash 的得分有显著的影响。通常要求在保证头枕与假人头部不发生干涉的情况下，尽量减小头枕与假人头部之间的水平距离（Backset），同时使头枕高度高于假人头部。测量方式如图 4-12 和图 4-13 所示。靠背上部及头枕杆需保证足够的刚度，此外还可以在头枕内部增加硬质塑料 EPP 嵌块，吸收一部分冲击能量，同时加强头枕的支撑作用，减小动态冲击时头枕的位移量。当然，头枕位置及硬度的设定需要兼顾乘坐的舒适性。主动式头枕是一个不错的选择。在正常使用时，乘员可以根据需要把头枕调整到舒适的位置；在碰撞开始时，头枕受到触发向前运动，从而缩小与乘员头部的距离，起到保护作用。

　　二是减少背部向后运动的限制。靠背的设计需要能够吸收碰撞时的能量，保证背部和颈部在一定的范围内同步向后运动，这就要求座椅靠背骨架与乘员保证足够的间隙，同时避免在靠背骨架上布置硬质结构，从而保证动态冲击时假人背部向靠背的有效侵入量。

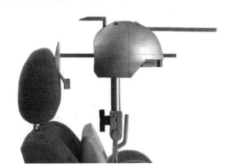 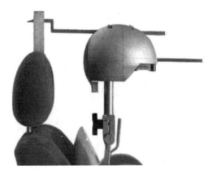

图 4-12　头枕 Backset 测量　　　　　图 4-13　头枕高度测量

> **Tips2** 保证头部和胸部同步位移，减少两者的相对运动，是提升 Whiplash 性能的关键。

3. 舒适性设计

　　乘坐舒适性是评价汽车性能的主要指标之一，因此座椅舒适性设计也成为座椅设计中的重点内容，优异的座椅舒适性可以有效提升内饰的整体感知品质。舒适性设计需要以人为本，充分考虑人与座椅及整车的关系，座椅既要为乘员提供合理的支撑和包覆，也要释放操纵车辆所需的空间，兼顾包覆与自由。

　　座椅舒适性可分为操作舒适性、静态舒适性和动态舒适性，一般根据乘员的主观感受进行评价。操作舒适性指驾驶员或乘员在车内操作各种功能和调节座椅的便利性，操作舒适性和乘员舱的整车总布置以及人机工程设计有着密切的关系；静态舒适性指在静止状态下座椅的乘坐舒适度（乘坐后 5min 内的舒适性感觉），座椅的几何尺寸、轮廓和形态、发泡的厚度和软硬程度以及面料材质特性等对静态舒适性有着决定性的影响；动态舒适性指驾驶员或乘员在车辆行驶过程中所感受到的舒适程度，除了前述的静态舒适性的影响因素之外，整车的性能差异，例如车辆空间、底盘悬架系统性能、车辆的 NVH、车内气味等因素，也会在很大程度上影响动态舒适性。在座椅设计开发阶段，一般通过道路试验的手段进行评估，包括动态短途舒适性（乘坐 45min～1h 的舒适性感觉）和动态长途舒适性（乘坐 2h 及以上的舒适性感觉）。

座椅的舒适性设计需要在静态舒适性、短途舒适性和长途舒适性之间取得合理的平衡。乘员的身材比例和使用习惯差异很大，使用同一个座椅满足各种工况下不同乘员的舒适性需求是座椅设计的一大挑战。

（1）舒适性开发流程

座椅的舒适性开发贯穿整个座椅的开发过程。

在实际开发过程中，早期阶段应首先对核心竞品车型进行舒适性评估，制定座椅舒适性开发目标，并出具目标舒适性评估报告。座椅造型数据完成后，工程开发人员根据造型数据准备手工样件座椅，组织初次舒适性主观评估，并将评估结果反馈至造型设计师用以更新座椅造型数据。在座椅开发中后期，座椅有了正式样件（采用正式模具和工装生产的座椅）以后，工程开发人员便可组织相关舒适性领域专家进行舒适性主观评估，并根据评估结果制定、实施座椅舒适性整改方案。这是一个动态的过程，需要不断地进行校准和完善。具体开发流程如图 4-14 所示。

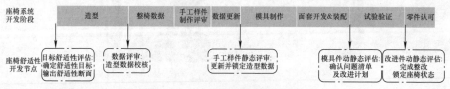

图 4-14　座椅舒适性开发流程

（2）舒适性设计关键点

座椅舒适性设计的关键点主要从以下方面进行阐述。

① 乘员姿态。为保证驾乘舒适性，首先需要保证乘员有合理的空间及姿态。H 点作为整车总布置中座椅布置的基准点，是定义乘员姿态的重要参数之一。在其确定后，其他参数如躯干角度、大腿角度、踵点也相继确定，乘员的姿态随之形成，而人机工程也是基于假人姿态进行操纵件的布置和空间设计。因此，H 点的控制是座椅舒适性设计的重要保证。H 点的影响因素很多，例如发泡的软硬度、坐垫悬挂的硬度和位置、面套的张紧力、A 面轮廓等，在设计时需综合考虑。

其次，考虑到人体坐姿的生理特性，最舒适的坐姿应保证腰曲弧形处于正常状态，腰背肌肉处于松弛状态，从上体通向大腿的血管不受压迫，保证血液正常循环。有关假人姿态的建议，可参考本节 1（2）②"假人布置"中的内容。

②造型型面。汽车座椅的外形曲线应与人体放松状态下的背部曲线相吻合，乘员入座后座椅的表面形状与体压分布使乘员的肌肉处于最放松的状态。人体的大部分质量以较大的支撑面积、较小的单位压力合理地分布到坐垫和靠背上，压力分布从小到大实现平滑过渡，避免突然变化，坐垫上和靠背上无压力集中区域。同时，座椅还需要在车辆转向时提供合理的包覆和支撑。

座椅造型型面的设计，需要分别从型面相对骨架的位置、中截面的造型、横向截面的造型等方面对型面进行控制。为避免乘坐在座椅上时有异物感，座椅型面与骨架、塑料件等硬物间需保证足够的距离。一般来说，坐垫骨架与人体的距离需保证在 50mm 以上，靠背骨架与人体的距离需保证在 35mm 以上。

中截面示意图如图 4-15 所示，体现的是纵方向上的接触和压力分配，需要重点关注坐垫和靠背的压陷量（图 4-16）、大腿离去点、肩部离去点、坐垫倾角、腰部顶点、腰部凸出高度等参数。通常坐垫压陷量要求 35～60mm，靠背压陷量要求 25～45mm。压陷量与车型风格有一定关系：硬朗的运动风格座椅，压陷量相对较小；舒适的家用风格座椅，压陷量较大。大腿离去点和肩部离去点则描述了座椅对人体的支撑区域。离去点偏大或偏小，会相应地表现出座椅对人体支撑过多或不足。靠背的腰部区域也是影响座椅舒适性的关键区域之一。腰部区域的曲线需要与人体脊柱腰椎区域的生理弯曲相匹配，提供合理的支撑。因此腰部支撑顶点通常在 H 点向上 120～150mm 的范围内，凸出高度为 90～110mm。

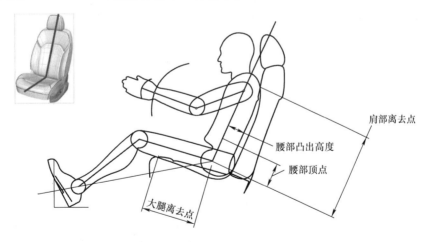

图 4-15　中截面示意图

靠背的横向截面对应的是一组垂直于躯干角的靠背截面，坐垫的横向截面对应的是一组垂直于大腿角的坐垫截面，如图 4-17a 所示。典型的横向截面如图 4-17b 所示，体现的是乘员乘坐时人体与中块及侧翼的关系，要求满足适体性和保持性，

需要重点关注总宽度、中块宽度、侧翼高
度、侧翼角度等参数。例如前排座椅在 H
点对应位置，坐垫中块宽度一般要求为
300～330mm。如果中块的宽度过小，那
么乘员会与侧翼过多接触，无法正确地坐
在坐垫中块上。这不仅严重影响舒适性，
也会误导 H 点的测量。在坐垫前部 H 点
向前200mm 的区域，一般要求侧翼高度满
足 25～40mm，侧翼角度满足 15°～40°。
侧翼高度过低、角度过平，会导致乘员乘
坐时无包覆感，驾乘时可能会左右滑动，

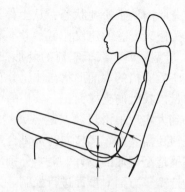

图 4-16　压陷量示意图

在转弯时感觉会更加明显；而侧翼高度过高、角度过大，则会导致侧翼对腿部的压
迫过大，驾驶员会感到驾驶时腿部的活动受到限制，影响舒适性。

　　③ 人机工程。座椅通常具有多种调节功能，包括前后调节、高度调节、靠背
角度调节、头枕调节、腰部支撑调节等。这些调节功能的操作便利性，直接体现了
座椅的舒适性能和设计品质。

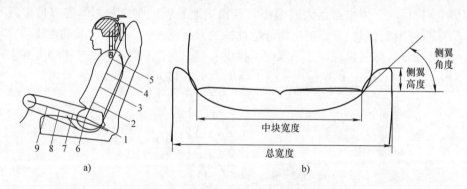

图 4-17　横向截面位置及典型横向截面示意图
1～5—靠背横截面　6～9—坐垫横截面

　　调节按钮的布置需充分考虑乘员在座椅上的操作可及性。推荐的布置范围一般
为以 H 点为原点、半径350mm 的圆以内。考虑到手部操作的舒适性，座椅旁侧板
上的调节手柄、调节按钮在座椅全行程中与门饰板、B 柱、门槛饰板和其他内饰零
件的间隙（手柄最低和最高位置）推荐在45mm 以上，手腕处的操作空间推荐在
57mm 以上。座椅旁侧板上的调节按钮与坐垫表面高度 Z 方向上距离应不小于
75mm，避免乘员进出时按钮被凹陷的坐垫触及。此外，需注意部分功能的可视化
操作要求，比如座椅记忆开关。

　　（3）舒适性提升解决方案

　　舒适性是座椅设计永恒的话题。座椅工程师在舒适性的提升上不遗余力。良好

的乘员姿态、造型型面和人机工程设计是保证座椅舒适性的必要条件。除此之外，座椅发泡的软硬程度对座椅的舒适性有着明显的影响，也是乘员对座椅舒适性最直接的体验。如果发泡过硬，乘员会感觉没有压陷感，就像坐在硬板凳上；而发泡过软，则会感觉支撑不足，身体陷入座椅内部，长时间乘坐容易产生疲劳。因此很多座椅发泡采用中块区域较软、侧翼区域较硬的策略，以便获得软硬度适宜的乘坐感知和良好的侧翼支撑性能。

　　近年来，又逐渐发展出在发泡表面粘贴软泡棉、迷宫发泡、垂直双硬度发泡等多种方式（图4-18），以进一步提升舒适性，使得乘员乘坐初期得到比较柔软的触感反馈，并且在长途驾乘后，又能感觉到座椅良好的支撑性。

a) 贴软泡棉　　　　　b) 迷宫发泡　　　　　c) 垂直双硬度发泡

图4-18　座椅发泡舒适性提升方案

　　适当提高座椅功能配置也能在很大程度上提高舒适性，如腰托、腿托、通风、加热、按摩等功能模块的应用都能为座椅的舒适性加分。通过增加一些贴心的设计，也可以带来更好的品质感受，例如增加可调节侧翼的睡眠头枕，或是增加触感柔软的头枕衬垫（图4-19），以缓解长途乘坐的疲劳。此外，选用触感良好的面料来包覆座椅也不失为一种提升舒适性和品质感的解决方案。

图4-19　舒适头枕应用实例

Tips3　舒适性以主观评价为主，客观评估为辅，需要不断通过设计、评审、反馈、优化的动态过程，达到舒适性的设定目标。

4. 模态设计

　　模态是结构系统的固有振动特性。座椅的振动和异响可能不会对驾驶车辆产生直接的影响，但是这种持续存在的干扰，会使乘坐的品质感大打折扣。因此在座椅的开发设计过程中，需要提前采取防范措施。

　　车辆行驶过程中，道路、车辆和座椅形成一个相互关联的振动系统，它们之间的振动频率和振幅对座椅舒适性的影响很大。在车辆运行过程中，主要的振动激励来自动力总成系统以及路面激励的传递等。如果座椅的固有频率与来自车身的激励重叠，座椅就会产生共振，振幅会明显增大。在无乘员乘坐时，座椅自身应该是一个隔振系统，以避免空载的座椅在车辆怠速及行驶等工况下发生抖动，影响整车NVH品质。普通轿车的频率波段如图4-20所示。空载座椅的固有频率需要尽量避开动力总成系统和路面的激励频率，因此留给座椅的固有频率安全区非常有限。设计时通常需要将座椅的固有频率控制在 17~23Hz，最好能控制在 18~22Hz 的区间范围内。

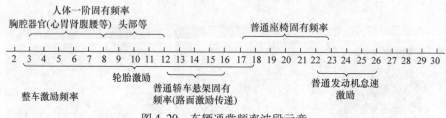

图 4-20 车辆通常频率波段示意

在有乘员乘坐时，座椅在模态方面的要求主要为隔绝振动。人体及人体的各个部位都有明确的振动频率范围，介于 3~12Hz，处于这个范围内的振动会让乘员产生不舒适的感觉。当有人乘坐时，座椅的固有频率会显著降低，通常要求降低至 2~4Hz，尽量避免与人体固有频率波段重合。

模态要求在座椅设计及骨架选型时提前考虑。通过 CAE 仿真初步判断座椅的固有频率，如果固有频率不满足整车要求，则可通过改变座椅自身的特性改变其固有频率。

一般来说，固有频率与座椅刚性正相关，与座椅重量负相关。因此改变座椅的固有频率可以从座椅的刚性和重量两方面着手。一方面，通过优化座椅的骨架结构，比如选择合理的滑轨开档，优化坐垫骨架侧板，增强坐盆前后加强管等方式可有效提升座椅的刚性，使得座椅的固有频率发生变化从而满足要求。另一方面，通过改变骨架的重量，例如增加配重块等方式，也可以改变座椅的固有频率。但是由于座椅本身自重较大，重量的微小变化对固有频率的影响并不明显。此外在骨架和造型确定后，降低座椅的重量需要付出很高的代价，而重量的增加则可能带来经济性不佳的问题，需权衡考虑。

此外，面套、发泡和悬挂三个零件组合在一起，像一个复杂的组合弹簧，可以起到提供舒适性和隔绝振动的作用，对座椅的感知品质也有明显的影响。

Tips4 座椅在设计和验证时，需注意同时满足空载和负载的模态要求。

5. 关键零件设计

（1）骨架设计

座椅骨架是指支撑和连接座椅零部件的框架，它是座椅中最主要的部分。大部分施加在座椅部件上的载荷，都是通过座椅骨架上的部件包括头枕杆、靠背骨架、调角器、滑道等最终传递到车身地板上，因此必须保证载荷传递路径上的每个零件具有足够的强度。座椅的骨架结构一般有三种典型型式（图4-21）：拉伸的管式结构，成本较低，质量较轻；冲压的板式结构，比较常见，成本较高，但是相对于管状结构，它更容易控制制造尺寸；线状结构，用于对系统强度要求不高的座椅。

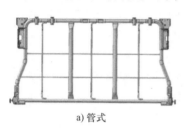

　　　a)管式　　　　　　　　　b)板式　　　　　　　　c)线状

图4-21　骨架典型结构

　　座椅骨架主要由靠背骨架、坐垫骨架等组成，此外还有调角器、调高泵、滑道、调节电动机等机构件。座椅骨架的设计需要兼顾强度、刚性、耐久、舒适性、制造可行性、装配要求等多重因素，同时还必须考虑成本和重量。下面以前排骨架为例进行简要介绍。

　　① 核心件选型。前排座椅的核心件主要包括调角器、滑道、调高泵等。通常情况下会避免重新设计开发新的核心件，而是选择开发完成的成熟产品，免去试验验证的周期并且确保质量，降低开发成本。

　　通常座椅的调角器通过焊接或螺栓紧固将坐垫和靠背骨架连接，一般通过座椅总成或骨架总成的试验来反映调角器的性能。座椅调角器的设计验证标准可参考表4-6。

表4-6　座椅调角器的设计验证标准

条目	标准要求说明
调角器静强度	考虑加载及冲击时靠背的受力情况，保证调角器强度满足标准要求
调角器的疲劳强度	加载一定的力并循环一定的次数，调角器应操作灵活，功能正常
板簧疲劳强度	在正常使用情况下，工作一定次数不应失效，功能正常
调节手柄操作力	模拟实际操作的施力位置，操作力满足标准要求
调角器自由间隙	在靠背上顶端中心位置施加一定的力进行测量
调节机构品质	调节转动自如、锁齿可靠，手柄解锁无卡滞现象，轴向无明显偏摆间隙，无异响
步距	手动调角器步距不超过2°，电动调角器为（2.5°~4°）/s

　　滑道的选型与调角器类似，也需要关注强度、疲劳性能、操作力（解锁力和滑动力）、自由间隙及调节步距等因素。除此之外，滑轨选型时还需关注滑道解锁的形式以及滑道解锁落锁的同步性，以保证座椅的感知品质。

② 骨架结构布置。设计骨架时，首先需完成整体框架的搭建。在高度方面，结合假人布置、车身环境等因素，通常以 H 点到下滑轨的高度来定义；靠背骨架的高度定义则有较大的自由度，主要考虑头枕高度的法规要求、靠背的舒适性要求等。在宽度方面，两根滑轨之间的开挡尺寸需保证后排乘员的脚部空间；靠背两侧侧板间距则需要从安全及周边环境布置考虑。如间距过小，则会导致后碰时假人的背部侵入量偏低，从而加重假人的挥鞭伤害；如间距过大，则会导致靠背尺寸偏宽，易与中控扶手发生干涉。同时，骨架与人体的间隙（Meat – to – Metal）的舒适性要求也需在整个骨架布置的过程中同步考虑。

一般来说，前排座椅的靠背骨架和坐垫骨架通过调角器连接并实现靠背的角度调节，调角器的位置布置会影响座椅的舒适性。坐在座椅上的乘员，身体的各个部分（躯干、臀部、大腿等）都可以围绕着不同的支点旋转。不同身材的乘员，其后下部的虚拟旋转点都非常接近。座椅靠背通过调角器发生旋转，带动乘员躯干转动。在进行座椅系统设计时，应该尽可能地使调角器的中心靠近乘员的虚拟旋转中心，从而使座椅的转动更加贴合人体自身的运动，保证座椅的舒适性。但由于实际情况的限制，做到这一点可能非常困难，需将旋转中心位置进行一定的让步，可定义在 H 点向后100mm、向下 50mm 的区域内，如图 4-22所示。

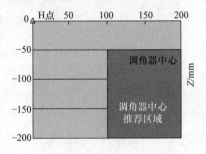

图 4-22　调角器布置

③ 靠背骨架设计。靠背骨架是承担载荷将其传递到调角器的关键结构件，其主要作用是保持乘员背部姿态，给上半身提供支撑，在前撞、侧撞和后撞过程中吸收能量。靠背骨架不但要考虑造型因素，侧安全气囊、腰托等附件的结构和安装形式也需要同时考虑。靠背骨架的主要组成部件如图 4-23 所示，包括上横梁、下横梁、靠背侧板梁，此外通常还包括头枕导套支架、侧翼支撑钢丝、面套固定钢丝，支撑乘员的柔性悬挂等。

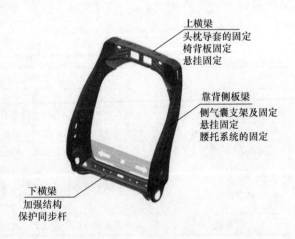

图 4-23　座椅靠背骨架示意

靠背骨架设计需充分考虑侧安全气囊和靠背腰托的布置位置，并在靠背侧板上预留相应的接口空间。综合性能和成本的要求，靠背骨架的子零件可以选用不同的设计，例如上下部横杆，既可以选用管件，也可以选用冲压件。

④坐垫骨架设计。坐垫骨架也是座椅骨架的关键结构件，其主要作用是支撑乘员的臀部和大腿，限制乘员身体下部晃动，使乘员保持正确的坐姿，碰撞时给乘员提供保护。靠背骨架通过调角器与坐垫骨架连接，同时安全带锁扣装配在坐垫骨架上，因此坐垫骨架需要具备高强度结构，以支撑乘员的静态载荷、动态载荷，以及乘员在坐垫上移动的疲劳载荷等。此外，坐垫骨架在 H 点控制和舒适性控制中也起着非常重要的作用。坐垫骨架各部件的主要功能作用如图 4-24 所示。

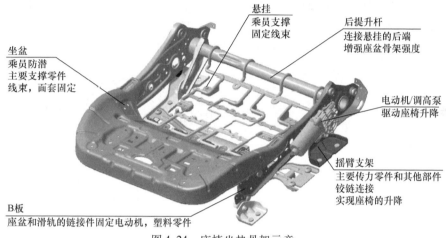

图 4-24　座椅坐垫骨架示意

根据调节形式，坐垫骨架可以分为 2 向、4 向、6 向等。根据结构形式，坐垫骨架可以分为一体式结构和分片式结构，如图 4-25 所示。一体式结构就是用一块板料加工而成的金属件，在上面增加一些小的附件用以连接调节器和开关等。这种设计的价格便宜，工序简单，具有较好的质量保证，但是模具费用较高，且模具不能有较大的改动，骨架适用性不强。而分片式结构由四种不同的部分组成：前横杆或单坐盆、左侧板、右侧板以及后横杆。这些零件通过焊接或装配连接在一起。这种结构的优点有：设计上具有很大的灵活性，功能和结构可以自由调节的同时，不改变核心框架。

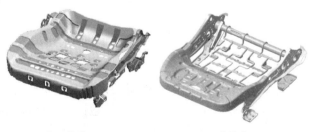

a) 一体式　　　　　　　　b) 分片式

图 4-25　坐垫结构示意

在一体式结构中没有悬挂装置，其功能由发泡实现，因此发泡的厚度就需要仔细的核算，以满足 H 点和舒适性要求。发泡的厚度一般情况下不应小于 50mm。分片式结构通常带有悬挂系统，悬挂的固定需要牢固可靠，保证在前撞过程中或者假人前滑的作用力下不能脱落。此外，坐盆骨架的设计还需考虑为面套、座椅侧饰板等其他附件预留安装结构。

⑤ 安装固定点设计。安装固定点的设计由车身地板的结构以及选定的滑轨所决定。在设计固定点的过程中，需要考虑兼顾通用性、强度、成本、安装、重量等方面要求。

安装方式的选用没有唯一的选择，需综合权衡各影响因素。表 4-7 就前排座椅的主要安装固定方式进行了对比说明。

表 4-7　前排座椅安装固定方式的对比

固定方式	优点	缺点	典型断面
安装支脚	① 支脚设计灵活 ② 骨架通用性好 ③ 安装方向无限制	① 导轨通过支架与车身连接，整体强度较差 ② 使用支架增加成本 ③ 安装孔不易定位	
螺栓直接安装	① 零件少、重量轻 ② 成本低 ③ 安装精度高 ④ 强度高	① 对车身要求高，通用性不高 ② 安装空间小，对螺栓特殊要求；通常需与浮动螺母配合使用	
挂钩+支脚/ 挂钩+螺栓直接安装	① 安装方便，只需安 ② 装两个螺栓，节省工时 ③ 成本较低	后碰时挂钩有滑落风险	

（2）发泡设计

座椅发泡是座椅系统的关键部件之一，用于靠背、坐垫、扶手、头枕等区域。发泡的设计直接影响座椅的舒适性、H 点和外观品质。

一般发泡的外观面会根据造型面通过偏置后来定义基本轮廓，面套的厚度不同，偏置量不同，发泡圆角处的偏置量稍小以保证包覆后的效果。而发泡的内部面设计需要参考骨架结构，满足对骨架的包覆。设计曲线应保持一定弧度，方便面套包覆及隐藏分型线，发泡和周边零件存在匹配关系时，要考虑预留一点干涉量，避免外观缺陷。面套固定点的位置以及沟槽等需要特别处理的结构，要结合样件试制情况，不断进行结构优化才能最终锁定数据。一般情况下，为保证工艺可靠性，泡沫结构的主要区域的厚度须大于15mm，最薄的地方须大于8mm。

此外，为实现吊紧、支撑、防噪声、耐磨等效果，可以在发泡体中预埋一些附件，例如吊紧钢丝、刺毛条、加强块、毛毡布等。这些附件需要合理可靠地定位在模具中，以实现预期效果。

（3）功能件设计

① 后排扶手设计。后排扶手是座椅系统的一个重要组成部分，主要包括骨架、发泡、面套等部件。对于功能更复杂的扶手，还包括杯托、储物盒、控制开关按钮、装饰条、线束等。

扶手作为影响舒适性的零件之一，从人机工程学的角度，一般要求 H 点到扶手的上表面高度应控制在140～185mm，扶手宽度不小于130mm，扶手与水平面的夹角也不宜过大。

扶手转轴的设计有多种形式。对于扶手设计来说，最重要的在于转轴位置。转轴处有三个参数需要关注：转轴至扶手外表面的距离 a，转轴至扶手框下端面的距离 b，转轴至靠背骨架端面的距离 c，如图4-26所示。为了保证扶手能正常打开，需确保距离 a 小于距离 b，距离 b 小于距离 c。这些数值的确定，需考虑到扶手面套的厚度、发泡的最小成型厚度、扶手饰盖的厚度，以及转轴至扶手支架边缘的距离。

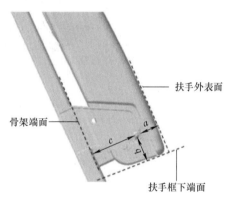

图 4-26　扶手转轴布置

座椅扶手在设计上需要满足的要求主要有：操作力、疲劳耐久、垂直刚性、水平刚性等。

扶手在不使用时能保持在座椅靠背内，通常依靠的是扶手与周边靠背发泡及面套的摩擦力，且为了保证座椅的外观，扶手四面与座椅的匹配均为零间隙。若为皮质座椅，则很难避免扶手翻折时皮质的摩擦异响。为了改善这一问题，可在如下两方面进行优化：其一，尽可能缩小皮革的使用区域，在不可见的地方用织物或毛毡布替代皮革；其二，削减靠背与扶手下端配合区域的发泡，缩小

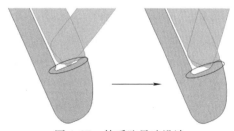

图 4-27　扶手防异响设计

扶手下端在旋转过程中与靠背发泡之间的干涉量，如图4-27所示。

② SBR 布置设计。SBR 全称 Seatbelt Reminder，意为安全带未系提醒，作用为提醒乘员在行车时系好安全带，保护乘员安全。SBR 为压力敏感型元件，用于判断是否有人乘坐。如图 4-28 及表 4-8 所示，当座椅上有人时，压力通过坐垫面套（坐垫发泡）传递至 SBR，SBR 输出不同的信号到控制模块，由控制模块识别是否启动报警。SBR 通常布置在前排乘客座椅上，随着 E – NCAP 及 2018 版 C – NCAP 将后排安全带提醒装置列为加分项，后排座椅也逐渐开始配备 SBR 装置。

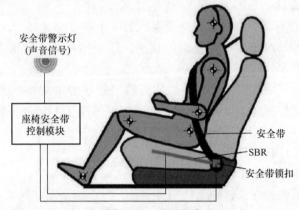

图 4-28　SBR 回路

表 4-8　SBR 控制模块的控制逻辑

	安全带已系	安全带未系
有人	不报警	报警
无人	不报警	不报警

SBR 需布置在坐垫受力最大区域，此区域可根据压力分布图确定。根据安装位置的不同，SBR 分为 A 面和 B 面两种。两种 SBR 的安装位置如图 4-29 所示。

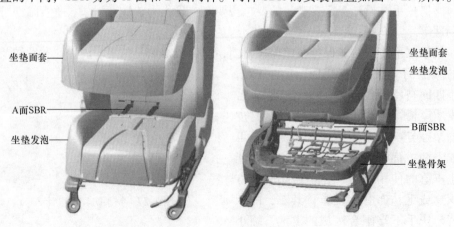

图 4-29　A 面和 B 面 SBR

　　A面SBR位于坐垫发泡上方，通常采用发泡开槽及粘贴的方式固定在发泡上。A面SBR对安装面的要求较高，要求安装区域尽可能平整，不能有凸面；SBR须避开面套吊紧槽，保证SBR外边缘与发泡吊紧槽之间有足够的距离。A面SBR易于布置，且识别率高，但是受造型的影响较大，不适合平台化的开发趋势，因此逐渐发展出B面SBR。

　　B面SBR位于坐垫发泡下方，卡接在坐垫骨架上，因此其受造型的影响较小，可实现平台化。此外，其传感点通断寿命更高，机械耐久性更优，但是设计和验证更为复杂，对B面发泡的质量要求较高。

　　A面SBR和B面SBR需要有一定的探测范围，除正常坐姿之外，乘员在正常乘坐位置往前或向左向右一定范围内，也应能被正常探测。另外，目前SBR主要为压力感应，无法精准确定座椅上的是人还是物体，一般采用重量区分。当压力低于一定重力时，SBR判断为无人，不进行提醒；高于一定重力时，判断为有人，须进行提醒。

　　SBR的产品验证除了多种坐姿下的通断性测试，还包括机械耐久测试，如颠簸蠕动、导入导出、落球冲击、承压耐久测试等，以及环境温度测试，如低温、高温、湿热、沙尘试验等。

四、座椅系统常用的材料和工艺

1. 座椅总成常用材料

座椅各部件常用材料如下：

　　① 座椅骨架：主要为钢材，根据不同结构的受力要求不同，材料选用包括QSTE420、QSTE380、Q235、Q345、SAPH440等。

　　② 座椅发泡：聚氨酯泡沫。

　　③ 座椅面套：用作座椅面料的材质主要有真皮、人造革（包括PVC、PU、仿麂皮等）、织物等。

　　④ 座椅塑料件：PP、PC + ABS、PA66等。

2. 座椅总成常用工艺

座椅总成主要工艺为装配工艺，其各个部分组成零件的常用工艺类型如下：

　　① 座椅骨架：管件推弯、压弯、钣金件冲压、铆接、焊接、电泳、电镀等。

　　② 座椅发泡：冷模塑发泡。

　　③ 座椅面套：面套裁切、缝纫工艺。

　　④ 座椅塑料件：注射成型。

有关材料及工艺的具体介绍详见第十二章。

第二节　座椅系统品质设计与发展趋势

一、座椅系统品质设计

座椅系统是汽车内饰中重要的组成部分，座椅的品质感对汽车内饰整体的感知质量有着显著的影响。

座椅既是安全件、功能件，同时又是外观件。因此在满足基本功能要求的前提下，设计师和工程师在座椅的造型和质感上精益求精，将美和功能完美结合，努力体现设计感。例如在座椅表面材质的选择上，手感细腻丝滑的纳帕（NAPPA）真皮、仿麂皮等多种面料得到越来越广泛的应用，配合打孔、压花、刺绣、高频焊接、激光雕刻等面料造型技术，打造出多种个性和时尚的视觉效果。图4-30所示为仿麂皮面料及压花、高频焊接在座椅面套上应用的示例。

在传统马具、服饰、箱包等用品上使用的绗缝工艺也越来越多地应用到座椅的面套制造工艺中，成为高贵、奢华的代名词。错落有致的凹凸感与触感柔软的真皮相呼应，更能映衬出内饰的高档感。图4-31所示为绗缝在座椅面套上应用的示例。

图4-30　仿麂皮面料及压花、高频焊接应用实例

图4-31　绗缝应用实例

　　人性化的细节设计也有助于提升座椅整体的品质感，为乘员提供友好的界面，将以人为本的理念体现在设计之中。例如有些车型的座椅配置有迎宾功能，可以实现在打开车门或关闭车钥匙后，座椅自动向后移动，为乘员提供更大的车门进出空间；而在开启接通电源后，座椅自动恢复到之前设定的驾乘位置。这些设计在带来舒适便利的同时，也给人眼前一亮的品质感和宾至如归的温馨感。

图4-32　轻巧型外侧饰板

　　在座椅塑料饰件的设计中，外侧饰板的轻巧设计（图4-32）在配合座椅整体造型体现精致简洁的同时，也能有效避免乘员上下车时被硬物碰到。

　　座椅的前后滑动通过滑轨实现，对滑轨及其锐边进行遮蔽（图4-33）。这种设计在实现美观的同时，也能防止对后排乘员进出和乘坐时造成伤害。对于 MPV 的座椅，后排通常使用长滑轨。设计时可以采用地毯与滑轨齐平的设计，将下滑轨隐藏在地毯平面中，提升乘员进出的便利性，并保证乘坐时舒适的脚部空间。

图4-33　滑轨遮蔽方案

二、座椅系统发展趋势

　　未来的汽车制造模式将从粗放资源驱动转换为创新驱动。集成零排放、车联网、无人驾驶等多种技术的智能汽车已经不再是一个概念，而是从代步工具的"功能车"向移动终端"智能车"进化。座椅设计顺应发展的潮流，不断求变创新。轻量化、智能化、舒适化是目前座椅的主要发展趋势。

1. 系统轻量化

　　未来的汽车将追求更大的车内空间和更低的整车能耗，座椅的轻量化设计可以为整车做出相应的贡献。座椅骨架作为座椅重量的重要组成，其轻量化需求日益迫切。目前国内座椅骨架的整体水平在 12～15kg，未来的目标将小于 10kg。

骨架实现轻量化的方法主要体现在先进制造技术和多元材料技术两方面。在先进制造技术方面，激光拼焊技术、变厚度板（Variable – thickness Rolled Blanks，VRB）成型技术、辊压成型技术等在骨架设计和制造上的应用日趋成熟。在材料技术方面，超高强钢、镁铝合金、碳纤维和复合材料等的应用研究引起广泛关注，有些车型已成功实现量产。采用连续纤维增强复合材料的靠背骨架和坐盆，可以在实现减重的同时，打造个性化造型和多样化的色彩纹理。除此之外，配合弹性聚氨酯座椅泡棉等新型材料，可以使座椅整体变薄，增加后排膝部空间，如图 4-34所示。

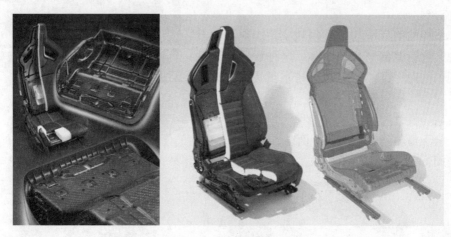

图 4-34　轻量化座椅材料

2. 功能智能化

安全驾驶是乘车的首要目标。座椅靠背后面安装的传感器（图 4-35）可监测驾驶员或乘员的心跳和呼吸节奏等各项身体指标，该指标可反馈出驾驶员的驾驶状态。当检测出驾驶员疲劳驾驶时，可以通过座椅坐垫下面的防瞌睡振动电动机来使座椅抖动，刺激驾驶员使其保持清醒。

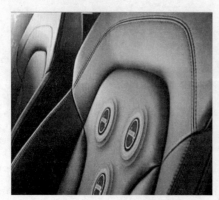 

图 4-35　健康监测传感器

　　APP 软件的加入令使用者可以更随意、更便捷地控制座椅状态，使座椅的各项附加功能如记忆功能、按摩功能及支撑功能等都可以在智能设备上直观操作。通过互联网，可以实现远程控制座椅通风加热功能。比如在盛夏或是寒冬，提前通过手机 APP 按下座椅通风或加热功能，在乘员上车前将座椅调节至舒适的乘坐温度，从而实现更佳的乘坐体验，如图 4-36 和图 4-37 所示。

图 4-36　集成控制面板

手机远程控制

图 4-37　远程控制通风加热

3. 驾乘舒适化

　　随着二胎政策的放开和越来越多的家庭出行需求，七座车也广受欢迎，成为市场需求的新增长点。通过配备各种调节功能，二、三排座椅可以实现多种布置型式（图 4-38），满足不同场景下的出行需求。

　　随着未来人机交互、车载互联及自动驾驶技术的逐步成熟，传统车的功能概念被逐渐弱化。在自动驾驶车辆中，驾驶员和乘员将把更多的时间用在驾驶以外的活动上，车内座舱将被打造成移动、智能和舒适的独立空间，乘员对汽车座椅和内饰空间的灵活性提出前所未有的要求。通过座椅布局组合，实现休闲、社交、高效会议等不同场景的应用，共享整车空间，用户还能通过手机软件，实现智能内饰与移

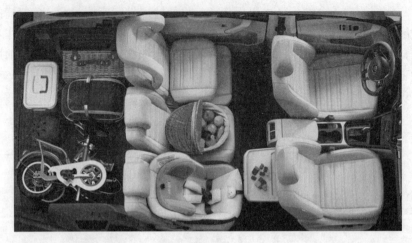

图 4-38　多样的座椅组合空间

动端的无缝连接，从而控制车内的光照、内饰颜色、玻璃表层显示等。未来座椅造型及色彩纹理如图 4-39 所示。

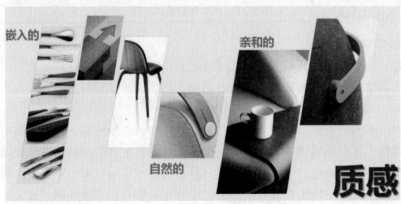

图 4-39　未来座椅造型及色彩纹理

纵观近年来的概念车,大多在座椅造型上作了文章,座椅体态从厚重衍生到轻薄,色彩纹理上从传统衍生到亲和自然,更具科技感和人文属性,旨在为乘员提供极致的乘坐体验。

未来座椅能够根据乘员的重量载荷和其身体运动姿态做出相应的动态变化,以减轻乘员身体受到的压迫,从而提升乘坐舒适性。某款概念座椅(图4-40)采用仿生学设计,模仿人类在行走或慢跑时脊柱让骨盆和胸部向相反方向运动,从而使头部保持相对稳定的特性。此外,这款座椅采用的环保蜘蛛丝材料替代了源自于石油化工的树脂等材质,在生产以及后续报废处理环节也更为环保。

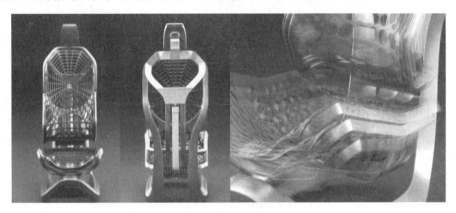

图4-40　仿生学动态适应概念座椅

第五章
约束系统

第一节 约束系统概述

　　汽车安全系统大致可分为主动安全系统和被动安全系统两大部分，两者相辅相成，保护驾乘人员、行人等的安全。主动安全系统可在危险发生前主动识别危险因素，并帮助驾乘人员、行人等消除或降低危险。

　　被动安全系统主要由转向盘、安全带、安全气囊、座椅、车身、传感诊断模块（SDM）等零件组成，在车辆发生不可避免的交通事故时，对驾乘人员和车外行人进行保护，从而消除或降低伤害。被动安全系统开发是一项系统工程，零件彼此之间的性能匹配非常重要。约束系统主要包括转向盘、安全带和安全气囊。发生碰撞时，约束系统中各零件彼此协调，在合适的时间点发挥各自的作用，最大限度地降低乘员的受伤害程度，其主要设计参数见表5-1。

表5-1　约束系统零件的主要设计参数

零件名称	主要设计参数（单位）
转向盘	转向盘直径（mm）
安全带	织带延伸率
	限力值（kN）
	预紧力（kN）
	预紧量（mm）
	预紧器点火时刻（ms）
	安全带总长（mm）
	锁扣类型
	织带型锁扣织带长度（mm）
安全气囊	发生器点火时刻（ms）
	排气孔直径（mm）
	拉带长度（mm）
	气体发生器输出压力（kPa）
	气袋容积（L）
	气袋充满时间（ms）
	气袋厚度（mm）
	泄气性或涂层
	气袋涂层厚度（mm）
	保护区域

第二节 转 向 盘

一、转向盘概述

转向盘，俗称方向盘。最初作为操纵车辆行驶方向的装置，其功能是将驾驶员施加在转向盘轮缘上的力传递给转向轴；后期随着用户对操作性需求和设计师对造型需求的进一步提升，转向盘告别了单一的方向控制功能，走上了集成化的道路。在转向盘上集成安全气囊，对乘员起到更好的保护作用。另外，转向盘作为人机交互最直接的高感知外观件，更多地集成装饰件、多功能开关等，提升了转向盘的品质感、豪华感和人机性能。不同时期的转向盘如图5-1所示。

a) 早期的转向盘 　　　　　b) 集成了气囊 　　　　　c) 集成了多功能开关

图5-1　不同时期的转向盘

转向盘一般由骨架、发泡体、包覆层、缝线、装饰件、多功能开关、按响机构、紧固件等组成，具体结构如图5-2所示。

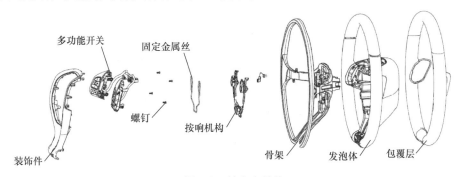

图5-2　转向盘结构

1. 骨架

骨架是转向盘中最主要的部分，一方面承受绝大部分的静动态载荷，另一方面为转向盘上的其他零件提供支撑和依附。发泡体、真皮、装饰件、按响机构等功能组件都直接或间接连接在骨架上。

骨架主要由轮缘、轮辐和轮毂组成。转向盘骨架一般有两辐条、三辐条和四辐条三种型式，如图5-3所示。这三种型式各有特点，两辐条式骨架给转向盘外观造型的设计提供了更多的自由度，三辐条和四辐条式的骨架则对造型有更多的限制。为满足骨架性能要求，一般两辐条式骨架的 3/9 点钟方向的轮辐宽度较宽，而三辐条和四辐条式骨架在此处的轮辐相对较窄，多功能开关的布置匹配会更加自由。

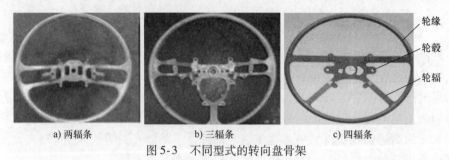

a) 两辐条   b) 三辐条   c) 四辐条

图 5-3   不同型式的转向盘骨架

2. 发泡体

发泡体是转向盘中的重要组成部分，发泡体既有外露型，又有外加包覆型。对于外露型发泡体，可在发泡体外观面设计纹理、颜色，以提升耐磨性、手感和外观。外加包覆型发泡体位于骨架和包覆层之间，一般无外观纹理要求。

3. 包覆层

包覆层是包覆在发泡体外表面的零件，主要为皮革包覆层和木饰包覆层。较为常见的是皮革包覆层，可以使用不同材质、颜色、纹理的皮套，按发泡体的尺寸通过机器裁剪和人工缝制后，包覆在发泡体上，提升转向盘的外观品质和操作手感。

4. 缝线

缝线将皮革包覆层贴合地缝制至发泡体，保持皮套外观整洁稳定。常见的缝线型式主要有对角线式、美式和欧式，如图 5-4 所示。不同的缝线型式在握感上会有一定差异。

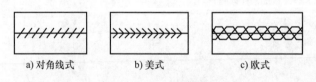

a) 对角线式   b) 美式   c) 欧式

图 5-4   常见的缝线型式

二、转向盘技术要求

1. 标准与法规

转向盘是被动安全系统中一个重要的组成部分，在车辆发生碰撞时，避免对驾驶员造成不必要的伤害。各国针对转向盘系统均制定了严格的法规标准。除须满足整车及内饰通用的法规标准外，转向盘还涉及的主要标准见表 5-2。

表 5-2　转向盘相关的主要标准和法规

序号	编号	名　称
1	GB 11557—2011	防止汽车转向机构对驾驶员伤害的规定
2	ECE R12	机动车碰撞时防止转向操纵机构对驾驶员伤害认证的统一规定（UNIFORM PROVISIONS CONCERING THE APPROVAL OF VEHICLES WITH REGARD TO THE PROTECTION OF THE DRIVER AGAINST THE STEERING MECHANISM IN THE EVENT OF IMPACT）
3	FMVSS 203	驾驶员免受转向控制系统伤害的碰撞保护（IMPACT PROTECTION FOR THE DRIVER FROM THE STEERING CONTROL SYSTEM）

2. 主要技术要求

（1）乘员保护要求

转向盘需协同安全带、气囊等零件满足对乘员的保护要求。若发生事故，应尽量降低转向盘对驾驶员的伤害。面向驾驶员的转向盘表面不得有可能引起或增加对驾驶员伤害的危险尖角、棱边等结构，不得有在正常行驶过程中可能勾住驾驶员衣物或其他穿戴品而影响驾驶员正常驾驶的结构。

（2）可靠性要求

转向盘是整车上驾驶员触摸和使用最为频繁的零件之一，需具有良好的耐久、耐湿度、耐汗液和抗腐蚀等性能，需避免在使用过程中出现明显变色，轮缘、轮辐或轮毂降解、破裂，喇叭按响时误响或操作力异常，装饰件掉漆，表皮破损等问题。

（3）外观要求

转向盘整体造型风格、色彩纹理等须与整车匹配。装饰件、开关与转向盘本体的匹配间隙和面差要尽量不可见并且均匀。

零件表面的颜色、光泽、纹理与设计定义相符。PU 发泡表面不允许有缺料、毛刺等缺陷。真皮包覆表面要求顺滑、无褶皱，缝线整齐美观，无鼓包。装饰件无缩印、飞边、毛刺等缺陷。

（4）人机要求

转向盘表面应不易反光，开关按键和拨片布置易于手动操作，不应出现手动操作不顺、饰件割手等问题，尖角或凸起部位的圆角半径不得小于 2.5mm。转向盘轮缘和气囊位置设计应满足仪表显示的人机要求。

轮缘截面尺寸及硬度应适中，操作手感优异。喇叭按响操作力大小和按响位置设计应符合人机要求，方便驾驶员按响，同时避免异响和误响。

3. 主要试验要求

转向盘的开发需通过前期的虚拟分析指导设计，以及后期的产品试验验证设计。

在设计开发前期，基于产品数据，通过虚拟分析评估设计的可靠性，且经过多轮的方案优化和虚拟分析，实现设计最优化。转向盘的虚拟分析主要包括转向盘骨架的扭转强度、扭转耐久、弯曲强度、弯曲耐久等试验。目前虚拟分析方法对转向盘头部碰撞试验、躯干模块碰撞试验也有一定的指导意义。

在设计开发后期，基于产品样件，通过实物试验对其进行验证，评估产品的性能是否满足试验要求。转向盘试验除了上文提到的头部碰撞试验和躯干模块碰撞试验之外，通常还包含轮毂强度试验、喇叭按响操作力试验和振动试验等。为保证在各种环境工况下的性能稳定性，还需进行高温试验、低温试验、耐光色牢度试验、耐环境腐蚀试验、耐汗液性试验等。针对集成了加热、安全驾驶提醒等功能的转向盘，对相应的功能模块和总成也需进行相关试验验证。转向盘主要试验项目见表5-3，这些试验要求为一般判定依据，在实际应用中，各整车厂会存在一定差异。

表5-3 转向盘主要试验要求

序号	试验项目	试验要求
1	扭转耐久试验	轮辐无塑性变形，轮辐与轮缘和轮辐与轮毂的连接部分无破裂或裂缝
2	扭转强度试验	轮辐无塑性变形，轮辐与轮缘和轮辐与轮毂的连接部分无破裂或裂缝
3	弯曲耐久试验	轮辐与轮缘和轮辐与轮毂的连接部分无破裂或裂缝
4	弯曲强度试验	轮辐与轮缘和轮辐与轮毂的连接部分无破裂或裂缝
5	头部碰撞试验	撞击头型以 $24.1 \sim 25.3$ km/h 的相对速度撞击转向盘时，作用在撞击头型上的减速度超过 $80g$ 的累积作用时间不得大于 3ms，最大减速度不得超过 $120g$
6	躯干模块碰撞试验	转向盘无断裂、脱落及骨架损坏引起的表面断裂凸出等异常
7	按响操作力试验	各位置按响操作力满足试验标准要求
8	振动试验	试验过程中转向盘无明显的异响，并评估转向盘固有频率
9	高温试验	要求饰件无变色，轮缘、轮辐或轮毂无降解情况，无裂缝或破裂，包皮转向盘无皮革悬空情况
10	耐光色牢度试验	要求样件基材无腐蚀，轮缘、轮辐或轮毂无降解情况，无破裂或裂纹情况，表面无明显色差
11	耐环境腐蚀试验	要求样件无严重变色、变形、软化、破裂、裂纹或任何其他有害影响

三、转向盘结构设计

作为安全件、功能件和外观件，转向盘设计需从安全性、布置设计合理性和舒适性等角度考虑，以确保转向盘实现各方面的要求。下面主要对转向盘与关键周边件的匹配设计以及轮缘的设计要点进行介绍。

1. 布置设计

（1）转向盘与气囊、开关的匹配设计

转向盘作为安全气囊的承载件，两者配合区域广，对设计和制造精度要求较高。周边匹配间隙会对喇叭按响及气囊点爆等功能产生影响，图5-5所示为转向盘与气囊的纵向断面。

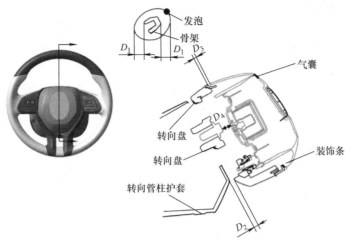

图 5-5　转向盘与气囊纵向断面

　　① 转向盘轮缘发泡造型面与骨架的距离（D_1）须满足发泡工艺、手感和嵌皮槽工艺需求。

　　② 转向盘与管柱护套的间隙（D_2）须满足转向功能和外观均匀美观的需求。

　　③ 转向盘与气囊外部的间隙（D_3）须满足喇叭按响行程和外观均匀美观的需求。

　　④ 转向盘与气囊内部的间隙（D_4）须满足喇叭按响行程和气囊点爆安全间距的需求。

　　（2）转向盘与管柱、时钟弹簧的匹配

　　转向盘底部的安装连接件主要有时钟弹簧和转向管柱。转向盘与时钟弹簧一般通过过盈配合的方式连接。通过此连接结构，时钟弹簧部分组件可实现随转向盘的转动而转动。转向盘骨架轮毂与转向管柱连接，一般通过花键轴或多边形结构设计实现转动传递，同时实现转向盘在管柱径向的定位。通过锥面和紧固件紧固，实现转向盘在管柱轴向的定位。图 5-6 所示为转向盘与周边件的装配示意。

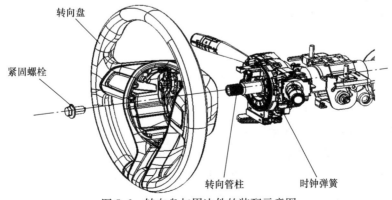

图 5-6　转向盘与周边件的装配示意图

2. 轮缘人机设计

（1）轮缘截面的设计

基于统计学的人体手型和大小，为使驾驶员获得较好的操作手感，并考虑驾驶员的操作习惯，推荐的转向盘轮缘尺寸见表5-4。

表5-4 轮缘截面推荐尺寸

相关参数	具体要求	图 示
截面尺寸 A	27～30mm	
截面尺寸 B	29～38mm	
截面周长	＜101mm	
截面形状	椭圆或近似椭圆	

（2）表面包覆的设计

转向盘表面包覆层有 PU（无包覆）、头层真皮、二层真皮、超纤皮等，不同的表面包覆材质因软硬度、纹理、光滑度等的不同，会对转向盘的手感产生较大的影响。一般皮质包覆手感优于PU，头层皮的包覆手感优于二层皮，优质超纤皮的包覆手感不亚于头层真皮。

四、转向盘常用材料和工艺

1. 骨架常用材料和工艺

骨架常用材料主要有钢、铝合金和镁合金等，如图5-7所示。

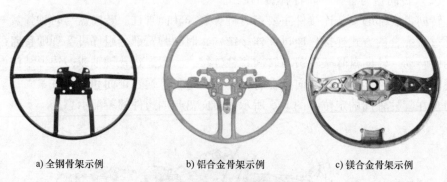

a) 全钢骨架示例   b) 铝合金骨架示例   c) 镁合金骨架示例

图5-7 不同材料的转向盘骨架

全钢骨架具有较高的强度、硬度和良好的韧性，但其缺点首先是硬度较高，难以用单纯的压力加工方法成型，通常是将轮缘、轮辐和轮毂焊接而成；其次是该工艺对工人的技术水平要求较高，且精度差，规模化程度低；最后是碳钢的密度较大、减振系数低，不利于汽车轻量化。但在强度要求较高、工作环境恶劣的重型汽车等车辆上，全钢骨架仍有广泛的应用。

铝合金骨架的减振系数较小、减振性能较差，是制约铝合金转向盘骨架发展的不利因素。相比之下，镁合金的密度小，比钢轻3/4，比铝轻1/3，具有良好的减振、吸噪及阻尼性能。在转向盘上使用镁合金可以顺应汽车结构向轻量化和节能化的发展需要。同时镁合金的安全性能优异，在发生碰撞时镁合金转向盘可吸收更多的能量，保证驾驶员的安全，因而具有低碳钢、工程塑料、铝合金等传统转向盘骨架材料无法比拟的性能优势。目前镁合金骨架的应用已成为主流。

铝合金和镁合金骨架为压力铸造成型，压铸工艺流程如图5-8所示。其原理为在高压作用下，使液态或半液态金属以较高的速度充填压铸模的型腔，并在压力下凝固成型。压铸工艺制造的产品质量好，生产率高，经济效益优良，但对内凹、复杂的铸件，压铸较为困难。

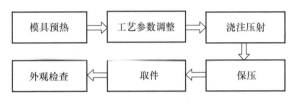

图 5-8　压铸工艺流程图

2. 发泡体常用材料和工艺

转向盘发泡层成型目前使用最多的是聚氨酯（PU）发泡制造工艺。PU转向盘发泡层集装饰与功能于一体，其优点是手感舒适，能吸收驾驶员头部及胸部的碰撞能量，提高安全性，并且具有性能可调范围宽、适应性强、耐磨、不易开裂、粘接性能好、弹性好、耐候性好、使用寿命长等优点。

发泡聚氨酯由双组分组成：一种组分为聚醚多元醇；另一种组分为异氰酸酯。生产时两组分进入喷涂器械，呈雾状混合喷出，1min左右发泡凝固成型。

发泡工艺流程如图5-9所示。发泡工艺要求分型线光滑平顺，以免影响外观和手感，并且保证一定的脱模斜度，避免产品被拉毛、顶伤。

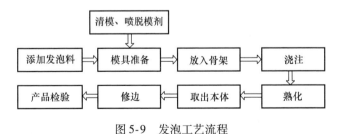

图 5-9　发泡工艺流程

3. 包覆层常用材料和工艺

常见包覆层材料主要有头层真皮、二层真皮、超纤皮、木材等。

真皮是使用动物的皮制作加工而成的，可分为头层皮和二层皮。头层皮由各种动物的原皮直接加工而成；二层皮是纤维组织较疏松的二层部分，经化学材料喷涂或覆上 PU 薄膜加工而成。二层皮虽然保持了皮质的特性，但耐久性及强度不如头层皮。不过优质的二层皮，会比普通的头层皮更加柔软舒适。

超纤皮是再生皮，属于合成皮革中的一种高档皮革。超纤皮在撕裂强度、色泽、皮革利用率、耐化学、质量均一、大生产加工适应以及防水、防霉变等方面的性能甚至优于天然皮革，特别是在目前天然皮革资源不足的情况下，超纤皮已然成为当代合成革的发展方向。顶级超纤皮极具科技含量，价格甚至超过真皮，用于高端领域。

转向盘的真皮包覆工艺如图 5-10 所示，此工艺是保证转向盘最终外观质量的重要方法，目前主要由手工操作完成。相比 PU 发泡工艺，真皮包覆工艺加工时间较长，成本较高，但可使转向盘获得较好的手感和外观。

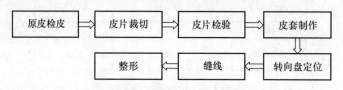

图 5-10　真皮包覆工艺流程图

除了皮革包覆层外，木饰包覆层在相对高档车型上的转向盘应用较多。它在保证和提高机械强度的同时起到了装饰效果，具有刚性好、安全可靠、豪华高贵、美观大方的优点。

第三节　安　全　带

一、安全带概述

安全带是约束系统的重要组成部分，用于在车辆骤然减速、碰撞或翻滚时通过合理限制乘员身体的运动，避免乘员的头部、胸部等向前撞击到转向盘、仪表板、风窗玻璃及前排座椅等零件上，从而达到保护乘员的目的。

按照安全带固定点数量，安全带一般可以分为两点式、三点式、五点式安全带等。随着安全法规要求的提高，目前乘用车常用的是三点式安全带，本节也主要围绕三点式安全带展开介绍。三点式安全带由一条肩带和一条腰带组成，可以有效保护乘客的胸部、腹部、臀部等部位，其大致组成如图 5-11 所示。

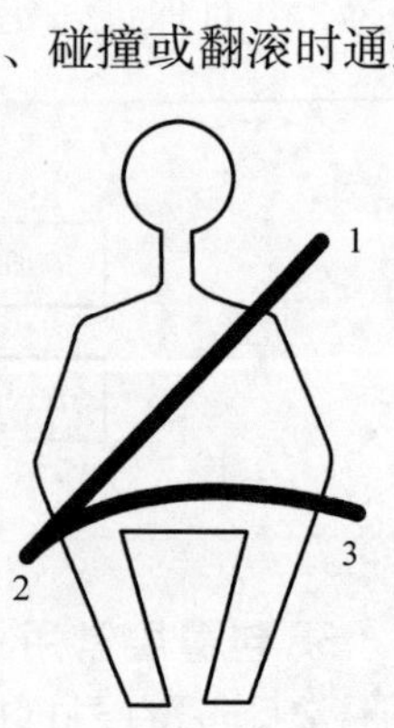

图 5-11　三点式安全带

安全带主要由卷收器、织带、锁扣、高度调节器、带上件（导向环、固定片、锁舌）等零件组成。

卷收器作为安全带核心部件，是一种用于卷收织带的装置。按照其功能一般可分为无锁式卷收器、自锁式卷收器、紧急锁止式卷收器、限力式卷收器和预紧式卷收器等。目前常用的是紧急锁止式卷收器。限力式卷收器和预紧式卷收器在紧急锁止式卷收器的基础上增加了限力和预紧功能模块。现以紧急锁止式卷收器为例进行介绍。

紧急锁止式卷收器的零件组成如图 5-12 所示。其各关键组件的功能简单介绍如下：

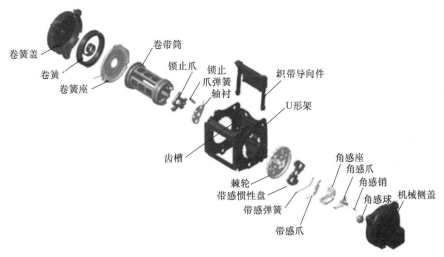

图 5-12　卷收器组件示意图

① 卷簧为织带提供回卷力，确保织带回卷功能正常。织带一端固定在卷带筒中，卷簧带动卷带筒卷绕织带。

② 角感球可感知车辆角度及加速度的变化，使角感爪伸出抵住棘轮外侧，再使锁止爪弹出锁止；带感惯性盘能够感知织带的突然抽拉，使带感爪伸出抵住机械侧盖的内圈齿轮，锁止爪弹出并锁止；带感弹簧实现带感爪复位，解除锁止。

③ 锁止爪接受带感总成和车感系统的反馈，并与 U 形架上的齿槽啮合，确保锁止功能正常；锁止爪弹簧实现锁止爪复位，解除锁止；轴衬确保锁止爪和弹簧配合正常。

紧急锁止式卷收器拥有调节织带长度的功能。在正常行驶条件下，织带可根据乘员的体形和佩戴情况而改变织带的拉出长度。紧急锁止式卷收器在以下工况下起作用：

① 车辆加速度或倾角达到设计预定值。

② 织带从卷收器中快速拉出。

③ 以上因素的组合。

织带是安全带的重要组成部分，直接和人体接触，用于"束缚"人体，确保乘员不脱离座椅。织带以各种纱线为原料编织而成，一般宽度为 46 ~ 48mm，厚度为 1.1 ~ 1.2mm。常见的织带纹路主要是 5 条纹和 7 条纹，如图 5-13 所示。纹路与穿综顺序有关，并不影响其具体的物理性能。

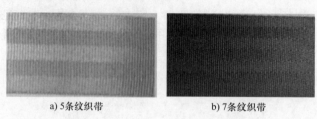

a) 5 条纹织带   b) 7 条纹织带

图 5-13　5 条纹织带和 7 条纹织带

二、安全带技术要求

1. 标准与法规

安全带是汽车被动安全系统最为重要的组成之一，各国政府均针对安全带制定了严格的法规标准。除整车及内饰通用的法规标准外，针对安全带的相关法规标准见表 5-5。各国家和地区的安全带法规有一定差异，但对安全带的基本性能都做了详细要求。

表 5-5　安全带相关标准与法规

序号	法规标准号	法规标准名称
1	GB 14166—2013	机动车乘员用安全带、约束系统、儿童约束系统和 ISOFIX 儿童约束系统
2	GB 14167—2013	汽车安全带安装固定点、ISOFIX 固定点系统及上拉带固定点
3	GB 11551—2014	汽车正面碰撞的乘员保护
4	ECE R14	关于就安全带固定点、ISOFIX 固定系统和 ISOFIX 顶部系带固定点方面批准车辆的统一规定（UNIFORM PROVISIONS CONCERNING THE APPROVAL OF VEHICLES WITH REGARD TO SAFETY – BELT ANCHORAGES, ISOFIX ANCHORAGES SYSTEMS, ISOFIX TOP TETHER ANCHORAGES AND I – SIZE SEATING POSITIONS）
5	ECE R16	关于机动车乘员安全带、约束系统、儿童约束系统和 ISOFIX 儿童约束系统认证的统一规定（SAFETY – BELTS AND RESTRAINT SYSTEMS FOR OCCUPANTS OF POWER – DRIVEN VEHICLES）
6	FMVSS 210	安全带总成安装固定点（SEAT BELT ASSEMBLY ANCHORAGES）

2. 主要技术要求

（1）乘员保护要求

发生碰撞时，安全带应能将乘员约束在座椅上，且满足动态试验要求，具体要求参考 GB 14166—2013。同时，假人伤害值须满足整车安全对乘员保护的性能要求。

（2）强度要求

作为安全件，安全带各零件的强度要求较高。要求在规定的负载下，安全带锁扣不得断裂，不能自行开启；刚性锁扣拉断载荷应不小于20kN，柔性锁扣拉断载荷应不小于18kN；锁舌拉断载荷应不小于20kN；安全带导向环拉断载荷应不小于23kN。

安全带的端连接件（固定片）单受力断裂强度应不小于14.7kN；双受力拉断载荷应不小于29.4kN。柔性锁扣连接件（固定片织带或钢丝绳）单受力拉断载荷应不小于18kN；双受力拉断载荷应不小于36kN。刚性锁扣连接件单受力拉断载荷应不小于20kN；双受力拉断载荷应不小于40kN。

（3）追溯要求

安全带作为重要的安全件，一般需要满足精确追溯要求。追溯信息包含型号、生产日期、生产工厂地址和生产企业等，可在安全带上贴追溯码进行追溯。

3. 主要试验要求

安全带试验主要包括车感试验、带感试验、角感试验、织带拉出试验、回卷力试验、噪声试验、振动试验、温度试验、耐腐蚀试验、粉尘试验、带扣啮合试验、强度试验、动态试验等。织带还需进行腐蚀试验、磨损试验、浸水试验、色牢度试验、抗拉载荷试验等。具体试验要求见 GB 14166—2013，现以动态试验为例进行说明。

安全带动态试验是以装有假人的台车模拟实车碰撞时的状况来评价安全带性能的试验，是一项综合、全面的评价试验。

评判标准：在不打开锁扣的情况下，目视检查安全带及刚性件是否有失效或断裂的情况，检查试验后连接在滑车上的车辆结构部件是否有可见的永久性变形，同时要求胸部位移量为100~300mm，臀部位移量为80~200mm。

Tips1 安全带动态试验对假人胸部和臀部的位移量有强制要求。若位移量过小，则可能会造成整车碰撞试验中假人胸部和臀部的伤害值增加；若位移量过大，则无法满足安全带动态试验要求。因此，须认真考虑位移量的设置。

三、安全带布置设计

安全带各组件涉及的匹配零件较多，匹配边界复杂，在布置时须满足与周边件的静态匹配间隙要求和安全带佩戴的动态使用要求。下面主要对卷收器、导向环、固定片、锁扣和饰框的布置进行介绍。以下涉及的具体数值为推荐值，适用于大部分车型，特殊情况还需具体分析。

1. 卷收器布置设计

卷收器按安装位置分类，常见型式有立柱安装式、衣帽架安装式和座椅靠背安装式。由于座椅、车身等零件的特殊功能需求，部分车型的卷收器也有布置于车顶、座椅坐垫骨架等位置的情况。

（1）立柱安装式

立柱安装式卷收器需重点关注与车身钣金件、饰板、线束等的匹配关系，主要布置要求如下：

① 卷收器安装角度应与敏感组件的设计相匹配。

② 一般要求织带出口走向与卷收器安装面夹角 $\beta \leqslant 5°$（图 5-14），同时增加织带导向机构，确保织带拉出、回收正常。

③ 卷收器最高点与型腔上边设计时应留有足够的空间，考虑安装过程中卷收器以螺柱轴为中心产生的顺时针微小转动量，确保安装后卷收器与钣金件的距离满足设计要求。安装后卷收器与周边钣金件的距离一般要求 $\geqslant 5mm$，同时定位挂钩的位置及尺寸设计应能尽量避免卷收器在安装过程中旋转。

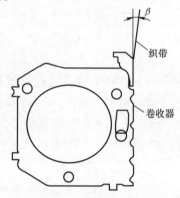

图 5-14 织带拉出角度示意

（2）衣帽架安装式

衣帽架安装式卷收器需重点关注与 D 柱饰板、车身钣金件、衣帽架和座椅的匹配关系，如图 5-15 所示。此处织带出带面与水平面的夹角 α 主要有两种：若织带水平拉出，则织带出带面与水平面夹角 $\alpha = 0°$；若织带爬坡拉出，则织带出带面与水平面夹角 $\alpha > 0°$。当 $\alpha > 0°$ 时，织带出带路径需绕过衣帽架和座椅靠背，相对于水平拉出型式，其织带的拉出、回收性能较差。建议可在座椅靠背上增加织带导向结构，提升织带拉出、回收性能，同时还能改善织带佩戴的舒适性，从而提升安全性能。

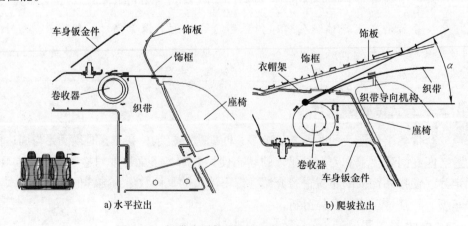

a) 水平拉出   b) 爬坡拉出

图 5-15 织带水平拉出和爬坡拉出断面示意图

（3）座椅靠背安装式

座椅靠背安装式卷收器需重点关注与座椅的匹配关系。对于不带前端防锁功能的卷收器（有限位），为确保卯钮外露的织带满足靠背正常翻折，限位卯钮距离座椅饰框出口位置应满足一定的长度要求（D_1），如图 5-16 所示。对于带前端防锁功能的卷收器（无限位），需确认实车安全带未佩戴自然状态长度，从而准确定义前端防锁过渡到紧急锁止的切换点位置，同时确保座椅各组件不影响织带的正常拉出和回收性能。

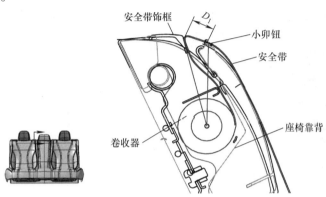

图 5-16　后中座椅靠背安装卷收器断面示意图

2. 导向环布置设计

导向环对织带路径起导向作用，碰撞过程中承受的载荷力较大，需满足低摩擦、高强度的要求，使织带在碰撞过程中滑动顺畅。常见的布置形式有导向环外露式、半隐藏式和隐藏式，主要涉及与 B/C 柱饰板、车身、高度调节器等零件的匹配。下面以外露式为例进行介绍。

外露式导向环与饰板、车身、高度调节器的匹配关系如图 5-17 所示。织带在使用过程中，导向环绕固定螺栓轴线前后摆动，同时随高度调节器上下移动。设计时需考虑导向环整个运动包络，预留足够空间（推荐 $D_1 \geq 3\text{mm}$、$D_2 \geq 5\text{mm}$、$D_3 \geq 5\text{mm}$），确保导向环和高度调节器在整个运动行程中不与饰板干涉。

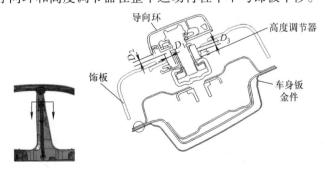

图 5-17　外露式导向环断面

3. 固定片布置设计

固定片一端通过紧固件与车身或座椅钣金件连接，另一端与织带固定连接。一般可设计成旋转式和固定式，如图 5-18 所示。固定式较为常见的防转结构主要有三种：螺柱防转、开孔防转和凸包防转。

旋转式的结构设计须满足饰板开槽尺寸及外观要求。螺柱防转的结构设计须确保螺柱焊接强度满足安全带性能要求。开孔防转的结构设计须确保开孔不影响整车气密性和防水性能。凸包防转的结构设计须确保防转效果到位，建议固定片与车身钣金件凸包在设计上预留一定的干涉量，以确保能够起到更好的防转效果。

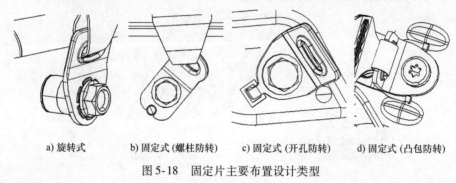

a) 旋转式　　b) 固定式 (螺柱防转)　　c) 固定式 (开孔防转)　　d) 固定式 (凸包防转)

图 5-18　固定片主要布置设计类型

固定片与织带连接端应倒圆，不允许有尖角、毛刺、锐边等任何可能割破织带的特征，且端片开孔尺寸适中，确保连接端的织带能够自由顺畅地转动。

固定片布置主要涉及与车身、饰板、线束等零件的匹配。固定片的布置一般可分为外露式和隐藏式两种。本节将对外观品质较高的隐藏式布置进行介绍。

隐藏式布置关系如图 5-19 所示。饰板的开口尺寸（长、宽）应满足织带运动包络的要求。固定片不可旋转时，一般要求固定片与饰板的 Y 向距离（$D_1 \geq$ 5mm）、Z 向距离（$D_2 \geq 5mm$）。固定片可旋转时，则 D_1、D_2 需满足固定片运动包络的要求。为使固定片受力更加顺畅，固定片布置角度可尽量与织带的拉出角度相同。

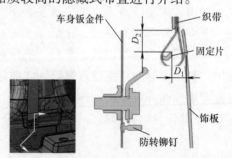

图 5-19　隐藏式断面

4. 腰部预紧器布置设计

腰部预紧器一般可布置于座椅或车身。以座椅布置为例，须满足与座椅各组件的匹配关系，如图 5-20 所示。腰部预紧器锁头与座椅饰板外表面之间的间隙 D_1 应满足 NVH（噪声与振动）性能要求，一般可在靠近座椅侧的锁头表面加贴毛毡。腰部预紧器座椅开口尺寸（$D_2 \times D_3$）应适中，避免腰部预紧器与座椅干涉的同时确保美观。腰部预紧器的安装布置须给座椅手动调节手柄预留足够的手部操作空间。

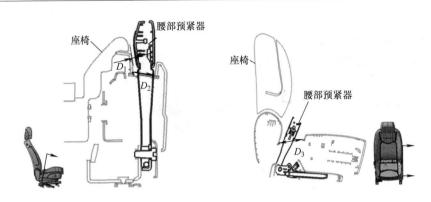

图 5-20 腰部预紧器与座椅匹配断面

5. 锁扣布置设计

前排锁扣通常固定于座椅骨架，布置时主要需考虑它与座椅和中控的匹配关系，如图 5-21 所示。一般布置要求如下：

① 锁扣与座椅发泡一般允许存在一定的干涉量（$D_1 \leqslant 5\text{mm}$），针对皮质座椅，一般会在锁扣侧面贴毛毡，消除锁扣和座椅的摩擦异响。

② 锁扣与中控台 Y 向距离（$D_2 \geqslant 8\text{mm}$），需满足在座椅移动全行程内，锁扣与中控台无干涉。

③ 为确保前排乘客座椅安全带系统能够满足通用型儿童座椅安装要求：固定模块 Gabarit 安装在前排乘客座椅并用车辆安全带固定之后，织带必须与固定模块的两边边界接触。从而使锁扣调至最低位置时的按钮中心高出坐垫的高度（D_3）满足一定的要求，设计后期须用实物匹配验证。

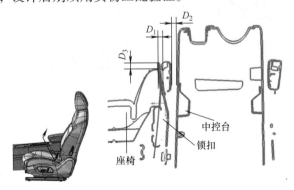

图 5-21 钢性支架锁扣 X 向断面

后排锁扣通常固定于座椅骨架或车身下的地板，需考虑它与车身、座椅的匹配关系。本节主要对锁头与坐垫的外观匹配和乘坐舒适性设计进行介绍。

目前大多数车型后排布置三个乘员座位，为满足安全带固定点法规和整车布置要求，锁扣 Y 向的布置空间通常较为局促。锁扣布置时需避免硌臀的问题，此问题和座椅发泡的形面、硬度、锁头后端和座椅靠背最前端的 X 向距离（D_1）、锁头前端最高点和坐垫的 Z 向距离（D_2）、锁头后端最高点和坐垫的 Z 向距离（D_3）、锁扣中心位置与 H 点相对位置等因素有关，如图 5-22 所示。合理的座椅发泡开孔位置和尺寸设计，也能使后排锁扣和坐垫整体显得整洁美观，从而提升外观品质和乘坐舒适性。

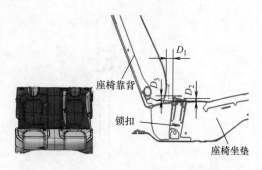

图 5-22　后排锁扣与坐垫 Y 向断面

后排锁扣的布置开发，须在前期基于产品数据使用不同分位的假人进行模拟分析，在后期基于产品样件进行实车评估，共同确保开发可靠性。

6. 饰框布置设计

安全带饰框可防止织带与周边件摩擦，对织带起导向作用。在碰撞工况下，饰框受到织带约 4kN 的力，因此饰框的强度和韧性要满足一定的要求，以防止在碰撞过程中饰框破裂割断织带，同时确保安装结构牢固可靠。目前饰框的布置大致可分为集成式、侧饰板固定式和衣帽架固定式，如图 5-23 所示。

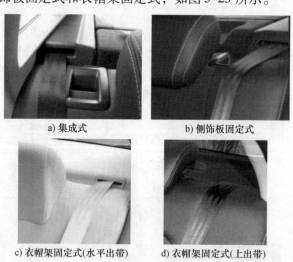

a) 集成式　　　　　　　　　　b) 侧饰板固定式

c) 衣帽架固定式(水平出带)　　d) 衣帽架固定式(上出带)

图 5-23　饰框布置设计类型

集成式饰框整体的外观更为简洁，并节约了安装饰框的工时；但对饰板的脱模方向有一定的要求，应在前期充分考虑对饰板整体设计的影响。

侧饰板固定式饰框的匹配难度提高，两种硬质材料之间的间隙、面差较难控制。

衣帽架固定式一般有水平出带和上出带两种。上出带型式，需特别注意饰框内部的结构应避让织带路径，确保织带路径无拐角，拉出、回位顺畅。

四、安全带常用材料和工艺

1. 常用材料和工艺简介

安全带的材料集成度较高，具体见表5-6。

表5-6 安全带的典型材料和工艺

序号	名称	零件名称	主要材料	工艺
1	卷收器	车感组件	TPE	注射成型
			POM	注射成型
		卷带筒	镁合金	压铸
		织带保护套	POM	注射成型
		止动轮	铝合金	压铸
			锌合金	压铸
		U形架	结构钢	级进冲压
		心轴	POM	注射成型
		棘轮、棘爪	POM	注射成型
		惯性盘	合金钢	冲压
		机械侧盖	POM	注射成型
		限力杆	冷镦钢	冷镦
		弹簧	弹簧钢	冷轧
2	织带	织带	PET	编织
3	导向件	外包塑	POM	包塑
		嵌件	45钢	冲压
4	锁舌	外包塑	PP	包塑
		嵌件	合金结构钢	精冲
5	固定片	固定片	结构钢	冲压
6	锁扣	锁壳	ABS/PP	注射成型
		支架	结构钢	冲压
		销	冷镦钢	冷镦
		按钮	POM	注射成型
		支架	结构钢	冲压
7	高度调节器	导轨	结构钢	冲压
		托板	45钢	冲压
		衬套	HDPE	注射成型

2. 典型工艺

安全带中各零件的常用加工工艺除了编织、冲压、注射成型、冷镦、机加工以外，比较有特点的还有压铆、旋铆、超声波焊接、缝纫、烫印等组装工艺。现以编织工艺为例进行说明。

织带的编织工艺流程主要包括织造、染整、检验、切带等。

① 织造是将涤纶工业长丝织成由连续的纱线和修整边缘构成的带状织物，并根据不同车型设计要求织成不同花纹的织带。图 5-24 所示为织带机设备。

② 染整是将白色的织带根据要求染成不同的颜色。染整的主要工序包括浸轧染色、烘干、固色、牵伸、压光、皂洗、水洗、后整理等。浸轧染色选用分散染料热熔轧法染色；牵伸是在染定过程中进行牵伸处理，控制产品的延伸率；压光是通过两钢辊施予不同的压力，来调节产品厚度等尺寸；后整理是通过助剂添加，增强产品的耐磨、表层光滑度等的性能。图 5-25 所示为染整机。

图 5-24　织带机

图 5-25　染整机

③ 染整后的织带由自动光学检测机（图 5-26）对织带上的毛丝、污点、颜色均匀性、色点等进行自动检测，并对所有检测到的疵点精确定位。

④ 切带是采用专用的自动定长切割机（图 5-27）将织带切成一定长度，自动切除已标示的疵点部位并取走。通过热切刀和热压，可使织带产生平整的圆形头。

图 5-26　自动光学检测机

图 5-27　自动长度切割机

第四节　安全气囊

一、安全气囊概述

安全气囊是约束系统的重要组成部分，与安全带配套使用，共同为乘员提供有效的安全保护。在汽车发生碰撞时，气囊的气体发生器接到点爆信号后引燃气体发生剂，释放大量气体进入气袋，使气袋在极短的时间内迅速展开，在乘员和车体组件之间形成弹性"气垫"，吸收乘员的冲击能量，并及时泄气、收缩，从而避免人体与车体组件直接接触，有效地保护人体免受伤害或减轻伤害程度。

按布置位置分，安全气囊主要可分为转向盘安全气囊（驾驶员安全气囊，Driver Airbag，DAB）、仪表板安全气囊（乘员安全气囊，Passenger Airbag，PAB）、侧面安全气囊（Side Airbag，SAB）、侧安全气帘（Curtain Airbag，CAB）等。各个位置的气囊与安全带配合共同保护乘员的头、颈、胸、腹、臀等部位，具体如图 5-28 所示。

图 5-28　整车气囊展开示意图

安全气囊的核心组件有发生器、气袋和防尘罩等。除核心组件外，安全气囊还包括门盖、标签、保持环、壳体或紧固件等。以转向盘安全气囊为例，其组件如图 5-29 所示。

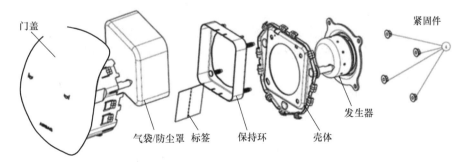

门盖　　　　　　　　　　　　　　　　　　　　　　紧固件

气袋/防尘罩　标签　　保持环　　壳体　　发生器

图 5-29　转向盘安全气囊爆炸图

一般情况下，发生器内装有火药或压缩气体，用于气袋充气。通常发生器内部有滤网或外部装有过滤片，用以过滤充气剂和点火剂燃烧后的渣粒，同时降低气体的温度，防止热气灼烧气袋。气囊产生的气体主要是氮气，十分稳定，不含毒性，对人体无害。点爆时带出的粉末是维持气袋折叠状态不粘连的润滑粉末，对人体无害。

气袋在发生器点爆时充气展开，处于乘员和车身组件之间，起到保护乘员的作用。气袋体积的大小取决于保护区域的大小、气囊与乘员的相对位置关系等因素。

防尘罩包裹在折叠后的气袋外围，用于保持气袋折叠后的形状。防尘罩上设置有撕裂线，利于气囊点爆时气袋从撕裂线处展开。

> Tips2 前排乘客仪表板区域内不应放置物品，以防气囊点爆时将物品击飞，对人体造成伤害。另外，对配置有侧面安全气囊的座椅，不建议在座椅外侧自行增加皮套等包覆，以免影响气囊的正常展开。

二、安全气囊技术要求

1. 标准与法规

安全气囊的相关法规标准见表5-7。国标中规定了坠落、机械冲击、粉尘、温度–振动、湿热循环、盐雾、光照、温度冲击、静态展开、压力容器等试验的要求。

表5-7　安全气囊相关标准与法规

序号	标准号	标准名称
1	GB/T 19949.1～3—2005	道路车辆　安全气囊部件
2	ISO 12097–1～3	道路车辆　气囊组件（ROAD VEHICLES　AIRBAG COMPONENTS）

2. 主要技术要求

（1）乘员保护要求

安全气囊须满足整车碰撞试验中对乘员的保护要求，不能对乘员造成伤害。安全气囊的气袋刚度、保护区域、到位时间等参数须满足整车安全设定的目标值。

（2）追溯要求

安全气囊作为重要的安全件，一般需要满足精确追溯要求。追溯信息需包含型号、生产日期、生产企业的地址和名称等，可在气囊上贴追溯码进行追溯。

（3）引燃装置要求

安全气囊的点火电阻、绝缘电阻、非点爆电流、点火电流、试验电流及可靠性、稳定性等应满足设计和试验要求。

3. 主要试验要求

安全气囊产品开发需进行模块级静态点爆、系统级静态点爆和整车级的动态碰撞等试验。静态试验为动态试验、开发做准备，安全气囊最终应满足整车级动态碰撞试验中的乘员保护要求。

气囊模块级静态点爆试验主要验证发生器与气袋的匹配性、稳定性、耐久性等。一般点爆试验要求在不同工况（不同温度、不同火药量的发生器等）下进行。

气袋须按照设计要求的形状和时间覆盖保护区域，具体要求如下：

① 气囊点爆时不允许有因气囊展开而引起的硬质飞溅物，如硬塑料碎片、金属碎片等。

② 气袋纤维、饰件织物层等软质飞溅物，不允许有任何会伤及乘员的锐边、尖角、毛刺等，且飞溅物不允许朝向乘员头部区域，飞溅物的重量也应满足要求。

③ 气囊点爆时的声音不得对驾乘人员的听力造成永久伤害。

④ 气囊点爆时产生的尘埃和气体不得造成驾乘人员身体上的永久伤害。

⑤ 气袋与壳体的连接不得松动或脱离；气袋无破损或燃烧，气袋缝线需完整无损。

气囊系统级试验在装有周边件的情况下进行，试验主要验证气囊在周边件影响下的性能是否满足要求，同时对周边件的布置、材料、结构等进行考核验证。其试验判定依据基本与模块级试验相同，但因为气囊周边件较多且结构复杂，所以设计时需重点关注高低温工况下周边件的性能是否满足系统级点爆要求。系统级试验合格与否的判定依据和试验矩阵各主机厂不尽相同，一般的试验矩阵见表5-8。

表5-8 气囊子系统推荐试验矩阵个数

试验条件	高温	常温	低温
高爆	2 ~ 4	—	2 ~ 4
常爆	2 ~ 4	2 ~ 4	2 ~ 4
低爆	—	—	2 ~ 4

在气囊满足模块级和系统级试验的基础上，再进行整车级碰撞试验。整车级试验主要验证气囊总成在整车上的保护性能，以及与安全带、座椅等其余整车系统的匹配性。

以国内要求为例，整车碰撞试验主要有整车公告试验、C－NCAP（中国新车评价规程）试验和C－IASI（中国保险汽车安全指数规程）试验等。相对公告试验，C－NCAP试验对乘员保护的要求更高，同时对约束系统的设计要求也更加严苛。值得一提的是，随着主动安全研究的突飞猛进，被动安全的研究并未放缓脚步。C－NCAP试验对被动安全系统的要求在逐年提高。C－IASI试验也在2018年对约束系统提出了明确的考核要求，要求中的25%偏置碰撞试验，对转向盘安全气囊和侧安全气帘系统的设计提出了更高的挑战。

三、安全气囊布置设计

1. 转向盘安全气囊

转向盘安全气囊周边的环境相对简单，其布置主要涉及与转向盘匹配，匹配要求详见第五章第二节介绍。考虑到安全和人机性能，转向盘安全气囊布置的角度通常与转向管柱的轴向平行，气袋展开后的形状以圆形居多。

除了发生器和气袋之外，转向盘安全气囊门盖总成的设计对气囊的展开性能至关重要。下面针对转向盘安全气囊门盖结构中关键的撕裂线、装饰件、司标的设计进行介绍。

气囊点爆时气袋充气展开挤压门盖，门盖沿撕裂线撕裂，气袋得以顺利展开，图 5-30 所示为门盖背面撕裂线示意图。撕裂线主要通过门盖背面结构弱化的方式实现，设计时需从撕裂线的形状、外观、尺寸、终止点等方面进行考虑。

① 形状：撕裂线形状应利于气袋完全展开，且考虑门盖撕裂后的翻折状态，应避免门盖击打到驾驶员的手部。

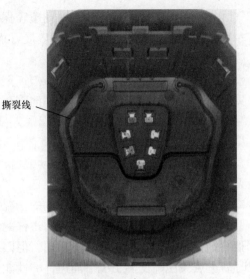

撕裂线

图 5-30 撕裂线结构示意图

② 外观：考虑撕裂线可能造成的门盖外观面缩印等问题，通常可在撕裂线处设计造型线，可也在门盖表面进行喷漆处理，以起到遮盖的作用。

③ 尺寸：撕裂线处的形状主要有 U 形和 V 形。撕裂线处的残余厚度在确保气囊正常展开的同时，还需综合考虑飞溅物和表面质量的平衡。残余厚度过厚可能会增加飞溅物，甚至影响气袋的展开；过薄则会影响表面外观质量。

④ 终止点：为防止撕裂导致门盖局部断裂、飞溅，可在撕裂线的各端点设计撕裂终止点。

对于带装饰件的门盖，装饰件材料应选用韧性较高的材料，避免气囊点爆时装饰件被打碎而发生硬质飞溅；另外，若装饰件为电镀件，应避免点爆时电镀层的脱落飞溅，建议使用某些特殊的电镀工艺，如真空镀膜等。

司标一般与门盖集成，布置于气囊模块的中心点附近。点爆时司标随着门盖翻折，因此对司标组件的材料和结构设计要求较高。应尽量降低司标总成的重量，选用高、低温性能较好的材料，成熟、牢固的安装固定方式等。常用的气囊司标安装固定方式主要有塑料热熔和金属卡接。

2. 仪表板安全气囊

布置设计仪表板安全气囊时需考虑气囊与 H 点、仪表板总成、前风窗玻璃、仪表板横梁总成等的相互关系。气囊与仪表板的布置设计详见第八章。下面主要对气囊模块布置中的布置角度 α 和气囊与 H 点的位置的设计要点进行介绍。

气囊的布置角度 α（图 5-31）决定了气袋从仪表板展开的角度，对气袋展开后包型的设计也有较大的影响。α 值过大，会导致气袋对着前风窗玻璃展开，存在打碎玻璃的风险；α 值过小，则会导致气袋直接对着乘员展开，可能影响对乘员保护的性能。通常 α 值推荐 $55° \sim 75°$，使气袋按照设计意图沿着前风窗玻璃展开，从而起到保护乘员的作用，同时也有利于气袋包型的设计，减小气袋的体积，提升气囊的保护性能。

气囊中心点与 H 点的 Y 向坐标应尽量相同，气袋包型的设计也应尽量对称，这样有利于减小气袋的体积，提升气囊的保护性能。气囊中心点与 H 点的 X 向距离对气袋体积大小的设计有较大影响，一般车型为 750~850mm。

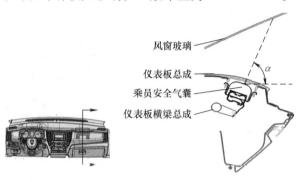

图 5-31　仪表板安全气囊断面

3. 侧安全气帘

在侧安全气帘点爆过程中，周边零件的布置与结构会对气帘的展开性能产生一定的影响，故在布置时需校核与顶棚、立柱、天窗、密封条、车身钣金件等零件的结构与匹配。从气帘的布置区域来看，其设计点主要包括：A 柱区域、B 柱区域和顶拉手区域等。在进行各区域设计时，需同时关注气帘的整体性，以防顾此失彼。

（1）A 柱区域设计

侧安全气帘 A 柱区域拉带用于气帘在点爆过程中对气袋起稳定约束作用，避免气袋前后左右晃动，确保气帘按照设计要求的时间覆盖保护区域。拉带的车身固定端一般布置于 A 柱饰板与顶棚分缝的前端（处于车身钣金件和立柱之间）。通常要求，气帘点爆时拉带应从 A 柱饰板和密封条中间脱开，如图 5-32a 所示。若拉带被 A 柱饰板挂住，未完全脱开，则可能会影响气帘的保护性能，如图 5-32b 所示。

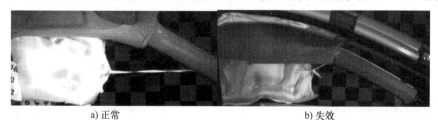

a) 正常　　　　　　　　　　　　　　　　b) 失效

图 5-32　气袋拉带展开正常和气袋拉带展开失效

为使拉带能够从 A 柱饰板中顺利脱开，一般可在饰板和顶棚分缝位置增加气帘拉带导流板，对拉带起导向作用。导流板推荐采用金属件，且需确保一定的强度，如图 5-33 所示。布置时要求在 Y 向导流板的端点（Y_1）比 A 柱饰板端点

（Y_2）更靠近车身侧，同时两个零件 Z 向的高度差应尽可能小，确保拉带沿着导流板直接从饰板和密封条搭缝处脱开，从而避免拉带脱开时与 A 柱饰板接触，降低在低温极限工况下拉带将 A 柱饰板打碎或被 A 柱勾挂的风险。

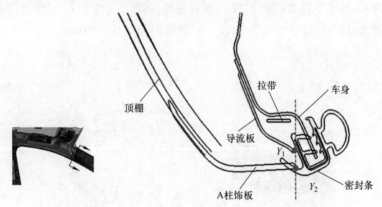

图 5-33 侧安全气帘 A 柱拉带处安装断面示意图

  侧安全气帘子系统点爆是一个复杂的系统性试验，拉带能否按设计意图顺利展开到位的影响因素众多，试验结果往往是多个影响因素的叠加。除增加金属导流板之外，一般还可通过调整气帘气袋折叠、花型、拉带长度等以改善气帘与 A 柱在点爆时的匹配性能，同时也可优化 A 柱饰板卡扣基座位置、二级卡扣脱开力与脱开方向、饰板局部加强及导流结构、饰板的局部弱化、A 柱材质、顶棚对 A 柱的导向（包括顶棚的材质和硬度）等设计以满足系统试验。

  针对 C - IASI 规程中的小偏置碰撞要求，一般会采用将气帘气袋本体伸进 A 柱饰板的设计方案。气袋在 A 柱饰板与车身钣金件之间充气展开，对立柱的冲击更加剧烈。其设计的难点是要防止低温工况下立柱碎裂。设计要点大体与拉带布置方案类似，但一般由于布置空间的原因，不再布置金属导流板，而是采用二级卡扣方案。此处立柱二级卡扣的设计须起到关键性作用，确保卡扣能在立柱受到气袋冲击力的瞬间脱开，从而在立柱和车身钣金件之间形成足够的空间以供气袋的展开。

  （2）B 柱区域设计

  气帘展开过程中，顶棚受气帘展开的冲击力，在弱化线处弯折并在搭接处与立柱脱开。故气帘在 B 柱区域的布置设计须确保点爆过程中气袋避开 B 柱，防止气袋打碎 B 柱或被 B 柱挂住。气袋正常展开和气袋失效状态的对比如图5-34所示。

a）正常   b）失效

图 5-34 气袋展开正常和气袋展开失效

　　为使气帘在 B 柱区域顺利展开，一般可在此处设计导向机构。导向机构的作用是在气袋展开过程中对气袋起导向作用，类似 A 柱导流板对拉带起导向作用。常见的导向机构主要有独立塑料导向、独立金属导向和饰板集成导向等。除增设导向机构外，还需同时控制顶棚和 B 柱的搭接方式和搭接量、顶棚的弱化设计等，共同确保气帘顺利展开。

　　现以金属导流板的布置设计进行说明。如图 5-35 所示，考虑到导流板的弹性变形、顶棚翻折时对立柱的作用力，一般要求 D_1、D_2、D_3 不应小于 5mm，同时导流板与饰板的 Z 向距离不应大于 15mm，从而使得气袋在点爆时能够沿着导流板绕过饰板展开。

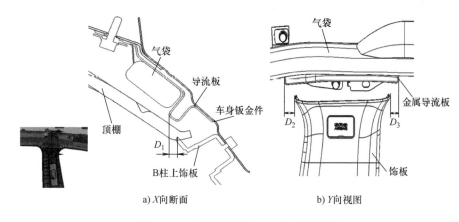

a) X向断面　　　　　　　　b) Y向视图

图 5-35　B 柱与导流板匹配关系示意图

　　典型的侧气帘金属导流支架结构设计如图 5-36 所示，其主要设计点要求如下：

　　① 固定螺栓：一般采用 M6 螺栓，导流板孔径应大于螺栓外径 2mm，防止钣金件安装过程中移动，从而避免导流板安装后与设计状态差异过大。

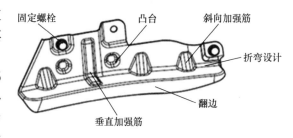

图 5-36　侧气帘导流支架示意图

　　② 凸台：安装后与车身钣金件接触，避免导流板与钣金件碰撞异响。

　　③ 斜向加强筋：增加导流顺畅性，同时增强钣金件强度。

　　④ 折弯设计：有效隔断气袋钻入钣金件与 B 柱饰板间隙的路径，折弯下边的尺寸一般要求大于气帘宽度；

　　⑤ 翻边：避免飞边、毛刺割破气袋，也可起到支撑顶棚背面的作用，提升顶棚按压品质。

　　⑥ 垂直加强筋：增加钣金件强度，防止点爆导致导流板变形甚至松动脱落。

⑦ 建议钣金件厚度≥1.2mm，材料屈服强度≥350MPa，抗拉强度≥420MPa。

（3）顶拉手区域设计

侧安全气帘子系统点爆过程中，要求不得有因气帘展开而引起的硬质飞溅物。而在顶棚拉手上增加的衣帽挂钩、顶灯等组件，在高、低温工况下，容易受到气袋冲击变形甚至断裂飞出。气囊展开打落衣帽钩如图5-37所示。

图 5-37　气囊展开打落衣帽钩的示意图

为满足侧安全气帘子系统点爆的要求，一般可将拉手底座布置于拉手支架的上端（图5-38），即 $D_1 > 0$mm，以实现金属拉手支架对拉手总成的保护，从而避免气袋直接冲击拉手底座。

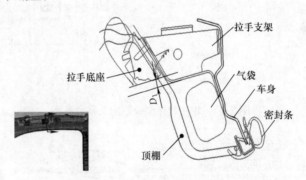

图 5-38　侧安全气帘拉手处断面

除了优化拉手布置外，减小衣帽钩与顶棚的搭接面积，增加周边顶棚的弱化，可降低顶棚作用在衣帽钩上的冲击力，降低衣帽钩碎裂的风险，如图5-39a所示；也可在衣帽钩背部增加金属支架支撑，改善衣帽钩类似悬臂的结构，让金属支架给予强力的支撑，如图5-39b所示。同时，也可通过改善挂钩本身结构和材料以增强挂钩本身的强度和韧性。

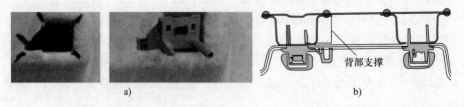

a)　　　　　　　　　　　　　　　b)

图 5-39　衣帽钩与顶棚弱化及搭接示意图和衣帽钩背部增加金属支架支撑示意图

四、安全气囊常用材料和工艺

安全气囊门盖的材料选型要求高于一般塑料件，须同时满足高安全性能和高外观质量要求。气袋作为气囊中的主要组件，其材料的选型和工艺有其自身的特点。下面主要对门盖、气袋的材料和工艺进行介绍。

1. 门盖

对气囊门盖的材料进行选型时，需考虑气囊门盖在 −35℃ 和 85℃ 时还拥有较高的强度和韧性，点爆时不能有塑料颗粒飞溅，且经过高低温等各种环境老化试验后，表面无明显的撕裂线痕迹的要求。

转向盘安全气囊门盖常用材料为聚烯烃热塑性弹性体，通常为 TPO 和 TPE 等。聚烯烃热塑性弹性体性能较好，密度较小，韧性较高，低温抗冲击性能较强，易于加工，且重复使用率高。

为提升门盖表面喷漆层的附着力，通常会在喷漆前对门盖进行氟化处理。氟化是直接用氟气作为氟化试剂对高聚物进行表面改性的方法。门盖氟化工艺通过将已成型的门盖置于密闭的氟化反应室中进行表面处理，通过控制氟气的添加量达到提高聚合物表面极性和表面能的目的，从而提高聚合物表面的可粘接性，增加门盖喷漆的牢固性。如图 5-40 所示，氟化后的门盖与漆层的浸润角 α 显著减小，从而提升材料表面湿润性。

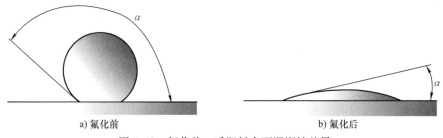

a) 氟化前   b) 氟化后

图 5-40　氟化前、后塑料表面湿润性差异

氟化处理的工艺控制灵活，可处理任意大小、形状的塑料制品，通过控制氟化时间及含氟量，可获得不同氟化程度的产品，产品合格率较高。该工艺在转向盘安全气囊门盖的喷漆工序中得到了广泛的应用。

2. 气袋

气袋必须承受气体发生器产生的热空气能量，从模块中顺利展开，对乘员提供有力支持和保护，同时，在各种极端苛刻的环境条件下，能够被折叠压缩，在生命周期内能够正常工作。因此，选择气袋材料时要考虑以下因素：断裂强度、撕裂性能、气密性、缝接强度、老化性能、温度变化性能等。

目前气袋常用的材料主要是尼龙 66（PA66）和涤纶（PET），采用编织工艺加工。传统气袋布的常用材料主要是 PA66。PA66 具有拉伸强度高、耐冲击性优、耐磨性佳、耐药品性优、韧性好，低温特性佳等优点。

PET 是目前各大安全气囊厂家的新气袋布材料。PET 具有良好的力学性能、耐高温性、耐低温性、耐折性等优点，同时耐油脂，耐稀酸、稀碱等大多数溶剂。其力学性能受温度影响的稳定性好，无毒无味。

PET 的性能与 PA66 近似，并且价格相对便宜，但是耐老化性能和耐热性能方面较 PA66 差，同时热变形温度较低，耐冲击性较差。当发生器出气气体温度较高时，PET 材料的应用存在一定风险，性能有待进一步改善。

第五节　约束系统品质设计

约束系统作为安全件的同时，也是重要的内饰外观件，在确保安全性能的基础上，也应满足其作为外观件的属性。本节主要以案例的形式，结合约束系统产品特点，从舒适性要求和 NVH 要求两个方面对约束系统的品质设计进行阐述。

一、舒适性要求

安全带佩戴舒适性直接影响驾乘人员的感知舒适度。布置点位不合理，会出现勒脖和滑肩的情况，不但影响乘员实际的佩戴舒适性，还会影响其保护性能。因此在设计时，需结合车身尺寸、结构、H 点等对安全带点位布置进行充分评估和优化。

安全带舒适性设计一般分两个阶段校核，首先采用 Beltfit 或 Ramsis 等软件模拟，如图 5-41 所示。软件中可以添加不同假人模型，设定假人位置，定义安全带固定点位置及 H 点坐标，可以有效分析安全带舒适性，检查是否有滑肩、勒脖等问题。在设计点位满足软件分析校核的情况下，会进行下一轮的实车评估。在台车上按照设计点位固定好安全带，然后请不同体型的专业人员进行舒适性评估。

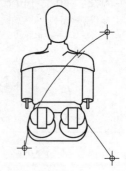

图 5-41　安全带舒适性分析

二、NVH 性能要求

1. 安全带声音品质

安全带噪声普遍来自织带拉出回卷、安全带组件与周边件摩擦或敲击、卷收器敏感组件振动等过程。

织带拉出回卷噪声主要是织带与导向环、饰框等零件摩擦所致，建议导向环、饰框采用摩擦因数较低的材料，如 POM 等。

布置时需考虑锁舌、锁扣、高度调节器等与周边零件的间隙，避免零件间摩擦或敲击产生噪声。例如合理控制锁舌与饰板，锁扣与座椅、中控，高度调节器与饰板之间的间隙，可以有效改善安全带使用过程中的噪声。

卷收器噪声主要由两方面原因造成：一是角感组件内部钢珠与基座碰撞的声音，图 5-42 所示为角感组件示意图；二是卷收器总成与车身产生共振造成的声音。

针对角感组件噪声，目前主要可从三个方面加以改善：①在原有卷收器的基础上增加自适应角感抑制组件，在未佩戴安全带时，敏感装置被束缚，不会产生振动，以此消除卷收器在未使用时的噪声。②也可使用降噪材料的基座，尽可能降低角感装置发出的噪声。③在角感组件外部包裹吸音棉、丁基橡胶等材料，用于吸声、隔声。

图 5-42　角感组件

针对卷收器总成与车身共振问题，局部模态和固定点动刚度须满足整车 NVH 要求。主要设计要点如下：卷收器布置应尽量避免悬臂结构，可采用两点安装固定卷收器；车身钣金件、卷收器 U 形架、连接板的刚度应满足整车设计的要求。

2. 转向盘喇叭按响机构声音品质

转向盘主要有浮动按响、按钮按响和膜片按响三种按响方式，目前应用较多的是浮动按响机构，通过转向盘安全气囊总成的上下浮动实现喇叭的按响。图 5-43 所示为浮动按响机构结构示意图，下面对此按响机构噪声产生的原理和潜在的解决方案进行介绍。

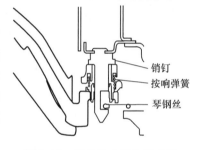

销钉
按响弹簧
琴钢丝

图 5-43　浮动按响机构示意图

在极端路试工况下，转向盘和气囊总成受到来自路面、发动机等的激励，转向盘和气囊产生相对运动，按响弹簧受力变形，使销钉与琴钢丝脱开。在连续不断的激励下，销钉和琴钢丝不断地脱开啮合，从而产生噪声。

按响机构的异响问题和整车激励、气囊重量、气囊质心、初始弹簧力、弹簧总长、管柱布置角度等因素有关。通过以上参数的合理设计，可改善或解决按响机构的噪声问题，同时实现喇叭按响力的合理设计，提升按响品质。

通过合理优化内部结构，如琴钢丝增加塑料包覆，将金属间的撞击优化成金属与塑料之间的撞击，可改善异响。独立布置按响机构和固定结构、门盖浮动按响设计等，从整个按响机构结构上进行优化，可基本解决噪声问题。

第六节　约束系统发展趋势

约束系统作为被动安全系统中的重要组成部分，在进行产品开发时必须秉承安全第一的理念，对产品心怀敬畏之心，对车中乘员心怀呵护之心。

未来约束系统的发展应是向着更安全、可靠、智能的方向迈进，在满足日益严苛的全球法规和 NCAP（New Car Assessment Program，新车碰撞测试）要求的同时，和主动安全结合，相互促进，探索自动驾驶影响下的主动、被动一体化方案，并更多地关注不同客户群体的安全需求，提升整车安全性能。

随着人们对舒适感、品质感、个性感需求的日益提升，转向盘、安全带和转向盘气囊作为内饰外观件，应适应内饰的发展趋势，满足内饰设计的要求，做精，做细，做美。

一、转向盘

作为人机交互最为直接便捷的零件之一，尤其是在自动驾驶环境的影响下，转向盘的多功能化和智能化成为其主要的发展趋势。

近年来，转向盘集成了越来越多的功能，如振动提醒功能、电加热功能、超级运动开关等。振动转向盘是通过内置小型振动电动机（通过车辆 ECU 信号控制），发出振动触感，提醒驾驶员即将或可能发生的潜在危险，主要可以实现主动安全预警提醒，如车道偏移、会车碰撞预警、盲点监测提醒、疲劳提醒等。

随着智能驾驶的深入发展，转向盘潜在的智能化发展方向主要有：折叠收缩、手势控制、声音控制、灯光装饰技术、指纹识别技术、物理按键转变成触摸屏技术等。通过这些技术的开发与应用，可以减少驾驶员对车辆的直接操控，提升车辆的安全等级和人机交互的智能性。

另外，骨架、发泡的新型材料，以及具有抗污、抗菌性能"皮革"的开发和应用也将会是转向盘未来的发展方向。

二、安全带

安全带将更多地往电动化、舒适化、个性化、高配置等方向发展。

安全带可结合主动安全配置，探索取代安全带卷簧机构和火药预紧机构的可行性，使卷收器可重复性利用，并在驾驶员即将或可能发生潜在的危险时提前预紧和预警，提升产品稳定性和安全性，并彻底解决安全带佩戴舒适性的问题。

安全带上也会体现更多个性化的设计，比如发光锁扣（图 5-44）、彩色织带等。发光锁扣采用 LED 集成技术或发光材料，将电源线束集成到安全带佩戴提醒线束中，实现发光锁扣的功能。特别在黑暗环境中，指引驾乘人员方便地插拔锁扣，提升锁扣使用的便利性，增强科技感和内饰整体品质感。

图 5-44　发光锁扣

目前部分较高端车型已实现了电动卷收器、气囊式安全带等高配置的应用。

随着安全性能要求的提升，这些高性能配置的应用一定会更加普及。

三、安全气囊

安全气囊将更多地向智能化、全方位保护、小型化等方向发展。

智能的安全气囊可通过增设传感器和配套的控制模块，根据碰撞速度、强度、乘员类型、坐姿、是否佩戴安全带等情况，实时控制气囊是否点火、具体的点火时间、气囊发生器的产气能力、泄气孔的泄气能力等参数，以实现精准点爆，使安全气囊给乘客提供最合理有效的保护。

在全方位保护方面，安全气囊将对车内乘员和车外行人提供更加全面可靠的保护。例如，膝部气囊、行人保护安全气囊、远端气囊、车顶内气囊等。高性能配置的气囊应用也会越来越普及。

在气囊的小型化方面，主要是在满足轻量化的同时，为周边件提供更多的设计空间。转向盘安全气囊的小型化提升了转向盘区域的设计自由度，有利于提升此区域整体的造型美观度，例如顶置式正面气囊（图5-45）。相对于传统的 DAB（转向盘安全气囊）和 PAB（仪表板安全气囊）布置，顶置式气囊将 DAB 和 PAB 模块安装于车顶钣金件，解放转向盘和前排乘客仪表区域，为智能驾驶、移动互联等设备的布置提供空间。顶置式气囊相对于传统的正面气囊，气袋体积更大，包型设计更为复杂，对发生器输出的要求更高，因此气囊总成也更重。布置时需考虑它与车身钣金匹配的强度、NVH 性能、对前上视野的影响、对遮阳板布置设计的影响等。

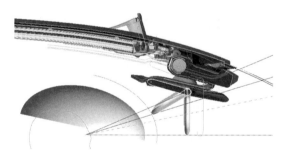

图 5-45 顶置式气囊布置

第六章
功能件系统

第一节　功能件系统概述

　　汽车上的功能件主要包括天窗系统、刮水器系统、后视镜系统、遮阳板和顶控制台等。这些功能件是实现整车基础功能性、安全性和品质感的重要组成部分。

　　天窗系统是提升汽车品质的配置，它位于车身顶部，能够有效改善车内空气流通，兼具采光和开阔视野的功能，更增添了汽车美观性和品质感，为乘员带来更好的驾乘体验。刮水器系统和内外后视镜系统是汽车的基础安全性配置，需要满足法规强制要求，是确保行车安全的重要零件。刮水器能够确保驾驶员在任何天气下都能够有清晰的视野，最大限度地消除天气对于风窗视野的不利影响。后视镜可以反映汽车后方、侧方和下方的情况，扩大驾驶员的视野范围，减少视野盲区和死角。遮阳板为驾乘人员提供遮挡太阳光、强光等刺眼光线的功能。顶控制台是车顶功能件的操作系统，集成了天窗控制按钮、阅读灯、氛围灯、扬声器、眼镜盒等，其外观需与内饰整体风格相匹配。

　　以下各章节主要针对功能件系统中的天窗、刮水器、后视镜、遮阳板和顶控制台进行介绍。

第二节　天　窗　系　统

一、天窗系统概述

　　天窗安装在汽车的车顶上，通过电动机开关、手动拉手或旋转手柄驱动天窗的机械装置，将天窗玻璃起翘和打开，进行通风换气和采光散热。它包含天窗主体结构和与之相连的天窗排水系统。

1. 天窗系统

（1）天窗的类型

　　天窗按照驱动方式的不同，可分为手动天窗和电动天窗。目前乘用车多数为电动天窗。

　　天窗按照玻璃打开方式的不同，可分为外滑式天窗和内滑式天窗，如图6-1所示。

　　① 外滑式天窗在开启时，天窗玻璃在车顶外侧的伸缩型轨道内滑动，具有体积小、结构简单的优点，但是玻璃可打开面积受限。

a) 外滑式　　　　　　　　　　　b) 内滑式

图 6-1　天窗的类型

② 内滑式天窗的滑动轨道位于内饰与车顶之间，天窗玻璃开启距离较大外观较好，大部分乘用车采用内滑式天窗。

目前全景天窗已经成为流行趋势，它由普通天窗逐渐发展演变而来。与普通天窗相比，全景天窗玻璃板的面积和块数都有所增加，车顶可透光面积增大，提升了整车档次，如图 6-2 所示。

图 6-2　全景天窗

（2）电动天窗的功能

电动天窗通常具有表 6-1 中所列举的一般功能，以及适应车型要求的特殊功能。这些功能需要与车速信号、雨量传感器等整车控制模块相匹配。

表 6-1　天窗的功能

序号	一般功能	特殊功能
1	手动开启/关闭	慢启动开启/关闭
2	一键开启/长按关闭	音量随天窗开启增大
3	防夹	天窗玻璃电质变色
4	遥控控制	高速依据车速自动调整起翘高
5	一键开启/关闭	根据车内空气质量自动启动天窗
6	旋钮开关任意位置定位	熄火、门锁、高速、下雨自动关闭

2. 排水系统

天窗排水系统通常包含排水管、卡扣和排水阀。天窗排水管一端直接与天窗排水槽的排水口相连，另外一端与固定在车身的排水阀相连，卡扣的作用是固定水管。

排水系统的作用是通过排水管及安装在车身钣金件上的排水阀，将进入天窗排水槽的水排出车外。排水阀布置在不易被泥水、泥沙和异物堵塞的位置。天窗排水系统如图 6-3 所示。

二、天窗系统技术要求

1. 标准与法规

天窗的设计需要满足销售市场所要求的法规，目前国内法规包含 GB 9656—2003《车用安全玻璃》、GB 11552—2009《乘用车内部凸出物》、GB 11566—

图 6-3　天窗排水系统示意图

2009《乘用车外部凸出物》、GB 8410—2006《汽车内饰材料的燃烧特性》等。

2. 主要技术要求

天窗作为车顶开闭件，为确保功能正常，除法规要求之外，还应满足产品强度、密封性、可靠性和质量感知等技术要求。

（1）强度要求

天窗强度要求一般采用限定载荷下的通过性和限定载荷下的位移来表征。以内滑式天窗玻璃强度为例，负载应施加在车顶中心线上，测量玻璃在倾斜（图 6-4）和关闭（图 6-5）两种状态下的位移。位移量应当符合表 6-2 的要求。

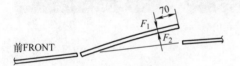

图 6-4　玻璃倾斜时的负载

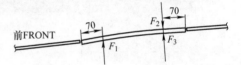

图 6-5　玻璃关闭时的负载

表 6-2　玻璃倾斜时的位移要求

玻璃倾斜时的位移要求		玻璃关闭时的位移要求	
负载	在负载点的最大位移	负载	在负载点的最大位移
$F_1 = 100\text{N}$	最大 6.0mm	$F_1 = 250\text{N}$	最大 8.0mm
$F_2 = 100\text{N}$	最大 6.0mm	$F_2 = 200\text{N}$	最大 6.5mm
—	—	$F_3 = 200\text{N}$	最大 8.0mm

（2）密封性要求

天窗密封性能要求包括进水量和落水角两方面。进水量要求：从密封条进入的水不可连成线；在雨天或洗车等工况下，密封条需要有效控制进入车内的水量，避免大量的水进入排水槽。落水角要求：从密封条或玻璃边缘滴落的水落入排水槽而不进入干区，在设计前期应进行 17°滴水角校核，必要时可加大 5°，落水角校核如图 6-6 所示。此外，天窗样件必须搭载

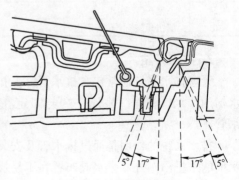

图 6-6　落水角校核

整车进行雨淋试验和高压清洗试验，确保密封良好。

（3）可靠性要求

天窗可靠性要求包含天窗功能耐久和耐环境老化要求。

① 天窗功能耐久一般是将天窗总成置于一定的湿度及温度下对运动件进行重复的开启、起翘、关闭等动作，有时还结合不同湿度、温度进行重复与交变。天窗玻璃和天窗遮阳板/遮阳帘都是运动件，需要满足在一定环境工况下的天窗耐久要求。耐久试验结束后，天窗总成功能应无异常、无异响和无运动不良发生，且玻璃操作力、遮阳板/遮阳帘滑移力、玻璃位移、遮阳板/遮阳帘位移的变化量应在设计值的10%以内。

② 天窗部件需要满足耐环境老化要求，包括耐温度冲击、耐湿度、耐光老化、耐气候、耐盐雾、耐化学试剂、耐清洁剂等要求。

（4）电气性能要求

电气性能要求主要涉及天窗电气元件包括电动机、控制器和线束，应满足电性能、接插件和电磁兼容性要求。

（5）质量感知要求

随着消费者对驾乘舒适性的要求越来越高，设计天窗时也需要考虑越来越多的质量感知因素，现以最易被感知到的人机工程和振动噪声为例进行说明。

① 人机工程要求：天窗应优先布置在前排乘员头部上方，并预留足够的乘员头部空间，天窗遮阳板/遮阳帘操作力和拉手深度应适宜，天窗开关的位置及档位设计应合理且容易被理解。

② 振动噪声要求：天窗玻璃、遮阳板/遮阳帘在运行过程中，电动机噪声响度不应过大（以低频噪声为佳），且机构件不可出现异响；天窗总成固有振动频率一般应大于整车固有振动频率，防止与整车发生共振异响；在车辆行驶过程中天窗不得因振动而产生异响，开启时不可出现扰人的啸叫声或任何不悦耳的声音。

> **Tips1** 天窗在使用过程中应定期对导轨进行异物清理和涂油保养，防止因灰尘堆积而产生运行异响。

3. 天窗 CAE 分析

为有效缩短天窗开发周期，保证产品的性能和质量，CAE 技术在天窗开发过程中得到广泛应用。天窗 CAE 分析主要包括静态强度分析、模态分析和风噪分析。

（1）静态强度分析

天窗作为汽车的开闭件之一，要求在无意识超出正常范围的操作和使用情况下不轻易出现破坏情况，且在发生意外情况时车内乘员不会由于惯性冲破天窗玻璃飞出车外，从而最大限度地保护乘员安全。为此，可通过 CAE 对天窗进行静态强度分析，主要包括天窗玻璃击出强度分析、天窗过载强度分析、天窗保持强度分析等。图 6-7 所示为某项目天窗静态强度分析。

（2）模态分析

天窗在整车环境下会受到各种各样的动态激励，如颠簸路面车身扭转激励和风激励等。为避免天窗与上述激励源产生共振进而导致噪声甚至疲劳破坏，须对天窗进行总成模态分析和挡风板模态分析。通过结构调整、配重优化等手段，使其固有频率尽量避开激励能量集中的区域。图 6-8 所示为某项目天窗模态分析结果，天窗总成的一阶模态为 41.6Hz，挡风板的一阶模态为 55.3Hz。

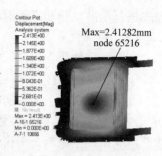

图 6-7　天窗 CAE 强度分析示意图（见彩插）

图 6-8　天窗模态分析示意图（见彩插）

（3）风噪分析

受气流和风速、风向的影响，汽车在天窗开启状态下行驶时会产生风噪。随着消费者对车辆舒适性的要求越来越高，对天窗风噪分析的研究手段也越来越多。图 6-9 所示为某项目天窗挡风板的扰流效果图。从图中可以看出，穿过挡风板

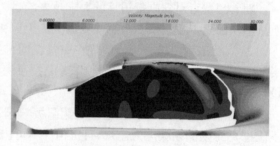

图 6-9　天窗风噪分析示意图（见彩插）

的气流速度明显降低，且高速气流全部越过天窗开口流向汽车尾部，仅有部分低速气流进入乘客舱，说明此挡风板降低风噪的效果明显。

三、天窗系统结构设计

1. 基本结构

普通的电动天窗通常由框架总成、玻璃总成、遮阳板总成、挡风板总成、排水槽总成、机械组等子系统组成。天窗主体框架结构大多为 H 形金属框，前框为塑料形式，与金属框架通过卡接与螺栓连接的方式连接。其他零件如玻璃、挡风板、遮阳板等安装在框架总成上。普通天窗典型的结构如图 6-10 所示。

全景天窗结构分为整体式和分体式。固定玻璃全景天窗通常采用分体式结构，即天窗玻璃和天窗遮阳帘系统分别固定在车身上。活动玻璃全景天窗通常采用整体式结构，即将玻璃框架和遮阳帘组装在一起，然后一并安装至车上。整体式天窗典型结构如图 6-11 所示。

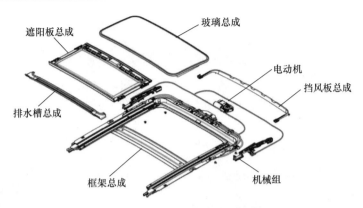

图 6-10　普通天窗典型的结构

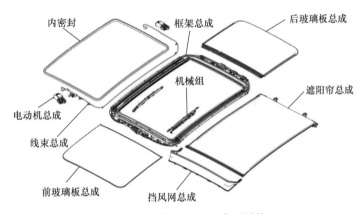

图 6-11　整体式天窗的典型结构

2. 安装方式

天窗的安装方式有上装式和下装式两种。其中，下装式较为常见，装配较简单。天窗从底部安装到顶盖上，然后再用螺栓连接到车身加强板上。全景天窗典型的螺栓分布如图 6-12 所示。车身天窗加强板和天窗之间有工装定位，以保证安装精度的要求。天窗安装结构要预留合理的工具和工装空间，且对安装孔孔径和螺栓力矩需有明确定义。

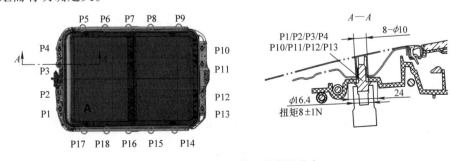

图 6-12　全景天窗典型的螺栓分布

3. 关键零件设计

（1）天窗玻璃

天窗玻璃由玻璃、包边、前后两侧支架组成，如图 6-13 所示。其结构设计要结合 CAE 强度分析选择合适的玻璃及支架厚度和断面。玻璃总成密封条与顶盖和内密封条须保证合理的压缩量，a 和 b 理论值建议在 1~2mm 区间内。

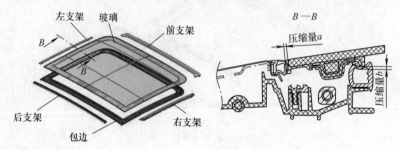

图 6-13　天窗玻璃结构示意图

（2）天窗框架

天窗框架结构设计首先要考虑总体布置的紧凑性，天窗导轨和前后框架弧度应与顶盖弧度尽量接近；其次是保证前后框架和导轨连接牢固，并进行合理密封，还要确保天窗整体安装的定位要求以及和周边零件的搭接间隙合理，如图 6-14 所示。

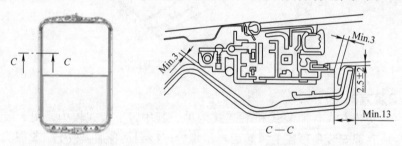

图 6-14　天窗框架总成结构示意图

（3）天窗机械组

天窗机械组是天窗的核心部件，由前后支架、举臂、举臂滑块、前后滑块组成。普通天窗的机械组通常是三连杆结构，全景天窗的机械组为五连杆结构，如图 6-15 所示。设计机械组时首先要满足功能强度和尺寸要求，并进行运动分析，保证运动曲线的平顺性；其次要保证机械组结构能够定位和限位；最后是校核和周边部件的匹配，保证合理的运动间隙和配合。

（4）天窗遮阳件

天窗遮阳件可分为遮阳板和遮阳帘两种类型。遮阳板常用于普通天窗，遮阳帘常用于全景天窗。现以遮阳帘为例进行说明。

天窗遮阳帘根据驱动结构的不同，分为主动轴式和从动轴式。目前大多数天窗

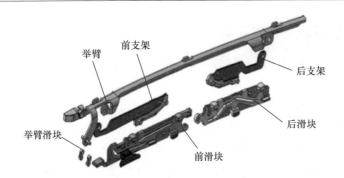

图 6-15 天窗机械组的结构分解图

采用从动轴结构。典型的天窗遮阳帘从动轴式结构如图 6-16 所示，由卷簧、护罩、端盖、帘布、滚筒组成。

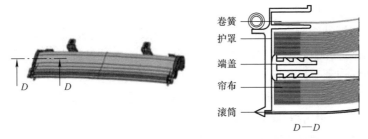

图 6-16 典型的天窗遮阳帘从动轴式结构

设计遮阳帘时首先保证卷簧和护罩、端盖和护罩之间的运动间隙，其次是要合理设计帘布的出布角度和帘布侧张紧结构，确保遮阳帘在导轨中运动的平顺性和较小的打开垂度，最后还需要考虑遮阳帘整体的装配工艺以及维修便利性。

（5）天窗挡风网

天窗挡风网结构分为整体式和分体式，前者外观美观，一致性好，但模具复杂、成本高，多用于高档车。整体式挡风网如图 6-17 所示，由上下骨架、网布、固定座和卷簧等部件组成。设计挡风网时需要保证挡风网的起翘高度在弹簧线性行程的合理范围内，保证挡风网运动包络与周边零件的间隙、合理的定位以及垂直方向的回位要求。

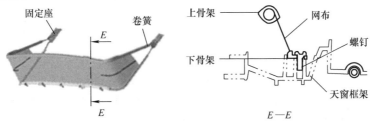

图 6-17 天窗挡风网结构示意图

四、天窗系统常用材料和工艺

天窗系统材料集成度较高，涉及高分子、金属、无机非金属、复合材料四大类别。

天窗玻璃多采用厚度为 4mm 或 5mm 的单层深色钢化玻璃（灰玻），透光率要求小于 70%。在实际应用中，考虑到防晒隔热等客户感知和空调制冷等节能需求，各主机厂普遍选择透光率在 10% ~20% 之间的灰玻作为天窗玻璃。起加强作用的玻璃前后支架、两侧支架常用高强度的冷轧钢板。玻璃包边一般使用 PU 或 EPDM，其中 PU 以其良好的外观性、耐磨性和尺寸稳定性成为首选。

天窗前后框架、两侧导轨、机械组是天窗重要的结构件。前后框架一般选择强度较高的玻纤增强材料，基材一般选择 PP、PBT、PET；导轨对强度和精度的要求较高，常使用铝合金；为减小布料摩擦噪声，遮阳帘导轨通常采用塑料，如 PA66 – GF25。

天窗的传动结构复杂，强度要求较高，机械组一般由金属包塑加工而成，保证强度并减少摩擦异响。滑动部件多选用噪声较小且耐磨的材料。机械组软轴的主要作用是为了更好地承受齿条运动所带来的力，稳定天窗的运行，一般采用 SPCC 材料。

天窗的遮阳帘帘布一般采用 85% ~97% 遮光率的 PES 面料组成，也有很多车型采用 100% 遮光率的双层或多层复合面料。

天窗系统子零件常用材料及工艺见表 6-3。

表 6-3　天窗系统子零件常用材料和工艺

序号	名称	部件名称	主要材料	工艺
1	玻璃子系统	玻璃	钢化玻璃	重力、压制
		玻璃支架	冷轧钢	冲压
		玻璃包边	PU	注射
		密封条	EPDM	挤出
2	框架子系统	前后框架	PP/PET – GF	注射
		排水槽	塑料/金属	注射/冲压
		中横梁	DC04/01	冲压 + 电泳
		导轨	铝合金	挤出 + 冲压 + 电泳
3	遮阳子系统	帘布	PES	编织
		护罩	冷轧钢	冲压
4	挡风网子系统	网布	PET	编织
		框架	PP + GF	注射
		簧片	进口钢材/国产钢材	冲压
5	机械组子系统	金属 + 塑料 + 软轴		
6	电动机子系统	电动机 + ECU		

天窗的典型工艺除了常见的注射、挤出、冲压等成型工艺以外，比较有特点的还有玻璃包边、铝合金挤出与压弯、遮阳帘装配等组装工艺。

玻璃包边形式可分为注塑包边和粘接包边两种。前者使用 PU 材料通过注塑将玻璃和加强件连接在一起，具有外观优良、耐候性好和精度高的优点，后者利用粘胶将玻璃和加强件粘接在一起，工艺简单，成本低。

天窗导轨断面较复杂，且为薄壁零件，故采用挤出成型工艺，并通过控制温度来达到抗变形力大、表面质量好、尺寸精度高的设计要求。导轨成型后还要进行切割、冲孔、面加工、阳极氧化等多道工序。

天窗遮阳帘的装配对生产工艺要求较高。若装配不良，帘布卷收易出现褶皱和垂度增大等问题。遮阳帘总成生产工艺中的关键流程有卷簧热熔粘贴、布料缝纫以及卷轴、滑块、端盖和护罩等零件的装配。

第三节　刮水器系统

一、刮水器系统概述

刮水器系统是重要的安全件，布置于前后风窗玻璃区域，其主要功能是清除风窗玻璃上的雨水与污迹，从而维持驾乘人员的视野清晰，以保证驾驶员在雨天行车安全。刮水器系统包括前刮水器系统、后刮水器系统和洗涤系统。

1. 前刮水器系统

前刮水器系统安装在车身流水槽区域，确保驾乘人员的前风窗玻璃视野。根据驾驶侧刮杆和前排乘客侧刮杆的相对形式来分有顺刮、对刮、单刮等多种类型，其中顺刮最为常见。前刮水器系统主要由刮水器连杆机构、驾驶侧刮杆刮片、前排乘客侧刮杆刮片、刮水器轴盖及相关紧固件组成。图 6-18 所示是一种较典型的顺刮前刮水器系统。

前排乘客侧刮杆刮片　　驾驶员侧刮杆刮片

刮水器机构

图 6-18　顺刮前刮水器系统

2. 后刮水器系统

后刮水器系统安装在尾门内板区域，确保驾乘人员的后风窗玻璃视野。后刮水器系统主要由后刮水器电动机、后刮杆刮片及相关紧固件组成，如图 6-19 所示。

3. 洗涤系统

洗涤系统为风窗玻璃提供洗涤液，主要由洗涤壶、水管及喷嘴等组成，如图

6-20 所示。洗涤壶一般安装在前纵梁上，前洗涤喷嘴一般布置在格栅、发盖或者刮水器臂上，后洗涤喷嘴一般布置在尾门内板、扰流板、高位制动灯或者后刮水器输出轴上。前洗涤主要负责清洗前风窗玻璃，后洗涤系统主要负责清洗后风窗玻璃。

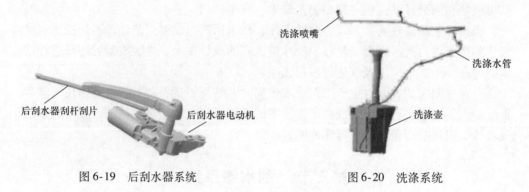

图 6-19　后刮水器系统　　　　　　图 6-20　洗涤系统

二、刮水器系统技术要求

1. 标准与法规

刮水器系统的设计需满足销售市场所要求的法规。目前国内法规包含 GB 15085—2013《汽车风窗玻璃刮水器和洗涤器　性能要求和试验方法》、GB 11566—2009《乘用车外部凸出物》、GB/T 24550—2009《汽车对行人的碰撞保护》以及 GB 34660—2017《道路车辆　电磁兼容性要求和试验方法》电磁兼容性等。

GB 15085—2013—要求刮水器必须满足 A 区 98%、B 区 80% 覆盖率要求。刮水器设计时要满足 GB 11565—基本覆盖率，一般应在此基础上尽可能增加刮水器的刮刷区域，以保证提供最佳的前风窗视野，如图 6-21 所示。

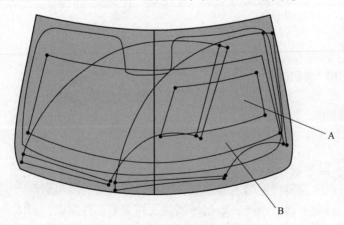

图 6-21　前刮水器刮刷区域

2. 主要技术要求

除了法规要求之外，刮水器系统还应满足行人保护、结构强度、水管理、刮净度、不同工况下的耐久可靠性以及电气等性能要求。

（1）行人保护要求

基于刮水器使用强度和压溃要求，刮水器支架必须在一定压溃力范围内发生断裂，以达到对行人安全的保护目的。如图 6-22 所示，采用压溃式前刮水器机构，可大幅提高行人保护性能。

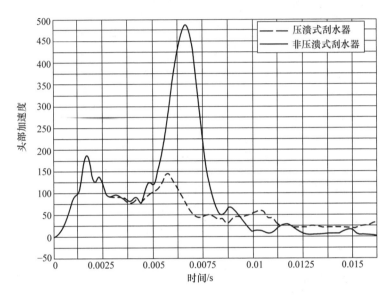

图 6-22　压溃式刮水器对行人保护曲线影响

（2）强度要求

刮水器系统需要满足一定的强度要求，主要包括刮水器机构机械冲击强度、球铰链接强度、刮臂轴铆接强度、连杆结构试验、刮臂臂座强度等。

（3）水管理要求

刮水器系统的水管理要求是指刮水器电动机需通过防水的密封性测试，以保证在恶劣工况下电动机不能进水。

（4）刮净度要求

刮水器刮片为易损件，随着使用次数的增加，刮片表面不断磨损，刮水器的刮净度逐渐下降。对于初始状态样件，一般要求刮水器初始刮净度为 9 级。刮水器需进行 20 万次、30 万次以及 50 万次的刮净度耐久试验考核，以满足耐久后刮净度要求。刮水器参数如图 6-23 所示。不同刮净度等级下，刮

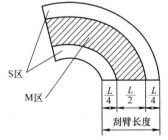

图 6-23　刮水器参数

水器刮刷风窗玻璃后的表面状态及说明见表6-4。

表 6-4 刮水器刮净度要求

等级	表面状态	描述
10		无缺陷
9		S区：一条很细且不连续的条纹 M区：无条纹
8		S区：一条很细的连续条纹 M区：无条纹
7		S区：3条很细的连续条纹 M区：无条纹
6		S区：4条连续的条纹（不能超过1mm宽） M区：一条不连续的细条纹
5		S区：6条连续的细条纹（不能超过1mm宽） M区：一条很细的连续条纹
4		很多条连续条纹
3		一层刮不掉的薄膜
2		部分区域无法被刮到
1	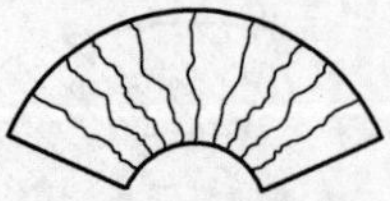	刮刷过程中抖动

（5）可靠性要求

刮水器系统可靠性一般包含耐久性和耐环境老化的试验要求。

刮水器系统耐久性试验要求刮水器在一定的温湿度环境下，进行一定次数的刮刷循环试验后应保证刮刷质量良好，且无抖动和异响。

其耐环境要求包括耐高低温、耐湿度、耐腐蚀、耐光照、耐化学试剂等，以确保刮水器刮臂刮刷长期暴露在车外也能维持功能特性和外观。

（6）电气性能要求

刮水器电气性能主要体现在刮水器电动机的特性上，具体要求包括输出力矩、电流、绝缘电阻、自动复位、耐堵转、刮刷频率、电气连接性能和电动机的电磁兼容性等。

> Tips2 电动机的选型与 BCM 控制策略息息相关，需要考虑 BCM 控制策略、复位板设计及其相互匹配。

三、刮水器系统结构设计

1. 刮水器机构

前刮水器机构按驱动结构形式来看，主要分为中心驱动式与主从驱动式，分别如图 6-24 和图 6-25 所示。主从驱动式由电动机驱动其中一根输出轴与连杆，再由该连杆带动另一根输出轴连杆实现驾驶员侧和前排乘客侧刮水器输出轴的连续运动。中心驱动式由电动机直接同时驱动两个输出轴连杆实现驾驶员侧和前排乘客侧刮水器输出轴的连续运动。两种驱动方式需根据实际布置环境来设计，具体机构布置需综合考虑车身玻璃、H 点和流水槽钣金件空间。

图 6-24　中心驱动式

图 6-25　主从驱动式

刮水器机构为运动件，布置时需要同时确保静止状态和运动状态下刮水器机构与周边零件的间隙安全。刮水器连杆系统间隙设计要求如图 6-26 所示。

2. 刮杆刮片

刮水器刮杆主要由接头、延伸臂、C 形钩等零件组成，如图 6-27 所示。

前刮水器刮片主要分为普通刮片和平刮片，其结构如图 6-28 所

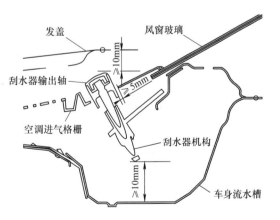

图 6-26　刮水器间隙设计要求

示。普通刮片价格低廉，售后维修方便。平刮片是当前主流的形式。平刮片较轻薄，能给整车带来一定的降低风阻、风噪的效果。

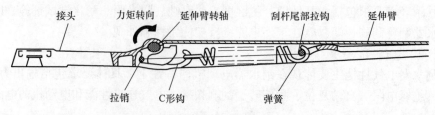

图 6-27　刮杆结构

　　为保证刮水器优良的刮净度，设计刮水器刮臂刮片需考虑刮臂压力、簧片曲率、胶条材料等因素。刮臂压力须设计合理，刮臂压力过大将导致胶条与玻璃之间的摩擦力过大，影响胶条使用寿命；刮臂压力过小将导致高速行驶时刮水器无法完全贴合玻璃，刮净度下降。簧片曲率设计须根据玻璃曲率进行计算匹配，配合不良将导致刮水器刮净度下降、抖动异响等问题。刮水器胶条可选择 CR、NR、NCR、EPDM 等材料，其中 NR 胶条初始刮净度优但耐久性能差，CR 胶条耐久性能优但初始刮净度较 NR 胶条差。为进一步优化胶条性能，胶条供应商又分别开发出 NCR、EPDM – NR 等新型复合材料。

a) 普通刮片　　　　　　　　　　　　　　　b) 平刮片

图 6-28　刮片结构

3. 洗涤系统

　　洗涤系统根据水泵的出水形式不同，主要分为单向泵与双向泵，如图 6-29 所

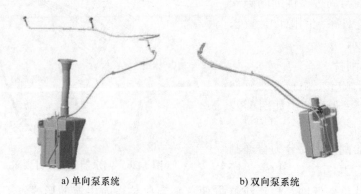

a) 单向泵系统　　　　　　　　　　　b) 双向泵系统

图 6-29　单向泵系统与双向泵系统

示。三厢车及小型无后刮水器的两厢车仅需要一条水路来清洗前风窗玻璃，多采用单向泵洗涤系统。SUV 及两厢车等同时带有前、后刮水器的车型由于需要两条独立的水路分别清洗前后风窗玻璃，多采用双向泵系统。

洗涤壶一般通过 3~4 个安装点安装在前纵梁上，固定点如图 6-30 所示。由于水壶在满水状态下较重，在设计时需考虑水壶支架的强度。一般需要进行支架的 CAE 强度分析，确保连接可靠。

4. 刮水器系统匹配设计

在布置前后刮水器时，为使驾驶员视野开阔，一般要求刮刷面积尽可能大地覆盖视野面的 A 区与 B 区（图 6-21）。

在进行洗涤喷嘴的布置时，需要使洗涤液喷洒面积尽量大，以保证能有效润湿刮水器，提升清洗效率，如图 6-31 和图 6-32 所示。若洗涤液喷射位

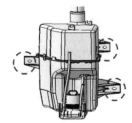

图 6-30 洗涤壶安装点

置太低，刮水器在刮拭过程中无法充分接触洗涤液而出现干刮情况，将影响刮水器的使用寿命；若洗涤液喷射太高，洗涤液将喷射至风窗玻璃外，也会影响清洗效果。

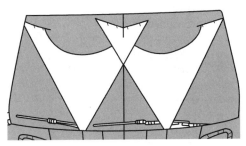

图 6-31 风窗玻璃洗涤液喷射至玻璃指定区域

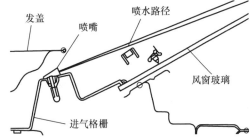

图 6-32 风窗玻璃洗涤液喷射断面

四、刮水器系统常用的材料和工艺

前后刮水器的工作环境和运动形式较为复杂。一般要求用高强度的金属材料作为承受载荷的主体，同时采用高分子材料、复合材料加以辅助刮水器系统运作。洗涤系统的形状和尺寸受车体影响较大，一般设计为异形以便灵活布置。其壶体为吹塑或注射成型，其管路多为柔性材料设计。

1. 常用材料和工艺简介

刮水器系统主要零件的材料和工艺见表 6-5。

表 6-5　刮水器系统主要零件的材料和工艺

刮水器系统	零件名称	材料	成型工艺
1. 刮水器传动机构	支架/连杆	高强度板材金属	冲压
	管架		弯管，包铆
	曲柄/摇臂		冲裁，冲压
	球头	45 钢	车削，冷镦
	输出轴	45 钢	车削，切齿
	支座主体	铝合金	压铸
2. 电动机总成	电动机总成	总成	—
3. 刮杆总成	接头	铝合金	压铸
	弹簧	弹簧钢	弹簧加工
	刮杆	20 钢	弯折
	连接器/延伸臂	高强度板材金属	冲压，包铆
	弹簧销	弹簧钢	机加工
4. 刮片总成	适配器	高强度塑料	注射
	连接器	铝合金	压铸
	簧片	高性能弹簧钢片	特殊弯压成型
	胶条	复合材质弹性体 NR，CR，EPDM 等	挤出或热压
	主弓架	铝合金	冲压
	弓架	弹簧钢	冲压
5. 洗涤系统	壶体	PP 塑料	注射或吹塑成型
	壶盖	高强度塑料	注射
	加液管	PP 塑料	气辅成型
	洗涤的管路	EPDM	挤出
	喷嘴	POM	注射

2. 典型工艺

刮水器系统的许多部件在装配时使用了包铆工艺，如延伸臂与刮杆的连接，如图 6-33 所示，又如支座主体与管架的连接如图 6-34 所示。这种连接工艺形式各

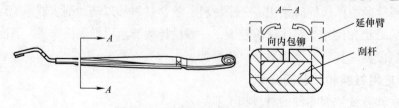

图 6-33　延伸臂与刮杆包铆断面

异，不需要额外的紧固件，且连接强度高，形式多变，属于永久连接的装配方式。

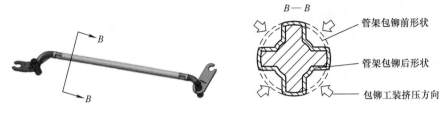

图 6-34　支座主体与管架的包铆断面

第四节　后视镜系统

一、后视镜系统概述

后视镜是帮助驾驶员在驾驶时获得间接视野的工具，即通过后视镜获得车辆侧面和后方的信息，是汽车不可或缺的安全件。为了驾驶员操作方便，防止交通事故的发生，各国均规定汽车上必须安装后视镜，同时规定所有的后视镜都必须能够调节方向。

后视镜系统包含安装在车辆外部的外后视镜和在乘员舱内部的内后视镜。其中内后视镜根据防眩目功能原理不同，可以分为普通型手动防眩目内后视镜和电动型自动防眩目内后视镜。

二、后视镜系统技术要求

后视镜系统作为法规件、安全件，满足各个国家的法规要求是后视镜系统设计的先决条件。同时，考虑到侧转向灯通常集成于外后视镜上，因此后视镜系统设计还必须满足外部灯具的法规要求。

1. 标准与法规

后视镜系统的设计需要满足销售市场所要求的法规，目前国内外法规包含 GB 15084—机动车辆后视镜的性能和安装要求、ECE R46、GB 17509—2008《汽车及挂车转向信号灯配光性能》以及电磁兼容性等国内法规以及相应的国外法规要求。

后视镜系统最基本的属性是法规件。根据法规要求拆分出的基本设计准则和基本运动件设计要求有如下：

① 镜片可调节要求。所有的后视镜均可调节；镜片超出保护框后，须在 50N 的作用力下能回到框内。

② 内外凸出物要求。所有可接触部位，曲率半径均不可小于 2.5mm；直径或最大对角线小于 12mm 的孔或凹槽边缘，可仅作圆滑处理。

③ 后视镜折叠轴位置要求。沿外后视镜的折叠轴作半径 70mm 的圆柱体，其

必须与护罩表面部分相切, 如图 6-35 所示。

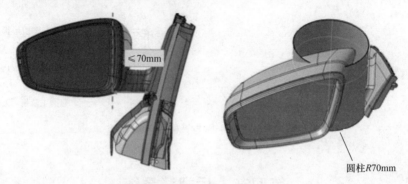

图 6-35　后视镜折叠轴位置要求

④ 反射率要求。后视镜的镜片应为平面或者球状凸面, 其反射率不应低于 40%；若后视镜有两个工作位置（白天和夜间）, 则处于白天位置时应能正确辨认道路交通的彩色信号, 处于夜间位置时反射率不低于 4%。

⑤ 曲率要求。外后视镜镜面的曲率半径应不小于 1200mm。

⑥ 外后视镜后方视野要求。驾驶员至少看到图 6-36 所示区域的道路范围。视野区域可能被障碍物遮挡, 如门把手、示廓灯、转向信号灯、后保险杠以及反射面清洁部件等, 遮挡区域建议不超过 10% 的规定视野。

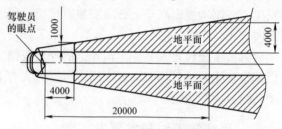

图 6-36　外后视镜后方视野要求

⑦ 内后视镜后方视野要求。驾驶员至少看到图 6-37 所示区域的道路范围。允许遮阳板、后风窗刮水器、加热元件、S3 类制动车灯或车身构件遮挡, 但当遮挡部分投影在与汽车纵向基准面垂直的铅垂面上时, 其总和应占所规定视野的 15% 以下。此遮挡程度是在头枕处于最低位置、遮阳板处于收回位置时的测定。

⑧ 侧转向灯配光要求。侧转向灯光源为琥珀色；透光面离地高度不小于 350mm, 不大于 1500mm, 且在规定的区域发光强度最大值 200cd, 最小值 0.6cd, 配光要求如图 6-38 所示。

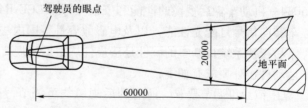

图 6-37　内后视镜后方视野要求

后视镜系统同时属于运动件、功能件, 故在设计前期不仅需要满足法规要求, 也必须满足结构强度、耐久性、耐环境老化、电气性能等方面的要求。

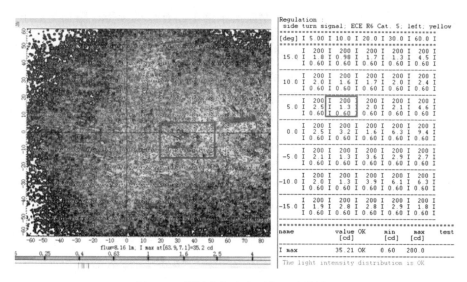

图 6-38　侧转向灯配光要求（见彩插）

2. 主要技术要求

（1）连接强度要求

镜片玻璃和托板之间的粘结强度应满足一定要求，且镜片托板总成在垂直于镜面的方向上应能承受一定的拉力负载，对镜片壳体角落施加的镜片壳体总成拆卸力需满足人机要求。

（2）振动性能要求

外后视镜振动试验如图 6-39 所示。将后视镜安装在模拟真车状态的装置上，然后对其施加一个垂直或水平的机械振动力，频率为 20～200Hz；同时向镜面发射激光束，光束反射后光斑长度的位移量按下列公式进行计算：

$$\alpha = \text{Arctan}\,(X/2L)$$

在试验过程中外后视镜不得产生扰人的噪声，噪声响度以低频噪声为佳，不可

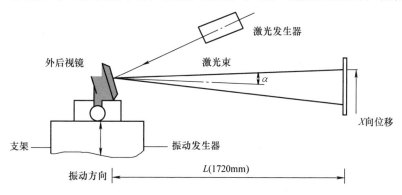

图 6-39　外后视镜振动试验（垂直方向示例）

出现异响。外后视镜的固有振动频率应大于整车固有振动频率，防止与整车发生共振。

（3）可靠性要求

后视镜系统可靠性要求包括手动折叠耐久、电动调节镜片耐久、电动折叠耐久、环境交变和耐腐蚀要求等。

① 手动折叠耐久要求。将后视镜镜头进行一定循环次数的向前、向后折叠试验，要求外后视镜没有故障；在工作或摇动时，后视镜没有异响且电性能正常。

② 电动调节镜片耐久要求。将后视镜的镜片进行四向调节，且每次均调节到极限位置。在每个方向上循环（循环过程：中心－垂直向内－垂直向外－中心－垂直向上－垂直向下－中心）进行。在每个结束位置，后视镜必须继续运行2s。经过一定的循环次数后，要求外后视镜没有性能故障；工作或摇动时，后视镜没有异响且电性能正常。

③ 电动折叠耐久要求。将后视镜镜头进行一定循环次数的向前、向后电动折叠试验，要求外后视镜镜头离开锁定位置时必须能够自由移动，无异响且电性能工作正常。

④ 环境交变要求。将后视镜放于环境箱内进行一定周期的试验，包括高温试验、低温试验、湿度试验。试验后要求外后视镜的所有电功能均能正常使用。

⑤ 耐腐蚀要求。后视镜以接近实车安装的状态置于盐雾试验箱，测试使用5%浓度的氯化钠溶液。在一定试验周期后，要求零件无可见红锈蚀，后视镜的所有电功能均能正常使用。

（4）人机工程要求

进行外后视镜位置布置时，必须满足前方视野遮挡不大于20%（S区域）的法规要求，如图6-40所示。外后视镜镜片的布置必须满足A柱遮挡要求、外水切遮挡要求、前风窗玻璃导轨密封条遮挡要求等，且镜片周边零件不允许遮挡外镜镜片。外后视镜的风阻系数和风噪需要在一定的范围之内。

3. 后视镜系统 CAE 分析

后视镜作为驾驶员获得后方视野的首要零件，为满足视野要求，需进行 CAE 校核分析。在整车环境下，后视镜会受到各种各样的动态激励，如白车身激励和风激励等。为避免后视镜与上述激励源产生共振导致噪声产生

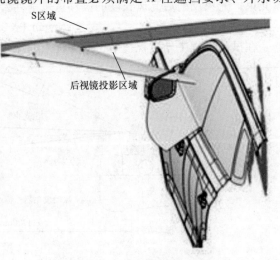

图 6-40　S 区域法规要求示意图

甚至疲劳破坏，需对后视镜进行强度和模态的 CAE 分析。对于有转向灯的配置，则需要进行相关配光校核。因此针对后视镜系统主要的 CAE 分析内容如下：

① 视野校核：通过软件分析后视镜镜片视野是否满足法规要求的过程为视野校核，相关标准为 GB 15084—2013《机动车辆　间接视野装置　性能和安装要求》。

② 支座、基板强度及模态校核：指在驾驶位置、镜头前折位置、镜头后折位置时，施加一定要求的载荷，分析支座和基板的强度及共振频率是否满足要求。

③ 配光校核：通过软件分析侧转向灯的发光效果是否满足法规，规定区域内的亮度不小于 0.6cd 的要求。

三、后视镜系统结构设计

1. 基本结构

（1）外后视镜

以一款电动折叠电动调节集成转向灯的外后视镜为例，其主要结构如图 6-41 所示，其典型的子零件主要包括镜圈、镜片、加热片、镜片托板、调节电动机、基板、副镜壳、转向灯、装饰罩、折叠电动机、护罩盖板、支座、护罩、密封垫以及线束等。

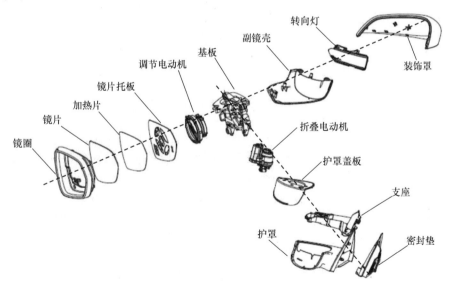

图 6-41　外后视镜典型结构分解图

外后视镜安装位置一般有两种：窗框区域和外门板，如图 6-42 所示。外后视镜安装在窗框区域时，与周边零件的匹配环境比较复杂，如上饰条、外水切、玻璃导轨等，其中外后视镜与上饰条的搭接方式需要重点关注，其断面结构如图 6-43 所示。护罩翻边插入上饰条下部，这种匹配方式既保证了此处的密封性，避免了风噪的产生，又解决了护罩与上饰条匹配时经常出现的间隙不均的问题。

a) 外镜安装在前门三角窗

b) 外镜安装在前门外板

图 6-42　外后视镜的安装位置

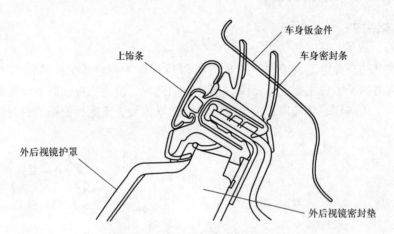

图 6-43　外后视镜与上饰条匹配断面

外后视镜安装布置通常采用"一面两销三安装点"的定位固定方式。所谓一面两销，是指定位基准采用一个大平面和该平面上与之垂直的两个孔来进行定位，并采用三个安装点进行紧固，每两个安装点之间的布置距离要足以保证其安装稳定性。在具体设计时，可以根据车身钣金件预留给外后视镜安装空间，灵活布置外后视镜的安装方案。在选用紧固件时要综合考虑安装空间、强度等级、安装力矩、啮合长度等因素，以保证安装螺钉达到需要的装配要求。

（2）内后视镜

以一款手动防眩目内后视镜为例，其主要结构如图 6-44 所示，其典型的子零件主要包括镜框、镜片组合、镜壳、调节手柄、球形罩、镜脚、安装座等。

内后视镜主要布置在前风窗玻璃区域，通过内后视镜镜片给驾驶员显示后方的视野。其安装方式主要是通过内后视镜的安装座与前风窗玻璃上的底座配合来实现，如卡簧卡接、螺钉紧固等方式。

Tips3　手动防眩目内后视镜，可扳动调节手柄实现内后视镜的防眩目功能。

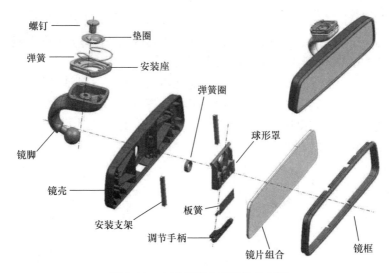

图6-44　内后视镜典型结构分解图

标注：螺钉、垫圈、弹簧、安装座、弹簧圈、镜脚、球形罩、镜壳、安装支架、板簧、调节手柄、镜片组合、镜框

2. 关键零件设计

（1）镜片设计

外后视镜作为驾驶员获得间接视野的工具，镜片的位置及尺寸大小是影响视野最直接的因素，因此镜片作为后视镜的关键子零件，是后视镜设计开发的重点。外后视镜的镜片大小、形状除满足法规及造型的基本要求外，在兼顾整车风阻风噪影响的前提下，应保证镜片拥有尽量大的尺寸从而提供更广泛的视野，提高客户感知度。根据整车地面线、H点等参数不同，镜片尺寸也会有很大差别。在满足标准法规的前提下，合适的长宽比（即Z向高度和Y向长度的比例）不仅可以提高视野感知，还可以使镜片线条更加协调，从而提升镜头造型的美观性。镜片尺寸说明如图6-45所示。

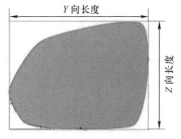

图6-45　镜片尺寸示意图

在外后视镜的开发过程中，所设计的镜片尺寸及位置是否满足法规要求，需要通过视野校核这一分析过程来判定。外后视镜所提供的视野范围由镜片大小、镜片曲率半径、镜片位置、调节角度、H点、整车地面线、车宽等因素决定，可以借助CAE等设计软件进行后视镜视野分析，不断优化设计，以获得可以提供优良视野功能的外后视镜。

（2）装饰罩及镜壳设计

装饰罩及镜壳作为外后视镜镜头部分主要的外观件，首先需要保证其外观表面无任何缺陷，如选择合适的材料，设计壁厚一般为2.5～3mm，以防止缩印的出现。在A面设计中需考虑模具可行性以保证顺利脱模，且要避免在可视区域出现明显的分型线等。其次，装饰罩和镜壳需留有足够的空间以满足各个子零件的布置。比如照地灯、360°摄像头等越来越多的电子元件增加在镜壳上，一般要求摄像头和照地灯之间要保证至少 10mm 的安全距离。

装饰罩及镜壳作为外观件，虽然其功能性不强，但其造型却是影响整车风噪风阻表现的重要因素。其横向及纵向截面的形状（图 6-46 和图 6-47）对风噪风阻均有很大的影响。因此在保证后视镜内部结构布置空间的情况下，装饰罩及镜壳的造型方案需要将满足空气动力学要求作为重要的考量标准。

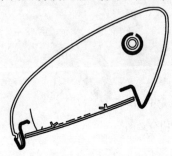 

图 6-46　装饰罩及镜壳横向截面示意图　　图 6-47　装饰罩及镜壳纵向截面示意图

（3）支座及护罩设计

支座是连接外后视镜与车身钣金件的子零件，其安装点布置及结构强度是影响外后视镜光学振动效果的重要因素。其中安装点布置可参考前文提及的安装策略内容，对于结构设计，需通过 CAE 软件对其强度及模态进行分析，在各个工况下支座均不允许发生屈服变形或超过其材料的屈服极限。若发生分析结果失效，则需要对支座结构进行加强，如增加加强筋及局部加厚等。

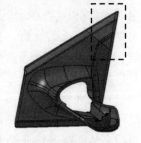

护罩是外观件，其主要作用是遮盖支座。根据外后视镜安装位置的不同，护罩的设计要点有所区别。对于安装在窗框区域的外后视镜，因为匹配时要求护罩与窗框钣金件零间隙配合，所以在进行护罩模具设计时需考虑预弯处理，如图 6-48 所示，避免护罩与钣金件之间产生离缝。

图 6-48　护罩预弯区域示意图

四、后视镜系统常用的材料和工艺

1. 常用材料和工艺简介

表 6-6　后视镜主结构的材料及生产工艺

序号	部件名称	主流材料	生产工艺
1	镜圈/镜壳/护罩	ASA	注射
2	装饰罩	ABS	注射、喷漆
3	支座	PA66 – GF/AL 合金	注射/压铸
4	密封垫	PE/TPE	注射

后视镜主结构的材料及生产工艺见表6-6。

内外后视镜镜片的基础材料均为浮法玻璃。但根据不同的性能要求，对镜片增加不同的工艺处理，使其成为满足相关要求的功能镜片。目前后视镜镜片的种类及材料见表6-7。

双曲率球面镜是指在普通球面镜的部分区域增加曲率半径，达到获取更大视野的要求。蓝色防眩目球面镜是通过增加蓝膜，改变光线的反射，达到防眩目的效果。而电动防眩目镜片则通过两块玻璃之间的化学介质改变光线的反射，达到防眩目效果，其效果优于蓝镜。

表 6-7　后视镜镜片的种类及材料

序号		镜片种类	材料	工艺
1	外后视镜镜片	单/双曲率球面镜	浮法玻璃	镜片工艺如图6-49 所示
2		蓝色防眩目球面镜	浮法玻璃 + 蓝膜	
3		电动防眩目镜片	浮法玻璃 + 化学介质 + 浮法玻璃	
4	内后视镜镜片	棱形镜片	浮法玻璃	
5		电动防眩目镜片	浮法玻璃 + 化学介质 + 浮法玻璃	

2. 典型工艺

镜片工艺主要分为 8 步，如图 6-49 所示。

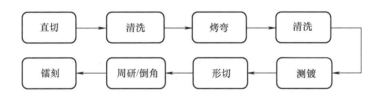

图 6-49　镜片成型工艺流程

后视镜加热片是通过加热贴在镜片背部的电热丝，达到去除后视镜表面霜冻、湿气、水滴等阻碍视野的物体，确保驾驶员在恶劣条件下能够拥有安全的后方视野。

目前市场主流的加热片种类可分为两种形式：PTC 加热片和 CW 加热片。PTC加热片是指通过银浆形成电极回路（并联回路），对 PTC 碳粉进行加热，起到加热效果；CW 加热片则通过铝箔电路或银浆串联布置，由回路电阻起到加热效果，如图 6-50 所示。

加热片的装配工艺较为特殊，主要可分为 6 步，如图 6-51 所示。

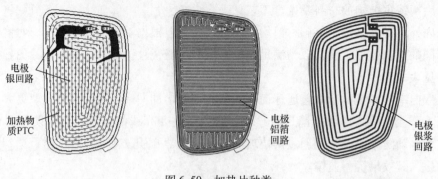

图 6-50　加热片种类

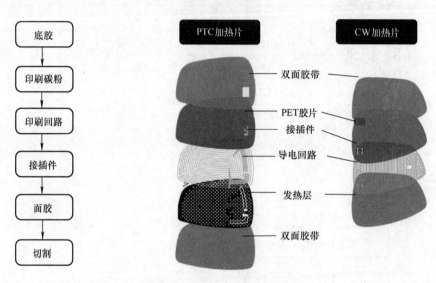

图 6-51　加热片的装配工艺

第五节　遮　阳　板

一、遮阳板概述

遮阳板位于车顶前部，为驾乘人员提供遮挡太阳光、强光等刺眼光线的功能，如图 6-52 所示。遮阳板使用时可正翻、侧翻至合适的位置，不使用时可贴顶折叠起来。

遮阳板总成主要由遮阳板吊钩和遮阳板本体组成。遮阳板吊钩主要起着固定和支撑遮阳板的作用。遮阳板本体包括骨架、表皮、转轴、支轴座、吊钩轴、安全标签、化妆镜/化妆镜盖/化妆灯、绑带/票夹等，如图 6-53 所示。根据不同的车型或客户需求，遮阳板也可包含以下附加功能及结构：

① 化妆镜/化妆镜盖/化妆灯：方便乘客化妆及照明。

图 6-52　遮阳板在汽车内位置示意图

② 绑带/票夹：用以固定发票、单据、名片等。

③ 抽拉杆/抽拉板：用以调节遮阳板侧面遮光效果。

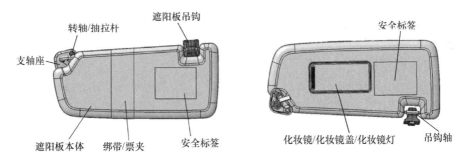

图 6-53　遮阳板的结构

二、遮阳板技术要求

1. 人机要求

遮阳板作为前排的重要遮光功能件，需满足正、侧面挡光面积要求，具体要求如下：

① 遮阳板在下翻至垂直状态时，最低点要求在 V_1V_2 中点之上、V_1 点水平面之下，如图 6-54 所示。

② 遮阳板侧翻到侧面时，要与顶棚有一定的重合量。

③ 遮阳板不使用时，其本体不应遮挡前方视野。

④ 遮阳板作为运动件，在其翻转过程中不能和头部包络面干涉，如图 6-55 所示。

⑤ 为了便于操作，遮阳板本体与顶棚造型面之间需预留相应的手部操作空间。

Tips4　V 点是表征驾驶员眼睛位置的点，V_1、V_2 点则表示 V 点的不同位置，详见 GB 11562《汽车驾驶员前方视野要求及测量方法》。

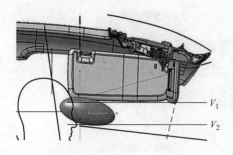

图 6-54　遮阳板遮光要求示意

头部包络面

图 6-55　与头部包络要求示意

2. 功能要求

遮阳板在贴顶位置，应与顶棚贴合完好，满足合适的贴顶力。在使用过程中，遮阳板吊钩轴与吊钩间的插拔力/翻转力、侧翻力、镜盖操作力等均须稳定在设计范围内，且在完成疲劳试验后回到室温时依旧满足设计要求。对于有电器件或电器接插件的遮阳板，须保证电路性能稳定，接触良好。

3. 可靠性要求

为避免遮阳板在使用过程中出现老化、破损、表面质量等问题，遮阳板需满足环境老化、抗湿度、光照色牢度、绑带焊缝强度等可靠性试验要求。

三、遮阳板结构设计

1. 定位与安装

遮阳板总成的定位和安装通过卡脚和螺钉/螺栓实现，紧固及安装有如下两种常见方式：

① 预装在顶棚上，与顶棚集成供货上线装配。

② 在顶棚安装后，由总装工人通过螺钉或螺栓安装在车身钣金件上。

2. 关键零件设计

遮阳板吊钩作为遮阳板总成中的重要部分，其结构主要分为如下三种形式：

① 一体注射成型：吊钩弹舌和吊钩本体采用一体注射成型，优点是零件成本低，缺点是吊钩插拔力受温度的影响较大。

② 金属弹舌：吊钩弹舌采用金属弹片，优点是吊钩插拔力受温度的影响相对较小，缺点是遮阳板轴套因长期与金属弹片摩擦易发黑。

③ 分体注射成型：吊钩弹舌与吊钩本体单独分件，需组装在一起，弹舌靠内置金属弹片控制插拔力。优点是吊钩插拔力相对稳定，缺点是零件成本高。

四、遮阳板常用材料和工艺

遮阳板常用表皮材料为 PVC、织物等。其中，PVC 类表皮材料常用工艺为高频焊接，织物类表皮材料常用工艺为缝制。

遮阳板本体骨架主要包含塑料骨架和金属骨架。其中，塑料骨架主要材料为 PP、PU、EPP 等，常用工艺为注射成型、发泡等；金属骨架主要材料为钢丝，常用工艺为冲压、折弯等。

遮阳板转轴常用材料为 PA6、PA66 等；遮阳板支轴座常用材料为 ABS、PC + ABS 等；遮阳板吊钩轴常用材料为 POM；遮阳板化妆镜盖常用材料为 PP、ABS 等。这些塑料件的常用工艺均为注射成型。

遮阳板吊钩常用材料为 POM、PA6、PA66、ABS 等，常用工艺为注射成型。

第六节　顶 控 制 台

一、顶控制台概述

顶控制台位于顶棚前端中部，主要集成眼镜盒、阅读灯、扬声器、氛围灯和各类开关（如阅读灯开关、天窗开关、遮阳帘开关等），如图 6-56 所示。顶控制台上相应的模块和功能根据车型级别、配置、法规而定，通常在低端车型上，顶控制台只有阅读灯和相应的开关，在中高端车型上还有氛围灯、传声器、眼镜盒等。另外，在出口欧盟、英国的车型上，因法规要求，顶控制台上还需集成前排乘客侧安全气囊开关显示屏、紧急呼叫（E – Call）和道路救援（B – Call）。

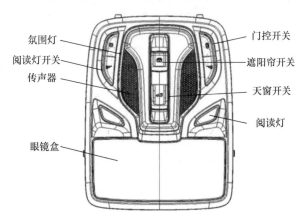

图 6-56　顶控制台系统零件

二、顶控制台技术要求

顶控制台需要满足环境老化、耐久、光照、湿热综合振动、散发性等性能要求，确保顶控制台在整车生命周期具有良好的性能。

顶控制台子级件需要满足各自的功能性试验要求，如阅读灯点亮、眼镜盒开启时间、开启耐久、各类开关的操作耐久等。

三、顶控制台结构设计

1. 定位与安装

为了确保顶控制台与顶棚的均匀间隙和面差，顶控制台的 X、Y、Z 向定位是通过顶控制台相应的结构与顶棚背部加强框的限位筋实现，螺钉作为辅助 Z 向定位，如图 6-57 所示。在安装时，先通过顶控制台前部卡脚固定在顶棚背部加强框上，再将顶控制台两侧的 U 形卡簧卡入加强框相应位置，然后将紧固螺钉至车身钣金件的孔上。

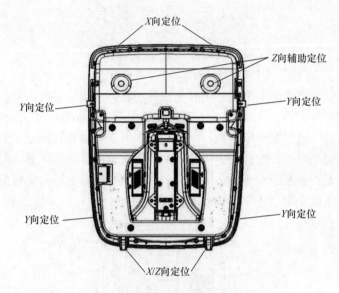

图 6-57　顶控制台的定位示意图

2. 关键零件设计

顶控制台根据功能模块的分布形式分为模块式和分散式。

① 模块式是指部分功能以集成模块的形式布置到顶控制台的指定位置。例如，阅读灯及其开关作为灯模块布置在同一个造型区域。

② 分散式是指各功能件独立布置到顶控制台，布置相对较分散，例如，阅读灯独立分散在顶控制台左右两侧，各功能开关的位置依据造型意图分散布置。

模块式和分散式对设计的要求不同，模块式结构较简单，而分散式对集成程度要求较高。

顶控制台的整体结构布局及结构形式是顶控制台设计的难点，下面以分散式为例来介绍其关键设计。

分散式顶控制台上集成较多的阅读灯、氛围灯和开关等功能件，其布置设计需要从整体角度统筹考虑。在项目开发前期，需要从人机和空间利用率等角度考虑眼镜盒、阅读灯和各开关等功能件的位置，与造型设计师一起定义顶控制台子级件的布局，同时需兼顾顶控制台本体的模具可行性。另外，需通过 CAE 分析确认顶控制台的薄弱部位，并在其背部增加加强板作为支撑，以增加整体强度。

为了保证眼镜盒盖板在整车生命周期内保持其良好的功能，需要眼镜盒具有良好的翻转配合和结构强度，具体要求如下：

① 眼镜盒在翻转过程中须与顶控制台本体保持合理的间隙，以满足在严苛的试验环境下仍能保持正常开启和翻转的功能。

② 眼镜盒的弹簧和锁扣布置要合理，以确保在高低温环境下眼镜盒不卡滞、眼镜盒盖板面差的均匀一致。

③ 眼镜盒的转轴和限位结构需要有足够的强度，以满足滥用力试验要求。

四、顶控制台常用材料和工艺

顶控制台上塑料件的常用材料一般为 PC + ABS、PP，锁机构和阻尼器的常用材料一般为 POM，阅读灯塑料件和按钮类本体的常用材料一般为 PC，弹簧的常用材料一般为 SUS304 不锈钢、琴钢丝，缓冲垫的常用材料一般为橡胶。

塑料件如顶控制台本体、眼镜盒盖板、阅读灯、按钮和装饰条本体等的常用工艺均为注射成型。

装饰条表面常用的工艺为喷漆、电镀、水转印、热烫印、IMD、INS 等。

第七节　功能件品质设计

一、天窗品质设计

天窗风振噪声实际上是汽车内外空气的共振现象，符合赫姆霍兹共振理论。根据 Rayleigh 经验公式，赫姆霍兹共振腔的固有频率为

$$f = c/(2\pi)\left[A/(VL)\right]^{-1/2}$$

式中，f 是固有频率；c 是音速；V 是赫姆霍兹共振腔的体积；L 和 A 分别是颈部的长度和截面面积，如图 6-58 所示。

基于天窗风振噪声的机理，降低风噪主要可从两方面着手：一是改变车辆外部涡流的扩散频率；二是改变车内空腔的固有频率。

改变车辆外部涡流的扩散频率可通过在天窗前沿安装导流装置来实现。研究表明，当导流装置高度增加时，风振噪声先缓慢增加，然后迅速下降。

受造型和风阻制约，导流装置高度的可设计范围很小，一般为 15mm 左右；导流装置起

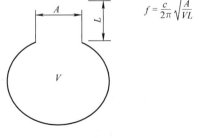

$$f = \frac{c}{2\pi}\sqrt{\frac{A}{VL}}$$

图 6-58　赫姆霍兹共振腔

翘角度很小或者很大都不能很好地抑制风振，一般在 40°左右效果较好，如图 6-59 所示。在导流装置迎风面开槽（图 6-60）或使用网状织物（图 6-61）均有利于减小风振。CFD 分析表明，气流通过挡风网可有效避开天窗玻璃，避免气流直接冲击乘员舱，如图 6-62 所示。

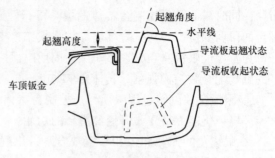

图 6-59　天窗导流板示意图

图 6-60　导流板迎风面开槽

图 6-61　网状织物导流板

图 6-62　40km/h 工况下 CFD 空气流线图（见彩插）

改变车内空腔固有频率简单有效的方法是改变玻璃的开启距离。天窗开启断面如图 6-63 所示。在开发阶段，可在实车上测试天窗不同开启位置的风振噪声，找到适宜的开启位置，然后在天窗控制器中设定该位置，并在天窗开关上加以标识，引导乘客规避风振噪声。

总之，合理设计导流装置的高度、安装角度和迎风面结构，并通过开关标识主动引导乘客将天窗打开至合适的开启距离，可一定程度地降低风燥。如果条件允许，可运用 CAE 软件对三维模型进行 CFD 分析，有针对性地优化设计，进一步规避潜在风险。

二、刮水器品质设计

1. 刮水器声音品质

刮水器噪声主要由以下两部分组成：电动机噪声、刮杆刮片与玻璃摩擦的噪声。

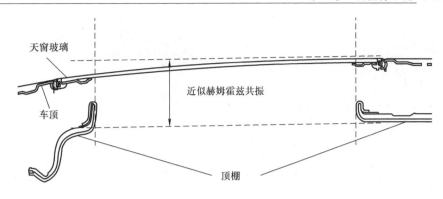

图 6-63 天窗开启断面

电动机噪声可能是安装于车身上产生的共振噪声，也可能是电动机负载过大产生的噪声。同样是噪声，可能分贝一致，但品质不一样，有些噪声比较平顺，有些就比较差。如何控制电动机声音品质是刮水器设计需要解决的重要课题之一。通过电动机频谱分析，找出改善电动机声音品质的方法，为新项目的设计提供指导意义，让电动机噪声更加平顺。

刮杆刮片工作噪声也非常复杂。由于功能需求，刮水器在工作过程中必然产生噪声，但通过调整刮水器攻击角、压力等参数，保证刮片与玻璃的良好配合（图6-64），以及优化刮水器胶条特性等手段，可大幅降低刮杆刮片的工作噪声。

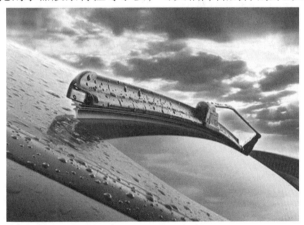

图 6-64 优化刮水器设计参考

2. 刮水器视野品质

刮水器视野品质是比较重要的感知特性，主要表现在两方面：一是刮水器初始位置过高，从车内外看都不美观，引起客户抱怨；二是刮水器终止位置距离 A 柱远，视野盲区较大，容易影响车辆的行驶安全。

对于刮水器初始位置过高的问题，可通过在侧角处轮廓线做小圆角或直角处理，使刮水器初始位置下降，如图 6-65 所示。对于刮水器终止位置距离 A 柱远的

a) 圆角式　　　　　　　　　　　　　　　　b) 尖角式

图 6-65　优化侧角

问题，盲目缩小安全距离可能会导致刮水器与 A 柱干涉，可通过控制装配尺寸、优化机构磨损，基于试验验证的前提下合理调整与 A 柱预留的安全距离，增大刮刷面积，减少视野盲区。

三、后视镜品质设计

外后视镜兼具外观件及功能件两个产品属性。在满足基本功能要求的前提下，和谐的造型风格和细节处理是后视镜设计的要点，尤其是对零件进行精致的细节处理，更能大大提升品质感。比如镜片的包边形式，我们通常选择可以提供更大视野的无包边镜片，既能使客户拥有简洁的视野感知，又消除了带包边结构镜片容易出现的爆边等质量问题。

为了避免外后视镜内部结构外露，一般会增加镜圈来遮蔽，以提升零件的整体性和美观性，如图 6-66 所示。外后视镜折叠面的分割型式，通常采用 L 形线条的分割面，如图 6-67 所示。这种分割形式既保证了外观的简洁大方，又有益于控制分割面处各子零件之间的匹配。

a) 包边镜片　　　　　　　　　　　　　　　b) 无包边镜片

图 6-66　包边镜片与无包边镜片

作为功能件，拥有良好的光学振动性能也是后视镜品质感的体现。前期通过后视镜模态分析计算出共振频率结果，以保证后视镜支座和基板等影响光学振动性能的重要子零件能选择最合理的结构及材料。通过对后视镜的材料强度进行分析，输出应力分布的结果，从而对相对薄弱的结构做出相应的加强处理。基板模态分析如图 6-68 所示。前期根据

图 6-67　外后视镜折叠面分割形式

这两个方面的 CAE 分析结果评估设计结构及材料的正确性，后期再通过严苛的光学振动试验来保证零件性能的可靠性。

图 6-68　基板模态分析（见彩插）

第八节　功能件发展趋势

一、天窗系统发展趋势

随着汽车日益轻量化、智能化的发展趋势以及客户对于舒适性要求的不断提高，汽车天窗主要有以下几个发展趋势：

1. 智能调光玻璃天窗

智能调光玻璃天窗是指用户可根据需要，通过按键或远程控制，自主调节天窗玻璃的明暗程度。智能调光玻璃技术主要有电致变色、光致变色和热致变色。其中电致变色为未来发展的主要趋势，如图 6-69 所示。

智能调光玻璃天窗主要包括天窗框架总成、电动机总成、挡风网总成、智能调光玻璃总成以及调光控制模块等。其中智能调光玻璃主要由玻璃、粘合剂、导电涂层、液晶层（或 SPD 乳胶层）组成。相比传统天窗，智能调光玻璃具有许多优点，例如：在不通电的状态下，可以保持完全不透明的状态，具有保护隐私的功能；夹层玻璃可以提高 NVH 性能，可以阻隔 99% 的紫外线，降低车内温度，具有隔声隔热作用；夹层玻璃可比单层玻璃降低 16% 的重量，同时可以取代传统的遮阳帘，

图 6-69　智能调光玻璃天窗

去除遮阳帘机械结构及电动机的重量，并可优化后排头部空间至少 30mm 以上，具有减重节省空间的作用。

当前，智能调光玻璃天窗主要应用的是电致变色玻璃，即在两片玻璃中间加入调光膜，对引出端施加电压，通过调节电流改变液晶或偏光粒子的排布来改变玻璃的透光度，使天窗玻璃实现明暗渐变、切换。

2. 太阳能天窗

太阳能天窗即可以将太阳能转换为电能的天窗，它既具有普通天窗的功能，同时在天窗玻璃下方又集成了太阳能电池板，通过太阳能电池板能够将光能转换为电能并存储在车辆蓄电池中，外观如图 6-70 所示。

图 6-70　太阳能天窗

太阳能天窗主要包括天窗框架总成、电动机总成、挡风网总成、玻璃总成以及控制模块。太阳能电池主要有晶硅电池和薄膜电池：晶硅电池玻璃存在电池片弯曲性不佳、玻璃较厚、成本较高等缺点；薄膜电池玻璃能在实现高透光度的同时保持极小的光畸变。

太阳能天窗是以夹胶方式在天窗玻璃下方（或玻璃夹层间）设置太阳能电池单元，在光照射下太阳能芯片发生光电效应产生电能。太阳能天窗依靠电池板收集太阳能发电，无污染，降低整车能耗；在车辆熄火后，通过电池板发电驱动排风系统或空调，从而降低车内温度；通过电池板发电供给整车蓄电池，可以增加行驶里程。

3. 多功能天窗

固定玻璃带背景灯是指在天窗玻璃上集成阅读灯或氛围灯，如图6-71所示。集成阅读灯无污染，无辐射，响应时间快，外观美观，节省布置空间。

固定玻璃车顶集成LED灯是指通过夹胶方式在两片玻璃中间加入超薄LED灯膜，给LED灯膜供电和断电，即可实现开关。

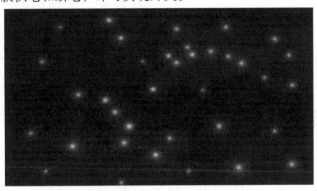

图6-71　固定玻璃车顶集成LED阅读灯

二、刮水器系统发展趋势

刮水器是必不可少的安全件。如今的刮水器洗涤系统已经远远超出了安全的定义，舒适性方面的设计也越来越多地被纳入刮水器系统的定义中。刮水器系统主要有以下发展趋势：

1. 集成喷水刮水器

集成喷水刮水器目前主要有两种形式：刮杆集成喷水刮水器和刮片集成喷水刮水器。

刮杆集成喷水刮水器是将喷嘴和刮杆装配在一起，喷嘴的软管与洗涤系统相连接。仅在半个运行周期内进行喷水，喷水位置为运动方向的前方。这种技术解决了传统喷水方式阻挡视野的问题，且比传统柱状或扇状喷水更加均匀，清洁效率方面更佳。图6-72a所示为传统扇状喷水模式，图6-72b所示为刮杆集成喷水模式。

a)　　　　　　　　　　　　　　b)

图6-72　刮杆集成喷水刮水器

刮片集成喷水刮水器在刮片内部铺设管道，并沿刮片方向开一排喷水小孔。优点是喷洒过程非常均匀且美观，无任何视野干扰，外观也不暴露任何水管等喷水组件，清洗效率很高，如图6-73所示。

这种刮片集成喷水刮水器还可以叠加刮片加热系统，快速喷出热水，以在冬天快速给风窗玻璃化霜解冻。

图6-73　刮片集成喷水刮水器

2. 新型具有除虫、除污、除冰霜功能的刮水器

配合喷水刮片，让刮水器喷洒出特殊功能的清洁剂，就可以达到表6-8所示的效果。而清洁剂的使用与更换如同使用打印机墨盒一般方便。

表6-8　除虫除污融冰举例

场景	模块化清洁剂	效果
春夏季节	特殊溶解性清洁剂	快速清洁鸟粪、虫子尸体、树叶残渣等污染物
秋冬季节	融冰剂	1min内快速除去冰雪、霜冻

夏季天气炎热，汽车风窗玻璃上一些飞虫、蚂蚁、昆虫等尸体和鸟粪在高温下被烤干以后难以去除。这时刮水器能在玻璃上均匀喷洒一些有机溶剂，更加方便地清洁风窗玻璃，且对刮片无损坏。

冬季寒冷时，风窗玻璃上会有厚厚的冰层，使用喷水刮水器喷洒融冰剂在玻璃上，便能在短时间内去掉冰霜。

3. 刮水器电动机的智能化和轻量化

要实现以上功能，离不开刮水器电动机的新技术。电动机集成智能控制模块，通过程序的设计，可自主控制刮水器与洗涤系统的动作，配合车载传感器的信号，实现多个场景的自动化应用。

（1）刮水器电动机的智能化

智能电动机能自主控制刮刷，配合雨量信号，不再让驾驶员手动烦琐地控制每一个刮刷频率挡位：雨大的时候自动切换到高速刮刷，以保证行车安全；雨小的时候自动切换到合适的刮刷频率。做到在保证视野不被雨水侵扰的同时尽量减少刮刷频次，达到降低视线干扰的目的。

通过刮水器电动机的智能控制功能，能人性化控制清洗动作。例如行车前，刮水器和洗涤器能够自动工作，先将玻璃清洗干净；在离车后，刮水器电动机向下驱动刮杆刮片，将其隐藏在发动机盖板下，防止被盗。随着智能驾驶的兴起，车载传感器越来越多。但如果传感器表面被覆盖了灰尘和污染物，智能驾驶势必受到一定影响。刮水器电动机的智能模块还可以用来扩展驱动洗涤系统来清洗传感器，保持传感器辨识度等功能。

（2）刮水器电动机的轻量化

目前刮水器电动机都在向四极电动机发展，体积更加小巧。四对磁极的电动机系统还可以提供更密集的磁力线以及更稳定的磁场。电动机的体积与重量相比传统电动机可减少可达30%以上，为节能减排做出贡献。

无刷电动机也是刮水器电动机发展中重要的一环。无刷电动机指没有电刷与转子直接接触的电动机。电动机由于没有了电刷组件，其体积将进一步减小，同时由于没有了电刷组件的摩擦，将实现刮水器系统更安静的刮刷体验、更低级别的电磁辐射与更耐用的刮水器驱动系统。

三、后视镜系统发展趋势

在未来的造车趋势中，更高的腰线、向下倾斜的车顶、更小的后风窗、全尺寸后头枕、多排后座椅、更低的风阻，以及更小的盲区范围、S区域、A柱障碍角等设计需要不断提升后方视野，因此全时数字化影像系统应运而生。

此系统的工作原理是在车门两侧分别安装两个摄像头，在GPS或后风窗玻璃内部安装第三个摄像头，将摄像头采集的图像通过ECU进行处理，并将处理后的图像通过A柱附近的两个液晶显示屏以及内后视镜显示屏，呈现后方的视野图像信息，如图6-74所示。

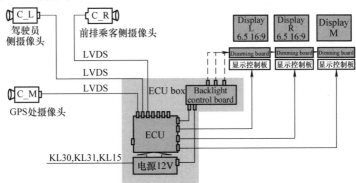

图6-74 数字化后视镜的工作原理

全时数字化外后视镜是指两侧摄像头采集车辆后方视野图像，ECU处理采集到的图像信息，A柱附近布置LCD屏显示，如图6-75所示。

全时数字化内后视镜是指车身后侧摄像头采集车辆后方视野图像，ECU处理采集到的图像信息，原内镜位置集成LCD屏显示，如图6-76所示。

图 6-75 全时数字化后视镜外镜系统

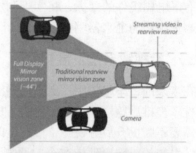

图 6-76 全时数字化后视镜内镜系统

第七章
保险杠系统

第一节　保险杠系统概述

保险杠系统位于车辆的前部和后部，它是汽车中吸收和减缓外界冲击力、防护车身前后部、提高燃油经济性的重要部件。保险杠系统主要包括前保险杠子系统和后保险杠子系统。近年来，由于对整车燃油经济性关注度的提高，主动进气格栅也已成为保险杠系统的一员。随着科技和汽车工业的发展，保险杠正朝着智能化、轻量化、工艺多元化及低风阻的方向逐步发展。在未来，保险杠系统必将容纳更多的新成员。

第二节　保　险　杠

一、保险杠概述

传统的保险杠包括前保险杠、后保险杠及散热器格栅。其材质以塑料为主，也有部分金属材料。根据零件不同的属性和表面处理状态，可采用多种加工工艺，以达到所需外观及性能要求。

保险杠在整车结构中起着十分重要的作用。在安全方面，保险杠在车辆发生轻度碰撞时，可有效降低翼子板、散热器和灯具等零件的受损程度；同时在与行人碰撞时，可有效降低被撞行人的腿部受伤害程度。在外观方面，保险杠是整车重要的"前后脸"，在追求自身设计美观的同时，也与车辆整体造型风格和谐统一，是体现整车外观美学的重要部位。在能耗方面，保险杠融合整车空气动力学，通过气流控制和自身轻量化，为节能减排加分。在功能方面，保险杠也为其他功能部件如灯具、牌照、雷达等提供有效的支撑和定位。总体而言，保险杠除了需要满足自身的功能性、可靠性及安全性等基本要求外，也要满足客户、环境、周边零件及各地方法规的要求。

前、后保险杠的主要组成如图7-1和图7-2所示。

除此之外，散热器格栅也属于保险杠的重要元素。它已衍化为家族化设计的代表特征之一，不同品牌的汽车的散热器格栅外观都有各自的特点，具有很高的识别度。现在，不少车型在格栅上大量运用高亮电镀、柔光电镀、烫印等元素，让格栅在外观上更容易成为大众的视觉焦点。

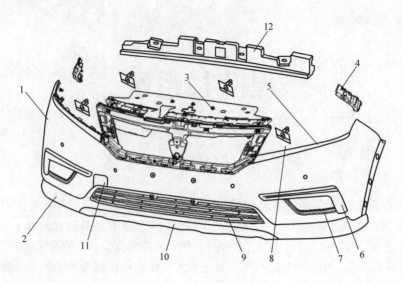

图 7-1 前保险杠

1—前保险杠上蒙皮 2—前保险杠下蒙皮 3—中部支架 4—侧边支架 5—上饰条 6—雾灯饰条
7—雾灯盖板 8—雷达支架 9—下格栅 10—下护板 11—拖钩盖板 12—吸能块

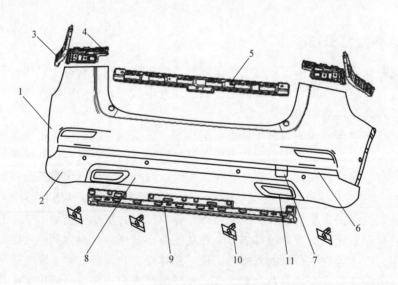

图 7-2 后保险杠

1—后保险杠上蒙皮 2—后保险杠下蒙皮 3—侧边支架 4—尾灯支架 5—中部支架 6—饰条
7—拖钩盖板 8—下护板 9—吸能块 10—雷达支架 11—排气管饰框

除了外观美观，格栅最重要的作用就是保证进气量，冷却发动机，降低风阻，因此对整车空气动力学和燃油经济性也有较大影响。同时，随着整车智能化的发展，格栅上也开始集成众多其他功能件，如电动车的充电口小门翻转机构、发光标牌、360°摄像头、温度传感器等。散热器格栅的主要组成如图 7-3 所示。

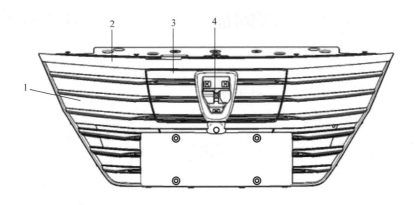

图 7-3 散热器格栅
1—格栅本体 2—饰框饰条 3—充电口小门（电动车） 4—标牌基座

二、保险杠技术要求

1. 标准与法规

保险杠作为汽车重要的被动安全件和外观件，须满足目标市场的准入法规。

在中国市场，保险杠所涉及的主要国家法规包括：GB 17354—1998《汽车前、后端保护装置》、GB/T 24550—2009《汽车对行人的碰撞保护》、GB 11566—2009《乘用车外部凸出物》、GB 15741—1995《汽车和挂车号牌板（架）及其位置》等。

（1）低速碰撞法规

随着汽车保有量的不断增加，在拥挤的交通条件下，汽车行驶过程中发生低速碰撞的频率越来越高。为了保证行驶的安全性，GB 17354—1998 对汽车前后端保护装置的设计提出了强制性规定，要求在发生接触和轻度碰撞时，不会导致车辆的严重损伤。具体的评价标准为：按规定的条件和规程进行碰撞试验后，车辆的照明和信号装置、发动机舱盖、行李箱盖和车门、燃料和冷却系统、排气系统、传动系统、悬架系统（包括轮胎）、转向和制动系统均能正常工作。该法规所述碰撞试验的简要内容如下：

① 碰撞器基准线保持水平且基准高度达到 445mm，如图 7-4 所示。

② 在"空载"和"加载"（解释详见法规）状态下对车辆正前方和正后方分别碰撞一次，碰撞速度为（4.0 +0.25）km/h，如图 7-5 所示。

③ 在"空载"状态下对车辆的"前车角"和"后车角"各碰撞一次，在"加载"状态下对车辆的另一"前车角"和"后车角"各碰撞一次，碰撞速度为（2.5 +0.1）km/h，如图 7-6 所示。

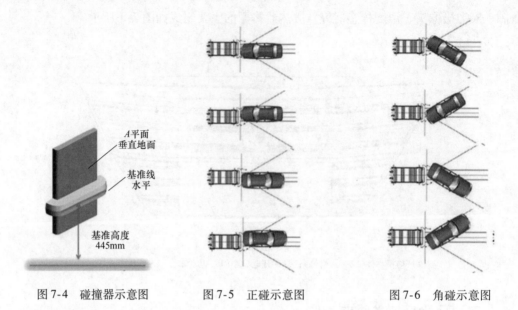

图 7-4　碰撞器示意图　　　图 7-5　正碰示意图　　　图 7-6　角碰示意图

A平面
垂直地面

基准线
水平

基准高度
445mm

（2）行人保护法规

为了保护行人的生命安全，目前世界上很多国家都在进行汽车和行人的安全研究，部分国家已经实施了行人保护法规。我国也在积极开展此方面的研究，而且发布了与之相关的标准法规 GB/T 24550—2009《汽车对行人的碰撞保护》，下面主要介绍该法规中和保险杠相关的小腿碰撞试验方法与要求。

① 小腿碰撞区域碰撞点的确定。试验区域是过保险杠角（车辆和与车辆纵向对称面呈60°角的铅垂面的切点）的两个纵向垂直平面分别向内平行移动66mm后，两个纵向垂直平面之间的保险杠的前表面，如图7-7所示。

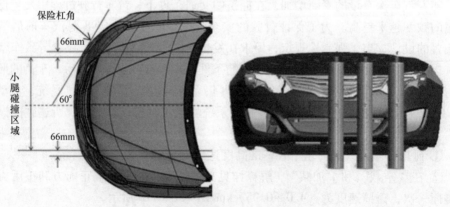

保险杠角

66mm

小腿碰撞区域

60°

66mm

图 7-7　保险杠角及碰撞区域

② 法规对试验结果的要求。小腿碰撞主要的评价参数有：膝部最大动态弯曲角 A 不大于 19°，膝部最大动态剪切位移 S 不大于 6.0mm，小腿上端加速度 G 应不

大于 170g，如图 7-8 所示。

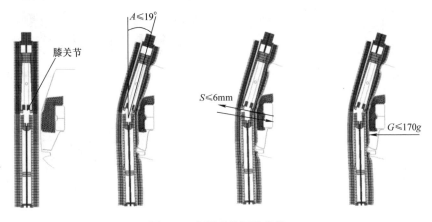

图 7-8 小腿碰撞评价参数

（3）外部凸出物法规

为了降低碰撞时对行人的伤害程度，国家对乘用车的外部凸出物也提出了强制性的法规 GB 11566—2009《乘用车外部凸出物》。该法规与保险杠相关的圆角大小要求如下：

① 车身外表面凸出零件的圆角半径不应小于 2.5mm。这一要求不适用于凸出车身外表面不到 1.5mm 的零件以及凸出车身外表面 1.5mm 以上、5mm 以下但零件朝外的部分是圆滑的零件。

② 保险杠两端应向车身表面弯曲。如果保险杠是嵌入式的，或和车身结构形成一体的，或侧端部向内弯曲且不能被直径 100mm 的球体所接触的，则要求保险杠端部和最近的车身表面之间的距离不超过 20mm。

③ 在距车辆前向（对于后保险杠是后向）的车身外轮廓线内侧 20mm，和车身外轮廓线及其与车辆垂直纵向对称平面成 15°夹角的两垂直平面相切的法线围成的区域（图 7-9）内，所有圆角半径不应小于 5mm，其他情况下不应小于 2.5mm。上述要求不适用于凸出高度小于 5mm 的保险杠局部零件或保险杠上的镶嵌件，尤其是前照灯洗涤器的连接盖及喷嘴。这些零件朝外的角应是圆滑的，但凸出高度小于 1.5mm 的零件除外。

④ 保险杠上有通风功能格栅的圆角要求：当格栅间隙宽度为 25～40mm 时，圆角半径不应小于 1mm；当格栅间隙宽度小于或等于 25mm 时，其外边缘的圆角半径不应小于 0.5mm。

（4）号牌安装法规

世界各国对号牌都有相关的法规要求，我国的 GB 15741—1995《汽车和挂车号牌板（架）及其位置》规定了号牌的位置要求，主要内容包括：

① 前号牌应垂直或近似垂直于车辆纵向对称平面，前号牌中点不得处于车辆

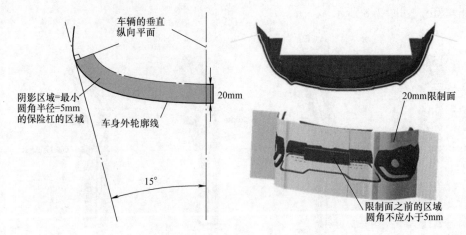

图 7-9　保险杠不同圆角要求区域划分

纵向对称平面的左方；前号牌及号牌架不得超出车辆前端右边缘；正面允许后仰不大于 15°。

② 后号牌应垂直或近似垂直于车辆纵向对称平面，前号牌中点不得处于车辆纵向对称平面的右方；后号牌及号牌架不得超出车辆后端左边缘；当后号牌上边缘离地高度不大于 1.2m 时，正面允许上仰不大于 30°，当后号牌上边缘离地高度大于 1.2m 时，正面允许下俯不大于 15°。

GA 36—2014《中华人民共和国机动车号牌》规定了号牌的大小，传统燃油车号牌的外廓尺寸为 440mm×140mm。随着新能源车的发展，目前中国公安部规定新能源车号牌的外廓尺寸为 480mm×140mm。

GB 7258—2017《机动车运行安全技术条件》还规定了号牌应设有 4 个安装孔，以保证能用 M6 规格的螺栓将号牌直接牢固可靠地安装在车辆上。

2. 主要技术要求

保险杠作为汽车上最重要的外部零件之一，除了必须满足上述的国家法规外，还需要满足如下主要技术和性能要求。

（1）通风进气要求

为保证空调、冷凝器等零件的冷却需求，前保险杠应满足整车的进风量要求。

（2）整车通过性要求

保险杠作为车辆最前端和最后端的零件，为了防止和地面的低矮障碍物发生碰撞，需要满足一定的接近角和离去角的要求。针对不同的车型，有不同的角度要求。

（3）刚度要求

保险杠需满足一定的刚度要求，即在保险杠总成的不同区域施加一定的按压力后，规定变形量需小于某一数值。

（4）人机工程要求

保险杠的结构设计也需考虑顾客的操作便利性，比如预留充足的发动机舱盖开锁空间，保证新能源汽车前格栅上充电盖板开启的便利性等。

（5）集成要求

在保险杠上通常会集成灯具、雷达、摄像头等功能件。在设计保险杠时需充分考虑这些零件安装的空间和结构。

（6）售后维修要求

保险杠作为车辆上的易损坏件，维修更换的频率较高，设计时需充分考虑拆卸维修的便利性。

（7）可靠性要求

保险杠作为主要的汽车外部装饰件，长期暴露在各种环境条件下，因此需要满足一定的性能要求，可通过试验来进行验证。保险杠主要的性能试验见表7-1。

表7-1　保险杠主要的性能试验

序号	试验项目	试验要求
1	环境交变试验	在规定的环境条件下存放规定的循环周期后，要求零件没有明显的变形、开裂、裂纹、分层、脱落、起泡、颜色变化、光泽变化等任何其他有害影响
2	耐高温性能	在规定的高温条件下存放规定的循环周期后，要求零件没有明显的变形、开裂、裂纹、分层、脱落、起泡、颜色变化、光泽变化以及任何其他有害影响
3	耐低温性能	在规定的低温条件下存放规定的循环周期后，要求零件没有明显的变形、开裂、裂纹、分层、脱落、起泡、颜色变化、光泽变化等任何其他有害影响
4	低温落球试验	在规定的低温环境下存放一定时间后，在规定时间内用一定重量的球从某一高度砸向零件，要求没有开裂、断裂
5	耐光照牢度	光照周期各个车企要求不同，一般要求试验后灰度等级≥4级
6	涂料表面性能	需满足涂料附着力、耐老化及抗冲击等要求

三、保险杠结构设计

1. 定位与安装

保险杠的定位与安装是保险杠设计的关键。只有定位设计合理准确、安装到位、固定方式选取合理正确，才能使保险杠在整车上装配到位，保证它与周边零件的间隙面差均匀。

（1）定位

保险杠的定位设计对零件的装配至关重要，只有合理准确的设计才能使零件正确装配到位。一般来说，尺寸较小的零件可视为刚性物体，其定位采用"3-2-1"定位原则。而对于柔性物体，如保险杠这类尺寸较大的塑料件产品，考虑到产品尺寸、材料和结构因素，大多采用"N-2-1"的定位原则。

主定位与辅助定位相互结合是保险杠定位首先需要考虑的形式。为保证其装配后的间隙面差，除了主定位外，在局部区域还需要增加辅助定位。例如前保险杠与侧支架的 X 和 Y 向定位。除了主定位外，还需要增加多处辅助定位来保证与翼子板的间隙面差。

其次，定位应尽量靠近产品匹配边界。定位的设计越靠近匹配边界，匹配效果越好。例如后保险杠与侧支架的 Y 向定位，一般布置在蒙皮翻边处，来控制与侧围的间隙面差。

（2）安装

对前保险杠而言，具有安装关系的主要周边件有前端模块、翼子板、前照灯、轮罩等。通常的前保险杠安装过程为：

① 将前保险杠中部支架贴住前端模块，使用螺钉按照规定的力矩固定好。此时需要注意零件上标注的固定顺序，以防中部支架紧固时旋转进而影响保险杠的匹配。

② 将前保险杠左右侧支架分别贴住翼子板侧边翻边，按照规定的力矩拧紧螺钉。

③ 将保险杠线束与车身线束接插件相连，之后将保险杠抬起，挂在前保中部支架上，同时将保险杠翻边插入前照灯下方，让前照灯凸台支撑住保险杠。

④ 将保险杠两侧翻边卡扣卡入侧支架固定。安装时注意防止刮伤翼子板。

⑤ 将前保险杠总成顶部使用螺钉及推钉固定，然后将前保险杠总成底部安装点与底部导流板或前端模块贴合，使用螺钉将前保险杠总成底部固定。

⑥ 将轮罩使用螺钉固定到前保险杠总成上，如图7-10所示。

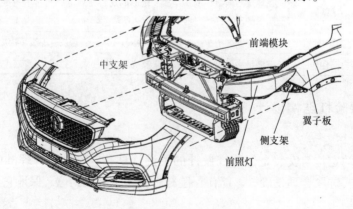

图7-10 前保险杠安装

对后保险杠而言，具有安装关系的主要周边件有侧围、后围板、底部支架、轮罩等。通常的后保险杠安装过程为：

① 将防水螺母座安装于车身侧围，然后将后保险杠侧支架和尾灯支架用螺钉固定在侧围上，再使用铆钉或者金属螺母将后保险杠中部支架固定在后围板上。

② 将保险杠线束与车身线束接插件相连，将保险杠总成零件卡接于后围板中部支架上，再将两侧翻边卡扣卡入侧支架固定。安装时注意防止刮伤侧围板。

③ 分别将保险杠侧边、中部、尾灯下方紧固到侧围和后围板上，再将保险杠底部与底部支架固定。

④ 将轮罩使用螺钉固定到后保险杠总成，如图 7-11 所示。

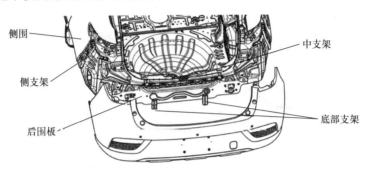

图 7-11　后保险杠安装

2. 匹配设计

因为保险杠每个区域的手部安装空间及工具的操作空间等客观条件有所不同，所以匹配设计也不尽相同。下面介绍保险杠不同区域的设计策略。

一般前保险杠的固定按区域划分主要分布于翼子板区域、前照灯区域、发动机舱盖区域、前轮罩区域及前保险杠下车身区域；而后保险杠的固定主要分布于侧围区域、尾灯区域、尾门区域、后轮罩区域及后保险杠下车身区域。保险杠定位及固定区域如图 7-12 和表 7-2 所示。

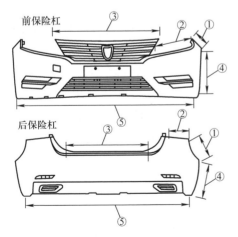

图 7-12　保险杠定位及固定区域

表 7-2　保险杠定位及固定区域

区域	前保险杠	后保险杠
①	翼子板区域	侧围区域
②	前照灯区域	尾灯区域
③	发动机舱盖区域	尾门区域
④	轮罩区域	轮罩区域
⑤	下车身区域	下车身区域

（1）翼子板区域和侧围区域匹配设计

在翼子板区域和侧围区域，前后保险杠分别安装于前后侧支架。侧支架与车身间的固定一般通过卡扣预安装和螺钉连接来实现，保险杠通过侧支架的卡扣及定位筋结构在纵向（X）、横向（Y）、竖向（Z）三个方向分别实现定位固定。保险杠通过与侧支架上的卡扣与翼子板及侧围配合，以满足一定的间隙及面差要求。保险杠与支架的设计需要注意两者的定位设计、卡扣间距合理化布置及卡接量的控制等。为了满足保险杠后续总装多次匹配而不影响外观的需求，支架的卡扣需要保持一定的安装及拆卸角，以方便保险杠的拆装。

下面以翼子板区域为例，通过断面及安装方式说明保险杠及侧支架在该区域的固定方式。

此区域侧支架通常有 Y 向安装与 Z 向安装两种形式。侧支架的 Y 向安装是指侧支架 Y 向安装于翼子板。选择配合的紧固件组合及合适的力矩后，首先将塑料螺母卡入车身翼子板方孔中，侧支架通过顶筋与翼子板安装面贴合，用目视检查孔位是否对准，随后通过金属自攻钉将侧支架与翼子板紧固连接。紧固时先打紧主定位点，随后紧固副定位点和剩下的安装点。当侧支架不发生偏移或翻转时，说明侧支架已装配到位，如图 7-13 所示。

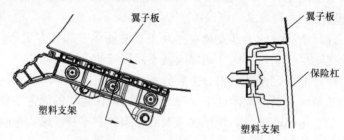

图 7-13　侧支架 Y 向安装于翼子板

对于侧支架 Y 向安装于翼子板的形式，翼子板 Y 向翻边深度浅，占用空间较少，但安装点与翼子板处分缝距离远，匹配难度大，车辆长期行驶后支架的变形可能导致前保险杠与翼子板的间隙变大。因此，在设计支架时需要考虑支架的防翻转。

侧支架的 Z 向安装是指侧支架 Z 向安装于翼子板上。侧支架需要设计与翼子板的定位及预安装结构，保证侧支架安装到翼子板上时定位准确。侧支架 Z 向与翼子板预安装后，通过金属螺栓与预先焊接在翼子板处的焊接螺母紧固连接，如图7-14 所示。侧支架 Z 向安装于翼子板的形式对控制保险杠与翼子板处的间隙效果好，但对翼子板的 Y 向空间要求高。

（2）前照灯区域匹配设计

在前照灯区域，常采用的安装顺序为先安装前照灯，随后安装前保险杠。受限于有限的空间，无法采用紧固件固定此区域，因此前保险杠与前照灯的连接通常采

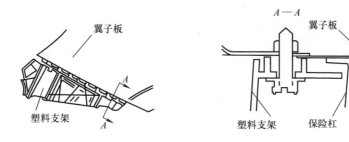

图 7-14　侧支架 Z 向安装于翼子板

用搭接及卡接的形式。

　　前照灯与蒙皮的搭接安装是指前保险杠翻边直接搭接在前照灯的支撑结构上，前照灯结构仅做 Z 向支撑定位，X 向无限位，如图 7-15 所示。该方式仅对保险杠总成起到 Z 向的支撑作用，不易控制前照灯与前保险杠的间隙和面差。同时，由于没有 X 向的连接，当保险杠总成受热或振动时，将无法抑制保险杠外鼓。但该形式对前照灯影响小，避免了前照灯胶水槽开裂的风险。

图 7-15　前照灯与蒙皮的搭接安装

　　前照灯与蒙皮的卡接安装是指前保险杠翻边与前照灯支架上的卡扣进行连接。该形式较之前的形式而言，额外增加了 X 向的卡接结构。X 向的卡接结构能有效控制保险杠由于受热或振动产生的外鼓趋势，匹配效果好，但不易拆卸。由于需要额外增加前照灯支架，不利于整车成本的控制。该形式的结构如图 7-16 所示。

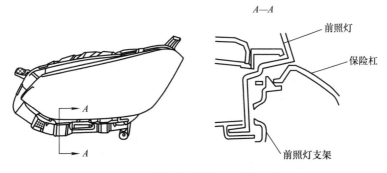

图 7-16　前照灯与蒙皮的卡接安装

（3）尾灯区域匹配设计

在尾灯区域，后保险杠通过卡接或螺接安装到尾灯支架上。目前卡接形式主要通过塑料尾灯支架来实现，螺接形式主要通过金属尾灯支架来实现。

尾灯区域的卡接形式指的是先将塑料尾灯支架通过金属螺钉安装于车身后，再将后保险杠卡接至尾灯支架上，如图 7-17 所示。该方式方便后保险杠与尾灯的匹配及调整，安装牢固，后保险杠支撑面大，但成本较高。此外，与侧支架 Y 向安装于翼子板类似，这种形式也同样需要注意预防塑料尾灯支架的翻转。

图 7-17　塑料尾灯支架与保险杠卡接

尾灯区域的螺接形式指的是先将尾灯金属支架通过焊接连接至车身后，再将后保险杠通过螺钉连接至尾灯支架上的螺母，如图 7-18 所示。这种形式不利于后保险杠与尾灯的匹配及调整，后保险杠支撑面小，但该方式拆装方便，成本低。

图 7-18　金属尾灯支架与保险杠螺栓连接

以上两种形式均为侧边支架和尾灯支架分体的形式，为了节省支架的模具费用，提升支架的生产效率，很多车型上都出现了侧边支架和尾灯支架集成一体化的形式，如图 7-19 所示。这种形式同样采用卡接结构，易于保险杠与尾灯的匹配及调整，安装牢固。但因为侧边支架和尾灯支架的紧固方向不一致，固定一体支架时会导致支架变形，所以对支架的尺寸精度要求较高。

图 7-19　侧边支架和尾灯支架集成一体化

（4）发动机舱盖区域匹配设计

在发动机舱盖区域，由于工具操作空间充足，为保证此处安装的可靠性，前保险杠通常采用紧固件直接固定于前端模块或中部支架上。

发动机舱盖区域经常会发生保险杠下沉的问题，而保险杠固定点与 A 面之间的距离与保险杠下沉这一问题直接相关。为避免这一问题的发生，采用固定于前端模块上的形式还是固定于中部支架的形式取决于保险杠固定点与 A 面之间的距离。

当保险杠固定点离 A 面距离小于一定数值时，通过加强前保险杠自身悬臂结构就可以防止保险杠下沉，此时保险杠总成可直接通过螺栓与车身前端模块安装紧固，如图 7-20 所示。

图 7-20　保险杠与前端模块安装紧固

但是，当固定点离 A 面距离过大时，只通过前保险杠的悬臂结构无法保证此区域的整体结构强度。为防止保险杠下沉，推荐开发前保险杠中部支架。

中部支架可有效减小前保险杠 A 面至前端模块的距离，增加结构强度与刚度，防止保险杠下沉进而改善前保险杠与发盖的匹配。通过螺栓将中部支架固定于车身上后，再将前保险杠总成通过卡扣或者螺栓连接至中部支架上，如图 7-21 所示。

图 7-21　保险杠与中部支架安装紧固

在设计此区域时，感知质量也是需要考虑的一个因素。为提高前舱的美观性，尽量不要裸露紧固件，同时裸露面也需要尽量平整，在允许的前提下可以通过增加前舱饰板来改善此区域的感知质量。

（5）尾门区域匹配设计

在尾门区域，后保险杠通常通过卡接或紧固件连接到中部支架上。

用卡接形式固定保险杠的中部支架形式通常可采用塑料支架及金属支架。塑料支架一般通过铆钉或者金属螺母固定在车身上，后保险杠与中部塑料支架卡扣连接。该形式的优点在于方便调整保险杠与尾门的间隙，但因为安装时无法看到中部支架，所以安装困难，且塑料中部支架的成本较高，如图 7-22a 所示。而金属中部支架与塑料支架相比，不利于调整匹配间隙，但成本较低，如图7-22b所示。

用紧固件形式固定保险杠的中部支架通常为金属支架。后保险杠通过塑料推钉与中部支架连接，如图7-22c所示。该方式拆装方便，但与前两种形式相比，保险杠与尾门的匹配效果较差，且紧固件存在于外观面，影响外观。

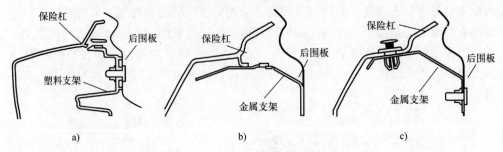

图 7-22　后保险杠与后围板的安装方式

（6）轮罩区域匹配设计

在轮罩区域，一般保险杠与轮罩不做定位，仅起紧固作用，且前后保险杠一般与轮罩的连接方式保持一致。目前，该区域存在三种主流安装形式。

① 第一种安装形式如图7-23a所示，保险杠预装簧片螺母，随后通过螺钉与轮罩连接。这种方式装配可靠，零件之间的紧固连接不易失效。

② 第二种安装形式如图7-23b所示，轮罩通过塑料推钉连接在保险杠上。这种安装方式安装方便，成本较低，但连接可靠性较差。

③ 第三种安装形式如图7-23c所示，轮罩通过螺钉连接于保险杠的结构上。这样节约了簧片螺母的成本，但装配比较困难。

> **Tips1** 在图7-23中a与c所示的两种安装形式安装可靠；b所示的形式虽然安装方便，但拆卸相对困难。

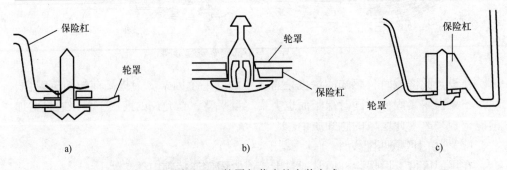

图 7-23　轮罩与蒙皮的安装方式

（7）下车体区域匹配设计

在下车体区域，保险杠通过金属螺钉或塑料推钉安装于下车体。对于金属螺钉安装形式，保险杠通过塑料螺母和金属螺钉与下车体连接，如图7-24a所示。这种形式装配可靠，零件之间的紧固连接不易失效。对于塑料推钉安装形式，保险杠通过塑料推钉与下车体连接，如图 7-24b 所示。这样装配方便，但拆卸困难。

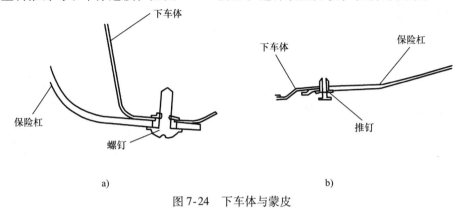

图 7-24　下车体与蒙皮

3. 关键零件设计

（1）前保险杠及后保险杠蒙皮

前、后保险杠蒙皮（图 7-25 和图 7-26），按工艺的不同，可分为整体喷漆或上体喷漆下体皮纹两种形式。常用工艺包括注塑、带色注塑、喷漆、电镀、焊接、冲粘一体等。

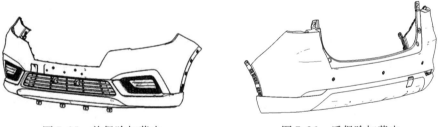

图 7-25　前保险杠蒙皮　　　　　　　图 7-26　后保险杠蒙皮

前后保险杠工程设计阶段，首先需要关注保险杠与周边静止件之间的间隙匹配关系。由于车身本身的制造公差及热管理需求，保险杠需要与车身内部零件如缓冲梁、尾管等零件之间保证较大的间隙。保险杠与缓冲梁之间保证较大间隙是为了防止装配过程中发生干涉、难装等现象；保险杠与尾管保证较大间隙是为了防止车辆在行驶一段时间后，尾管发热将蒙皮烤化。

同时，保险杠与周边运动件之间的间隙匹配关系也是比较重要的关注点，如发动机盖板及尾门，前后保蒙皮同样需要与上述运动件保持较大的间隙。由于运动件在关闭过程中会产生一定的过行程，在前期设计阶段，需要将过行程这一因素考虑在内，保证在其开关过程中不与蒙皮发生干涉。

此外，保证保险杠装配的便利性及总装装配效率也是设计阶段不可缺少的一部分。无需工具安装的区域，安装点的手部空间应满足人机要求，便于总装线工人操作。而对于需要工具安装的区域，需要在设计过程中校核与装配工具的间隙，保证工具在使用过程中不与保险杠发生干涉，防止零件表面受到损伤。

（2）保险杠支架

保险杠支架按支撑区域不同，可分为中部支架及侧边支架，如图 7-27 和图 7-28 所示。

图 7-27　中部支架　　　　　　　　　　图 7-28　侧边支架

保险杠支架是保险杠和车身零件连接的纽带。在设计支架时，首先需要关注强度问题，包括支架自身强度和与保险杠或车身连接结构的强度。对于支架本身，在结构设计上通过增加主壁厚或者选用强度较高的 PP－GF30、POM 材料来满足支架强度要求。此外，在支架安装面还会增加加强筋，防止支架紧固时开裂。对于连接结构，需要合理布置与保险杠蒙皮连接卡扣的悬臂长度、厚度以及间距等，使连接稳定可靠。

当然，在保证支架强度的同时，也要满足支架的轻量化要求。对于前后保险杠的侧边支架，尽量设计成"回"字形盒状结构，在满足支架强度要求的同时，也能有效减轻支架重量，从而节约了成本。同时，在雨水侵袭的路径上，如在支架的沉台或安装台面上，还需要考虑新增漏水孔，防止局部积水。

此外，在支架的设计过程中，还需要考虑它与周边件的间隙要求。例如在前保险杠中部支架的中央位置，为避让发动机舱盖锁及发动机舱盖锁支架等零件，支架需局部切除避让，同时该区域也要通过手部空间的校核。再如，后保险杠侧边的大支架通常与泄压阀及后探测雷达等零件位置重叠，支架需要根据周边件包络、线束装配及走向进行切除避让。

（3）散热器格栅

散热器格栅俗称上格栅，是为汽车冷却系统设置的开口部件，位于车体最前面，一般集成在前保险杠或安装于发动机舱盖上，如图 7-29 所示。散热器格栅常用工艺包括注塑、喷漆、电镀、烫印等。

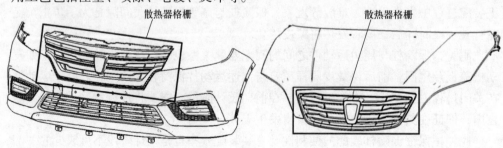

散热器格栅　　　　　　　　　　　　　　散热器格栅

图 7-29　散热器格栅

设计散热器格栅时，在满足基本进风量要求的同时，也要保证自身强度。格栅网格尽量采用双壁厚结构，无进风量要求的区域尽量封堵，既保证强度，又可以防止格栅内侧零件外露。对于散热器格栅集成至前保险杠的情况，需要关注发动机舱盖掀开后前舱是否美观，保证视觉效果尽量平顺连贯，必要时可以在上部增加前舱美化饰板，以有效防止安装结构及紧固件外露，避免外观质量不佳。

一般而言，散热器格栅是一个造型设计感强的零件，聚集了多种不同的色彩纹理定义，因此格栅多样的表面处理方式也是工程设计中需要关注的重点。对于格栅上的喷漆零件，需要校核喷漆角度是否满足要求，造型面对涂料是否容易产生流挂，是否容易返工处理等。对于格栅上的电镀零件，应检查零件是否存在发黄、应力集中等工艺缺陷。如果是烫印格栅，则应考虑格栅的烫印区域是否满足烫印的相关工艺要求。对于格栅上的皮纹零件，则应考虑脱模角是否能满足表面皮纹角度要求。应基于不同工艺进行分析，从而达到造型、工艺可行性以及成本这三方面的平衡。

四、保险杠常用材料和工艺

1. 保险杠

保险杠系统在整车中属于大尺寸零件，一般使用改性 PP 或者 ABS 等。保险杠系统子零件多，色彩纹理丰富，实际使用材质需要根据子零件具体的外观色彩定义、生产工艺、使用环境、性能要求等选择。

（1）保险杠蒙皮

从成本和性能综合考虑，保险杠蒙皮一般选用 PP + EPDM 材料，滑石粉含量根据不同地区的法规要求、汽车厂家设计策略和使用习惯选取，一般为 T10 ~ T20。喷漆件应选用喷涂级 PP，一般涂料附着性能做过改良；如果是皮纹件或带色注塑件，则应选用带抗 UV（Ultravioletray，阳光中电磁波谱波长 100 ~ 400nm 的紫外线）特性的耐晒规格。保险杠蒙皮的选材策略如图 7-30 所示。

（2）拖钩盖板

若拖钩盖板是喷漆件，一般选用 PC + ABS，它有更好的机械强度（尤其对于按压式盖板而言）和小圆角处的涂料附着力。若拖钩盖板是皮纹件，则考虑到不同基材的色彩匹配较为困难，一般选用和盖板周边零件相同的材质，如 ASA 或者 PP + EPDM – Tx。进行结构设计时也须配合合适的材料使用，如图 7-31 所示。

（3）饰框（条）

对于饰框（条）材料，可根据外观效果进行选择，如图 7-32 所示。

其中高光注塑外观零件在选材时，不同的材质高光注塑的光泽、色调有所不同，需要和设计师充分沟通，以便造型外观和材质匹配。使用电镀工艺时，考虑到电镀层的附着力和成本，一般选用 ABS；如果对强度或耐冲击有特别需求的，或者工艺过程中产品形状保持力比较差的，可以选用 PC + ABS。

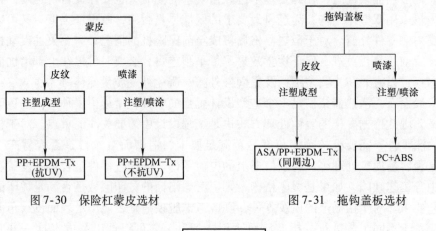

图 7-30　保险杠蒙皮选材　　　　　图 7-31　拖钩盖板选材

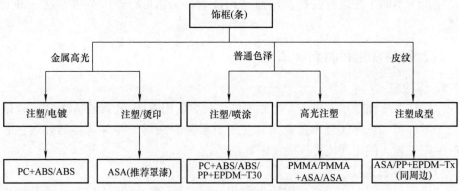

图 7-32　饰框（条）选材

（4）下格栅

下格栅零件需要满足飞石冲击性能和高速结构稳定性，一般成本较低的 PP + EPDM 即可满足要求。如因造型设计导致产品结构较脆的，则建议优先选用韧性更好的材质（如 PP + EPDM – T10），结构较软的选用模量更高的材质（如 PP + EP-DM – T30）。在 PP 基料、橡胶改进剂、滑石粉档次规格相近的情况下，一般来说，滑石粉含量越高，模量越高，韧性越差。

（5）底部护板

对于带色注塑零件，需优先满足颜色和注塑的可靠性，滑石粉含量可根据材料供应商提供的产品技术参数表选择，如图 7-33 所示。考虑到带色注塑材料一般含有金属粉末填料，材料熔体熔接痕、料流温度场差、表面金属颗粒取向等因素均会对表面颜色产生影响，对于背面结构复杂或表面多孔造型的零件不建议使用带色注塑。

（6）雷达支架

因功能要求，雷达轴线一般要求水平或略朝上。而由于保险杠造型的原因，与

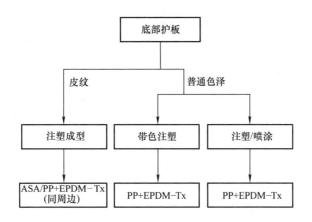

图 7-33　底部护板选材

雷达的配合有两种状态：造型法向配合较好的没有过渡面，如图 7-34a 所示；配合不好的就需要通过雷达支架进行过渡，如图 7-34b 所示。

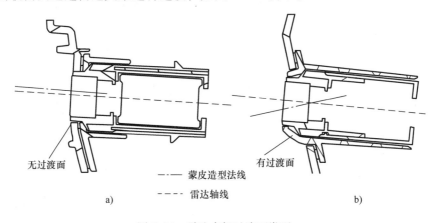

　　　——　蒙皮造型法线
　　　----　雷达轴线

图 7-34　雷达支架过渡面类型

　　当前市场主流的雷达支架固定方式有粘接和焊接两种。考虑到维修互换性，推荐使用粘接的方式；考虑到改性 PP 的表面粘接性能，一般使用黏性较好的丙烯酸双面胶带。

　　雷达支架选材流程如图 7-35 所示。

2. 保险杠附件

（1）支架

　　由于支架属于非外观件，材料选择更为灵活。在满足性能和空间布置的前提下，兼顾成本，具体选取方法如图 7-36 所示。

　　对于传统的小尺寸支架（一般长宽小于 500mm × 60mm），尤其是前保险杠侧支架，推荐使用机械强度更好的 POM。对于尾灯支架和侧部支架结合在一起的一

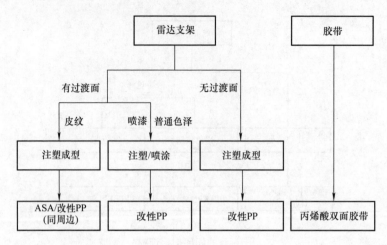

图 7-35　雷达支架选材

体式支架，或者宽度超过 500mm 的大支架，推荐使用改性 PP。

　　需要注意的是，使用玻纤增强材料时，要考虑结构和工艺对玻纤材料熔体成型时造成的取向效应，这在一定程度上影响支架强度。

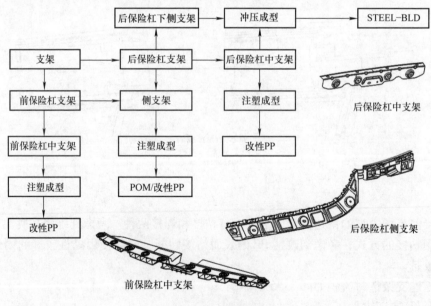

图 7-36　支架选材

（2）吸能块

　　目前市面常见的吸能块一般由两种工艺制成：注塑成型或发泡成型。其中使用聚丙烯材料（Expanded Polypropylene，EPP）物理发泡是当下比较主流的选择。EPP 是一种性能卓越的高结晶型聚合物/气体复合材料，以其独特而优越的性能成为目前应用增长最快的环保新型抗压缓冲隔热材料。EPP 制品具有十分优异的抗振吸能性能，形变后恢复率高，同时具有很好的耐热性、耐化学品、耐油性和隔热性；另外，其密度小，可大大减轻产品重量。

3. 散热器格栅

格栅本体的选材会因格栅表面处理状态的不同有所差异。对于带皮纹的格栅本体，选用耐晒性能更好的 ASA 或者抗 UV 级改性 PP 材料；如果格栅喷漆，可以忽略基材自身颜色，则选用着色性能更好的 PC + ABS 或者喷涂级改性 PP 材料；如果考虑烫印特性，则推荐使用 ASA，并喷涂清漆保护；考虑到格栅多孔的造型特征，不推荐使用高光注塑，如图 7-37 所示。格栅饰框（条）可以参照图 7-32 饰框（条）进行选材。一般来说，市场上常见的三元共聚类材料（如 ABS、PC + ABS、ASA）比强度高于一般的改性 PP，故对于尺寸较大的格栅或者对刚度有特别规定的，推荐使用三元共聚类材料。

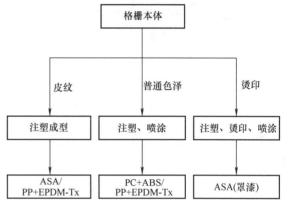

图 7-37 格栅本体选材

第三节 主动进气格栅

一、主动进气格栅概述

随着科学技术的发展及人们对燃油经济性的日益关注，现代汽车设计对格栅的要求不再局限于常开进气，而是需要根据使用工况，主动选择格栅叶片开闭或是调整叶片角度。主动进气格栅系统（Active Grille Shutter，AGS）就是根据传感器对发动机的转速和工作温度的反馈，来选择打开或是关闭进气格栅。汽车在冷车和怠速时，格栅关闭，可以快速提高或保持冷却液温度；行驶时，打开格栅，保证通风和冷却。通过控制格栅叶片打开的角度，实现进气面积可调，从而既灵活高效地控制发动机温度，又降低风阻系数，提高整车的燃油经济性。

主动进气格栅结构主要由 AGS 本体、叶片、连杆、电动机、紧固件等组成，如图 7-38 所示。其制造工艺主要包括注塑成型、嵌件注塑、双料注塑等。

二、主动进气格栅技术要求

主动进气格栅作为最近几年在汽车上的一项新型应用，既需要在各种工况下能

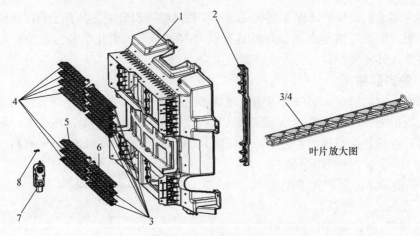

图 7-38　主动进气格栅

1—AGS 本体　2—连杆　3、4—从动叶片　5,6—驱动叶片　7—电动机　8—紧固件

保证自身正常运动，又需要配合整车控制要求合理开闭，因此它所涉及的技术要求既有自身的机械性能要求，也包括电子电器方面的要求。主动进气格栅一些主要的技术要求如下：

① 碰撞性能要求：低速碰撞后主动进气格栅功能完好；满足行人保护法规。

② 电子电器要求：驱动器需要满足整车的通用电气规范；驱动器应满足整车的电磁兼容性要求；驱动器应满足整车的接插件要求。

③ 可靠性要求：主动进气格栅需满足操作循环耐久、温度循环耐久、高温耐久等。

④ 位置误差要求：叶片实际位置相对于理论要求位置的误差控制在某一范围内。

⑤ 机械性能要求：在整车路试过程中，进气格栅总成自身不允许产生任何噪声；满足整车在最大凹坑工况下的冲击要求。

⑥ 风噪水平要求：格栅子系统和叶片总成部件在正常操作条件下，都不应对车辆的风噪产生任何影响；测试车厢内噪声时，格栅系统对固有风噪水平的影响不得高于整车要求；测试车厢内噪声时，格栅和内部呼啸声达到的峰值不高于固有风噪水平要求。

⑦ 进气要求：该要求根据整车制定，比如在车辆最高行驶速度最大气流率的情况下，叶片在其最大运动范围内不得损坏。

三、主动进气格栅结构设计

1. 定位与安装

（1）定位

AGS 的定位形式一般采用定位销定位，如图 7-39 所示。其中一枚主定位销限制 AGS 的 Y、Z 向自由度，另一枚定位销与主定位销共同限制 X 向旋转自由度。定位面将限制 AGS 的 X 向自由度，并限制 Y、Z 向旋转自由度。

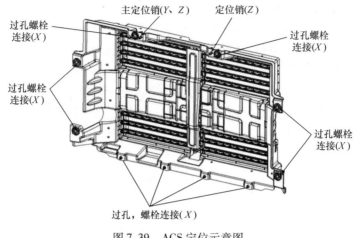

图 7-39　AGS 定位示意图

（2）安装

AGS 的固定形式主要是螺栓连接，一般紧固于前端模块上，如图 7-40 所示。在部分情况下允许采用开尾销卡扣等紧固形式进行辅助紧固。

Tips2　*AGS 的安装点布置及安装形式需要考虑 AGS 的模态要求，需要结合虚拟分析不断优化。*

2. 结构设计

主动进气格栅一般布置在前缓冲梁与散热器之间，可以单独布置，也可以集成于前端模块。

主动进气格栅根据结构形式的不同，可分为一体式主动进气格栅和分体式主动进气格栅。根据布置位置分布不同，又分为外露式主动进气格栅和内藏式主动进气格栅。

工程设计的主要关注点包括：

① 进风量要求。

② 发动机（空调）散热需求。

③ 工艺要求（注塑、双料注塑等）。

④ 关键材料：格栅（PP – GF30）、叶片、连杆（PA6 – GF30）。

⑤ 电动机选型（控制策略及转矩）。

⑥ 模态要求。

⑦ 空气泄漏量要求。

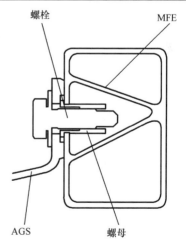

图 7-40　AGS 的固定形式

⑧ 与周边零件间隙的设计要求。

⑨ 行人保护法规要求。

⑩ 叶片扭转需求。

汽车在行驶过程中进入发动机舱的紊流引起的风阻约占整车风阻的15%。如果前舱能够完全封闭，则可以降低这部分风阻，但是也导致了整车动力系统及空调系统散热困难。这对矛盾从车辆发动就开始产生，并且随热管理的需求不断变化。所以，如何平衡风阻和热管理之间的矛盾是主动进气格栅的设计要点。此外，AGS叶片能否保持于特定位置以保证稳定进气量，也将直接影响整个系统的性能，是需要重点关注的另一设计要点。因此，综上所述，AGS的设计重点主要为：AGS叶片设计、AGS电动机执行器系统设计、AGS传动系统设计。

常见的AGS运动形式是由电动机驱动，带动驱动叶片转动，驱动叶片与连杆相连，连杆带动其余从动叶片运动，如图7-41所示。

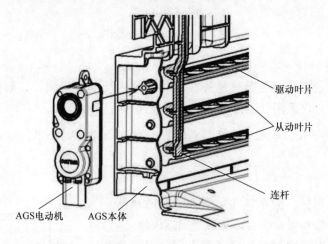

图 7-41　AGS 传动系统

在设计传动系统的过程中，难点往往在于如何能够使该传动机构的传动效率最优。

减少传动机构的无效做功可以减少零件之间的磨损，提升零件寿命，同时也可以降低电动机的转矩设计要求，节省降本。不合理的配合会导致系统异响和零件脱出、泄漏量超标等额外问题，因此在满足零件功能性的前提下，需要尽量减少无效做功。为了减少传动机构的无效做功，格栅本体与叶片孔轴的合理配合是必要的。CAE可以确认该孔轴设计产生的摩擦力，并对配合关系进行优化。

另外，叶片转动轴的位置、连杆的结构及数量也会影响传动机构的效率。一般情况下，尽量采用最简洁的设计方案完成AGS传动机构的设计，避免造成过大力臂、过多传动零件引发系统能量效率低下。

不同的整车参数、控制策略、周边布置往往也对应了不同的轴孔参数、转动轴位置、连杆形式等，因此每次全新设计都需要对上述设计要点进行反复的推敲和校核。

第四节 保险杠系统品质设计

从客户感知角度及保险杠的主体材料和成型工艺来看，影响保险杠品质的因素主要包括以下三个方面：保险杠的匹配、按压感知度（即刚度）和表面轮廓线（即分型线）外露问题。下面将从这三个角度来阐述提高保险杠品质设计的方法。

一、保险杠与发动机舱盖的匹配设计

保险杠与发动机舱盖（后续简称为"发盖"）的匹配是保险杠结构设计的重点关注元素。

保险杠在发盖的常见匹配形式主要包括两大类：齐平式和遮盖式，如图 7-42 所示。齐平式一般指保险杠系统与发盖在造型上齐平，有一定的面差匹配要求；而遮盖式指保险杠系统与发盖在造型上存在一定落差，因此无直接的面差匹配需求。

上述两种匹配形式中，由于齐平式直接与发盖存在匹配关系，为弱化视觉间隙，保证外观品质，两者匹配处基本配备密封条。与齐平式相反，遮盖式匹配形式较为简单，两者匹配处一般存在造型特征来弱化视觉面差，因此基本不配备密封条。

a) 齐平式　　　　　　　　　　　　　　　　b) 遮盖式

图 7-42　保险杠与发盖匹配形式

保险杠在发盖处的结构设计主要考虑两点：满足发盖开启关闭时的运动要求，同时控制发盖与保险杠的面差与间隙，防止保险杠自身下沉。

目前防止保险杠下沉主要有三种方式：

（1）增加前保险杠中部支架

前保险杠总成上部一般直接或者间接通过中部支架安装于车身前端模块上，如图 7-43 所示。整车总布置和造型风格决定了保险杠上部安装点与发盖分缝的 X 向距离 L。当 L 超过一定值时，会增加前保险杠总成的下沉风险。对于 L 值较大的项目，建议增加前保险杠中部支架用于支撑，以改善前保险杠下沉的现象。

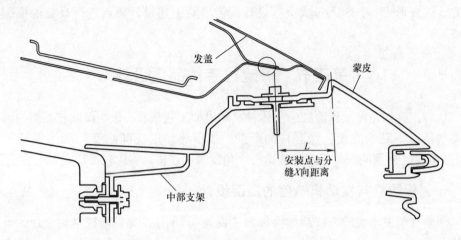

图 7-43　前保险杠上部安装典型断面

（2）前保险杠上部安装点分布

除前保险杠总成上部安装点的悬臂因素外，安装点的布置对预防前保险杠的下沉也有较大影响，如图 7-44 所示。安装点的布置主要包括安装点的个数和安装点间距 b 两个方面。合理布置安装点的数量和间距能在一定程度上改善前保险杠的下沉情况。

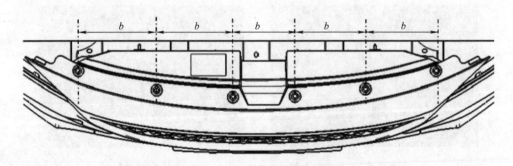

图 7-44　前保险杠上部安装点分布

（3）增加支撑结构

此外，增加支撑结构也能很好地预防或改善保险杠下沉状态。支撑结构主要分布在两个区域：前照灯区域和中部缓冲梁区域。

前照灯对保险杠的支撑主要作用于前格栅两侧。通过在前照灯上增加支撑结构，使保险杠或前格栅的内部结构搭接于该支撑结构上，从而起到改善前保险杠下沉的作用，如图 7-45 所示。缓冲梁处的支撑结构主要作用于前保险杠中部，通过在缓冲梁上增加支撑支架，或在保险杠上增加支架或结构，使保险杠在高度方向上得到缓冲梁的支撑，从而起到改善保险杠下沉的作用。

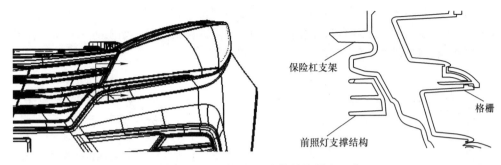

图 7-45　前照灯处支撑结构形式

前照灯支撑结构

保险杠支架

格栅

二、保险杠的静刚度

保险杠的静刚度，即保险杠的结构刚性，是指保险杠蒙皮以及集成于保险杠蒙皮上的其他零件，如前格栅、饰条、标牌、盖板等，在受力情况下保持自身型面的能力。

前后保险杠静刚度评定主要考核六个区域（A～F），即前保险杠的翼子板区域、前照灯区域、发盖区域、前保险杠中部区域、前保险杠侧边区域及前保险杠下车体区域，后保险杠的侧围区域、尾灯区域、尾门区域、后保险杠中部区域、后保险杠侧边区域及后保险杠下车体区域，如图 7-46 所示。保险杠静刚度主要与保险杠型面、材料以及结构相关，下面从这三个角度介绍影响保险杠静刚度的因素。

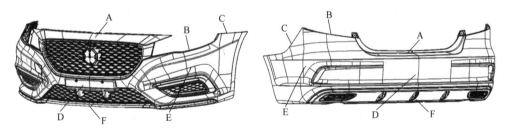

图 7-46　保险杠刚度测量区域

（1）保险杠型面

从保险杠型面角度考虑，结合多个量产项目发现，"饱满型"保险杠自身刚度更强。即若要保持较好刚度，前后保险杠要避免其中部区域出现平坦或者内凹的型面。整个中部横向断面应形成外凸的弧形姿态。

另外，在前照灯及尾灯下方区域的保险杠蒙皮上，设计外凸的造型折角特征，如图 7-47a 所示，可以起到增加强度的作用，因此建议此处避免出现大平面或内凹面。同时，建议控制前照灯侧部拉变形区域的上扬长度，如图 7-47b 所示。在满足保险杠模具可行的条件下，保险杠侧部上扬长度与其刚度大小成反比。

对于前保险杠集成的上格栅总成和下格栅总成，造型风格对刚度有重大影响。

如目前常见的网格型格栅，网格的 X 向深度和网格开口尺寸对其刚度有较大影响。而横条型格栅的刚度主要取决于横条的壁厚及竖筋的宽度 D，如图 7-47c 所示。建议在开发前期阶段通过快速样件验证格栅的刚度。

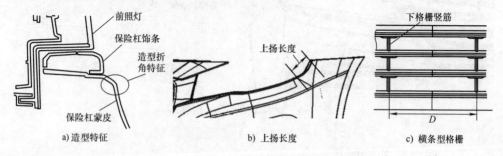

a) 造型特征　　　　　　　　　　b) 上扬长度　　　　　　　　c) 横条型格栅

图 7-47　前照灯、拉变形及下格栅处区域

（2）保险杠材料

保险杠的常用材料为改性 PP 材料，然后添加不同含量的填充剂。材料的弯曲模量对保险杠刚度有较大影响，而弯曲模量根据成分不同而有所差异。表 7-3 列举出了 PP 材料的弯曲模量范围。

表 7-3　保险杠常用 PP 材料弯曲模量

保险杠蒙皮材料	PP + EPDM – T10	PP + EPDM – T15	PP + EPDM – T20
弯曲模量/MPa	850 ~ 1150	1190 ~ 1610	1190 ~ 2200

通过某量产项目的测算发现：

① 从材料本身看，某款弯曲模量 $E = 1400MPa$ 的材料，相比于弯曲模量为 1000MPa 的材料，刚度提升 17% ~ 19%。

② 在相同加强结构的情况下，某款弯曲模量 $E = 1400MPa$ 的材料，相比于弯曲模量为 1000MPa 的材料，刚度提升 30% ~ 40%。

由此可见，增加材料的弯曲模量能有效提高保险杠的结构刚度。

Tips3　保险杠蒙皮建议采用弯曲模量较大的 PP + EPDM – T15 或 PP + EPDM – T20。

（3）保险杠结构

优化结构设计也是提升保险杠静刚度的有效手段，主要改善方式为增加支撑结构或支撑支架、增加壁厚（如双层壁厚）和减小受力变形方向的间隙等。

在前保险杠的发盖区域和前照灯区域，可以通过增加相应位置处的支撑结构来提升静刚度，常用的支撑结构包括增加前保险杠上部支架、前照灯上增加支撑凸台等。同时，可延长侧边支架至前照灯下方，提高前保险杠拉变形区域的静刚度。

保险杠侧边区域刚度可以通过增加或加大支架的方式来提升。对前保险杠而言，增加雾灯支架，能够明显提升此区域的刚度。后保险杠则需要加大侧支架尺寸来实现刚度的提升。

对于保险杠静刚度重点关注区域，即前后保险杠的中部区域，可以利用保险杠的零件分件，延长分件零件的翻边至保险杠中部区域，形成双层壁厚结构，来提高中部区域的刚度。同时，通过泡沫块或在保险杠背部设计长城式支撑结构，控制与车身钣金件或横梁的间隙，来提升中部静刚度的感知质量，如图7-48所示。

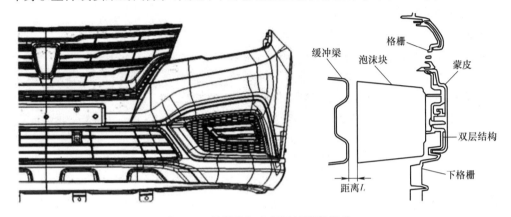

图 7-48　前保险杠中部区域刚度提升

三、保险杠内分型设计

保险杠一般有外分型与内分型两种分型方式。外分型保险杠需要处理分型线位置，增加工序，但是模具的成本及工艺要求要比内分型保险杠低。内分型保险杠能够一次性将保险杠注塑出来，并且保证了外观质量，节省了工序和加工成本，但是模具成本和技术要求较高。随着技术的不断发展，消费者对汽车外观质量的要求越来越高，因此目前保险杠的主流方向为内分型设计。保险杠内分型设计可分为拉变形和定模取件，对尺寸较大的保险杠，常用的方法是拉变形。

拉变形脱模工艺与主脱模方向、最大轮廓线及分型线位置相关，结合图7-49所示，相关名词定义如下：

① 主脱模方向：指零件往某个固定方向取出，且在取件过程中无运动干涉，该方向即为脱模方向。一般保险杠主脱模方向为 X 向。

② 最大轮廓线：指将零件从脱模方向投影至垂直于脱模方向的平面上，所得到的视图最大外轮廓线。

③ 分型线：位于动模与定模上，零件内外轮廓处的分界线。

④ 拉变形作用：当分型线藏于最大轮廓线后，在零件出模过程中，通过外力使零件在该区域局部发生塑性变形而使其由无法脱模的状态变化至可以脱模。

一般零件出模顺序如图7-50所示，主要分为三个阶段。

① 初始阶段：零件处于不可脱出状态，此时模具尚未开始运动。

② 中间阶段：滑块1向左运动，留出零件变形空间，拉块2保持不动，定模3

保持不动，此时零件尚未脱离。

③ 最终阶段：滑块 1 与拉块 2 同时向左运动，定模 3 保持不动，零件从定模 3 脱离，使零件在主脱模方向不与定模 3 干涉。

实现拉变形脱模应满足拉变形长度与倒扣量的匹配关系。在拉变形运动中，零件不会因变形而产生其他缺陷，如折痕、拉伤等。一般保险杠拉变形包含两个区域：前照灯区域和轮眉雾灯区域。拉变形所需长度与翻边倒扣量相关，倒扣量越大，所需拉变形长度越大。两处的经验公式如下：

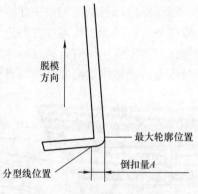

图 7-49　拉变形相关定义图示

（1）前照灯处拉变形（图 7-51）

$$L_1 = (A + 3) \times (10 \sim 15)$$

式中，A 为倒扣量；L_1 为拉变形处长度。

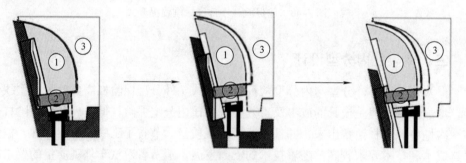

图 7-50　拉变形运动分解图

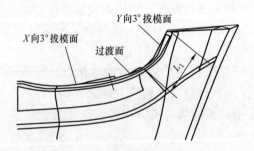

图 7-51　前照灯处保险杠蒙皮拉变形

（2）轮口处拉变形（图 7-52）

$$L_2 \geqslant 25\text{mm}$$

$$L_3 = (A + 3) \times (10 \sim 15)$$

式中，A 为倒扣量；L_2 为斜顶到雾灯结构长度；L_3 为拉变形长度。

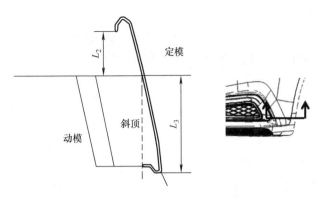

图 7-52 轮口处保险杠蒙皮拉变形

第五节 保险杠系统发展趋势

随着科技及汽车工业的发展，智能化、轻量化、工艺多元化及更优的空气动力学设计等都成为未来保险杠系统的热点研究及发展方向。

（1）智能化

随着消费者对汽车要求的不断提升，汽车呈现智能化的发展趋势。保险杠作为整车前后脸的造型，占据了汽车非常重要的位置。未来汽车保险杠上将集成大量的智能化元器件，如定速巡航传感器、自动泊车传感器、盲区检测传感器、尾门开启传感器、倒车影像摄像头等。

（2）轻量化

轻量化是降低汽车能耗的有效途径。近年来，汽车轻量化正成为汽车行业发展的主要方向。有试验研究表明，汽车重量每下降10%，可带动油耗下降约6%，污染排放减少约3.5%。保险杠的轻量化主要有以下两个趋势：

① 薄壁注塑。保险杠中的薄壁注塑材料一般为改性聚丙烯材料。这类材料具有高刚性、高流动性、高冲击性和高强度的特点。薄壁注塑的优势主要体现在减重、制造效率提升、能耗降低、尺寸稳定等。

② 碳纤维材料。保险杠中的碳纤维材料一般包含碳纤维编织或多层复合材料，之前主要应用于赛车领域，近年来越来越多的民用汽车也开始应用这类材料。图 7-53 所示为碳纤维外观示意图。其主要优势体现为减重、感知质量佳、提升汽车运动感、强度高等。

图 7-53 碳纤维外观示意图

（3）工艺多元化

近年来越来越多的工艺应用于保险杠之上，使保险杠的表面效果更为多元化，更具品质感。主要的工艺趋势如下：

① 带色注塑。采用带色原材料直接注塑成型，成型后产品达到喷漆的表面处理效果，可代替对应颜色的喷漆工艺。相对喷涂工艺而言，该工艺具有更高效、更环保、更低成本的优势。

② 高光注塑。直接采用高光材料注塑成型，同时对模具进行镜面级抛光，使零件注塑出来即达到高光的效果，可替代复杂的高光喷涂工艺。相对高光喷涂工艺而言，该工艺具有更高效、更环保、造型更自由、成本更节约的优势。图 7-54a 所示为高光注塑效果，图 7-54b 所示为普通注塑效果。

（4）空气动力学设计

随着人们对汽车油耗及汽车动力性能的关注，空气动力学正慢慢成为保险杠设计时的重要影响因素。与空气动力学相关的保险杠发展趋势主要包括两个方面：

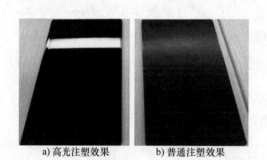

a) 高光注塑效果　　b) 普通注塑效果

图 7-54　高光注塑效果与普通注塑效果对比图

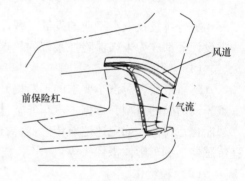

图 7-55　风道示意图

① 风道。风道一般布置在汽车前保险杠两侧，其作用是将前保险杠两侧开通，使此处空气形成的涡流向后导流，如图 7-55 所示。其优势主要为：减小了整车气幕宽度，降低了整车风阻；空气可导入制动系统，为制动系统散热等。

② 外露式 AGS。外露式 AGS

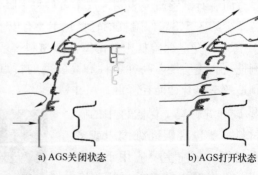

a) AGS关闭状态　　b) AGS打开状态

图 7-56　外露式 AGS 气流示意图

是将 AGS 布置于保险杠上格栅处。AGS 全开时呈现普通格栅造型，AGS 关闭后呈现封闭式格栅造型，能提升外观感知及汽车科技感。其优势主要为：将气流阻挡在发动机舱之外，更有效降低风阻；外露式 AGS 布置在原来保险杠上格栅位置，无须额外布置，相对内置式 AGS 重量降低明显，如图 7-56 所示。

第八章 座舱系统

第一节　座舱系统概述

座舱系统是整车内饰中最重要的系统之一，在整车中拥有得天独厚的位置，是直面驾乘人员的内饰系统。因此，对其造型、外观、功能及安全等各方面品质都有较高的要求。座舱系统通常是指仪表板横梁、仪表板系统、中控台系统及其上所安装组件的总称，如图 8-1 所示。

本章节主要针对座舱系统中的仪表板横梁、仪表板系统和中控台系统进行介绍。

图 8-1　座舱系统

第二节　仪表板横梁

一、仪表板横梁概述

仪表板横梁是为仪表板总成和其他系统零件（如转向管柱、空调、娱乐系统、组合仪表、前排乘客侧安全气囊等）提供安装、支撑的架构件，它与车身直接相连，承受、吸收并传递整车碰撞中的能量和载荷，是与乘员保护性能相关的重要结构。

仪表板横梁一般包含主管梁、仪表板连接支架、管柱安装支架、车身连接支架、座舱集成子系统的安装支架等，如图8-2所示。

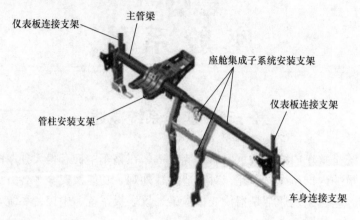

图8-2　仪表板横梁

根据材料和制造工艺不同，仪表板横梁大致可分为传统钣金焊接型、镁合金压铸型、铝合金挤出冲压型、全塑料型和混合型，如图8-3所示。

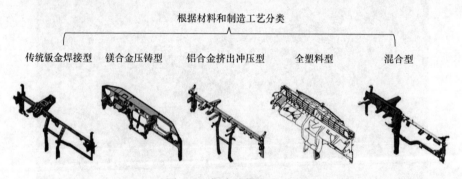

图8-3　仪表板横梁种类

二、仪表板横梁选型策略

目前主流车企主要使用传统钣金焊接型仪表板横梁。随着整车油耗和排放要求的提高，重量成为选型时考虑的因素之一。仪表板横梁可以通过优化结构设计，在不降低性能的前提下进行减重；同时轻量化材料也已经逐步开始应用。

① 钣金焊接型横梁具有明显的价格及性能优势，对结构设计和安全性能非常有利，生产制造比较容易控制，因而成本相对较低，但对座舱系统的零件布置有一定限制。

② 镁合金的强度高，有优秀的电磁屏蔽性能、振动吸收性能、金属模铸造性能和机械加工性能，很适合制造仪表板横梁。但由于镁合金的屈服强度和抗拉强度

不高，需要增加较多的连接结构和加强肋，限制了其轻质特性的发挥。作为入门级的轻量化方案，镁合金铸造横梁在自主品牌和进口车型上都能找到应用案例。与传统的钣金焊接型横梁相比，镁合金横梁能减重30%左右。

③ 铝合金挤出冲压型横梁的材质有着更好的延伸性能、屈服强度和抗拉强度，且挤出冲压可以获得优良的表面质量和尺寸精度。但由于受到物料成本、加工工艺、环境设备的限制，变形铝合金材料（如挤出铝合金型材、冲压铝合金板带材）制成的仪表板横梁一般只应用于中高端车型。与传统钣金焊接型横梁相比，挤出冲压型铝合金横梁重量能够节省40%以上。

④ 全塑料型仪表板横梁一般采用纤维增强复合材料，密度不会超过$2.0 g/cm^3$，能够节省重量50%以上，与金属材料相比具有非常大的优势。但受到温度、气候影响，塑料仪表板横梁的整体刚度、模态会有衰减，目前应用还不是很广泛。随着新能源汽车的发展，轻量化要求越来越高，全塑型仪表板横梁将成为仪表板横梁发展的一个趋势。

⑤ 混合型仪表板横梁的主承载区域，如驾驶员侧，采用轻质金属材料，如镁合金，可以保证足够的强度以支撑转向管柱载荷；而在非主承载区，如前排乘客侧，采用传统的钢管梁结构。可以根据项目需求，增加或删减支架结构，以适应不同集成度、安装匹配的要求。混合型仪表板横梁的有效重量主要聚集在驾驶员侧区域，极大地降低了仪表板横梁的总重，和镁合金压铸横梁重量相当，同时单价又接近传统钣金焊接型横梁，具有相当高的性价比。

以上各种形式的仪表板横梁，在重量、成本、投资需求上各有所长。在进行车型开发时，应根据项目的重量目标、单价成本和投资预算，进行仪表板横梁的系统选型。

三、仪表板横梁技术要求

仪表板横梁是组成整车安全系统的架构件，需要传递、吸收碰撞能量和载荷，同时为保持座舱的完整性，也需要为其他子系统零件提供定位、安装结构。因此除了满足政府法规、整车安全分解目标外，还需要满足模态、刚度、强度等系统要求。

1. 安全要求

仪表板横梁的安全要求一般包含正碰、侧碰、结构刚度要求等。正碰时，仪表板横梁需要缓冲由发动机舱传递的冲击能量，限制踏板侵入，抑制转向盘位移。侧碰时，仪表板横梁需要具备一定的侧向反作用力及保持力，与车身一起承受侧向压力，维持驾驶舱刚度。另外，仪表板横梁需要具有一定的径向结构刚度，以避免气囊爆破时，因气囊模块位置变化导致气袋偏移。图8-4和图8-5所示为仪表板横梁的正碰和侧碰试验曲线。

2. 刚度、模态要求

仪表板横梁作为座舱系统的支撑骨架，需要满足各个模块的定位、安装、刚度

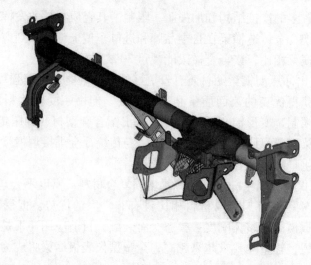

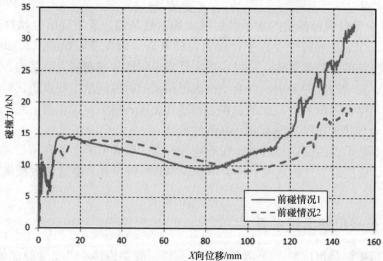

图 8-4　仪表板横梁正碰的试验曲线

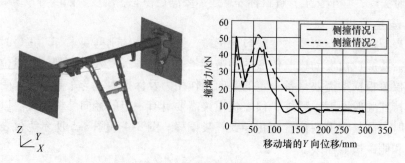

图 8-5　仪表板横梁侧碰的试验曲线

等需求，也要能够抵抗安装、存储及运输过程中的变形。图8-6所示为仪表板横梁刚度的试验曲线。

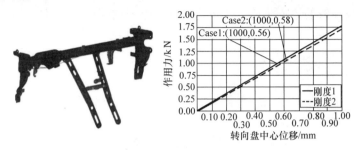

图8-6 仪表板横梁刚度的试验曲线

空调一般考虑背装到仪表板横梁的前排乘客侧管梁上，如图8-7所示。空调卡爪结构，先挂到管梁上再进行固定（A），下端通过至少两个螺栓紧固（B）。布置仪表板横梁的前排乘客侧管梁时，应具有足够的静刚度以及抗扭刚度，预防空调下沉或旋转导致前围安装困难。

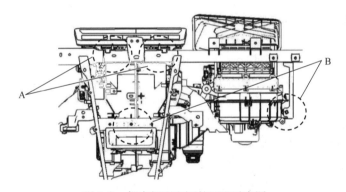

图8-7 仪表板和空调的匹配示意图

由仪表板横梁、管柱、转向盘、气囊和组合开关所组成的子系统，需具有一定的刚度，使系统的固有频率避开发动机怠速、风扇高频激励以及车轮摆振或车身振动等频率区间，以满足整车模态要求，防止共振，避免系统抖动、异响。图8-8所示为仪表板横梁的模态图。

3. 强度要求

仪表板横梁通过转向管柱连接转向盘

图8-8 仪表板横梁的模态图（见彩插）

和转向器。驾驶员操作转向盘，经转向管柱把力矩传递给转向器，带动转向器实现转向；同时，路面振动也经转向器、转向管柱、转向盘，反馈至握持在转向盘上的驾驶员的手上。在整个过程中，仪表板横梁持续受到转向管柱传递的交变载荷，转向管柱匹配的支架须选用具有足够强度的材料，并设计有足够的结构强度，预防结构疲劳或屈服导致的紧固失效。图8-9所示为仪表板横梁管柱匹配支架的应力应变图。

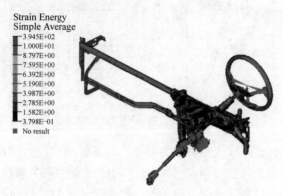

图8-9　管柱支架的应力应变图（见彩插）

四、仪表板横梁常用材料和工艺

① 在传统钣金焊接型横梁中，主管梁通常为钢板卷制有缝钢管，支架为冲压件，通过气体保护焊、定位焊、凸焊、机械固定等方式组合而成。材料目前主要为冷轧钢板，部分车型会做额外的防腐处理。

② 镁合金仪表板横梁通过压铸一次成型，经过冲切模具修边去毛刺，再机加工完成定位安装、非模具成型等特殊要求结构。材料主要为AM50、AM60系，除了高强度及良好铸造性能外，还具有良好的延伸性及能量吸收性能。

③ 铝合金挤出冲压型采用挤出铝合金型材、冲压铝合金板材，材料主要为可以承受压力加工的变形铝合金6系，通过电子束激光焊接而成。

④ 全塑料型仪表板横梁分为碳纤维仪表板横梁和合金塑料仪表板横梁，前者受成本影响，尚未大批量应用；后者受材料强度、刚度影响，还处于研究阶段，材料主要为玻纤增强PP。

⑤ 混合型仪表板横梁在主要承载区使用高比强度材质，在其他区域使用高性价比的材质，有效平衡了强度、重量和成本。

第三节　仪表板系统

一、仪表板系统概述

仪表板系统是座舱系统中极为重要的组成部分，也是集成度最大、结构和工艺最为复杂的系统。仪表板系统集成了组合仪表、控制开关及控制单元、娱乐系统、空调系统、安全气囊等功能性部件，同时作为直接面对乘员的系统，也起着保护乘员安全的作用。仪表板的造型、质感及舒适性直接影响整车内饰的品质。

仪表板系统通常由仪表板本体、前除霜风道、侧端盖板、组合仪表罩盖、前照灯开关面板、管柱护罩、中央出风口、加强骨架、一键起动面板、驾驶侧下饰板、空调控制面板、传感器面板、杂物箱、挡脚板及各类装饰板组成，如图8-10所示。其中仪表板本体又分为仪表板上体和仪表板下体。根据造型及功能的需要，部分仪表板系统还包含了储物盒、杯托、烟灰缸等功能件。

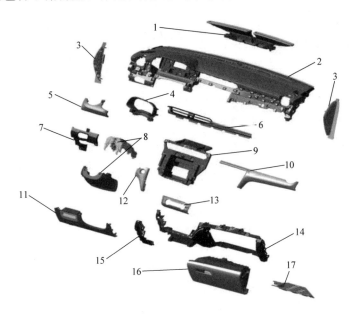

图 8-10　仪表板系统结构分解图

1—前除霜风道　2—仪表板上体　3—侧端盖板　4—组合仪表罩盖　5—左侧饰板　6—中央出风口
7—顶饰条　8—管柱护罩　9—加强骨架　10—右侧饰板　11—驾驶员侧下饰板　12—一键起动面板
13—空调控制面板　14—仪表板下体　15—传感器面板　16—杂物箱　17—挡脚板

仪表板按照触感来分，主要分为硬质仪表板和软质仪表板。

硬质仪表板是指仪表板上体直接注射成型的单层结构仪表板，常采用改性PP材料为基材。由于其简单、成熟的工艺，普遍应用于经济型车型。因为其光泽、触感等方面不如软质仪表板，而且注塑件外观缺陷极易影响客户的感知，所以对注塑工艺有着较高的要求。

软质仪表板是指带有表皮和泡沫填充层结构的仪表板，一般由仪表板骨架、发泡填充层、表皮构成。较低的表面光泽度、富有弹性的触感，直观地提高了整个仪表板的品质，常用于中高档车型。随着消费者对品质要求的提高，经济型车型上也开始逐步使用软质仪表板。

二、仪表板系统技术要求

仪表板系统不仅要满足乘员保护和行人保护等安全要求，还要满足振动噪声、刚度、人机工程、可靠性、外观质量等与乘员感知息息相关的技术要求。

1. 乘员保护要求

仪表板系统的设计须满足与车辆销售对应的乘员保护法规要求，降低碰撞过程中仪表板对乘员的伤害。我国和欧美等国家针对整车的乘员保护性能都制定了相应的强制性法规，具体见表8-1。

表8-1 与仪表板系统相关的常见法规

国家或地区	法规	描述
中国	GB 11551—2014	汽车正面碰撞的乘员保护
中国	GB 20071—2006	汽车侧面碰撞的乘员保护
中国	GB 11552—2009	乘用车内部凸出物
欧洲	ECE R21	关于就内部凸出物方面批准车辆的统一规定（UNIFORM PROVISIONS CONCERNING THE APPROVAL OF VEHICLES WITH REGARD TO THEIR INTERIOR FITTINGS）
欧洲	ECE R94	关于就正面碰撞中乘员保护方面批准车辆的统一规定（UNIFORM PROVISIONS CONCERNING THE APPROVAL OF VEHICLES WITH REGARD TO THE PROTECTION OF THE OCCUPANTS IN THE EVENT OF A FRONTAL COLLISION）
美国	FMVSS208	乘员碰撞防护（OCCUPANT CRASH PROTECTION）

2. 行人保护要求

行人保护要求是一项基于保护行人安全的汽车技术标准，涉及保险杠、发动机舱盖、刮水器、前风窗玻璃和仪表板等系统。针对仪表板系统，主要考核仪表板前端近风窗玻璃区域。

根据行人保护法规GB/T 24550—2009《汽车对行人的碰撞保护》要求，在指定碰撞区域的头部伤害指数（HIC，用于衡量人体头部受到伤害的水平）应符合相应的标准。

在行人头型冲击器撞击前风窗玻璃后，玻璃向下偏移L_1，沿头型冲击器撞击法向往车头方向偏移L_2，由这两条直线形成碰撞区域，如图8-11所示。

该路径上主要涉及仪表板前端及其下方的除霜风道系统，其结构和布置必须考虑弱化或避让，以减轻行人头部受到的冲击伤害。

以前风窗玻璃黑边上端作为起点，沿着玻璃型面向上量取一定的距离L_3。如果玻璃上该点到仪表板的垂直距离L_4大于100mm，仪表板前端区域能够有效避让，无弱化要求；反之，则必须进行结构上的弱化或布置上的避让，如图8-12所示。

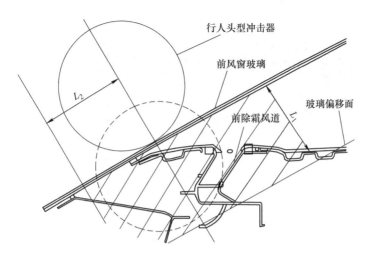

图 8-11　行人头型冲击器撞击示意图

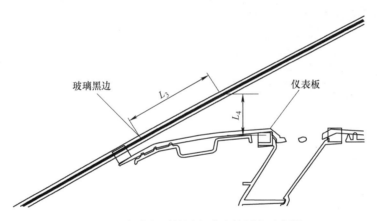

图 8-12　仪表板到前风窗玻璃的距离示意图

通常仪表板与车身前围的固定点都会布置在行人保护冲击区域，如图 8-13 所示。其结构在保证仪表板固定可靠的同时，也应该在受到一定程度的冲击后压溃变形起到吸能作用。仪表板前围固定点的数量越多，仪表板前部的强度会越大，但对于行人保护的性能会变得更差，两者的平衡需要不断通过 CAE 仿真及实车试验验证，来确定最为合适的方案。

为了满足刚度和模态的要求，前除霜风道系统会优先选用焊接来加强仪表板上体，这样的设计对行人保护有一定的影响。故有行人保护要求的情况下，应对前除霜风道进行局部弱化。在设计时，结合 CAE 分析结果，对风道壁厚做局部减薄，使其在碰撞过程中断裂吸能，从而起到保护行人的作用。强排式除霜风道弱化结构示意如图 8-14 所示。

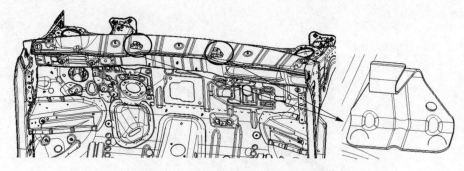

图 8-13　仪表板与前围固定点示意图

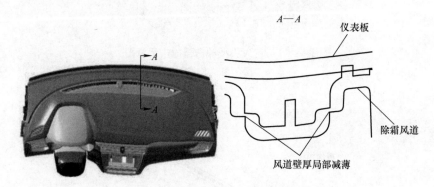

图 8-14　除霜风道弱化结构示意

3. 人机工程要求

仪表板系统的人机工程要求主要包括视野校核、反光校核、脚部空间、操作舒适性、储物空间取放便利性等。现以反光校核和脚部空间布置要求为例进行说明。

（1）反光校核

在某些特定的行驶方向及光照角度下，组合仪表显示区域、前风窗玻璃上以及左右外后视镜都可能产生零件反光或倒影问题，影响驾驶员的视觉。因此在开发过程中应进行虚拟仿真及实物验证进行反光校核。

（2）脚部空间布置要求

离合器踏板、制动踏板和加速踏板是驾驶员在行驶过程中脚部一直使用的部件，此处的布置空间直接影响到驾驶的舒适性和安全性。因此在设计过程中应充分校核驾驶员的脚部空间。

一般以整车位置上 95% 假人脚跟点为圆心、脚底长度为半径得到圆弧 R_1，在以此圆弧为基础向外偏移 L 得到圆弧 R_2，即可得到驾驶员脚部包络，如图 8-15 所示。包络内不允许有零件侵入。

另外需要注意的是，在校核加速踏板时中控台前端暖风机封闭板与踏板必须保持一定的间距，该区域不能影响驾驶员的踩踏动作，否则可能造成安全隐患。

4. 模态要求

仪表板须满足一定的模态要求,确保在行驶过程中不与周边件形成共振。

5. 振动噪声要求

仪表板振动噪声主要来自两个方面:一是零件共振产生的噪声;二是零件间的摩擦异响。

对于共振噪声,仪表板应具有足够的刚性,以确保它不与其他零件产生共振;对于零件间的摩擦异响,仪

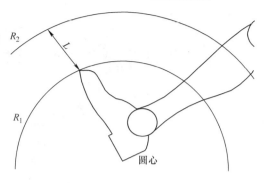

图 8-15 脚部空间布置校核

表板的所有子零件应具有足够的结构强度和固定点,保证在车辆行驶过程中不会产生不可接受的噪声。

6. 刚度要求

仪表板在驾乘人员高接触区域应满足相关的刚度要求,在仪表板任何位置施加一定力时,产生的位移不能超过标准要求;同时在承受极端力的情况下,不产生损坏和永久变形。

7. 可靠性要求

仪表板必须保证在车辆的整个生命周期内,零件不能有扭曲、裂纹、颜色变化、光泽变化、尺寸变化或其他有害影响,不能出现功能失效。仪表板应满足功能操作耐久和耐环境老化要求,其中耐环境老化包括耐温湿度、耐光老化等。

8. 外观要求

仪表板的可视表面不能存在任何缺陷影响外观,例如凹陷、凸起、折叠、裂缝、脱胶及颜色、光泽或者纹理变化。而且仪表板上各零件之间的间隙、面差应满足尺寸技术规范要求。对造型特征相似或结构对称区域,圆角和间隙要保持一致,同时将零件的间隙和不对齐特征隐藏在视线不可见区域。

三、仪表板系统结构设计

1. 仪表板本体常见结构形式

按照结构形式来分,仪表板本体可分为分体式和一体式两种形式。

① 分体式仪表板是指仪表板本体上下分件,如图 8-16 所示。二者一般通过螺钉或焊接连接,能最大化地满足造型对色彩、纹理、外观等方面的需求,同时要结合模具可行性、零件工艺等因素合理选择分件方式。

② 一体式仪表板是指仪表板本体一体注射成型,分件简单,经济性较好,但在组合仪表、杂物箱等区域容易限制造型,无法满足造型需求。

2. 安装与定位

(1)定位

仪表板系统安装到车身上一般是通过左右两侧的定位销来进行定位,常见的定

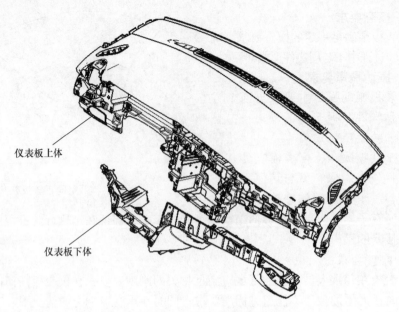

仪表板上体

仪表板下体

图 8-16　分体式仪表板图

位方式有两种：第一种在驾驶员侧通过定位销进行四向定位（定位 Y 向和 Z 向），而前排乘客侧只限制两向（Z 向）。这种定位形式主要保证了驾驶员侧仪表板与门板及周边的匹配，但不利于驾驶员侧与前排乘客侧匹配的对称度。另一种是在驾驶员侧与前排乘客侧均采用两向定位（Z 向），整个仪表板系统的 Y 向定位通过专用工装保证两侧的对称度要求。

仪表板本体到仪表板横梁的定位一般是通过仪表板本体上的定位销来实现，通常定位策略有驾驶员侧定位和中央定位两种，如图 8-17 所示。驾驶员侧定位是指定位点布置在组合仪表区域，该方式有利于驾驶员侧仪表板和门板的匹配质量。中央定位是指定位点布置在仪表板中央的娱乐系统区域，该方式有利于保证仪表板左右两侧与门板匹配的对称度。

除了以上这些主定位结构，仪表板系统还有众多辅助定位来保证整个系统的安装匹配。

（2）安装

下面重点介绍仪表板到车身及仪表板横梁的固定方式。

① 仪表板到车身。仪表板本体到车身一般通过插销进行 Z 向支撑，推荐结构如图 8-18 所示。一般在车身上会布置 2~4 个固定点，此区域的结构设计会影响到仪表板前端刚度和局部模态，同时在设计时也需要充分考虑到对行人保护的影响。

一般车身支架设计为 U 形，仪表板匹配处设计为喇叭口形。如果两者匹配不佳产生间隙，则容易引起支架和仪表板碰撞异响，还会影响仪表板装配。因此通常建议支架安装开口 L 的公差取单边上偏差。

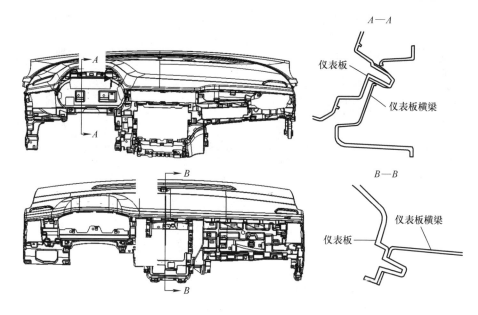

图 8-17　仪表板常见定位策略

②仪表板到横梁。仪表板到仪表板横梁的固定方式一般是通过螺栓、螺钉紧固。仪表板固定点的形式及数量也直接关系到仪表板的整体模态、刚度等性能。如果仪表板固定点布置不均匀、数量过少或紧固不可靠，就会出现振动异响、变形和匹配不佳等质量问题。

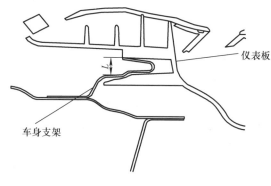

图 8-18　仪表板前端固定形式

仪表板通常由 10 ~ 15 个固定点连接到仪表板横梁上，如图 8-19 所示。以某车型仪表板的固定策略为例，仪表板本体左右两侧各有 2 ~ 3 个固定点（图中 1、2、11、12），固定点需在 X 方向和 Z 方向平均布置，以控制仪表板和左、右侧端盖以及门饰板总成、A 柱饰板等环境件的间隙面差匹配；驾驶员侧下饰板左右两端区域各有 1 个安装点（图中 3、5），以控制驾驶员侧下饰板和仪表板的间隙面差匹配。一般驾驶员侧下饰板左侧安装点会与仪表板本体左侧安装点共用；杂物箱（前排乘客侧）左右两端区域各有 1 个安装点（图中 9、13），以控制杂物箱总成和仪表板的间隙面差匹配；在组合仪表区域有 1 ~ 2 个安装点（图中 4），以控制因组合仪表集成带来的振动异响等问题；在中央屏幕区域有 1 ~ 2 个安装点（图中 6、10），以控制因娱乐主机、屏幕集成带来的振动异响问题；仪表板和中控台匹配区域有1～2个安装点（图中7、8），以控制仪表板和中控台的间隙面差匹配。

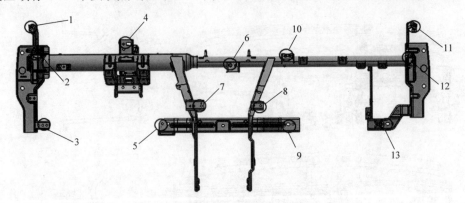

图 8-19　仪表板到仪表板横梁固定点示意图

3. 布置设计

（1）信息娱乐系统区域布置设计

考虑到售后维修便利性，信息娱乐系统应正面装配到仪表板上。一般通过螺钉紧固，螺钉数量根据屏幕大小均匀分布，如图 8-20 所示。随着大屏化的发展趋势，屏幕和主机变得更重，仅靠仪表板自身去支撑很难满足模态要求。通常采用的解决方案是增加一个连接到仪表板横梁的加强支架支撑屏幕与主机模块。

（2）仪表板 PAB 区域布置设计

1）仪表板气囊导向框设计

前排乘客侧安全气囊（PAB）通常布置在仪表板前排乘客侧区域。在车辆发生碰撞时，仪表板须确保 PAB 顺利展开，并且在 PAB 点爆冲击下不产生对人体有伤害的飞溅物，以保护前排乘客。

仪表板气囊导向框主要由气囊框、气囊门和气囊门铰链组成，如图 8-21 所示。

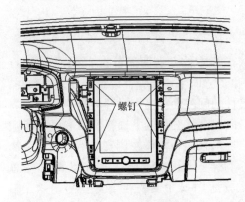

图 8-20　仪表板和信息娱乐系统的匹配示意图

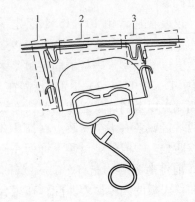

图 8-21　仪表板气囊导向框组成

1—气囊框　2—气囊门　3—气囊门铰链结构

① 气囊框用于安装固定 PAB，通常与仪表板焊接在一起。

② 气囊门用于在 PAB 点爆时开启，便于 PAB 展开。

③ 气囊门铰链的作用是确保气囊门按照设计的轨迹打开，防止气囊在展开过程中打碎前风窗玻璃或在碰撞过程中对乘员造成二次伤害。

2）仪表板气囊门的分类

仪表板气囊门有三种分类方式。

① 按照气囊导向框是否外露可分为有缝气囊（图 8-22）和无缝气囊（图 8-23）两种形式。

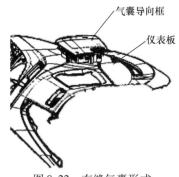

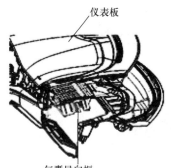

图 8-22　有缝气囊形式　　　　　　　　图 8-23　无缝气囊形式

有缝气囊形式的导向框作为外观件，直接与仪表板本体的正面卡接，其工艺简单，拆装方便。但由于气囊导向框与仪表板本体材质不同，容易出现色差，进行环境老化试验后可能产生松动；而且因其材质偏软，导致匹配效果较差，故常应用于低成本车型。无缝气囊的导向框则直接焊接到仪表板本体背面，故仪表板表面无分件，外观优良，无色差、匹配问题。但相对于有缝气囊，仪表板需要增加焊接和弱化工艺，零件成本和设备投入成本较高。近年来，随着客户对汽车感知质量要求的提高，越来越多的主机厂选用无缝气囊。

② 按照撕裂线的形状，可分为 U 形气囊门、H 形气囊门和 Y 形气囊门，如图 8-24 所示。

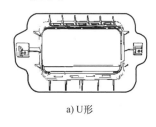
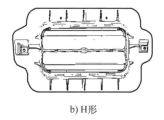
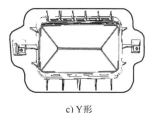

a) U形　　　　　　　　　b) H形　　　　　　　　　c) Y形

图 8-24　气囊门形式

在选择气囊门形式时，考虑外观、布置、安全等因素，通常优先选择 U 形气囊门。当气囊门展开轨迹与前风窗玻璃距离较近时，为减小点爆时气囊门击碎前风窗玻璃的风险，可以选择 H 形气囊门。Y 形气囊门分割比较严重，点爆时气囊门碎裂飞出的风险比较大，不推荐使用。

③ 按照气囊门的材质，分为金属气囊门和塑料气囊门。其中塑料气囊门又有塑料铰链和网布铰链两种形式，如图 8-25 所示。

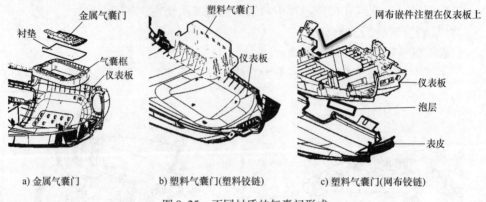

a) 金属气囊门 　　　　b) 塑料气囊门(塑料铰链) 　　　　c) 塑料气囊门(网布铰链)

图 8-25　不同材质的气囊门形式

随着整车油耗和排放要求的提高，降低整车重量逐步成为汽车行业的发展要求。金属气囊门由于过重，已逐渐被塑料气囊门所替代。在硬质仪表板上，塑料气囊门和塑料铰链由于成本低、重量轻，已得到广泛的运用；在软质仪表板上，由于塑料铰链气囊门在发泡后容易出现表面不平整问题，越来越多的主机厂开始采用网布铰链方案。

3）仪表板 PAB 区域布置要求

PAB 在仪表板上的布置应考虑众多因素，在设计时应满足的要求如图 8-26、图 8-27 和表 8-2 所示。

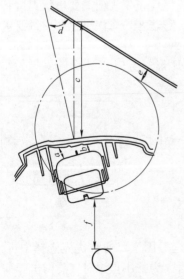

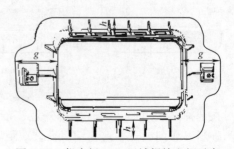

图 8-26　仪表板 PAB 区域断面示意　　　　图 8-27　仪表板 PAB 区域焊接空间示意

表 8-2　仪表板 PAB 区域布置要求

序号	参数	要求
a、b	气囊和仪表板 B 面的最小和最大距离	气袋距离 B 面太远，可能会影响气袋的正常展开；过近，热存放后，可能出现气袋将仪表板表面顶起，造成仪表板表面凹凸不平
c	PAB 轴线对应的仪表板 A 面到前风窗玻璃内表面的 Z 向距离	如果距离过近，则气袋在展开过程中存在击碎前风窗玻璃的风险
d	PAB 轴线与前风窗玻璃的夹角	若前风窗玻璃与 PAB 中心距离过小，则玻璃与 PAB 轴线夹角需缩小，以降低气袋展开过程击碎玻璃的风险
e	气囊门展开轨迹到前风窗玻璃的最近距离	若距离过近，则门打开过程中击碎前风窗玻璃的风险较高
f	气囊与 CCB 距离	距离过小，头碰此处无溃缩空间，容易出现 3ms 加速度值超差的问题。前排头碰动态豁免时，可以按照空间布置要求减小该尺寸
g	气囊框焊接区域 X 方向长度（摩擦焊方向）	若该区域过小，则可能影响焊接强度
h	气囊框焊接区域 Y 方向长度（摩擦焊方向）	若该区域过小，则可能影响焊接强度

4. 关键零件设计

（1）杂物箱

1）概述

杂物箱位于仪表板前排乘客侧中下位置，是仪表板上主要的储物空间，也对前排乘客膝部保护起到重要作用。杂物箱一般由杂物箱外门、杂物箱内门、杂物箱框及杂物箱附件等组成。其中杂物箱附件包括杂物箱灯、杂物箱锁机构、门扣手和杂物箱阻尼等，如图 8-28 所示。

按照储物空间形式来区分，杂物箱分为翻斗式和固定式。

翻斗式是指杂物箱斗与内门连为一体，当门打开时，斗同步翻出。翻斗式杂物箱的优点是方便乘员拿取斗内物品，但由于结构布置需要，储物空间小于固定式杂物箱。

固定式是指杂物箱斗位于仪表板本体内，能够提供较大的储物空间，但是乘员拿取物品相对翻斗式不太方便。

2）设计要求

杂物箱需要满足的设计要求包括人机、外观、可靠性等几个方面。

① 人机要求。

首先，杂物箱作为仪表板上最大的储物空间，必须满足其容积要求，能够放得下用户手册、反光背心等物品。

其次，杂物箱的开启角度要达到最小要求值，以便乘员取放物品；同时为防止

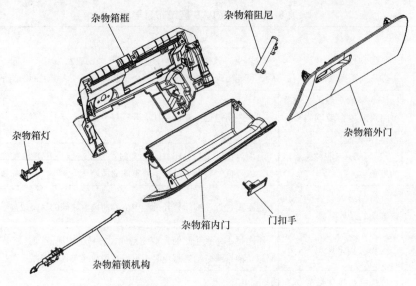

图 8-28　杂物箱结构分解图

杂物箱开启后碰到乘员膝部，杂物箱门外表面距离假人腿部也有一定的距离要求 L_1，如图 8-29 所示。

　　另外，杂物箱的打开力、关闭力和打开速度还应满足标准要求，保证操作的舒适性。

　　② 外观要求。

　　设计杂物箱时须保证沿 5% ~ 95% 假人的眼椭圆视线无法看穿内部结构，故通常要求杂物箱门外表面低于仪表板下体，同时应控制合适的配合间隙。常见杂物箱门与周边件的间隙面差要求如图 8-30 所示。

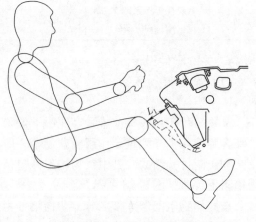

图 8-29　人机要求示意图

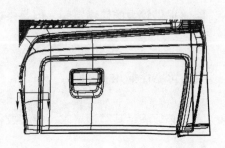

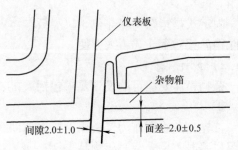

图 8-30　杂物箱与周边件间隙面差要求示意图

③ 可靠性要求。

杂物箱应具有足够的刚度和强度，在高温、低温、常温下的开启和关闭都能满足耐久试验的要求；同时，在前排乘客侧气囊点爆过程中，杂物箱门也应处于关闭状态，不能随冲击力开启。

设计杂物箱扣手时需要进行运动校核，保证扣手和锁舌在运动过程中不会发生行程不匹配的问题；同时两个锁杆在杂物箱关闭时应同时接触锁孔侧壁，以免出现杂物箱关闭时力不均匀和异响等问题。

杂物箱锁舌到衬套的搭接量也有一定的设计要求，过小将导致杂物箱易脱出，过大会使杂物箱开启手柄的打开行程不足，导致杂物箱无法正常开启，如图8-31所示。

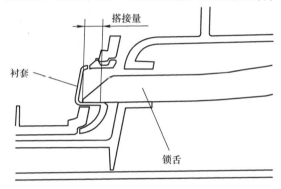

图8-31 锁舌与衬套配合示意图

（2）出风口

1）概述

出风口作为空调输出的终端，一般布置在仪表板中上部或中控台后部，用于调节风量和风向，以实现车内空气循环和温度控制的要求，为驾乘人员提供舒适的车内环境。同时，出风口属于外观件，在满足出风性能的同时应兼顾美观。

出风口按叶片旋转形式可分为转子型（图8-32）和叶片型（图8-33）：转子型出风口通过拨扭旋转实现导风；叶片型出风口通过单独叶片旋转实现导风。

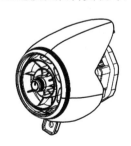

图8-32 转子型出风口

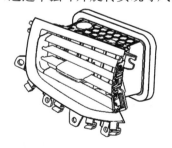

图8-33 叶片型出风口

转子型出风口包括饰板、壳体、叶片、风门、拨钮等，如图8-34和表8-3所示。

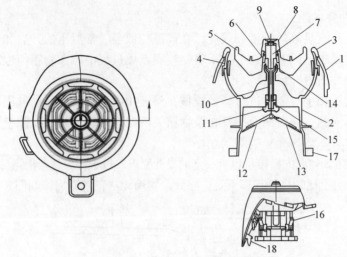

图 8-34　转子型出风口组成

表 8-3　转子型出风口组成

序号	中文名称	序号	中文名称
1	出风口饰板	10	出风口风门齿轮连杆
2	出风口主壳体	11	出风口风门齿轮
3	出风口装饰圈	12	出风口风门 01
4	出风口前壳体	13	出风口风门 02
5	出风口叶片	14	出风口叶片硅胶圈
6	出风口旋钮套管	15	齿轮连杆硅胶圈
7	出风口拨钮连杆	16	壳体固定弹片
8	出风口旋钮	17	主壳体密封泡棉
9	出风口旋钮高光盖板	18	面盖卡扣

　　叶片型出风口包括装饰面板、壳体、前排叶片、后排叶片、风门、拨钮、连杆等，如图 8-35 和表 8-4 所示。

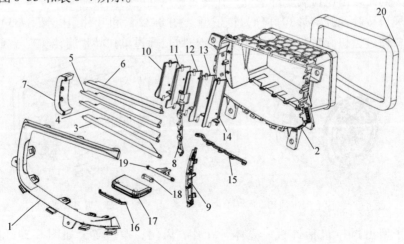

图 8-35　叶片型出风口组成

表 8-4　叶片型出风口组成

序号	中文名称	序号	中文名称
1	装饰面板	11	后排叶片 02
2	壳体	12	后排叶片 03
3	前排叶片 01	13	后排叶片 04
4	前排叶片 02	14	后排叶片 05
5	前排叶片 03	15	后排叶片移动连杆
6	前排叶片 04	16	拨钮装饰条
7	前排叶片装饰条	17	拨钮
8	前排叶片移动连杆	18	拨钮阻尼
9	出风口支架	19	拨叉
10	后排叶片 01	20	出风口密封海绵条

2）设计要求

① 布置要求。出风口的风向调节范围应覆盖人体。在气流纵向调节上，出风口分为全身出风口和上身出风口两种。如图 8-36 所示，两种出风口向上都应能够吹到 99% 假人眼椭圆以上（标记 1）。全身出风口向下应能够吹到 H 点以下（标记 4），上身出风口的向下吹风区域可放宽到 H 点以上一定数值 L 的位置（标记 3），每辆车上一般应至少有两个出风口被定义为全身出风口。标记 2 为出风口的吹风名义位置，该处为出风口最大吹风量对应的角度。

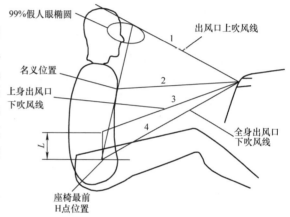

图 8-36　垂直方向叶片布置的目标

出风口气流横向调节范围与纵向相似，其最小吹风范围应覆盖乘员的左右两侧。以驾驶员侧出风口为例，如图 8-37 所示，侧出风口向左应吹过人体外侧切线（标记 1），向右应吹过眼椭圆切线（标记 2）；中央出风口向左应吹过眼椭圆切线（标记 3），向右应吹过整车中线（标记 4）。前排乘客侧出风口气流横向调节范围同驾驶员侧要求。

在满足如上纵向和横向气流调节范围的基础上，各出风口在名义位置上的出风量应均匀。一般各出风口在名义位置时的风量分配要求为 25% ±5%。

② 结构设计。

出风口是一个功能件，内部运动机构较多。在出风口结构设计中，应满足如下要求：

● 叶片的最小宽度应满足导风要求。

● 叶片旋转到极限位置时，与壳体留有间隙，避免异响。

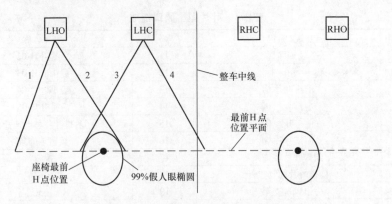

图 8-37 水平方向叶片布置的目标

- 叶片转动到极限位置时，重叠量满足导风要求。
- 通过出风口的有效气流满足要求。
- 出风口风门一般采用注射成型后包胶的形式，并在关闭时保持与壳体一定的干涉量，以确保关闭后的泄漏量满足要求。
- 考虑出风口拆装维修性，应可连续拆装且无功能及外观损坏。

（3）除霜风道系统

1）概述

仪表板除霜风道系统是指位于仪表板内部，用于连接空调箱、除霜除雾格栅的零件。除霜风道系统包含前除霜风道和侧除霜风道。其中前除霜风道的设计最为复杂，种类繁多，如图 8-38 所示。

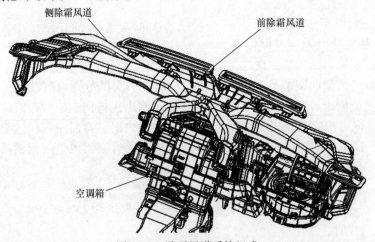

图 8-38 除霜风道系统组成

除霜风道按结构可分为强排式风道（图 8-39）和鱼尾式风道（图 8-40）。

① 强排式除霜风道一般都是一体式注射成型结构，集成仪表板骨架的功能，焊接在仪表板本体上，可起到提高仪表板本体刚度的作用。由于其自身结构限制，

除霜性能可调节的自由度较低。

②鱼尾式除霜风道则通过螺钉安装到仪表板本体上，对仪表板本体基本没有加强作用，故需增加单独的仪表板骨架，但其除霜性能的可调节自由度较高。

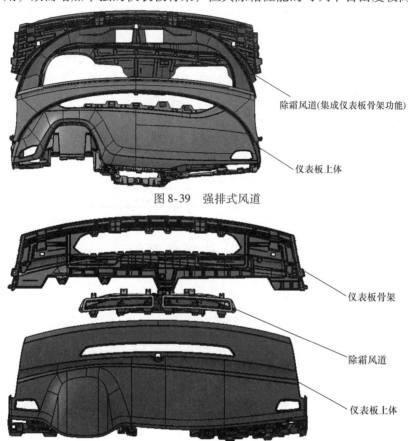

除霜风道(集成仪表板骨架功能)

仪表板上体

图 8-39　强排式风道

仪表板骨架

除霜风道

仪表板上体

图 8-40　鱼尾式风道

2）设计要求

设计除霜风道系统时，首先应根据法规要求确定前除霜和侧除霜的目标点，并结合造型特征，调整风口到合适的位置和方向；其次根据空调分风比的要求，确定风口和风道的面积大小；为了降低风阻、减少能耗，风道自身的截面积不允许有突变；最后，风道系统必须考虑满足密封性能，避免漏风。在前期开发过程中主要通过计算机流体力学分析（CFD）来模拟除霜性能，再根据 CFD 结果，优化除霜风道系统的设计。

四、仪表板系统常用材料和工艺

1. 常用材料

仪表板系统常用材料有 PP、ABS、PC + ABS、PC、TPE、PE、POM 等。

具体的零件材料需要根据零件布置位置、外观、性能及相关的试验标准来决定。仪表板本体、端盖板、杂物箱、除霜风道等零件材料以 PP 类居多；储物盒、饰条类零件材料以 ABS、PC + ABS 居多。

2. 常用工艺

仪表板涉及工艺较多，其主要工艺类型包括表皮工艺、弱化工艺、焊接工艺、装饰工艺和成型工艺等，见表 8-5。具体的工艺介绍详见第十二章。

表 8-5　仪表板常用工艺

工艺类别	常用工艺
表皮工艺	搪塑、阴模真空、阳模真空、PU 喷涂等
弱化工艺	热刀弱化、冷刀弱化、铣刀弱化、激光弱化等
焊接工艺	热板焊接、摩擦焊接、激光焊接、超声波焊接等
装饰工艺	喷漆、水转印、INS、TOM、电镀等
成型工艺	注射、发泡等

第四节　中控台系统

一、中控台系统概述

中控台位于前排座椅中间，是仪表板的延伸，是汽车驾驶操控的重要部件，在乘员安全性、舒适性、操作便利性及外观协调性等方面起着重要作用。

中控台系统由中控台本体、暖风机封闭板、装饰面板、变速杆球头、扶手总成、后盖板总成及各类功能件等组成，其中功能件包括烟灰缸、储物盒、硬币盒、杯托和出风口等，如图 8-41 所示。

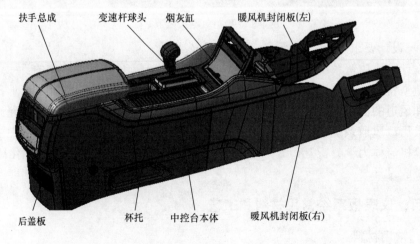

图 8-41　中控台的构成

　　根据中控台本体表面触感的不同，可分为硬质中控台（图 8-42）和软质中控台（图 8-43）。硬质中控台通常采用注射成型加皮纹的工艺，工艺简单，成本较低，常用于经济型车型。软质中控台则采用皮革包覆、搪塑或发泡等工艺，产品触感较好，但工艺较复杂，成本也较高，在豪华车上应用较多。

图 8-42　硬质中控台

图 8-43　软质中控台

　　中控台总成是内饰的集成件之一，集成了点烟器、EPB 开关、USB、风道等。随着客户需求的不断提升，中控台承载了更多的功能电器，如无线充电模块、胎压监测、空调控制面板、空气净化器和显示屏等，有效提升了客户的舒适性。

二、中控台系统技术要求

　　中控台系统不仅要满足乘员保护要求，还需满足人机、模态、振动噪声、刚度、可靠性和外观等要求。

1. 乘员保护要求

中控台系统的设计须满足车辆销售国家对应的乘员保护法规要求。根据

GB 11552—2009《乘用车内部凸出物》标准要求，乘员头部能接触到的中控台区域须满足最小圆角的规定；同时中控台应满足后排头碰保护要求。在中控台头碰试验中，球头模型以 24.1km/h 的速度冲击中控台头碰区域，减速度超过 80g 的持续时间不能超过 3ms；在碰撞过程中中控台不能有零件飞溅和尖锐边外露。采用动态豁免方式认可的中控台，按动态豁免的相关规定执行。

2. 人机要求

中控台上的零件布置应满足人机要求。在正常坐姿下，能方便地看见和使用各种开关、显示屏和控制器，如驻车制动杆（或按键）、变速杆球头（或旋钮等）；操作方式应简洁和方便，在进行相关操作时，不能对车辆驾驶和其他功能件、附件的操作造成障碍。针对储物类功能件，在考虑使用便利性的同时，须确保储物后不影响周边功能的使用。

3. 模态要求

中控台应满足一定的模态要求，确保在行驶过程中不与周边件形成共振。

4. 振动噪声要求

中控台及其所有子零件应具有足够的结构强度和固定点，以保证在车辆行驶过程中不会产生不可接受的噪声。

5. 刚度要求

中控台需要满足相关的刚度要求，在中控台任何位置施加力时，产生的位移不能超过标准要求；同时在承受极端力的情况下，不发生损坏和永久变形。

6. 可靠性要求

中控台必须保证在车辆的整个生命周期内，零部件不出现失效。中控台应满足功能操作耐久和耐环境老化要求，其中耐环境老化包括耐温湿度、耐光老化等。

7. 外观要求

中控台不允许有缩印、光斑、划痕等外观缺陷，且零件间的匹配间隙、面差应满足尺寸技术规范（DTS）的要求。造型设计阶段应尽量规避外观可见的间隙和不规则特征。与地毯配合的特征要前后一致，不要突变；与仪表板的过渡应自然流畅，风格延续。

三、中控台系统结构设计

1. 常见结构形式

中控台按照结构的不同，可分为整体式和分体式两种类型。

① 整体式中控台的本体为一体注射成型，常用于经济型车型。部分车型还会将储物盒和杯托与本体一体注射成型，如图 8-44 所示。

② 分体式中控台一般将中控台拆分为骨架本体、左右侧板、后面板等，一般用于中高端车型，如图 8-45 所示。相对于整体式中控台，成本高但设计自由度大。

图 8-44　整体式中控台

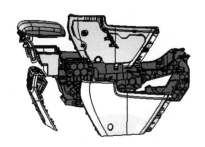

图 8-45　分体式中控台

2. 定位与安装

（1）定位

中控台的定位分别位于前端与仪表板的连接处，中、后部与车身钣金支架的连接处。为了保证与仪表板的匹配，中控台总成的主定位一般在与仪表板配合处，通过定位销的形式，限制 Y 向和 Z 向，同时螺钉装配面起到 X 向面定位的作用，如图 8-46a 所示；在中控台中部会有 Y 向的面定位，如图 8-46b 所示；后部会有 Z 向的面定位，如图 8-46c 所示。同时，对于安装在中控台内部的子零件，中控台也要为其提供完整的定位系统，以满足子零件内部配合中的尺寸技术规范（DTS）要求。

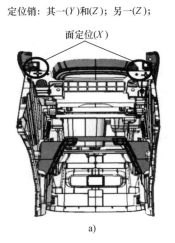

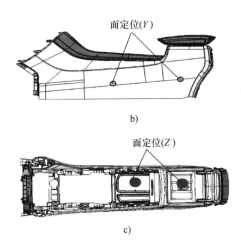

图 8-46　中控台的定位策略

（2）安装

中控台总成固定点的位置与定位点的位置类似，其前端上部与仪表板设置 X 向螺栓连接，如图 8-47 位置 1 所示；前端两侧与仪表板横梁或仪表板设置 Y 向螺栓连接，如图 8-47 位置 2 所示；中间和后端两侧与车身支架 Y 向通过螺栓连接，如图 8-47 位置 3 所示；在中间和后端上部可根据需要设置 Z 向螺栓连接，如图 8-47 位置 4 所示。

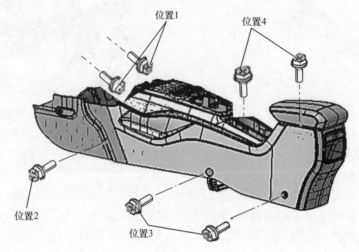

图 8-47　中控台的固定策略

3. 匹配设计

（1）中控台与仪表板的匹配形式

中控台与仪表板的配合形式有流线式（图 8-48）、插入式（图 8-49）和独立式（图 8-50）三种。

图 8-48　流线式

图 8-49　插入式

图 8-50　独立式

① 流线式中控台是指中控台与仪表板采用较为流畅的曲面对接，形成一体，有利于营造环绕式的座舱系统。此类型的配合形式，外观流畅，整体性好，但匹配难度较大，容易在中控台和仪表板对接位置因尺寸链的积累而形成 A 形或 V 形的间隙，故对零件及整车的制造精度要求较高。

② 插入式中控台是指中控台与仪表板采用插入形式对接，这种形式通过改变配合间隙的可视角度达到弱化间隙的效果，常用于经济型车型。此类型的配合形式可隐藏配合间隙，具有一定的容差性。匹配要求相对不高，故对零件的制造精度要

求相对较低。

③ 独立式中控台和仪表板没有直接的匹配连接关系，造型上相对独立，常用于商务车型。此类型的配合形式匹配难度最小，对零件的制造精度要求更低。

（2）换档面板区域布置设计

① 换档面板区域零件。换档面板位于驾乘人员的主要操作区域。除了换档、驻车操纵机构外，还集成了辅助显示开关、储物等各种功能，是中控台的核心控制区域。换档面板本体通常有喷漆、电镀、膜片等装饰处理，需要有足够的刚度和耐候性，避免产生异响、老化等问题。同时换档面板需为各集成模块提供必要的连接点，如换档显示模块、变速杆球头、控制开关等，对质量较大或操作力较大区域（如EPB开关处），往往需要单独增加连接支架来保证面板强度，如图8-51所示。

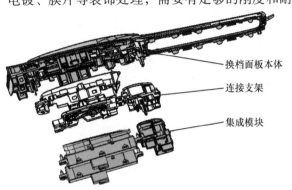

换档面板本体

连接支架

集成模块

图8-51 换档面板构成

② 换档面板和变速杆匹配设计。鉴于中控台及换档面板区域的造型及布置需要，换档面板区域空间应非常紧凑，布置时需综合考虑装配公差、护套折叠厚度、安装结构空间及内框厚度等多种因素。确定换档面板和变速杆之间的距离时，须将变速杆球头数据装配到机构包络数据上，计算球头与换档面板之间的间隙 L 是否满足设计要求。以换档面板正装为例：设计需满足 $L \geq A + B + C + D$，如图8-52所示，各参数含义如下：

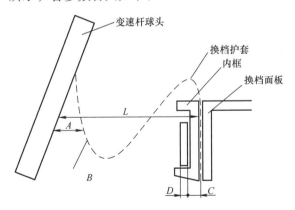

变速杆球头

换档护套

内框

换档面板

L

A

B

D C

图8-52 换档面板和球头之间的距离

L—球头与换档面板之间的间隙 A—球头到换档面板之间的 X（或 Y）向装配公差

B—护套厚度：在内框与球头之间护套因褶皱所以有两层，按材料厚度2倍计算

C—便于装配的卡接空间，推荐宽度为5.3mm D—换档面板厚度

③ 变速杆球头内板缝线槽尺寸的确定。为改善护套的折皱及材料利用率，一般在护套前后端面采用缝线缝制的工艺，通过衬布将护套裁开的连接处进行缝制处理，此处的厚度会相应增加。为了保证护套与面板配合的一致性，须在内框上预留相应的槽，缝制部分增加的厚度由此预留槽容纳。

（3）中控台与地毯的配合关系

中控台与地毯的配合是软硬材质的匹配，常用的配合方式为过盈配合。一般有两种配合形式：Z 向匹配和 Y 向匹配。

Z 向匹配主要针对位于中控台前端的暖风机封闭板区域和中控台后部的盖板区域，如图 8-53 所示的区域 1 及区域 3；Y 向匹配通常针对中控台两侧区域，如图 8-53 所示的区域 2。两种匹配形式要求的过盈量都为 2.5~3mm。鉴于 Y 向匹配容差性较好，易于装配，在非平地板车型上，优先推荐 Y 向匹配。Z 向和 Y 向匹配的典型断面分别如图 8-54 和图 8-55 所示。

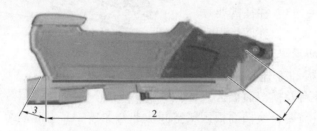

图 8-53　中控台和地毯的匹配示意图

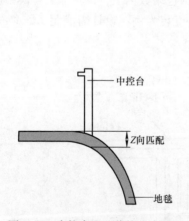

图 8-54　中控台和地毯的 Z 向匹配

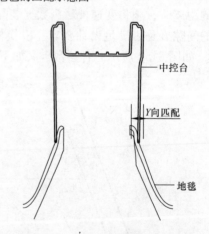

图 8-55　中控台和地毯的 Y 向匹配

4. 关键零件设计

中控台系统集成了许多功能件，如扶手、储物盒、烟灰缸、杯托和变速杆球头等。设计中控台时，除了上述与周边零件的匹配设计外，还需要考虑这些集成功能件的设计要求。

（1）扶手

1）概述

扶手位于两个座椅之间，为驾乘人员提供肘部支撑，提升舒适性。扶手一般分为前排扶手和后排扶手，分别如图8-56和图8-57所示。前排扶手位于前排座椅中间，中控台中后部，扶手下方还具有杯托、储物等功能。后排扶手位于后排座椅中间，多为可收放式。部分车型后排扶手上配有杯托或储物盒，有些中高端车型的后排扶手上还集成了人机交互系统。

图8-56 前排扶手

图8-57 后排扶手

扶手由表皮、发泡或复合海绵、骨架、铰链总成、锁总成等部件组成，如图8-58所示。表皮目前常用的材料有织物、PVC、真皮等。表皮下面的填充层可采用直接发泡，也可采用复合海绵。骨架一般采用改性PP、PC + ABS等材料。

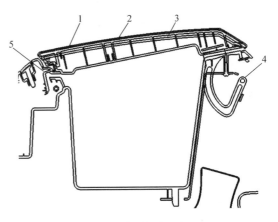

图8-58 扶手组成

1—表皮 2—发泡 3—骨架 4—铰链 5—锁

根据翻转形式不同，扶手可分为后开扶手（图8-59）、对开扶手（图8-60）和双向打开扶手（图8-61）。为了提升不同驾乘人员的舒适性，扶手会增加滑动功能（图8-62），实现一定距离内的前后滑动。

图8-59 后开扶手

图8-60 对开扶手

图 8-61　双向打开扶手

图 8-62　滑动扶手

2）设计要求

① 布置要求。扶手长度及高度布置的主要考虑因素是人机要求。如图 8-63 所示，R 点为座椅参考点；A、B 值会直接影响驾乘人员肘部支撑的舒适性，越大越好，但是由于布置空间的限制，最小值须满足舒适性要求；H 值需要保证扶手高度落在肘部空间范围内。

确定扶手的上边界和前边界时，除了考虑扶手的高度和长度，

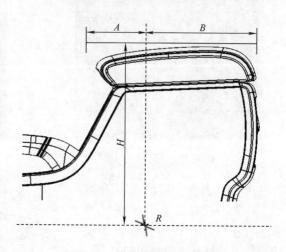

图 8-63　扶手长度及高度布置

同时还要考虑周边零件的操作舒适性，如变速杆和驻车制动手柄。另外，布置时还需要注意中控台扶手与门饰板扶手之间的高度差不能过大。

扶手的宽度布置需综合考虑扶手箱储物空间、扶手包络与座椅包络之间的间隙要求。

② 结构设计。扶手结构设计主要关注铰链和锁机构的形式和结构。

• 扶手铰链布置在中控台内部。常见铰链材质有金属和塑料两种：金属铰链强度高，可靠性好，但重量重；塑料铰链重量轻，但强度和刚度方面略逊于金属铰链。扶手铰链根据开启形式的不同，分为自动弹开式和手动翻转式。自动弹开式扶手解锁后可自动弹开，主要通过弹簧实现，结构简单，但弹开后会有回弹现象。手动翻转式扶手解锁后需人工翻转打开，又分为无悬停和有悬停两种。无悬停扶手只有关闭和完全打开两种状态，不能停留在中间位置。有悬停扶手通常能够悬停在多个位置以满足驾乘人员的舒适性要求。悬停功能可通过棘轮机构或摩擦片实现。

• 常见扶手锁机构有碰扣式、按压式、旋转式。碰扣式锁机构（图 8-64）结构简单，性价比高，但感知质量不佳。按压式锁机构（图 8-65）外观平整，结构简单，占用空间小，但操作力不易控制，易夹手。旋转式锁机构（图 8-66）结构简单，操作力较为均匀，占用空间小，但外观不平整。

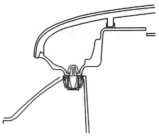

图 8-64　碰扣式

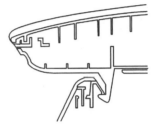

图 8-65　按压式

图 8-66　旋转式

（2）储物盒

1）概述

储物盒通常位于仪表板中控台或后排座椅上，为驾乘人员提供存储空间。储物盒需要满足储物容积及操作便利性等人机要求，并做到视觉美观。

储物盒一般由门总成、壳体、饰条、转轴、缓冲垫、弹簧、阻尼、锁机构、加强件、垫子等部分组成，如图8-67 所示。

按照结构形式不同，储物盒大致可以分为两类：

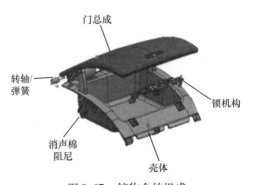

图 8-67　储物盒的组成

（图中标注：门总成、转轴/弹簧、消声棉阻尼、锁机构、壳体）

① 固定型储物盒：储物盒直接与饰板一体注射成型，多为无运动机构的开放式储物盒，常用于经济型车型，如图 8-68 所示。

② 运动型储物盒：储物盒作为总成件，装配到仪表板或中控台上；根据储物盒的运动、操作形式的不同，可分为旋转式、抽拉式和折叠式等，常用于中高端车型，如图 8-69 所示。

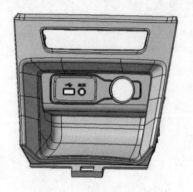

图 8-68 固定型储物盒

图 8-69 运动型储物盒

2）设计要求

储物盒的设计需要满足如下要求：

① 储物盒的位置必须满足每个项目的布置、安全、造型要求，同时要考虑到运动机构与周边件的间隙，以免运动中产生干涉而影响该零件的功能，如图 8-70 所示。

② 对于前排的储物盒，储物盒的位置必须能够方便前排乘客的使用，且使用过程中不会阻碍其他控制功能的使用，如图 8-71 所示。

③ 对于后排的储物盒特别是安装在中控台后面板上的储物盒必须方便后排任意乘员使用，同时关闭时不能影响后排的脚部空间。

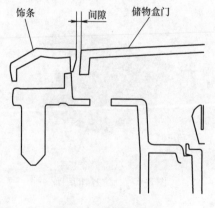

图 8-70 储物盒的间隙

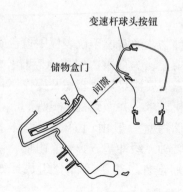

图 8-71 储物盒与周边件的间隙

（3）杯托

1）概述

杯托通常位于仪表板、中控台或后排座椅上，是为驾乘人员提供存放、夹持水杯的部件。除容积要求外，还要满足美观、夹持牢固、取放方便等要求。

① 杯托一般由门总成、壳体、夹持机构、饰条、转轴、缓冲垫、弹簧、阻尼、锁机构等部分组成。

杯托按照结构形式的不同，一般分为固定型杯托和运动型杯托。

固定型杯托直接注射成型在仪表板、中控台上，一般不带有夹持功能，且无运动机构，常用于经济型车型，如图8-72所示。

图8-72　固定型杯托

运动型杯托作为总成件装配到仪表板、中控台上。根据杯托的运动形式、操作方式不同，可分为旋转式、抽拉式和折叠式等，多见于中高端车型上，如图8-73所示。

图8-73　运动型杯托

② 杯托的夹持机构通常分为固定式和运动式两种。

固定式的夹持机构一般直接注射成型在杯体上，不具有运动和调节功能，如图8-74所示。

运动式夹持机构是个运动件，可夹持不同尺寸的容器，具有一定的调节功能，如图8-75所示。

图8-74　固定式　　　　　　　　　　图8-75　运动式

2）设计要求

杯托的设计应满足如下要求：

① 根据人机工程的要求，杯托设计必须满足最小直径、深度及操作力要求。

② 杯托打开和关闭应体现较好的质感，在安装、集成后杯托零件表面应避免外观缺陷，如飞边、密封脱胶、导向失效，以及弹簧机构和润滑油外露等现象。

③ 杯托壳体与周边零件应留一定的间隙。带卷帘门的杯托应校核门的运动轨迹以及门的锁止性。带夹持机构的杯托应考虑调节性和支撑强度。同时，结构设计应充分考虑售后的可维修性。

（4）烟灰缸

1）概述

烟灰缸主要位于仪表板或中控台上，具有为车内驾乘人员提供存放烟灰空间的功能。

烟灰缸一般由盖板、缸体、旋转结构、装饰条、缓冲垫、弹簧、阻尼器、转轴等部分组成。烟灰盒的缸体材料一般采用耐高温的材料，如 PF、PA6 + GF30 等。

烟灰缸通常可分为固定式和移动式两种类型。

① 固定式烟灰缸通常固定安装在某一特定位置，不能单独取出或移动位置，如图 8-76 所示。

② 移动式烟灰缸为独立可移动零件，如图 8-77 所示。

图 8-76　固定式烟灰缸

图 8-77　移动式烟灰缸

2）设计要求

烟灰缸在设计上要求内部必须具有独立存储烟灰的烟灰斗，能够单手方便取放且具有密封性。烟灰斗具有一定的深度（A）、开口直径（B）和容积（推荐 $V \geqslant 200\mathrm{cm}^3$），如图 8-78 所示。

针对含有夹烟机构的烟灰缸，其材料要使用耐热材料，防止烟灰烫伤内部零件，同时要有在限定时间内熄灭烟头的功能。

固定式烟灰缸部分结构类似于储物盒，差异

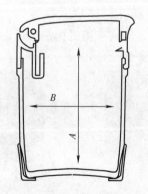

图 8-78　移动烟灰缸内部尺寸要求

在于存储烟灰的地方。因此储物盒的一些人机要求同样适用于烟灰缸，特别是烟灰斗在取放时的手部操作空间。

四、中控台系统常用材料和工艺

中控台本体零件主要采用注射工艺，材料通常为 PP + EPDM – T20；功能性零件主体一般采用注射工艺，材料为 ABS、PC + ABS、PP + EPDM – T20 等；其他饰板饰条等装饰类零件工艺有注射、喷漆、电镀、水转印、模内转印、包覆、热烫印等，材料以 PC + ABS（常用）、PP + EPDM – T20（低成本）为主。

第五节　座舱系统品质设计

随着客户对汽车内饰的品质追求，座舱系统的设计也越来越多地关注品质要求。座舱系统的品质设计主要体现在以下方面：富有质感的表面材质、具有科技感的造型以及人性化的功能体验。

一、仪表板质感品质提升

仪表板系统在车内处于乘员的主视区域，仪表板的表面质感直接影响了消费者对于整车品质的感受。下面就视觉、触觉、听觉及嗅觉几个方面来谈谈如何提高仪表板的质感。

1. 视觉

汽车内饰零件表面通常使用动物纹理，模仿真皮包覆的外观效果。虽然纹理可以模仿得很像，但光泽始终难以做到与皮质一样。内饰件常用的 PP 类零件的光泽度通常在 2.0 以上，ABS 类更是达到了 4.0，造成的结果就是俗称的"塑料感太强"，没有质感。光泽度高还会导致仪表板在前风窗玻璃上产生倒影，影响驾驶员的视觉。

目前越来越多的主机厂开始注重零件的光泽度要求，采用低光泽新材料，如低光泽 PP 类材料，可以将光泽度降在 1.3 左右。使用这些低光泽材料的硬塑零件产生了类似软触的表面质感，提高了消费者的主观感受，同时也不需要喷漆处理，提升了零件的品质。

此外，在模具表面的皮纹区域做微纹处理，也能进一步降低零件光泽度。

2. 触觉

传统的软质仪表板大都通过 PU 发泡来实现"软"的触感。近些年来，相较于常规的发泡工艺，弹性和手感更好、也更环保的 3 Mesh 工艺开始映入人们的眼帘。3 Mesh 与传统发泡的结构对比如图 8-79 所示。

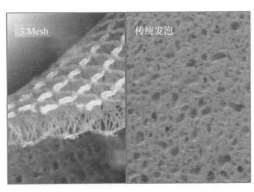

图 8-79　3 Mesh 结构和传统发泡结构的对比

3 Mesh 由尼龙材料立体编织而成，与传统设计相比，它在仪表板 PAB 区域的应用更具优势。因为不需要对仪表板表皮和发泡层进行弱化处理，可以在气囊爆出时直接撕裂，所以它在提升仪表板表面质量的同时，降低了工艺成本。同时由于 3 Mesh 层完全由尼龙织机物理编织而成，相较于化学发泡在 VOC 散发方面也有着先天的优势。

3. 听觉

由于仪表板系统结构复杂，零件众多，防止零件间的摩擦异响一直是仪表板设计中的难点。

摩擦异响主要是因为零件间的间隙设计不合理、零件自身刚度差等原因造成零件的相互摩擦，导致异响。零件间摩擦异响的原理如图 8-80 所示。

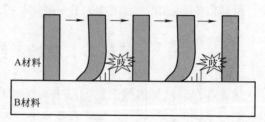

图 8-80　摩擦异响产生的原因

摩擦异响经常出现在电镀件周围和包覆件周围。常见的解决方案如下：减少电镀件与周边件接触面积、提高零件刚度、避免包覆类零件之间的零间隙配合、贴毛毡、涂润滑油等。随着技术的发展，部分材料供应商也开发出了新型的降噪材料，为主机厂提供了新的选择。

4. 嗅觉

随着社会对环境空气质量关注度的不断提高，车内空气质量也成为整车评价指标的重要组成部分。

仪表板系统散发的有害物质主要来自于表皮、发泡、胶水、油漆等几个方面。PVC 搪塑表皮是现代汽车软质仪表板常用的一种成熟工艺，虽然经济性高，但 PVC 表皮的气味表现一直不佳。从散发的角度，TPO 和 PU 表皮更能符合环保的要求。发泡由于其工艺特性，产生气味难以避免，故更多的主机厂开始选择其他新型的替代工艺，例如前文所述的 3 Mesh 工艺，以物理编织代替化学发泡，从源头避免了有害气体的产生。在胶水和涂料方面，近些年来，越来越多的主机厂已经要求车内全部使用水溶性溶剂或者低散发、低气味体系的油性溶剂。随着技术的进步、行业标准的规范以及整车生产企业自身责任感的提升，"环保"要求已成为汽车开发的重要组成部分。

二、仪表板中央区域品质设计

仪表板中央区域作为主视区域，其设计直接影响客户的感知质量。下面从造型设计、系统布置、创新应用等方面进行说明。

1. 造型设计

传统的粗犷丰满造型（图 8-81）已无法适应新一代消费者的审美，充满未来感的简约造型（图 8-82）势必是当下重点研究方向。

随着智能化的推进，仪表板中央区域造型趋于简约，通过减少实体按键以降低造型的机械感；相邻零件边框、饰条等区域更窄、更细，突出精细感；另外，通过各类颜色纹理表面处理的合理搭配，提升视觉品质。

图 8-81　传统车型　　　　　　　　　图 8-82　趋势车型

2. 系统布置

在系统布置方面，中央区域涉及仪表板骨架、娱乐主机、娱乐显示屏、娱乐主机控制模块、空调控制模块、中央出风口等零件。相对于有限的中央区域空间，优化各子零件的空间位置布置、提升空间利用率变得尤为重要。

常见的优化布置方法有错位布置和集成布置。

① 错位布置（图 8-83）指各个子系统零件形成空间上的错位布置，避免所有零件都平铺在中间区域造成臃肿刻板的排列方式。比如将中控娱乐显示屏悬浮于仪表板上，形成悬浮屏幕的效果。

② 集成布置（图 8-84）指通过子系统内部零件预集成，再以集成模块的形式安装到仪表板上，从而减少中央区域需要布置零件的数量。例如娱乐显示屏通过触摸按键替代实体按键，仅保留法规要求必要的实体按键。这样不但减少了中央区域布置零件的数量，同时顺应了目前主流的简约造型趋势。

图 8-83　悬浮屏幕错位布置　　　　　图 8-84　娱乐系统集成布置（无实体按键）

3. 创新应用

随着科技的发展，一种全新的布置概念已经完全颠覆了目前的布置方式。通过仪表板上巨大的多媒体系统，集成大部分操控相关的功能，并通过语音交互、手势操作等科技手段实现座舱智能化。这样就完全解放了中控区域的布置约束，可以根据造型需求匹配整个内饰造型。

三、仪表板出风口品质设计

汽车出风口作为舱内温度调节的主要零件，使用频率非常高。一套拥有良好操作手感和优美造型的出风口系统，能够很好地提升整个内饰系统的品质感。

1. 操作手感

出风口的操作手感直接关系到客户的使用感受，操作力是影响操作手感的重要因素。

出风口的操作力一般通过拨钮与叶片之间的摩擦实现，故操作力的调整主要是优化拨钮和叶片之前的配合关系。摩擦力越大，所需操作力就越大。为了获得较好的操作手感，推荐操作力控制在 2 ~ 4N。在开发过程中，可通过多轮操作手感评审，来锁定最佳操作力。

除操作力外，出风口止位时的声音同样在很大程度上影响感知质量。如果止位声音清脆，容易给人以塑料感较强的印象。止位声音主要来源于拨叉和叶片在终止位置的碰撞，如图 8-85 所示。

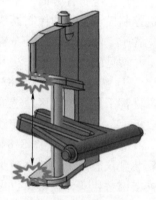

降低碰撞声音有两种解决方案，具体如下：

① 一种解决方案是将叶片上拨叉滑轨的端面设计为斜面。这样拨叉在运动到终止位置前通过斜面实现缓冲，不会产生直接撞击，从而减小声音。

② 另一种方案是通过材料解决。一般拨叉的材料为 POM，该种材料的特点是能够起到自润滑的作用，且耐高温性能好，因此普遍被使用在运动机构中。但它与

图 8-85　止位声音来源

其他材料碰撞时声音较为尖锐，感知较差。如果将拨叉通过 TPE 类软胶材料二次注塑包胶，可以有效地解决该问题，但需要注意 TPE 类材料的耐高温性较 POM 有一定程度的下降。

2. 未来发展

随着造型日趋新颖，在满足吹风性能的同时，隐形化、电动化、智能化的出风口是今后的趋势，同时也给造型设计带来了更大的发挥空间。

目前主要有两种主流方向：一种通过材料的优化实现隐形化，如采用金属长叶片（图 8-86）、金属转轴预埋等工艺，使得出风口在保证原有

图 8-86　金属长叶片

性能的同时，结构更小巧精致；另一种方向是出风口的电动化和智能化。区别于机械式出风口的人工操作，电控化后的出风口能够实现自动调节风速、自动扫风等功能，这样机械出风口上的拨钮按键等部件就可以取消，大大节省了零件结构空间，在造型和功能上同时提高了品质。

第六节　座舱系统发展趋势

现代汽车正向着智能互联、自动驾驶等方向迅猛发展，座舱系统作为乘员与车辆人机交互的直接窗口，也将迎来一场巨大的变革。下文将简要介绍座舱系统的几个发展方向。

一、智能健康座舱

随着生活节奏的加快以及生活物质水平的提高，人们越来越关注自身的健康状况。汽车作为越来越多人常用的交通工具，在健康监控方面已经有了很多突破性的发展。

智能健康座舱的核心，是对乘员的身体状况进行一定程度的监控，并依据乘员的健康数据，给出相应的积极反馈。基础版的智能健康座舱侧重汽车驾驶期间的安全保护，利用座舱内搭载的人工智能来感知驾驶员的骨骼位置、头部位置、面部位置来预测驾驶员可能的需求以及潜在的会影响驾驶的因素，并给予应对措施。

进阶版的智能健康座舱，则可以监测驾驶员的身体和心理状态，追踪驾驶员的坐姿、呼吸习惯、心跳速率、眼部动作和脸部特征识别。将获得的数据汇总分析后，了解驾驶员行驶时的警觉性和情绪状态，并根据具体情况制定适用的应对方案。

目前市面上的健康座舱技术更多地侧重于驾驶员驾驶时身体状态的监控和驾驶行为的辅助，如图 8-87 所示。相信在不久的将来，对乘员身体健康数据进行全面记录、分析的智能座舱也将很快实现。

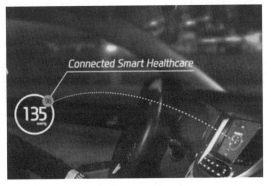

图 8-87　健康座舱技术

二、移动魔方

汽车内饰正朝着智能化、共享化、家居化、模块化的趋势发展。中控台位于座舱中心区域，驾驶员和前排乘客之间。可移动的中控台能在长滑轨上前后移动（图 8-88），将中控释放出来，并赋予更多的交互模块，实现舱内前后排之间储物空间的共享、娱乐交互。同时，通过增加标准化接口实现中控台模块化设计，使中控台成为智能硬件接插平台。根据不同的功能拓展，装配不同的模块，如桌板、娱乐屏幕等，可个性化组装，使其成为一个多功能的移动魔方，真正实现座舱系统的智能化、个性化。

图 8-88　移动魔方概念图

三、智能饰件

现代汽车正在完成由交通工具向智能交互终端的转变，传统汽车一成不变的内饰以及笨重的显示和控制系统已不能满足消费者对个性化和高感知的需求。新一代的内饰产品应该打破装饰件与电器显示、控制系统之间的界限，使饰件更加智能化。

通过结合印刷电子和 IMD 工艺，可以将电路、触控、LED 等集中在一张智能薄膜中，并附在传统塑料基材表面，成为新一代智能饰件。

智能饰件由数个功能层组成，如图 8-89 所示。饰件的表面层具有硬化、防眩光、防指纹等效果；电路、传感器等使智能饰件具有触控和背光显示功能。预测在未来将实现根据乘员的心情而变换饰件的颜色、图案，通过 APP 或声音及手势来控制饰件的显示，从而实现

图 8-89　智能饰件结构

个性化调节，达到智能换肤的效果。最终目标为饰显控三位一体、订阅信息智能推送、色彩纹理随心更换，让平平无奇的饰件，绽放出品质创新的光彩。

语音控制、手势控制、面部扫描等全新交互技术，让人与车的交互更加迅捷；大数据和人工智能在汽车行业的逐步运用，正在使"会思考的汽车"成为现实；车联网的迅猛发展，实现了车与车之间的实时信息数据交换；"以人为本"的设计理念，也使得汽车个性化成为大势所趋。座舱系统的品质创新，正在智能化、互联化、个性化的方向上突飞猛进。座舱系统将不再是简单的乘坐空间，而是成为人车交互的体验核心、新时代技术的关键接口和未来汽车的"第二大脑"。

第九章 门饰板系统

第一节 门饰板系统概述

门饰板系统的一般功能是包覆金属车门钣金件，美化外观，为内开拉手、开关面板等提供装配载体，并满足人机工程、舒适性、功能性和便利性等要求。同时，门饰板上的地图袋和拉杯为乘员提供重要的储物空间，也可以附属卡片槽、烟灰盒等零件以满足更多的储物要求；门饰板上还有各种吸声隔声材料，以提升整车NVH性能。此外，门饰板还在整车侧碰时为乘员提供重要的吸能保护。

门饰板系统主要包括前/后门饰板总成、防水膜、内开拉手、窗框饰条、前/后门三角窗饰板等零件，如图9-1所示。

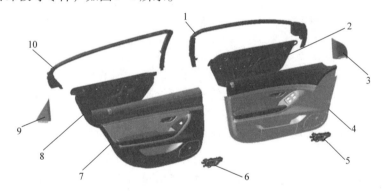

图9-1 门饰板系统的结构

1—前门窗框饰条 2—前门防水膜 3—前门三角窗饰板 4—前门饰板总成 5—前门内开拉手
6—后门内开拉手 7—后门饰板总成 8—后门防水膜 9—后门三角窗饰板 10—后门窗框饰条

本章节主要针对门饰板总成、防水膜和窗框饰条三个零件的技术特点和要求进行详细介绍。

第二节 门饰板总成

一、门饰板总成概述

门饰板总成作为门饰板系统中的重要零件，由多个子零件组成，且车型和配置不同，门饰板总成子零件的组成数量和功能不尽相同。如图9-2所示，以左前门饰板总成为例，对门饰板总成子零件如门饰板本体、上装饰板、中嵌饰板、扶手、地图袋、内开拉手、关门把手/拉杯、装饰条、防撞块和紧固件等进行详细介绍。

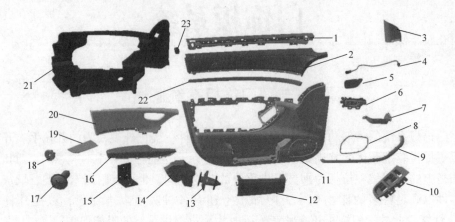

图9-2　门饰板总成主要组成示意图

1—水切挂件　2—上装饰板　3—前门三角窗饰板　4—氛围灯　5—内开拉手螺钉堵盖
6—内开拉手　7—拉杯　8—喇叭饰条　9—扶手饰条　10—开关面板　11—门饰板本体　12—地图袋
13—塑料卡扣　14—防撞块　15—拉杯支架　16—扶手　17—螺钉　18—螺母　19—拉杯螺钉堵盖
20—中嵌饰板　21—吸音棉　22—上装饰条　23—锁杆导套

① 门饰板本体：主要用于为其他子零件提供安装载体，为乘员提供舒适的乘坐环境，并设计有定位和紧固结构，使整个门饰板总成安装到车门钣金件上。

② 上装饰板：一般分为硬质和软质两类。硬质上饰板为注塑零件；软质上装饰板通常由表皮层（如织物、PVC、真皮等）、发泡层和注塑骨架三部分组成。

③ 中嵌饰板：主要用来装饰和提供手、肘倚靠，与上装饰板一样也可分为硬质和软质，不过以软质居多。软质中嵌饰板通常也由表皮层、发泡层和注塑骨架三部分组成。

④ 扶手：主要为乘员提供手臂休息空间。部分车型扶手上集成关门把手和储物盒，为乘员关门和储物提供便利。扶手需要满足安全性、可靠性和人机工程等方面的要求。

⑤ 地图袋：位于门饰板下部，主要起储物功能。

⑥ 关门把手/拉杯：主要用于乘员关门。拉杯形式的关门把手兼具储物功能。

⑦ 内开拉手：主要功能为车门解锁，同时需考虑造型美观要求。

⑧ 装饰条：通常包括上装饰条、扶手饰条、喇叭饰条等装饰零件，是门饰板上主要的装饰件。

⑨ 防撞块：又称吸能块，可有效降低在侧碰过程中乘员受到的伤害。

⑩ 紧固件：主要用于门饰板子零件内部的连接，以及将门饰板连接固定至车

门钣金件上。常见的紧固件有金属卡扣、塑料卡扣、螺钉、螺栓等。

二、门饰板总成技术要求

1. 安全要求

在整车侧碰过程中，车身结构和门饰板结构对假人受到伤害的程度均起到重要影响，在车身结构改动受到一定条件限制时，可以通过优化门饰板结构刚度的方式来保护乘员。在车辆受到侧面撞击过程中，门饰板不仅为乘员胸部、腹部、髋部提供一定支撑，而且需要满足一定位移下的溃缩要求，以免对乘员造成过大的伤害；同时在受到撞击后，门饰板不能因结构变形和破坏产生尖角或锐边，避免对乘员造成二次伤害。

通过对门饰板总成进行动态冲击试验，模拟门饰板结构刚度对假人的冲击影响，基于冲击结果对门饰板的结构进行优化和改进。如图 9-3 所示，此试验的主要方法是采用冲击装置分别推动特定的胸部冲击块、腹部冲击块和髋部冲击块，以一定速度对被固定的门饰板相应位置进行撞击。根据不同车型假人的位置，确定前门胸部、腹部、髋部，以及后门髋部与门饰板可能接触的区域范围，并通过分析试验数据，评估门饰板刚度的合理性，如图 9-4 所示。

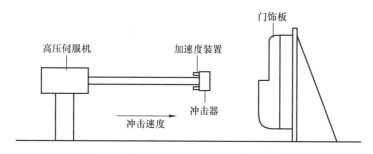

图 9-3　门饰板冲击试验装置示意图

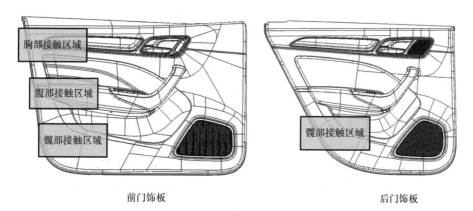

前门饰板　　　　　　　　　　后门饰板

图 9-4　冲击块与前/后门饰板接触的区域划分

内饰造型空间是影响侧碰性能的一项重要参数，在项目前期造型过程中，需要控制假人撞击区域的内饰空间。通过解析假人在侧面碰撞过程中的运动姿态，以及假人人体结构特征，将测量参数和测量规范细化，以便更好地为前期造型设计提供有效的安全性能指导，如图9-5与表9-1所示。

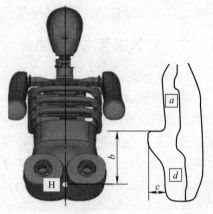

图9-5　门饰板子系统侧碰对造型空间的布置示意图

2. 人机要求

（1）扶手人机要求

扶手为乘员肘部提供足够的放置空间，宽度 L 通常大于 50mm。为保证乘员手部摆放的舒适性，需留有一定倾斜角度，推荐 Y 向角度 $\alpha \leqslant 6°$，X 向角度 $\beta \leqslant 8°$，如图9-6所示。同时，扶手高度要求在设计前期根据假人位置进行布置。

表9-1　门饰板子系统侧碰对造型空间的具体要求

门饰板造型评价指标及推荐值		
参数	推荐值	要求描述
a	$\geqslant 30mm$	胸部肋骨接触区域空间 $\geqslant 30mm$
b	$\leqslant 195mm$	扶手上平面距离侧碰假人 H 点的高度 $\leqslant 195mm$
c	$\leqslant 15mm$	扶手凸出距离 $\leqslant 15mm$
d	$\geqslant 58mm$	髋部接触区域防撞块厚度空间 $\geqslant 58mm$
地图袋边缘		地图袋尾部边缘不能靠后太多，相对于假人 H 点坐标的假人中线，向前偏移 60mm 的线为控制线

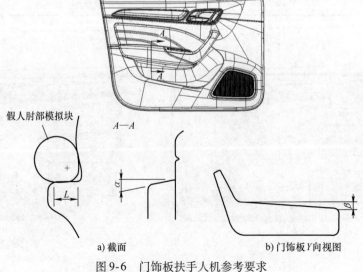

a) 截面　　　　　　　　　　　　b) 门饰板 Y 向视图

图9-6　门饰板扶手人机参考要求

（2）地图袋人机要求

地图袋作为门饰板上主要的储物空间，造型阶段需考虑放置物品大小的要求。对于有水瓶存储要求的，需考虑水瓶存放的空间以及取放水瓶的便利性。目前大部分车型地图袋内集成杯托。为保证杯托能存放市面上大部分水瓶，通常建

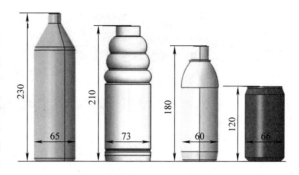

图 9-7　市场上常见饮料瓶尺寸

议杯托宽度（W_1 值）大于 75mm，建议杯托深度（D 值）大于 100mm；同时为防止较小物品掉入地图袋中不易取出，地图袋后端区域宽度（W_2）建议大于 60mm，如图 9-7 和图 9-8 所示。

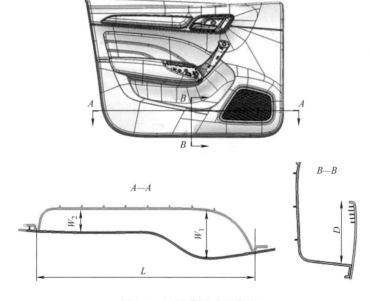

图 9-8　地图袋尺寸示意图

此外，为便于在杯托区域稳定地放置水瓶，需设计固定水瓶的特征。常见的四种固定水瓶的特征结构（虚线内）如图 9-9 所示，可根据造型需求选择相应的特征设计。

（3）关门把手/拉杯人机要求

关门把手/拉杯作为乘员关门的主要受力件，在造型阶段，应根据假人位置进行布置和人机校核。

对于关门把手形式的车型，为便于乘员手握舒适度与操作便利性，把手截面应圆润，无凸出棱线，建议 L_1 为 30 ~ 40mm，L_2 为 20 ~ 30mm，如图 9-10 所示。

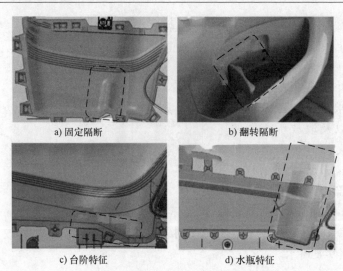

a) 固定隔断　　　　　　　　　　b) 翻转隔断

c) 台阶特征　　　　　　　　　　d) 水瓶特征

图 9-9　地图袋杯托常见固定水瓶的特征

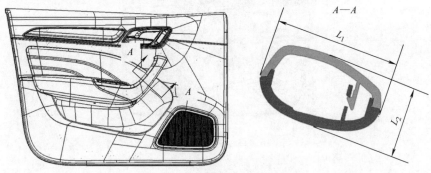

图 9-10　关门把手人机示意图

对于采用拉杯形式的车型，不仅需要满足乘员手握和操作便利性要求，同时作为门饰板上重要的储物空间，还应允许存放手机等尺寸较小物件。通常建议拉杯 Z 向深度大于 50mm，Y 向宽度大于 45mm，如图 9-11 所示。

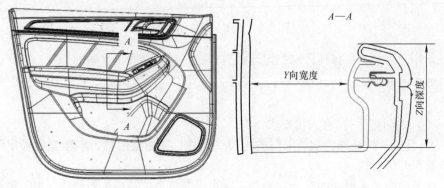

图 9-11　拉杯人机示意图

Tips1 乘员操作最舒适位置是以 50% 假人肘点为圆心、半径为 360mm 的弧到以 50% 假人肩点为圆心半径、半径为 670mm 的弧之间的区域，最大不超过以 95% 假人肩点为圆心半径 760mm 的弧区域。

（4）内开拉手人机要求

为满足车内解锁的功能性及拉手操作的便利性，在造型阶段应根据假人位置对内开拉手进行布置和人机校核，并可根据表 9-2 选择合适的手柄长度，同时需要注意不同手柄长度下相应的操作力（开启力和滥用力）要求。另外，为满足乘客人手操作的舒适性，建议手柄内侧与底座之间的操作空间 L_1 不小于 25mm，手柄至拉手底座上边缘的距离 L_2 不小于 30mm，如图 9-12 所示。

表 9-2　内开拉手手柄常见尺寸及操作力

类型	拉手手柄长度/mm	开启力/N	滥用力/N
四指可操控把手	110	45	450
三指可操控把手	85	35	350
二指可操控把手	60	26	250
一指可操控把手	35	17	250

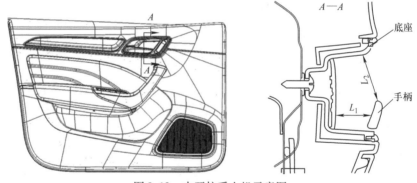

图 9-12　内开拉手人机示意图

3. 外观要求

门饰板作为造型件，须满足项目定义的色彩纹理要求，包括皮纹、颜色、光泽度、饰条纹理等。须用专用设备进行测量，并与标准色板进行对比。

对于硬塑件，产品表面应无变形、缩印、划伤、斑点、飞边和色差等缺陷。一方面，需要在设计阶段考虑通过结构与模具优化调整以避免这些缺陷，如加强筋和圆柱（BOSS 柱）设计、料厚过渡区域比例设计、分型线位置设计、拔模角设定、浇口布置等。另一方面，也需从后期生产稳定性方面进行控制。

对于包覆件，应注意避免如表皮空鼓、褶皱、凹凸不平和破皮等缺陷。在前期须对包覆件进行样件试制，以验证工艺可行性。

4. 可靠性要求

门饰板应满足整车可靠性及寿命要求，同时为避免门饰板在使用过程中出现破损、表面质量、零部件松动、脱落、异响等问题，在开发阶段应对门饰板的可靠性进行全面验证。

门饰板的产品性能试验包括设计验证（Design Validation，DV）与产品验证（Product Validation，PV）。门饰板的设计验证主要包括把手、扶手、地图袋、扬声器罩、卡扣基座等零部件刚度、耐久性、破坏性试验，侧碰冲击安全类试验，内开拉手的开启力、回弹力、负荷力、破坏力等试验，以及内开拉手的耐用性与回弹循环使用类试验，以确认产品设计是否满足设计规范。门饰板的产品验证主要包括散发性、耐候性、表面质量、尺寸稳定性等试验，确认产品是否满足产品设计要求，主要考核零部件的材料、生产工艺、模具工装等，因此试验样件必须为正式模具工装样件。

与门饰板相关的整车试验有夏季/冬季路试、暴晒试验、综合道路环境模拟试验、雨淋试验等。门饰板主要的子系统试验为侧门开闭耐久试验（Side Door Environmental Slam Test）。该试验的主要目的是验证车辆经受诸如热、冷和潮湿等各种可能的环境条件后，确保整个车门系统（包括门饰板、车门钣金件、车门附件、电器、后视镜等所有车门系统中的零部件）的使用功能是否可靠。试验在软模、工装、预试生产等各个开发阶段进行，直至各项设计符合功能要求。考虑到前门的使用次数较多，前门开关次数建议 10 万次，后门建议 6 万次，同时门饰板在整个试验过程中不允许出现如脱开、松动、异响等问题。

5. 装配要求

门饰板应便于工人线上装配，满足整车制造工序及节拍要求，装配时尽量避免使用专用工具，且在模具启动前，对数据进行模拟装配校核。如有条件，可做快速样件进行验证。对于尺寸较小且外形类似的零部件，需设计防错结构。

6. 售后要求

在设计时应考虑门饰板在过往项目中的维修需求、售后零件运输的便利性、门饰板子零件的组合层级关系合理性等因素，并与售后工程师确认，确保满足售后维修、售后配件等需求。还应考虑零件的可拆卸性，如拆卸门饰板时，卡扣基座（Doghouse）不能出现破损情况，卡扣需承受 2 ~ 3 次拆卸要求。另外，也应考虑在维修时尽可能采用常规工具即可完成，尽量避免专用工具。

7. 工艺要求

门饰板上子零件较多，工艺也相对复杂，如注塑、包覆、表面处理（如喷漆、电镀、INS 等）、焊接等，需要门饰板子零件满足各自的工艺可行性要求。

三、门饰板总成结构设计

1. 定位与安装

（1）定位

对于门饰板与钣金件的定位方式，可用圆柱（BOSS 柱）定位柱、十字定位筋或塑料卡扣进行定位。考虑到前门饰板的重要关注点为门饰板与仪表板之间的匹配，因此建议前门饰板的四向（X，Z）定位放于前门饰板的前端，两向（Z）定位放于前门饰板的后端；而后门饰板的重要关注点为后端与窗框之间的匹配，因此后门饰板的四向（X，Z）定位建议放于后门饰板的后端，两向（Z）定位建议放于后门饰板的前端；其余卡扣和安装螺钉作为 Y 向定位。前门饰板总成的定位示意图如图 9-13 所示，四向定位（B 基准）放置在前端与仪表板匹配处，两向定位（C 基准）放置在后端，其余固定点作为 Y 向辅助定位。此外，在门饰板各子件内部配合中，也均应布置四向与两向定位，以保证零部件内部配合满足尺寸技术规范（Dimensional Technical Specification，DTS）要求。

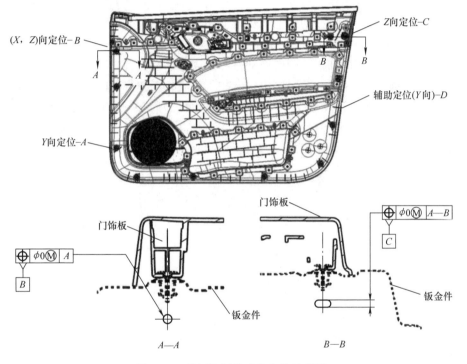

图 9-13　前门饰板总成的定位示意图

（2）安装

常见的门饰板安装和紧固方式有塑料卡扣、自攻螺钉和金属卡扣等。对于卡扣与螺钉的选择，应尽量采用平台化策略，避免装配线上混料，便于装配工人安装操作，这也可有效减少后期装配、试验等问题。门饰板总成的安装与紧固需要考虑如下几个因素：

① 可靠性及外观。设计门饰板时，一方面要考虑门饰板的安装强度及紧固可靠性，另一方面还需要考虑其外观要求。因此门饰板的安装多采用卡扣和螺钉混合安装方式，也有部分车型门饰板总成采用全卡扣方式安装。根据门饰板各固定位置

的不同，并结合各种安装方式的优缺点选择不同的紧固件。例如，为了保证门饰板的外观，在可视区域或乘员高关注区域上多采用卡扣紧固；在门内开拉手、关门把手等受力的位置，通常采用螺钉的安装方式，以保证受力零件的强度；又如，为保证门饰板整体的安装强度，可在门饰板下端不易看到的区域采用螺钉安装的方式。

② 防水性。应确认所使用的安装区域是否有明确的防水性能要求。如有防水性能要求，则一般选用的塑料卡扣或金属卡扣上须包胶或含有海绵垫等防水材料。

③ 钣金件安装尺寸。确认所使用的安装卡扣是否与车门钣金件固定孔的尺寸大小、形状、厚度、精度、位置度等相匹配。一般在前期开发时，就需要先确认门饰板上所使用固定卡扣类型及紧固点位置，以便输入给车身工程师进行车门钣金件安装孔的设计和开发工作。另外，还需注意的是车门钣金件孔的冲压方向要和卡扣的安装方向一致，以避免冲切的毛边影响卡扣的插入力和拔出力。

④ 紧固点的布置间距。门饰板周围的紧固点通常均布在门饰板的前、后、下边界附近，通常要在门饰板装配的便利性和紧固可靠性二者之间平衡。为了保证门饰板与钣金件间隙以及在开关门试验中卡扣不松脱，卡扣之间的间距不宜过大。如图 9-14 所示，一般前端（近铰链）区域的卡扣间距为 180~220mm，后端（远离铰链）区域的卡扣间距为 160~180mm，下端区域的卡扣间距为 200~240mm；另外，门饰板的前下角和后下角拐角处尽可能地布置卡扣以保证门饰板与门钣金件的间隙。

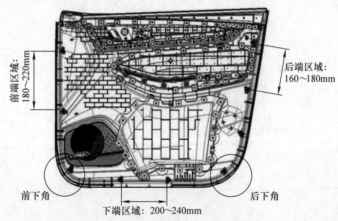

图 9-14 门饰板紧固点布置示意图

⑤ 紧固点至翻边距离。考虑到门饰板翻边与钣金件的匹配，一般建议门饰板卡扣中心位置离门饰板翻边距离不大于 32mm。

⑥ 特殊区域要求。对于一些具有较高外观要求的门饰板区域，例如门饰板大翻边区域，经常会设置一些金属卡扣固定点作为辅助紧固，以控制门饰板翻边与车门钣金件之间的 Y 向间隙。

目前，门饰板主要有两种装配方式：Y 向装配和旋转装配，如图 9-15 所示。

① Y 向装配中门饰板上端不悬挂于钣金件或者内水切，直接通过 Y 向装配将

卡扣或螺钉装入钣金件中，装配简单，无需旋转。但是此种装配方式上装饰板与玻璃间隙控制难度大，卡扣力要求更高。

② 旋转式装配中门饰板上端悬挂于钣金件或者内水切，门饰板结构设计简单，成本较低，但装配相对较复杂，易与窗框或三角窗装配干涉，在前期需要进行模拟装配或者快速样件验证装配。目前此方案应用更为广泛。

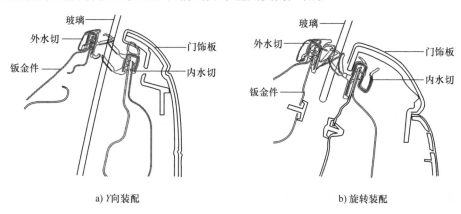

a) Y向装配　　　　　　　　　　　　b) 旋转装配

图 9-15　门饰板装配方式示意

如图 9-16 所示，旋转装配过程主要分为三个步骤。部分车型中三角窗饰板先于门饰板装配，导致在门饰板旋转过程中，门饰板与三角窗饰板干涉；在设计开发前期，应进行 3D 数据模拟装配，通过改变装配方式或者匹配结构来减小干涉量。由于门饰板为非完全刚性件，在实际装配中可通过自身变形来消化一定干涉量。如在模拟校核中存在干涉，且在结构难以调整的情况下，建议通过快速样件进行实物装配验证。

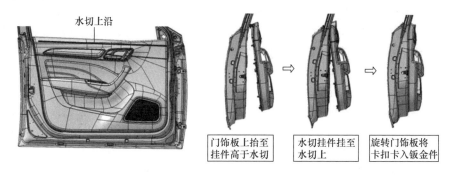

门饰板上抬至　　　水切挂件挂至　　　旋转门饰板将
挂件高于水切　　　水切上　　　　　卡扣卡入钣金件

图 9-16　门饰板旋转装配过程示意图

Tips2　部分车型后车门窗框钣金件 X 向开口尺寸会往上收窄，导致门饰板上抬装配至水切上时，门饰板与窗框干涉，造型阶段即须识别此问题。可通过在门饰板后端增加三角窗饰板或者适当增大上装饰板与窗框的间隙改善此问题。

2. 匹配设计

(1) 门饰板与二道密封条的匹配设计

门饰板翻边与二道密封条的匹配形式主要有两种：大翻边形式与小翻边形式。前者翻边宽度尺寸较大，密封条压接于门饰板大翻边上，密封条与门饰板配合密封，如图 9-17 所示；后者翻边宽度较小，密封条压接于钣金件上，密封条与钣金件配合密封，如图 9-18 所示。

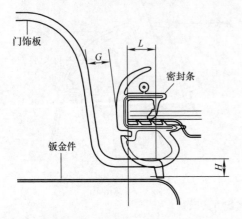
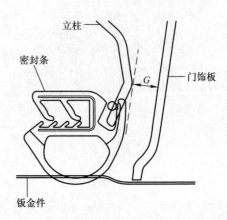

图 9-17　门饰板大翻边形式　　　　　　图 9-18　门饰板小翻边形式

在车门开闭过程中，为避免门饰板与密封条刮蹭而导致密封条磨破的问题，须在前期设计阶段进行运动校核，保证两者最小运动间隙。通常最小运动间隙建议大于 5mm。根据此运动间隙，设计合理的静态间隙。门饰板与密封条静态间隙 G 设计建议：铰链侧建议大于 5mm；考虑到下端门槛处门钣金件的下沉问题，建议大于 9mm；远离铰链侧，建议大于 7mm。

大翻边形式门饰板需重点考虑密封条与门饰板翻边的搭接量 L，需根据密封要求给出参考值，避免影响车门密封性能，一般搭接量 L 为 8~10mm；此外，为保证门饰板翻边外观，建议翻边高度 H 尽量统一，特别在远离铰链侧的高关注区域，一般翻边高度 H 为 4~6mm。

(2) 门饰板与钣金件匹配设计

门饰板和钣金件的配合区域主要包含：门饰板周边和钣金件 Y 向配合间隙、门饰板上端和窗框配合间隙。为防止门饰板刮擦车门钣金件涂料，门饰板翻边与钣金件间建议设计 0.5mm 的配合间隙，且可以每间隔一定的长度间断地布置高0.5mm 的凸台，以保证间隙均匀；同时钣金件此处也可做沉台处理，在一定程度上遮挡此缝隙，如图 9-19 虚线框内所示。

门饰板周边和钣金件之间的预留 0.5mm 间隙是针对门饰板本体等硬塑件的情况。对于一些中高档车型，若与钣金件配合件为织物或 PVC 包覆，可做零贴。

此外，为防止零件制造偏差导致门饰板和窗框干涉无法安装，通常门饰板与窗框在 X 向上需留有一定的间隙，建议间隙值 1.0mm，如图 9-20 所示。

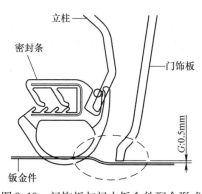

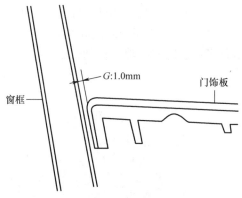

图 9-19　门饰板与门内钣金件配合形式　　　图 9-20　门饰板与窗框配合形式

（3）门饰板与内/外水切、车窗玻璃匹配设计

门饰板和内水切有两种常见的配合形式：内水切安装于门饰板和内水切安装于门钣金件，分别如图 9-21 和图 9-22 所示。在第一种匹配形式中，内水切卡接在门饰板上，门饰板和玻璃的间隙与内水切的具体断面形式有关。在第二种匹配形式中，门饰板挂接在内水切上，与玻璃存在直接匹配关系，主要要求如下：

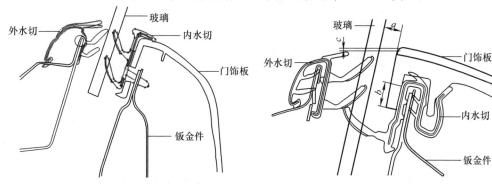

图 9-21　内水切安装于门饰板　　　　图 9-22　内水切安装于门钣金件

① 综合考虑两者的制造、装配公差，门饰板与玻璃间隙值 a 建议大于 5mm。

② 为防止旋转上装饰板时门饰板从内水切中翻出，上装饰板与内水切需保证一定搭接量 b，建议不小于 5mm。

③ 为保证外水切与门饰板 Z 向匹配美观，建议门饰板上装饰板最上端高于变形后外水切，Z 向高度差 c 值建议为 0~1mm。

（4）门饰板与仪表板匹配设计

因为仪表板、门饰板、车身自身零件公差，以及零件装配公差，且此匹配关系位于乘员主视区，所以两者两侧间隙控制为内饰匹配中的重点与难点。

目前两者匹配形式主要为如下两种方式：

① 倒八字匹配：匹配间隙朝乘员；此种匹配方式使得外观不连贯，匹配缝隙

朝向驾驶员,影响内饰外观品质,但匹配界面相对简单,如图 9-23 所示。

② 正八字匹配:匹配间隙朝车外侧;此种匹配方式使得造型流畅美观,有效弱化了两者匹配间隙,但门饰板上装饰板需倒扣设计,结构设计复杂,且通常上装饰板前端与仪表板存在 Z 向匹配关系,匹配难度相对倒八字匹配形式更大,如图 9-24 所示。

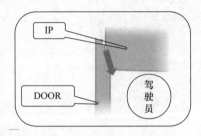

图 9-23 门饰板与仪表板匹配——倒八字匹配

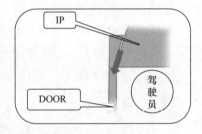

图 9-24 门饰板与仪表板匹配——正八字匹配

(5) 门饰板与仪表板、A 柱上饰板匹配设计

由于造型、拔模方向等原因,门饰板与仪表板、A 柱上饰板(以下简称"A 柱")三者交接区域从视觉上观察会存在"老鼠洞"问题,如图 9-25 与图 9-26a 所示。

图 9-25 门饰板与仪表板、A 柱匹配结构

目前有如下两种常见的优化方案:

① 方案一:A 柱靠近门饰板一侧正出模(相对于正 Y 向),仪表板对 A 柱进

行全包围，即此处仅存在门饰板与 IP 的匹配界面，如图 9-27a 中参考车型与图 9-26b所示。

② 方案二：A 柱靠近门饰板一侧倒扣（相对于正 Y 向），且与门饰板平行匹配，缩小门饰板与 A 柱间隙（只需要满足最小安全间隙要求即可），如图 9-27b 中参考车型与图 9-26c 所示。

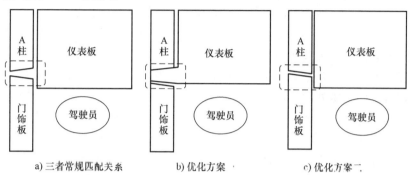

a) 三者常规匹配关系　　　b) 优化方案一　　　c) 优化方案二

图 9-26　门饰板与仪表板、A 柱匹配关系

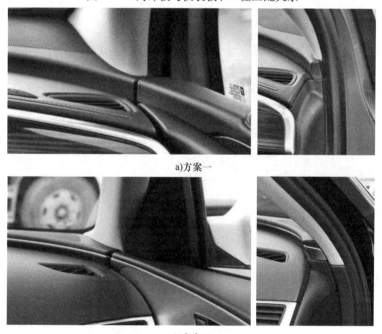

a)方案一

b)方案二

图 9-27　门饰板与仪表板、A 柱匹配结构优化方案

3. 关键零件设计

（1）上装饰板

上装饰板可分为硬质上装饰板和软质上装饰板两种。

① 硬质上装饰板主要表面处理工艺为皮纹腐蚀，其材料常采用 PP 类，常用于小型车与紧凑型车。为了提升品质，在保证成本不大幅增加的前提下，部分车型采用皮纹加微纹处理，或者使用低光泽度的材料实现视觉软触感的效果。

② 软质上装饰板通过软质材料包覆，有效提升了内饰品质，常用于中大型车。随着顾客对内饰品质关注度的提高，很多自主品牌的紧凑车型的上装饰板也已开始采用软质包覆并增加缝线，以提升产品竞争力。软质上装饰板的常见的表皮材质包括 PVC 和 TPO，由于后者低散发特性、低密度的特点，目前应用越来越广泛。

前门上装饰板与仪表板存在匹配关系，而后者通常 Z 向高于门饰板，为光顺两者型面，上装饰板此处会存在 Y 向倒扣，如图 9-28 所示。为了避免分型线外露，上装饰板可采用包覆处理，或者调整上装饰板出模方向。上装饰板主要通过焊接或者螺钉与本体连接，两者的搭接界面常贯穿于整个门饰板，因此两者紧固点尽量不要位于一条直线上，建议呈 W 状交错布置，避免因强度较低导致上装饰板绕紧固点扭转。此外，上装饰板与本体两侧匹配难度大，易出现较大面差，因此会在两者匹配前后端设计限位结构，限制两者 X 向面差与 Z 向间隙，如图 9-29 所示。

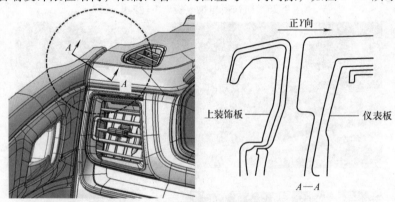

图 9-28　上装饰板与仪表板配合界面

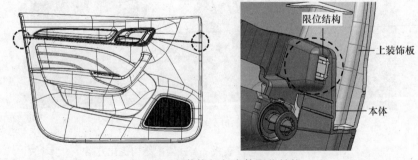

图 9-29　上装饰板与本体限位结构

（2）中嵌饰板

中嵌饰板也可分为硬质与软质。软质中嵌骨架通常为 ABS 或 PP 类材料，后者的表面活性较差，需在包覆前进行火焰处理或其他活化处理，提升骨架粘附力。表皮材质包括织物、PVC、麂皮、真皮等。其中织物和 PVC 应用最为广泛，麂皮在豪华轿车、跑车内饰中较为常见，但近几年在中高级轿车、SUV 中应用也逐渐增加。

中嵌饰板多以焊接方式与扶手或本体进行连接，通常有两种装配形式：前装与背装，如图 9-30 所示。在前装方式中，焊接柱位于中嵌饰板上；在背装方式中，焊接柱位于本体或扶手上。背装可节省手工包边工序，但对于造型有一定限制。因包覆件圆角较大，为避免 V 形间隙，同时突出包覆效果，建议采用中嵌饰板高于本体的面差设计。

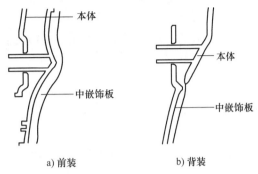

a) 前装　　　　b) 背装

图 9-30　中嵌饰板装配集成方式

（3）扶手

考虑到扶手区域为乘员肘部主要接触区域，扶手多为软质包覆，仅有部分小型车或者紧凑型低配车型会采用硬质材料。在前期造型过程中需结合包覆厚度、发泡层密度、造型情况等因素重点考虑包覆工艺可行性，如圆角大小、拉伸深度等。此外，考虑到扶手造型的特异性，通常为手工包覆，为保证实际包覆样件与造型面的一致性，在数据完成后应进行快速样件试制与评估。对于中嵌饰板与扶手一体式的车型，表皮会有很大拉伸，高温下表皮易与骨架分离，建议此处内凹圆角半径大于 15mm，同时控制表皮拉伸比例，前期须进行试验验证。

在中高级别车型中，为提高扶手对乘员肘部的支撑感，提升包覆立体感和成型性，在骨架与表皮间会增加单独发泡层或在骨架上进行整体发泡，成本较普通包覆更高。

扶手通常通过焊接、螺钉方式与本体或者中嵌饰板连接。由于焊接方式的成本较低，节省人工成本，在扶手连接上应用更多；但当焊接方向受限或者有拆卸需求时，则会采用螺钉的连接方式。需要注意的是，扶手会受到乘员肘部 Z 向承载力，如扶手内侧是中嵌饰板与其配合，需在两者配合处均匀布置 Z 向支撑，防止两者窜动异响。为避免后端区域扶手、中嵌饰板、本体三者配合出现"老鼠洞"的问题，可将扶手内嵌于中嵌饰板的结构中，如图 9-31 所示。

扶手通常位于乘员身体相对较脆弱的腹部，因此在侧碰过程中，扶手须起到重要的吸能作用，避免对乘员造成伤害。通常可以采用如下两种方式对此处结构进行弱化：

① 在本体扶手区域开弱化孔。

② 将扶手处焊接结构的加强筋缩短或取消。

此外，尽量避免在腹部接触及髋部区域对应的扶手上使用螺钉连接方式。如必须采用螺钉连接，则需增加螺钉头与扶手造型面的距离以增大溃缩距离，防止侧碰

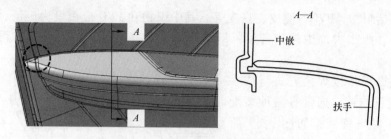

图 9-31　中嵌与扶手搭接方式

过程中螺钉从扶手中窜出对人体造成伤害。

（4）地图袋

地图袋通常采用焊接和卡接结合的形式与本体进行连接固定。为提高地图袋翻边的强度，通常在地图袋翻边区域增加加强筋。筋数量建议 5～7 条，翻边上端 Y 向宽度 w 不小于 10mm。同时为防止乘员在取放物品时加强筋割手，加强筋间隔 d 建议不大于 3mm。加强筋型面须做圆弧过渡，避免有凸起的加强筋，且地图袋翻边上端须倒角，如图 9-32 所示。此外，也可以通过增加地图袋翻边处的料厚以增加强度，推荐此处料厚 3～3.5mm。部分中高端车型上也采用气辅成型工艺增加翻边厚度，或者增加焊接件，强度更高且可有效消除割手的问题，但成本会相应提高。

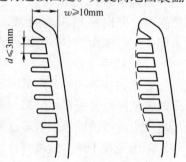

图 9-32　地图袋加强筋示意图

（5）内开拉手

内开拉手通常先与门饰板总成集成，再与门饰板总成一起安装至车门钣金件上，也有的单独通过卡接及螺钉固定到车门钣金件上。内开拉手集装饰与功能于一体，既能提供优美外观，又能满足人机工程、功能性、使用方便性等要求。内开拉手与门拉索连接，具有开启车门的功能，并可集成部分功能件，如安全锁、高音扬声器等。

1）内开拉手的组成

内开拉手一般由底座、装饰条、安全锁、手柄、转轴、弹簧、缓冲垫和润滑脂等组成，如图 9-33 所示。

2）内开拉手的装配及固定方式

内开拉手可通过前装或背装的方式装配到门饰板上，如图 9-34 所示。考虑到方便售后维修、降低成本及利于匹配，内开拉手一般通过卡接及螺钉固定的方式集成至门饰板总成上。前装的螺钉柱位于内开拉手底座上，背装的螺钉柱位于门饰板上。

3）转轴的布置

转轴一般选用金属材料，直径推荐 4mm。转轴的布置需充分考虑弹簧的设计，

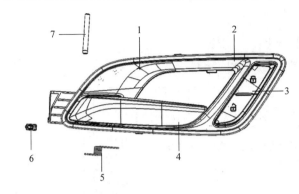

图 9-33 内开拉手组成

1—底座 2—装饰条 3—安全锁 4—手柄 5—弹簧 6—缓冲垫 7—转轴

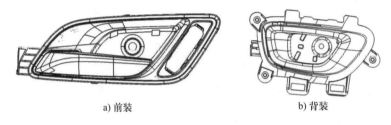

a) 前装   b) 背装

图 9-34 内开拉手集成至门饰板上的装配方式

建议转轴中心线与拉手底座的外表面距离不小于 8mm，如图 9-35 所示。

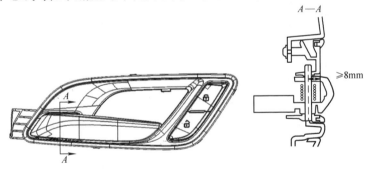

图 9-35 转轴的布置

4）弹簧的设计

弹簧的设计须充分考虑内开拉手的开启力、耐久试验、整车开关门试验以及 GB 15086—2013《汽车门锁及车门保持件的性能要求和试验方法》对内开拉手的要求，可在前期对弹簧进行力矩分析计算。图 9-36 所示为某车型内开拉手弹簧力分析计算示意图，可用于评估弹簧是否满足如下设计要求：

① 内开拉手受到 $30g$ 加速度的冲击下，弹簧须阻止车门自动打开，即弹簧装配力矩 $T_1 >$ 加速度力矩 T_g（g 为重力加速度）。

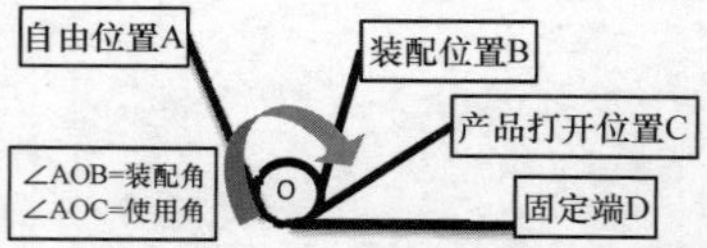

自由位置A　装配位置B　产品打开位置C　固定端D

∠AOB=装配角
∠AOC=使用角

螺旋式扭簧样式/技术要求：

材料：琴钢丝G1	材料牌号：请选择
线径：1.5±0.02	循环寿命：请选择
图拉：6.25	盐雾试验：请选择
旋向：左旋	材料执行标准：请选择
角度：26.1	其他要求：
力臂：148.5	
使用时 角度：66.1	
力臂：375.8	1、
弹簧定数：5.68	
内径：6.5	
中径：8	请选择
表面处理：	

弹簧半径/mm	8
中径范围：6.15~8	
弹簧单边预留间隙	
弹簧放置空间/mm	7.5～1.5mm
最小空间隙：10.5 mm以上	12

输入手柄打开角度暴拉力距离/L	40°(°)
	80mm
最大允许输入：1.89 N	N

√在产品受到30g加速度下，弹簧可阻止车门自动打开，即 $T_3 > T_G$

√产品所需要使用的力矩在车门的极限范围内，即：$T_2 \le T_{弹簧}$

√当把手开启时所需的最小操作力为：1.85N，完全打开时最大的操作力为：4.7N

√弹簧中径、放置空间均在有效范围内！

—— 弹簧校核成功！ —— 确认

表格1. 加速度扭矩计算-已完成√

力矩/N·mm	力矩/N	手柄质量/g	加速度/N/kg	转轴到重心的竖直距离/mm	
$T_c=$	F *	M	$9.8\ N*G$	L *	*
		24.952	30	20.54	N·mm
					148.5

当把手坐标与大地平面有斜度时，请在下面输入角度

$a_1=$ 度

表格2. 弹簧工作最大允许扭矩-已完成√

材料（可选）国际1912	拉拉强度（可选）国标完成√	弹簧种类（可选）	系数（范围内输入）	弹簧选项（可选）
琴钢丝G1	线径/mm	弹簧线径/mm	I/10万次	左旋 短扭臂
1.5	弯曲应力/MPa	π	0.6	
	抗拉强度*系数/	圆周率	范围：0.5~0.6	短扭臂
	1147.2	3.14	32	
		弹簧线径/mm d^3	32	
		3.375		
$T_{弹簧}=$	N·mm	N·mm		
379.9				

表格3. 弹簧定数计算K-已完成√

定数/N·mm/(°)	弹性模量N/mm²	弹簧图数 n	与弹簧线径/mm
$K_{定}=$	国际值：206000	范围6.15~8	弹簧线径 d^4
	弹性模量 206000	6.25	5.06
	π	$3670 \times n \times D$	
	3.14	183500	
5.68	N·mm/(°)	N·mm/(°)	

表格4. 装配力矩操作力计算-已完成√

	T弹簧/K	把手打开角度/k
T_1产品打开力矩 √	弹簧/K	
T弹簧自由度/K	66.8°	
T_1产品打开40°的力矩	227.3 N·mm	
T_2使用角度力矩 T_3+T_1	375.8 N·mm	
T装配力矩 T_G	148.5 N·mm	
∠弹簧装配角度 T_3/K	26.1(°)	
∠弹簧使用角度 T_2/K	66.1(°)	
最大操作力为：4.7N		
最小操作力为：1.85N		
可输入最小操作力>>>		
增大图数可增大值		
最大允许输入：1.89 N		

图 9-36　某车型内开拉手弹簧力分析计算示意图

② 内开拉手的工作力矩须在弹簧的极限扭矩范围内，即工作力矩 T_2 < 弹簧极限力矩 T_s。

③ 通过弹簧力分析可以计算得出拉手开启时的最小操作力与完全打开时的最大操作力，并校核是否满足设计要求。

④ 对于弹簧线径、圈数等的选择以及上限应力系数的校核可详见 GB/T 23935—2009《圆柱螺旋弹簧设计计算》。

对于弹簧装配力矩 T_1、工作力矩 T_2、加速度力矩 T_g、极限力矩 T_s 可分别通过 GB/T 23935—2009 中查得，并代入相应参数计算得到。

> **Tips3** 弹簧的结构布置建议：
>
> ① 弹簧一端与底座保证至少 5mm 卡接量，防止拉手回弹关闭过程中，弹簧卡接端脱出。
>
> ② 弹簧与手柄背部结构之间至少有 2mm 以上的间隙，避免产生异响。

5）内开拉手开启角度设计

为保证车门能正常打开，内开拉手的开启行程（L）要比门锁的开启行程大。为保证手柄的操作舒适性，一般推荐开启角度（α）为 40°~50°，如图 9-37 所示。确定了内开拉手的开启行程和开启角度后，即可计算出内开拉手手柄与门拉索连接的卡接位置（图中 R 的中心点）。

6）内开拉手运动包络要求

内开拉手手柄开启与回弹（通常反转 5°）的过程中，手柄与周边件间隙不小于 5mm，与内开拉手底座的间隙不小于 1mm，如图 9-38 所示。

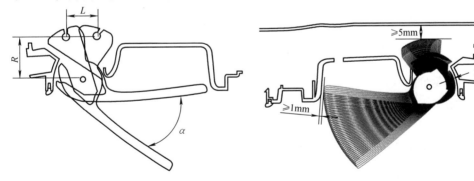

图 9-37　内开拉手开启角度设计　　　　图 9-38　内开拉手运动包络间隙要求

（6）关门把手

门饰板关门把手主要有两种形式：把手形式（grab handle）与拉杯形式（pull cup），如图 9-39 所示。

1）把手形式

把手形式通常会布置两个固定点，通过螺钉固定于钣金件，如图 9-40 所示。

把手通常分为两部分：把手底座与把手盖板。考虑到把手受力强度，把手底座一般通过螺钉连接于本体；把手盖板通过金属卡簧和 Snap 型卡扣连接于把手底座。Snap 结构需均匀布置于底座的周围，建议间隔 40mm 内布置一个 Snap，防止手握把手时因盖板扭转而产生异响，如图 9-41 所示。同时考虑到后期拆卸便利性，通常在非高关注区域预留盖板拆卸口。

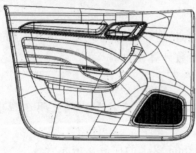

a) 把手形式

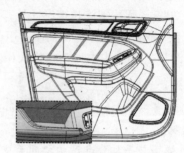

b) 拉杯形式

图 9-39　门饰板关门把手形式

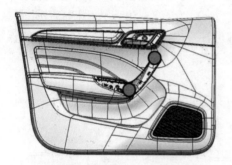

图 9-40　把手形式固定点

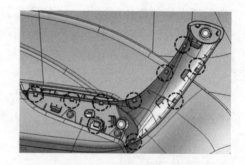

图 9-41　把手盖板 Snap 示意

为避免分型线在把手底座两侧而导致割手，把手底座可采用滑块对抽方式，将分型线隐藏于底座背部位置；也有很多车型采用气辅成型工艺，将两者分件位置调整至把手正面。

考虑到把手底座强度，底座与盖板材料通常选择耐高温 ABS 或 PC + ABS，也可以选择 PP 类材料。对于 ABS 和 PC + ABS 类把手底座，料厚建议 2.5 ~ 3mm；对于 PP 类材料的把手底座，料厚建议 3.5 ~ 4mm。

在部分中高级车型上，把手盖板与扶手一体，骨架先采用整体发泡，再包覆表皮层，将钣金螺钉点移至把手侧面或扶手下端不可见区域。

2）拉杯形式

拉杯一般通过 Z 向螺钉紧固于金属支架上，而金属支架通过螺钉或铆接固定于钣金件上。由于拉杯此处受力较大，建议拉杯通过焊接或螺钉紧固于扶手或本体上。

目前很多车型扶手与拉杯会存在直接匹配关系，如两者的连接结构不稳定，则在操作拉杯过程中拉杯与扶手存在相互位移会引起摩擦异响，因此两者配合连接结构的稳定性十分重要。扶手与拉杯常见的配合方式主要有两种：扶手压接拉杯和拉杯压接扶手。图 9-42 所示为扶手压接拉杯的配合结构，分别为扶手与拉杯 Z 向卡接和扶手与拉杯 Y 向卡接，均能有效防止两者窜动异响。图 9-43 所示为拉杯压接扶手的配合结构，此配合结构常见于开关面板与拉杯集成的车型中，需要注意的是在拉杯受力处需做拉杯与扶手的 Y 向支撑，防止拉杯受力窜动。

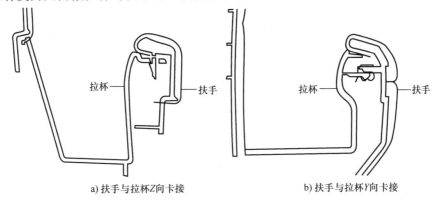

a) 扶手与拉杯Z向卡接　　　　　　　b) 扶手与拉杯Y向卡接

图 9-42　扶手压接拉杯的配合结构

对于拉杯形式的关门把手，通常可设计具有手握特征的拉杯，以提升门饰板操作舒适性和品质感，如图 9-44 所示。

（7）装饰条

装饰条可以通过不同颜色、纹理和材质的组合有效提升内饰品质。为保证饰条骨架与表面装饰层有良好的结合力，骨架材料通常采用 ABS 或 PC + ABS。饰条工艺主要有皮纹、喷漆、电镀、水转印、IMD、INS、TOM、真铝、真木等，很多中高级别车型也出

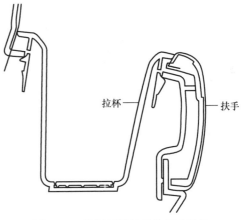

图 9-43　拉杯压接扶手的配合结构

现了多种工艺组合装饰。随着全球对环保要求的重视，喷漆、电镀、水转印等由于生产过程对环境有影响，更多地被模内装饰所取代。模内装饰因加工环境污染小，纹理选择多样化，受到更多车企的青睐。

考虑到拆装便利性，饰条一般通过 Snap 型卡扣与对手件（上装饰板或本体）紧固，如零件较大或者结构空间不足，也可采用焊接方式紧固。对于电镀饰条，推荐采用卡接方式，如用焊接紧固，焊接柱可采用十字筋形式，防止圆柱形焊接柱内

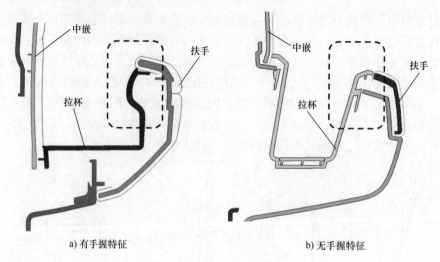

a) 有手握特征   b) 无手握特征

图 9-44   门饰板拉杯手握特征

积存电镀液。对于薄膜装饰，应考虑薄膜的拉伸性能、拔模角度、最小圆角等。比较而言，TOM、INS 工艺薄膜拉伸性能较好，IMD 拉伸性能较差。此外，不同饰条工艺对于零部件造型的要求也不一同，应在前期造型阶段即考虑工艺因素的限制与影响。

（8）扬声器罩

扬声器罩用于遮蔽扬声器，同时作为扬声器声音传递的主要途径，其造型及开孔的精细程度影响乘员的视觉和听觉感受。扬声器罩材料以塑料为主，可与本体一体注塑，也可单独拆件，通过卡扣卡接或焊接固定于门饰板上。因为金属扬声器罩对网孔造型限制更小，在声音传播过程中对音质损失小，且其表面处理多样化，更能突显内饰高级质感，所以在很多中高级车型上的应用也越来越广泛。目前塑料扬声器透音孔较多为规则圆形，需注意网孔前后模拔模斜度设计，避免粘模问题。随着汽车内外饰造型风格的不断变化，很多车型上也出现了异形扬声器孔。另外，须评估扬声器罩的低温强度试验是否能满足设计要求，可在前期通过 CAE 分析、模流分析、软模样件进行综合评估。

（9）防撞块

防撞块目前主要有两种形式：一种为发泡型，通常为 EPP 发泡；一种为注塑型，通常为 PP 或 PE，单独注塑或与地图袋集成一体注塑。相比发泡型防撞块，注塑型防撞块的成本更低，装配固定方式更简单，且后期更利于根据试验结果进行结构调整，应用越来越广泛，如图 9-45 所示。通常，如采用发泡型防撞块，则防撞块与钣金件间的距离应大于 10mm；如采用 PP 或 PE 注塑型防撞块，则防撞块与钣金件的间隙应大于 5mm。对于防撞块针对侧碰保护的结构设计，可通过调整防撞块的接触面积来满足侧碰要求。防撞块的位置可根据假人 H 点位置进行布置，通常建议防撞块覆盖髋部冲击块 2/3 区域。对于注塑型防撞块，也可通过调整支撑柱料厚或者调整支撑柱的弱化孔面积来达到希望的效果。在项目开发前期，根据 CAE 分析结果最终确定是需要增加还是减小防撞块的强度，同时在后续的门饰板子系统试验中进一步验证。

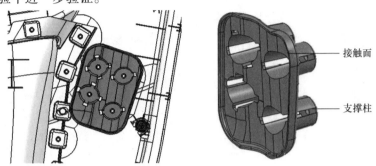

图 9-45　注塑防撞块的结构

接触面

支撑柱

4. 胸部侧碰安全设计

胸部区域的侧碰冲击是门饰板动态冲击试验中较难满足要求的部分。首先，在前门胸部区域，侧碰安全需求往往会与人机肩部空间相矛盾。为增加门饰板侧的碰溃缩量，门饰板造型面应尽量往车内布置，但考虑到乘员肩部空间，门饰板造型面又应朝车外布置。其次，胸部区域的造型特征也相比其他区域更复杂，存在多层结构叠加，如图 9-46 所示。与此同时，为了控制门饰板上端与钣金件的间隙，卡扣也会布置于此区域。在多方面综合影响下，门饰板胸部区域刚度会很大，胸部区域的动态冲击试验结果往往会远超过限定值。

车身结构与门饰板结构在整车侧碰中对假人的伤害均有较大影响。当车身结构改动受到一定条件限制时，可以在门饰板设计前期采用如下方案。

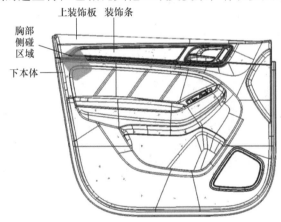

上装饰板　装饰条

胸部侧碰区域

下本体

图 9-46　门饰板胸部冲击区域示意图

（1）造型空间优化

在满足肩部空间的基础上，尽量增大胸部冲击区域门饰板造型面与钣金件的距离；但考虑到此处车内乘坐空间的需求，门饰板胸部区域造型面无法往车内偏移过多。在满足造型需求的基础上，可以适当调整上装饰板与本体分件位置，尽量使装饰条避开冲击区域。如三者在冲击块区域汇集，则背部结构会存在多层组合，此处刚度会成倍提高。

（2）门饰板结构弱化

在卡扣 doghouse 侧边增加弱化槽与弱化孔，如图 9-47 所示。需要注意的是，槽的深度不宜过大，以免影响 doghouse 的强度，具体弱化槽与弱化孔布置位置可以根据 CAE 分析中门饰板溃缩的结果来确定。对于弱化后的 doghouse，卡扣底座破坏力试验可以通过 CAE 分析及实物 DV 试验进行二次确认。

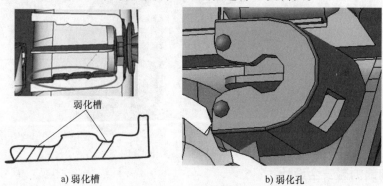

a) 弱化槽   b) 弱化孔

图 9-47 卡扣座弱化方式

上装饰板与本体在胸部冲击区域的料厚可局部减薄。对于上装饰板是包覆的车型，上装饰板与本体可在此区域做弱化槽处理，如图 9-48a 所示。同时，上装饰板、本体与钣金翻边接触面也可进行减薄，如图 9-48b 所示。对于上装饰板骨架为 PC + ABS 的车型，可以采用上装饰板前装，避免多个 PC + ABS 零件多层翻边结构的叠加而导致增大刚度。

壁厚减薄

a) 正面弱化   b) 侧面弱化

图 9-48 胸部区域弱化方式

此外，胸部碰撞区域的定位结构以及上装饰板与本体的互锁结构对于碰撞的影响值也非常大，因此在不影响各子件匹配的前提下，尽可能将各子件的定位结构移出冲击区域，同时降低上装饰板与本体互锁结构的高度，也可以通过减薄互锁结构根部厚度的方法，使其更易溃缩。

四、门饰板总成常用材料和工艺

1. 门饰板总成常用材料

门饰板因其结构、功能、性能、表面处理方式等不同，采用材料种类较多，具体如下：

① 本体件：PP + EPDM – T20、PP/PE、PP – T20 等。

② 包覆类

- 表皮：PVC、TPO、PU、织物、真皮等。
- 发泡层：PU 发泡。
- 骨架：PP + EPDM – T20 、ABS、PC + ABS 等。

③ 装饰条：ABS、PC + ABS 等。

④ 功能件：PP + EPDM – T20、PP/PE、PA6 – GF30、PC + ABS、ABS、PC 等。

⑤ 其他：PP + PET、PP/PE、PP + EPDM – T20、POM、PA6、65Mn、镀锌钢等。

2. 门饰板总成常用工艺

门饰板上各个部分组成零件的常用工艺类型如下：

① 本体件：注射。

② 包覆类

- 表皮：搪塑、阴模真空成型、阳模真空成型、PU 喷涂等。
- 发泡层：发泡。
- 骨架：注射。

③ 装饰条：注射、喷漆、电镀、水转印、IMD、INS、包覆、热烫印等。

④ 功能件：注射、喷漆、电镀等。

⑤ 其他：冲压、发泡等。

第三节　防　水　膜

一、防水膜概述

防水膜由防水膜膜片和防水膜胶条组成，用于门饰板与车门钣金件之间的防水和密封。部分防水膜还可起隔声降噪作用，如图 9-49 所示。

二、防水膜技术要求

1. 可靠性要求

防水膜应满足如下可靠性要求：

① 稳定性：热存放、环境循环试验后，防水膜没有明显变形，且与钣金件没有脱开现象。

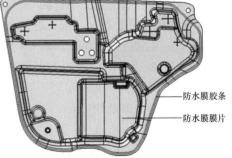

防水膜胶条
防水膜膜片

图 9-49　防水膜的主要组成

② 雨淋测试：通过雨淋测试后，要求防水膜没有漏水现象。

③ 剥离力：满足防水膜的剥离力要求。

2. 装配要求

要求胶条与钣金件完全贴合，可采用滚轮等工具来协助安装。针对钣金件上有胶槽的车型，要求装配时确保胶条在凹槽内。针对丁基胶，装配时要求确保防水膜总成温度保持在 20~40℃，装配温度较低时需要使用烘箱进行加温。

三、防水膜结构设计

1. 定位与安装

为了方便定位和安装，建议防水膜采用上端前后两个定位孔进行定位，在车门钣金件上相应的位置设置定位特征，如图 9-50 所示。

2. 关键零件设计

（1）防水膜膜片设计

防水膜按其材质可分为两大类：软质防水膜和硬质防水膜。软质防水膜主要有 PE 薄膜、XPE 发泡膜、EVA 膜等，该类防水膜通过胶与钣金件粘结到一起。硬质防水膜常见如 PP类注塑膜，该类防水膜一般有两种类型：一种是通过螺钉或螺栓与车门钣金件固定连接到一起，再在外圈挤压一层 PU 发泡用于防水和密封；另一

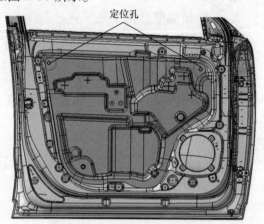

图 9-50　防水膜常见定位方式

种是通过在防水膜上设计 U 形卡槽直接卡在车门钣金件开孔的翻边上，此类防水膜的主要设计难点在于卡槽与钣金件翻边要合理匹配，既能取得较好的密封、防水性能，又能方便装配。

下面简单介绍一下软质防水膜的三种主要材质及其特点：

① PE 薄膜：厚度约为 0.3mm，采用冲切或吹塑成型，再使用粘结胶粘结在钣金件上。PE 薄膜的优点：制作简单，价格便宜，有优良的防水性；缺点：不耐磨损，穿孔处应力集中现象明显，容易撕裂，且隔声、吸声效果差。

② XPE 发泡膜：厚度约 3mm，采用吸塑成型，然后冲切成需要的形状，再使用粘结胶粘结在钣金件上。XPE 防水膜的优点：有较好的耐磨性能、防水密闭性能和隔声性能，且有良好的可成形性，便于装配；缺点：成本较 PE 薄膜高，易撕裂。

③ EVA 膜：厚度约 1mm，采用吸塑成型，然后冲切成需要的形状，再使用粘结胶粘结在钣金件上。EVA 防水膜的优点：有良好的可成型性，优良的防水密封性，且能更好地隔声、降噪；缺点：重量大、成本高。

（2）防水膜胶设计

防水膜的粘结胶主要有压敏胶、丁基胶、热熔胶。不同种类防水膜粘结胶的性能对比以及对应适用的防水膜基材种类见表 9-3。

表9-3　防水膜粘结胶的性能对比

序号	评价标准	压敏胶	丁基胶	热熔胶
1	材料密度	$1.02g/cm^3$	$1.25g/cm^3$	$0.98g/cm^3$
2	工艺	丝网印刷	点胶	点胶
3	施工温度	$-20\sim80℃$	$5\sim45℃$	$18\sim45℃$
4	施工特点	钣金面特别平整	钣金面较平整	钣金面清洁度要求高
5	剥离强度	$\geq500N/M$	$\geq1000N/M$	$\geq1000N/M$
6	适用基材	PE、PP、PVC 等薄膜类	EVA、PVA、XPE 等耐热性类材料	EVA、PVA、XPE 等耐热性类材料
7	成本	较低	较高	较高

（3）防水膜结构设计

防水膜设计过程中应考虑安装的便捷性、不同工况的漏水情况、与周边件安全间隙等。如图9-51所示，热熔胶和丁基胶的钣金涂胶面，要求宽度L至少为20mm，且为平面或较小坡度面，不得有台阶，可在40mm范围内钣金件高度差不大于10mm。钣金件上的漏水孔布置在涂胶路径最低区域，确保水可以从漏水孔流出。此外，防水膜底部尽量走弧线以便流水顺畅，不易积水。同时防水膜膜片到防水膜胶条需保证一定安全间隙，以防止胶条溢出防水膜边缘。通常建议：PE薄膜防水膜，膜片边缘与胶条安全距离d推荐10mm；XPE、EVA防水膜，膜边缘与胶条安全距离d推荐6mm；同时推荐防水膜边缘与车门钣金孔的距离D大于10mm。

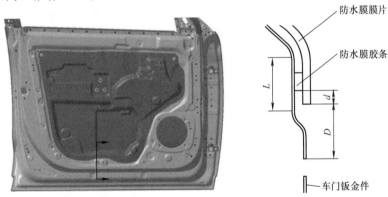

图9-51　防水膜结构设计示意图

第四节　窗框饰条

一、窗框饰条概述

窗框饰条一般出现于中高档车型上，主要起着遮掩车身窗框钣金件的美化作用。窗框饰条可分为前门窗框饰条总成和后门窗框饰条总成，均由本体、紧固件和泡沫块组成，如图9-52所示。

窗框饰条一般采用 PA6 - GF15、PA6 + EPDM - GF15 等材料，主要工艺为注塑，一般采用热流道技术。

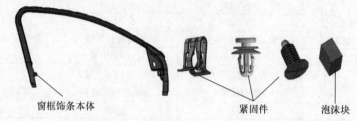

窗框饰条本体　　　　　　　　　　　紧固件　　　　泡沫块

图 9-52　门窗框饰条总成主要组成

二、窗框饰条技术要求

1. 外观要求

窗框饰条须满足项目定义的色彩纹理要求，包括皮纹、颜色、光泽度等。

产品表面应无变形、缩印、划伤、斑点、飞边和色差等缺陷，需要在设计阶段考虑通过结构与模具优化调整以避免这些缺陷，同时也需从后期生产稳定性方面进行控制。

2. 可靠性要求

门窗框饰条因其零件结构的特殊性，需要满足如下可靠性要求：

① 尺寸稳定性：高、低温循环后，试验前后测量点尺寸变化须满足试验要求。

② 耐冲击性：满足低温耐冲击试验，表面无变化，无裂纹。

③ 耐高温性：满足高温存放要求，无目视可见缺陷。

④ 耐刮擦性：刮擦前、后零件的光亮值变化满足试验要求。

三、窗框饰条结构设计

1. 定位与安装

窗框饰条与车门窗框钣金件之间的定位与紧固方式根据不同的区域结构差异而有所区别。一般情况下，窗框饰条上端与门窗框钣金件因空间限制，窗框饰条上端一圈结构倒扣，与车门窗框钣金件配合；下端设有塑料卡扣或者金属卡扣等紧固件用作定位或直接搭接在车门内钣金件上，通过门饰板压住。

2. 关键零件设计

（1）常见结构形式

窗框饰板主要有两种结构形式：全包型和半包型，如图9-53所示。其中，全包型，即窗框饰条直接将车门窗框钣金件全包围住，打开车门后车门窗框钣金件无外露，关闭车门后二道密封条压着窗框饰条起到密封作用；半包型，即窗框饰条未完全将车门窗框钣金件全包围住，打开车门后可见部分车门窗框钣金件，关闭车门后二道密封条压着窗框钣金件起到密封作用。

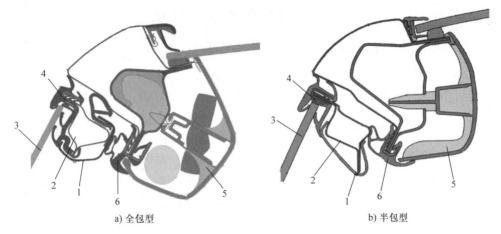

a) 全包型　　　　　　　　　　　　b) 半包型

图 9-53　门窗框饰条结构形式

1—窗框饰条　2—窗框钣金件　3—门玻璃　4—窗框密封条　5—A 柱上饰板　6—二道密封条

（2）窗框饰条与门窗框钣金件、密封条匹配设计

因空间和密封性限制，窗框饰条上端与门窗框钣金件匹配处无法布置诸如塑料卡扣、金属卡扣等紧固件结构，需将窗框饰条设计成倒扣结构，装配时硬卡入窗框钣金件上，然后与头道和二道密封条进行匹配。因此，在进行结构设计时，不仅需要确保饰条倒扣结构与门窗框钣金件有一定的搭接量（推荐 4~8mm），校核与密封条之间的搭接量、压缩量以确保密封性，还需要考虑装配便利性，设计须便于装配卡入和拆卸方便，如图 9-54 所示。

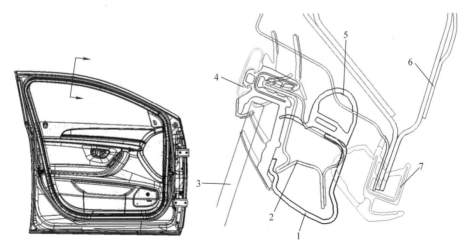

图 9-54　门窗框饰条与门窗框钣金件、密封条典型断面

1—窗框饰条　2—窗框钣金件　3—门玻璃　4—窗框密封条
5—头道密封条　6—侧围钣金件　7—二道密封条

第五节　门饰板系统品质设计

门饰板系统的品质设计体现在各个方面，主要可通过外观色彩纹理、内部结构优化等途径实现。下面将在门饰板包覆感品质设计、门饰板堵盖品质设计以及开关面板与扶手匹配品质设计三个方面展开描述。

一、门饰板包覆感品质设计

随着顾客对内饰品质要求的提高，门饰板上软质材料包覆的区域越来越大，以提升整体内饰档次与舒适度，而包覆材质的选择运用对于提升包覆质感起着重要的作用。下面通过如下三点介绍包覆质感提升和优化的途径。

1. 3Mesh 应用

3Mesh 是通过 PET 等原材料经过经编钩织的一种网状立体结构，如图 9-55 所

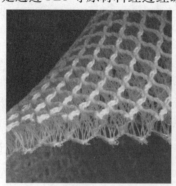

图 9-55　3Mesh 示意图

示。它具有优良的透气性、质轻、触感好、低气味/VOC、永久回复特性等优点。3Mesh 再通过 PET 胶膜与 PVC、真皮等表皮覆合后包覆在诸如座椅、仪表板、门饰板等汽车内饰零件上。3Mesh 在门饰板上的应用主要是在上装饰板、中嵌饰板、扶手等零件上。3Mesh 层的厚度一般为 3~5mm。3Mesh 在某车型上装饰板的应用断面示意图如图9-56所示，与常见的 PVC/TPO + PP foam 的包覆层构成相比，上装饰板的触感与柔软度有明显提升。

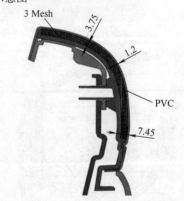

图 9-56　上装饰板增加3Mesh 结构断面

2. 扶手增加发泡层

通常扶手包覆层构成为 PVC + 聚酯海绵（PU）。如果海绵层过厚、密度过大，

则会导致扶手包覆圆角过大，无法体现造型棱线特征；如果海绵层过薄，则会影响乘员摆放手肘舒适度。为提升扶手的舒适度与包覆质感，目前在很多中高级车型上，在扶手肘部摆放区域上会增加单独发泡层。这样可降低海绵层厚度，提升包覆立体感。

增加发泡层通常有如下三种方式：

① 方式一：增加单独裁切的发泡垫，但无法根据造型面裁切圆角、弧面，受造型限制较大。

② 方式二：增加单独模具发泡垫，可成型圆角、弧面，可根据 PVC 造型面调整发泡垫形状，受造型限制较小，如图 9-57 所示。

③ 方式三：扶手整体发泡，基本不受造型限制，可实现扶手整体发泡。

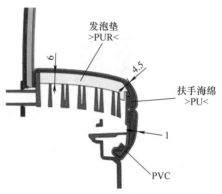

图 9-57 扶手增加发泡层结构断面

3. 缝线特征

目前缝线特征更多地出现在如扶手、上装饰板、中嵌等包覆件上，缝线的特征也更多样化。缝线能有效提升内饰品质，增加内饰造型多样化，且相对其他装饰特征成本有明显优势，实现起来较为简单，如图 9-58 所示。

值得关注的是，发泡层的密度与厚度、表皮的延伸率均会对缝线的效果、一致性有较大影响。在设计开发过程中需要考虑并验证这些因素对于包覆效果的影响。

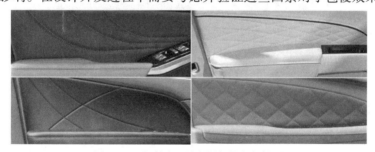

图 9-58 门饰板不同缝线形式实例图

二、门饰板堵盖品质设计

具有品质感的门饰板对于提升整个内饰的品质尤为重要，具体到螺钉堵盖上，就需要在门饰板上（尤其在乘员视觉感知较为明显的区域）尽量少地布置螺钉堵盖。如特殊功能需要（如拉杯和内开拉手区域）必须布置螺钉堵盖时，一般建议采用大堵盖形式替代常规小堵盖形式，因为大堵盖形式更具设计品质感，如图 9-59 所示。

此外，很多车型采用用橡胶垫代替拉杯处塑料螺钉堵盖的方案。橡胶垫在提升外观品质、便于装配的同时，可有效防止手机或硬币等小物品晃动异响。

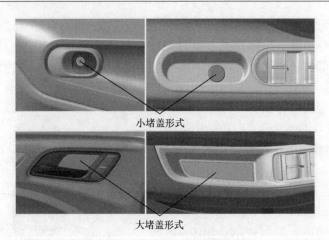

小堵盖形式

大堵盖形式

图 9-59　门饰板螺钉堵盖形式

三、开关面板与扶手匹配品质设计

很多车型中门窗开关面板与扶手（软质）存在直接匹配关系，两者常用结构断面为开关面板 Z 向压接至扶手上。图 9-60 所示为优化前匹配方案。图 9-60a 所示的匹配方式中，面板 Z 向搭接于扶手上，虽易于匹配，但面板面差高于扶手；在图 9-60b 所示的匹配方式中面板边缘圆角过大，实际匹配存在 V 形间隙；图 9-61 所示为优化后断面，此断面主要需关注如下几个方面：

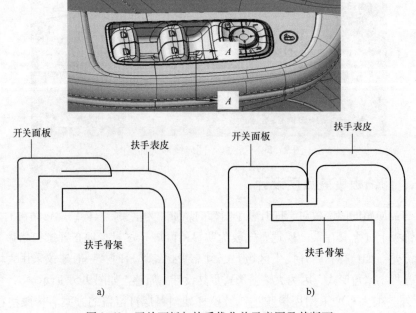

图 9-60　开关面板与扶手优化前示意图及其断面

① 面板靠翻边圆角 R 建议为 $0.5 \sim 1mm$。

② 面板翻边与扶手骨架的间隙需根据扶手面料压缩后厚度定义。

③ 面板翻边圆角处尽量少出现或不出现直面端。

④ 面板与扶手面差 F 建议为 $1.5 \sim 2.0mm$。

⑤ 角度 α 建议大于 $15°$，两者采用线与面接触。

图 9-62a、b、c 分别为图 9-60a、图 9-60b、图 9-61 所示的断面方案对应的实际匹配效果。其中前两者匹配效果均不理想，第三种匹配效果较佳，更能突显精致感。

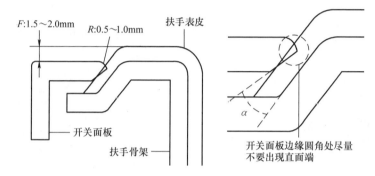

图 9-61　开关面板与扶手优化后示意图及其断面

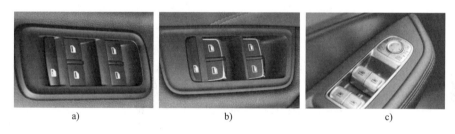

a)　　　　　　　　　　b)　　　　　　　　　　c)

图 9-62　三种断面形式对应的实际匹配效果

第六节　门饰板系统发展趋势

目前，汽车工业正面临着一场近 100 年来最为深刻的变革，其中，与网联化、智能化密切相关的自动驾驶领域成为新风口，传统汽车企业、科技巨头、初创公司、出行服务公司纷纷进入此市场。自动驾驶所依赖的人工智能也被列为国家重点发展战略。在这种背景下，我们需要考虑如果自动驾驶在行业内普遍应用，内饰会有什么变化以应对这种巨变。相对于门饰板系统来说，主要体现如下几个方面。

一、轻量化设计

随着整车轻量化逐渐成为全球汽车行业的发展方向，一些新材料和新工艺渐渐被应用到汽车中，木纤维作为原材料应用到汽车内饰中就是典型案例。木纤维是天然纤维的一种，为热固性材料，具有减重明显、成型后尺寸稳定的优点，符合更安全、更环保、更节能的主题。同时它在 VOC 测试中有明显优势，各项性能测试均能满足汽车行业要求。

木纤维在内饰领域中已经成功应用到门饰板本体和中嵌板骨架上。与传统的 PP 基材相比，压制后的木纤维板的壁厚能够减薄 0.5mm，重量减轻约 30%，试验性能有较大提升，尺寸稳定性更好。当然，木纤维的应用也存在局限性：首先，木纤维零件的表面为不均匀的原木色，不能裸露在外，零件必须进行包覆处理；此外，在部分门饰板结构中，木纤维背面需通过二次注塑增加加强筋或者 doghouse 等结构，也会增加零件重量，降低减重效果。但是随着工艺技术的不断发展优化，木纤维的局限性会渐渐减弱。图 9-63 所示为某款新能源车型全门饰板木纤维应用。

图 9-63　全门饰板本体木纤维应用

二、智能交互

随着智能化、网联化在汽车行业内的普及，内饰件除作为装饰件或集成件，应须承载更多的人机交互功能，而智能表面则是一个能有效实现此功能的途径。表面装饰条应逐渐从单纯地起装饰作用转变为兼具装饰和功能性，如将信息显示、虚拟按键、氛围照明集成到装饰件中，形成内饰中的智能表面。

智能表面相对于传统内饰组合主要优点包括：

① 功能性扩展：承载人机交互功能，体现科技感。

② 设计自由度：消除传统按键、显示屏的设计约束，造型限制更小。

③ 结构精致：相比传统设计结构尺寸更小，重量更轻。

④ 集成度高：智能表面的集成特性使得零件数量更少，装配更简单便利。

下面介绍几种类型智能表面在内饰上的应用。

① 信息显示：通过新型薄膜材料的应用，在木纹饰条上显示温度、湿度等信息，实现装饰与显示的双重功能，如图 9-64 所示。

② 虚拟按键：银色装饰条上显示按键信息，并可以通过触摸对这些功能进行操作，如图 9-65 所示。

③ 氛围灯效果：通过将光纤材质与薄膜工艺结合，在装饰条上实现氛围灯光效果，可结合车速、音乐、情境实现不同灯光效果，如图 9-66 所示。

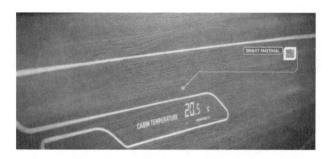

图 9-64　带有信息显示功能的装饰条

图 9-65　带有虚拟按键的装饰条

图 9-66　带有氛围灯效果的装饰条

第一节　声学系统概述

随着汽车的普及，消费者对汽车品质的要求越来越高，整车 NVH 性能是消费者能直观体验的汽车品质之一，对驾乘舒适度有很大影响，因此受到了行业的关注和重视。所谓 NVH（Noise，Vibration，Harshness），是指汽车的噪声、振动和声振粗糙度，是衡量汽车品质的综合指标之一。通常，人们将车身上与声学处理相关的材料、结构和技术统称为声学包装。在整车内外饰设计中有专门的吸/隔声零件来降低噪声水平，提高整车声品质，这些零件组成了汽车的声学系统。

一、汽车噪声与控制

1. 汽车噪声

噪声是声音的一个子集，是指一切让人不舒适、不愉悦或者不愿意听到的声音。噪声的传播和其他声音一样，必须具备三个要素：首先要有产生振动的物体，（即声源），其次要有声波的传递路径，最后要有声的接受器（如人耳）如图 10-1 所示。研究汽车噪声问题主要是研究声源和传递路径，而这几乎与汽车上的所有系统都相关。在声源方面，发动机、底盘、车身和车身附件以及车身与外界的接触等都会产生噪声；在传递路径方面，车身、内外饰以及其他附件都是位于声源和驾乘人员耳朵之间传递路径上的传播介质。

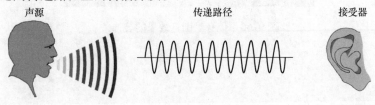

声源　　　　　　　　　传递路径　　　　　　　　　接受器

图 10-1　噪声传播的三要素示意图

（1）声源

汽车噪声主要有三大来源：动力总成噪声、胎噪和风噪，如图 10-2 所示。

动力总成噪声包括发动机噪声、变速器噪声、传动轴系噪声、进气噪声、排气噪声、暖通空调噪声和风扇噪声等。在汽车怠速、低速和加速时，它们是车内噪声的主要来源。

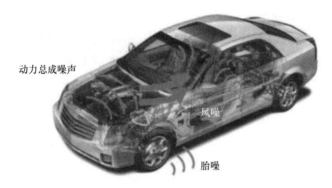

图 10-2　汽车的主要噪声源

　　胎噪是车辆在行驶过程中，轮胎与路面摩擦所产生的噪声。当汽车以中等速度行驶时，胎噪是车内噪声的主要来源。

　　风噪是车辆在高速行驶过程中，车外气流作用在车身上，气流摩擦、敲击车身产生的噪声。风噪是汽车高速行驶过程中最主要的噪声来源。

　　（2）结构声与空气声

　　整车三大噪声对车内的传递主要通过两种途径：结构声传递途径与空气声传递途径。根据传递途径的不同，车内噪声分为两类：结构声和空气声。

　　① 结构声是指声波在结构中传递，辐射到空气中，最后人耳听到的声音。如发动机的振动是通过悬置传递到车架上，振动波在车架和车身板中传递，最终通过车身板向车内辐射。

　　② 空气声是指声音在空气中传播至人耳听到的声音。前面提到的三大汽车噪声源中，很大一部分声源是直接在空气中传递而到达耳朵的，如进排气噪声、胎噪、风噪等。

　　图 10-3 所示为车内噪声的频率特性示意图。在低频段（250～500Hz），结构声是车内噪声的主要成分；在中高频段（500～10000Hz），空气声是主要成分。人耳对于中高频声音非常敏感，即便很小的声音，也容易被感知到，因此对中高频段的空气声的控制和处理就显得尤为重要，而声学系统主要就是针对空气声进行处理。

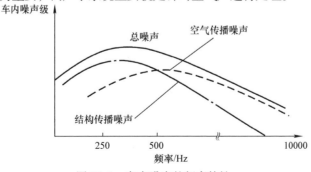

图 10-3　车内噪声的频率特性

2. 汽车噪声的控制

将车内作为一个独立空间，汽车噪声控制的目的是为驾乘人员提供舒适的驾乘环境，车内噪声控制的途径主要有减弱声源强度、隔绝传播路径和吸声处理等。

汽车噪声振动控制的关键技术主要分为车身整体结构振动与控制、车身局部结构振动与声辐射、汽车声学包装控制、车身灵敏度控制、风噪控制等。其中通过声学包装控制空气声的首要原则是加强车身密封，确保车身没有任何的缝隙和孔洞，阻止声音直接传递到车内；第二个原则是优化声学系统零件的隔声结构和吸声结构等，使车内噪声尽可能地降低。

二、声学系统的定义与内容

1. 声学系统的定义

声学系统是车身上与声学处理相关的零件的统称。"狭义"的声学系统包括车身密封零件和吸隔声零件，"广义"的声学系统则还包含阻尼零件。本章所述的声学系统是指内饰零件中对发动机舱、乘员舱和行李舱的噪声进行处理的吸隔声零件，具体包括发动机舱盖隔音垫、前围内隔音垫、地板地毯、顶棚、行李箱隔音垫和轮罩隔音垫等，如图10-4所示。声学系统通过对传递到车内的噪声进行处理来实现降低车内噪声目标和提高声品质的要求。

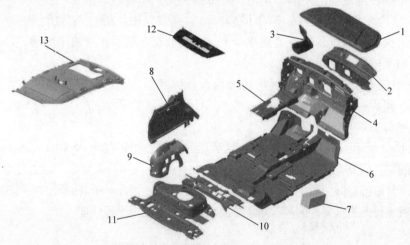

图 10-4　汽车声学系统结构分解图
1—发动机舱盖隔音垫　2—辅助防水壁隔音垫　3—Shock tower 隔音垫　4—前围内隔音垫
5—中央通道隔音垫　6—地板地毯　7—D柱膨胀块　8—侧饰板背部吸音棉　9—轮罩隔音垫
10—座椅下隔音垫　11—行李箱地板隔音垫　12—衣帽架　13—顶棚

2. 声学系统的研究内容

声学系统的研究内容主要包括三个方面：车身密封，吸声材料和吸声结构，隔声材料和隔声结构。

（1）车身密封

车身密封是车内噪声控制的基础，噪声会穿过车身上的孔和缝隙直接传递到车内。开孔越大，声音就越容易直接传递到车内。当孔和缝隙大到一定程度的时候，车内外就完全相通了。车身密封是将车身上的缝隙、泄露孔和洞密封严实，使气流不能穿过。只有进行了良好的车身密封处理，将开孔率控制在可以接受的范围，才能进行声学系统处理和整车噪声控制。图 10-5a 所示为使用涂胶方法对车身钣金件的焊接缝进行密封处理，b 所示为使用阻隔材料对车身空腔进行填充密封。

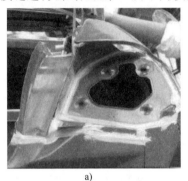

a)　　　　　　　　　　　　　　b)

图 10-5　钣金件与车身空腔的密封处理

（2）声学材料的吸声

吸声是指声波传递到吸声材料或者结构后被吸收的过程。在理想情况下，当声波入射到一种材料上，一部分能量被吸收，另一部分能量被反射回空气中。被吸收的能量与入射能量之比被定义为吸声系数。吸声系数越大，材料的吸声能力越强，通常将吸声系数大于 0.2 的材料称为吸声材料。吸声的研究内容包括材料的吸声系数及其影响因素、吸声系数的测量和吸声结构的设计与应用等。

吸声材料安装在发动机舱，可以降低外界声源的噪声传入，例如发动机舱盖上的隔音垫就是一种吸声材料，可吸收发动机辐射出来的中高频噪声；吸声材料安装在乘员舱内，可以减小传递到车内的噪声并提升声品质，例如在车门的外板和内板之间放置吸声材料以吸收传入车内的噪声。

一般情况下，吸声材料是具有多孔特征的材料，如泡沫类吸声材料、纤维类吸声材料等。它们内部具有大量的孔洞和缝隙，孔洞和缝隙互相连通，表面与外界接触。图 10-6 所示为几种常用的吸声材料，从上往下依次为 EPP、棉毡、PU 泡块。

（3）声学材料的隔声

当声音从空气入射到材料表面时，一部分声波被反射，另一部分声波透

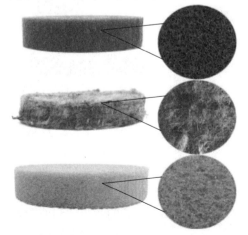

图 10-6　吸声材料示意图

过材料，继续在空气中传播。当透射声波能量小于入射声波能量时，这个材料就阻挡了部分声音的传播，起到隔声作用。

理想情况下，单层板是一种均质薄板，板的质量越大，隔声效果越好，遵循质量定律，即在一定频率范围内，质量每增加 1 倍，隔声量增加 6dB，此时增加板质量是提高隔声量的主要手段。而当两层板分离开，中间有空气隔离时就形成了双层板隔声结构。大量试验表明，此双层板隔声结构的隔声效果优于两层同厚度的板组合贴在一起的隔声效果：假设一块板的隔声量为 A dB，理想状况下两层组合板的隔声量应该为 $(A+6)$ dB，而两块分离板的隔声量必定比组合板的 $(A+6)$ dB 要高。

汽车声学系统的零件所使用的隔声材料要致密且面密度较高，主要是以 EVA（乙烯 - 醋酸乙烯酯共聚物）、EPDM（乙烯 - 丙烯 - 非共轭二烯烃共聚物）为基体，添加无机添加剂的复合材料，柔软、有弹性。橡胶体中掺入高密度的无机物添加剂可以提高材料的面密度，提升材料的隔声性能。隔声研究的主要内容有材料的隔声系数、影响隔声系数的因素、隔声系数的测量、隔声结构的设计与应用等。

除车窗玻璃外，车身上单独使用隔声结构的部件很少。隔声材料多与吸声材料以各种形式组合在一起，形成组合结构，广泛应用于声学系统中，如图 10-7 所示。比如前围内隔音垫、地板地毯就是隔声材料和吸声材料的组合结构。前围内隔音垫的隔声层通常采用 EVA、EPDM 等，吸声层通常采用 PU 发泡、PET/PP 双组分吸音棉、棉毡等。如果将前围车身钣金件也看作是隔声层，则形成三层结构：钢板隔声层 + 吸声层 + 隔声层，即为"双层墙结构"，能很好地提升整车的声学性能。地毯也具有典型的吸隔声复合结构，由面料 + 硬层材料 + 衬垫材料组成。如果将地板钣金件也考虑成隔声层，那么"地板—衬垫—硬层"亦形成"双层墙结构"。

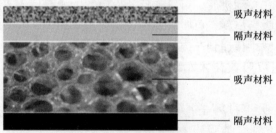

吸声材料

隔声材料

吸声材料

隔声材料

图 10-7　吸隔声材料组合应用

第二节　声学系统测试方法及评价标准

车内噪声是影响驾乘人员舒适性、语言清晰度以及对车内外各种声音信号识别能力的重要因素。车内噪声水平已经成为汽车乘坐舒适性的重要性能指标之一，其优劣直接影响汽车产品的竞争力和消费者的购车取向。

随着汽车工业发展，对汽车噪声水平和声音品质有了更高的要求，综合考虑声压、声压级、响度、语言清晰度等多方面因素才能更好地评估整车 NVH 性能，主要的分析方法有 CAE 仿真、试验分析以及主观评审。本节主要介绍试验分析，包括吸隔声性能测试、整车怠速振动和噪声测试、整车加速车内振动噪声测试等，所采用的试验方法见表 10-1。

表 10-1　不同试验方法的适用范围

方法	材料级	零件级	整车级
路试法	—	—	◆
混响室法	●	●	◆
大混响 – 消声室法	◆	◆	—
消声室法	—	—	●◆
驻波管法	●◆	—	—

注：●表示适用于吸声性能的测试；◆表示适用于隔声性能的测试；— 表示不适用。

一、路试法

路试法是对整车的隔声性能进行直观分析的方法，如图 10-8 所示。试验需在特定的稳定工况下，在车辆内部驾驶员右耳以及后排右侧乘员左耳的位置布置传声器，其他相应部位安装转速传感器、速度采集仪以及数据采集仪。在车辆匀速行驶工况时，通过传感器采集声音，并通过对传感器收集到的数据进行处理，得到以下两个关键数据：

① 整车的声压级：车内声压的大小。

② 语言清晰度：描述在噪声环境下说话清晰程度的指标。语言清晰度用清晰度指数（Articulation Index，AI）表示，100% 表示说话完全听得清楚，0 表示说话完全听不清楚。

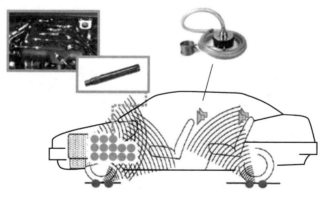

图 10-8　路试法示意图

二、混响室法

1. 用标准混响室法测材料及零件吸声系数

标准混响室是指能产生扩散声场的房间，如图 10-9 所示。扩散声场是指空间内各点声能密度均匀的声场，而且各个方向的声波相位无规则地随机分布。标准混响室的墙壁经过特殊处理，非常坚硬且光滑，吸声能力非常弱。声波遇到壁面时，一部分能量被反射，还有一部分能量被吸收，最终声音慢慢地衰减。混响时间 T_{60} 可用来表征室内声音衰减的快慢，具体指当声音停止，声压级从原始值降低 60dB 所需要的时间。

a) 混响室   b) 消声室

图 10-9　混响室和消声室

吸声系数是描述吸声材料吸收声能大小的物理量，一般采用驻波管法和混响室法测量材料的吸声系数。前者测量的是法向吸声系数，后者测量的是无规入射的吸声系数。对材料吸声系数的测量通常采用标准混响室法，对应有国际标准化组织的 ISO 标准和国家标准 GB/T 20247—2006《声学　混响室吸声测量》。标准混响室法要求材料被制成 $10 \sim 12m^2$ 的标准试件。标准混响室法测吸声系数广泛应用于声学工程的设计计算、噪声控制工程的吸声降噪计算及材料吸声性能的等级评定，它能测量声波无规入射时的平均吸声系数，这与实际工程中声波的入射方式较为接近，且不能用其他方法替代，如图 10-10 所示。

图 10-10　用标准混响室法测量吸声材料或零件的吸声系数

美国声学家塞宾总结了混响时间 T_{60} 与房间容积 V、表面积 S 和平均吸声系数 α 的关系：

$$T_{60} = \frac{0.161V}{S\alpha}$$

测试方法：首先测量混响室的混响时间 T_1，然后放入吸声材料或零件（吸声材料或零件的面积 S_2），再次测量混响时间 T_2，根据两次混响时间的不同，可以计算出材料或零件的吸声系数 α_2。

$$\alpha_2 = \frac{0.163V}{S_2}\left(\frac{1}{T_2} - \frac{1}{T_1}\right) + \alpha_1$$

式中，α_1 为混响室空场时的混响系数。

2. 用标准混响室法测整车隔声

将整车置于混响室中间，在混响室内围绕整车布置激励声源，整车距离激励声源和混响室墙面均大于 1.5m。在乘员舱四个座椅对应头部的位置布置四个传感器，在混响室内也布置四个传感器，并距整车和墙面大于 1.5m，如图 10-11 所示。关闭声源，测量背景噪声；开启激励声源，声源为白噪声。

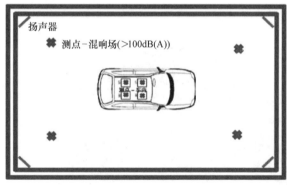

图 10-11　混响室法测整车隔声性能

整车隔声量 = 混响室内传感器所测得的声压级 – 车内接收声压级

其中，声压级（Sound Pressure Level，SPL）是对某点上声音振动压力大小的测量值；隔声量曲线的纵坐标为隔声量（声压级 dB），横坐标为 1/3 倍频程频率（Hz）。

3. 用小混响室法测材料或零件吸声系数

小混响室是一个基于混响室原理的测量材料吸声系数的小型混响室，它在物理构建、测量方法、测量过程上与标准混响室基本相同。依照需要测量的截止频率以及待测样品的体积而选择不同规格的小混响室，一般为 $2 \sim 6\text{m}^3$。小混响室一般由声源、舱室、信号采集仪以及配套的数据处理系统组成。舱室内壁采用反射声波较强的材质做成，外壁则是由隔声效果非常好的材料复合制成，如图 10-12 所示。

与标准混响室相比，小混响室有独特的优点：标准混响室造价高，体积大，一般在 200m³ 以上，不利于一般的科研单位及公司建造使用。而小混响室造价相对较低，体积也较小，适合科研及工程使用，并且便携性好。在汽车工业中，有些零件如汽车仪表板、座椅等，无法做成满足混响室标准的试件，而小混响室则能很好地对这些样品进行测量。

正是由于这些优点，使得小混响室在汽车行业中得到了广泛的应用，并为汽车整体 NVH 性能的提高提供了有力的支持。

图 10-12　小混响室测量材料及零件的吸声系数

三、标准混响室 – 消声室法

声音传递损失（Sound Transmission Loss，STL）是描述材料或零件隔声性能的物理量，其定义为声强透射系数的倒数，即透射波声强与入射波声强之比，一般用分贝（dB）来表示。标准混响室 – 消声室法可测量声音传递损失。混响室作为发声室，声源放置其中，消声室作为受声室，测试材料或零件安装在混响室与消声室之间的窗口上，如图 10-13 和图 10-14 所示。

混响室

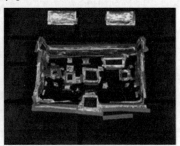
消声室

图 10-13　标准混响室 – 消声室法测零件隔声性能

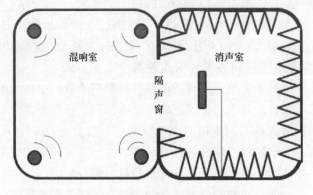

图 10-14　标准混响室 – 消声室隔声性能测试示意图

标准混响室－消声室法适用于汽车内所有隔声材料隔声性能的测试，可将材料制备成规则尺寸的片材进行测试，如 600mm × 600mm 的 EVA 片材。对于子系统零件（如前围内隔音垫、地板地毯等），标准混响室－消声室法主要用于考察零件的隔声性能、过孔设计。

标准混响室－消声室法测量原理可由下式表达：

$$STL = L_p - L_1 - 6dB$$

式中　L_p 为混响室声压级；L_1 为全消声室声强级。

四、消声室法

1. 消声室测整车 PBNR

基于能量的隔声值（Power－Based Noise Reduction，PBNR）是点声源声功率与某点声压二次方的比值，为 1/3 倍频程的函数。消声室测整车隔声量，首先必须测试整车密封性，保证密封正常，无异常泄漏。布置传感器的位置一般为座椅中央，尽量反映乘员头部的位置，根据互易性原则与传感器互换来布置体积声源。记录声源体积加速度至传感器声压级的传递函数窄带谱，并转换为 1/3 倍频程。

通过所测得的 1/3 倍频程谱，计算 PBNR 值，计算公式为

$$PBNR = -20\log |\, H_{\frac{1}{3}\text{octave}} \,| - 9.5$$

式中　$H_{\frac{1}{3}\text{octave}}$ 为 1/3 倍频程谱形式的传递函数的均值。

2. 消声室测整车混响时间

通过测试车内混响时间来确定车辆内部的吸声量，用以评估车内整体吸声效果。混响时间越短，表明吸声效果越好。消声室法适用于车内吸声材料的设计开发，并验证整车状态下车内吸声材料的性能。试验在半消声室中进行。

试验时车门车窗处于关闭状态，采用单一频率的信号作为激励源，分别测量各频率下的声压级衰减曲线斜率和混响时间，测点位置如图 10-15 所示。混响时间表征频率在一定范围内的 1/3 倍频程上的吸声系数。混响时间越短，说明吸声系数越高，车内内饰吸声效果越好。

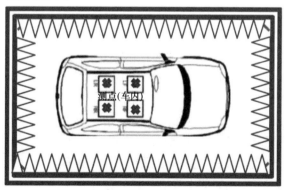

图 10-15　消声室测点位置

五、驻波管法

1. 驻波管法测材料的吸声系数

驻波管法测试设备简单、费用低廉，且根据法向吸声系数可以推算出均匀无规则入射条件下的吸声系数。多用于测量多孔材料、多孔板或穿孔薄片结构的吸声特性。用驻波管测量材料吸声系数示意图如图 10-16 所示。

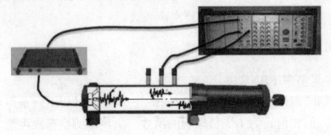

图 10-16　用驻波管测量材料吸声系数示意图

（1）测试方法

将测试样件放在管的末端，扬声器发出单频声音信号，用传感器测量不同位置的声压级。

（2）测试原理

在所关注的频率范围内，因为驻波管管道的直径远小于声波的波长，所以在管道中，可以认为声波是以平面波的形式传播。当声波到达管道末端时，一部分被吸声材料吸收，另一部分被反射形成反射波。采用驻波管测量时，每次只能发出一个频率信号，通过调节传感器的位置，测得声压最大值和最小值，计算出驻波比，然后得到该频率下的吸声系数。

2. 驻波管测材料的传递损失

驻波管法也可以测量样件声传递损失或隔声量，但数据波动大，较少使用。

测试原理：将被测材料样件放置在驻波管中间，在样件两侧各放置两个传感器，即声源管中两个传感器，接受管中两个传感器，通过测量四个传感器的声压来计算样件的隔声量。

第三节　声学系统开发流程

整车 NVH 的开发流程是一个系统工程，包括整车目标和设计开发启动要求、系统要求、子系统要求、声学零件要求、声学材料要求，具体关系如图 10-17 所示。声学系统的正向开发流程主要包括目标制定、工程开发和性能验证三个步骤。值得注意的是这三个步骤在时间上没有严格的分界线，存在很多交叉重叠的部分。

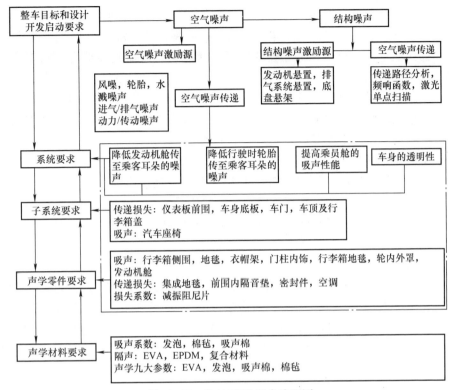

图 10-17　整车 NVH 开发流程图

一、子系统/零件声学开发目标及材料方案的制定

　　整车声学开发目标大部分是源自市场调研，或者是源于对上一代车型的性能提升要求。但将整车目标分解成子系统目标并不是一蹴而就的，因为子系统的声学目标还与所选用的材料方案有关。只有等材料策略确定后，才能输出合理的声学目标曲线。因此，子系统/零件声学开发目标制定是在基本材料方案确定后的输出结果。其具体过程包括三个步骤，如下所述。

1. SEA 模型建立及修正

　　声学系统统计能量分析法（Statistical Energy Analysis，SEA）模型的建立包括建模前关键参数的准备、确定 SEA 模型子系统划分及创建、模型数据库的建立、SEA 模型载荷施加、模型修正。

　　SEA 模型建立初期需要采用各种试验方法获取 SEA 模型所需的关键参数及边界条件，为 SEA 模型建立打好基础，具体包括静态及动态状态下多种工况车内噪声水平测试、车外噪声测试（怠速、定置加速时的发动机和进/排气等的噪声）、车身声载荷分布测试、内饰声学包材料及零件的吸/隔声性能测试等内容。

　　子系统 SEA 的建立按照整车空气传递噪声 SEA 模型的标准规则进行。同时根据整车泄漏的施加，完成目标车 SEA 模型。模型数据库的建立需要一些相关部件的材料特性如车身钣金件材料属性定义、声学包零件及材料级的吸/隔声测试曲线，以及材料的九大参数，包括孔隙率、流阻、扭曲率、黏性特征长度、热特征长度、密度、杨氏模量、泊松比和阻尼损耗因子。SEA 模型载荷施加是将不同工况下测量得到的声载荷施加于对应的外场空间子系统，对各个区域的隔声量、各个穿孔件的隔声量、车内吸声部件的吸声系数的修正，并做好预测车内噪声和实际测试的车内噪声的修正。修正后的仿真车内声压与实测声压间的差值应在 ±3dB 范围内。如果超过这个误差带，则需对模型或测试结果进行调校和分析。

2. SEA 模型移植

模型移植是将目标车的 SEA 模型移植到待开发项目。因为项目仍处于开发过程中，只有金属车身相关的数据是精确的，其他结构、声学参数和载荷都不够精确甚至误差较大，所以后期有样车后需不断地对模型进行修正，并在此基础上进行待开发车型车内声响应预测及声学系统开发优化。

3. 声学系统的设计与优化

完成了待开发车型 SEA 模型的准确建立后，即可在此模型基础上进行性能分析及声学包优化。基于 CAD 数模，对声学包零件吸/隔声性能进行预测与评估。在确保整车目标（开发车型声学包性能等效或超越目标车的声学包性能）前提下，提出更改声学包厚度、重量甚至材料类型的建议，指导整车布置及各系统零部件的设计工作。

二、声学系统的工程样件开发

通过 SEA 模型初步确定了声学系统目标和材料方案后，须在此基础上指导样件方案细化，完成声学系统的工程样件开发。声学系统工程样件开发主要包括三部分。

1. 材料方案的细化

进行声学系统设计与优化时，获取准确的材料参数非常关键。前期可以使用如 Foam – X 软件识别多孔弹性材料的九大参数，建立多种吸声材料库和阻尼材料库；之后采用 Nova 软件高效地分析出不同材料组合方案的吸/隔声性能，如材料的选择（吸音棉或 PU 发泡）、材料的厚度信息以及覆盖率的影响；然后可通过 VA – One 软件优化模块进行子系统/零件级仿真分析，最终加入成本信息的影响，可根据不同车型优选出满足吸/隔声曲线要求同时性价比也是最优的材料组合方案。

2. 成型工艺的选择

在利用仿真软件分析出满足吸/隔声曲线要求的多种材料方案后，根据材料的成型工艺进行工艺选择。例如前围内隔音垫隔声层有吸附成型、热压成型和混合注射成型（Compounding Injection Moulding，CIM）等工艺，需根据隔声层的厚度和零件结构来选择。吸附成型和热压成型，模具成本低且工艺简单，是将平板材料由烘箱加热软化后，放在模具中热压成型或者真空吸附成型。这两种工艺均会对前围内隔音垫厚重层起到拉伸成型效果，必然使得均厚的平板原材料变成厚薄不均的型面，导致无法准确控制厚薄区域和实际厚度。CIM 注射成型工艺则可以避免以上问题，但是其模具费用昂贵且对于隔音垫后期更改的范围和次数要求较高。因此隔音垫的成型工艺需根据车型的吸/隔声曲线要求、零件结构以及成本等方面综合选择。

3. 结构的细化

声学系统设计的目标之一是实现汽车的静态密封。静态密封是指在闭合件以及面板（车门、玻璃、行李箱盖板、发动机舱盖等）和车身之间的密封，其目的是防止噪声、灰尘、水等进入车内。进行车身设计时，不可避免地需要开一些功能孔、工艺孔，比如前壁板有很多孔，因为转向管柱、空调管、换档拉锁、离合器拉锁、线束等都会从前壁板穿过。这就需要在声学系统设计过程中针对不同的过孔结构，选择不同的密封方式。

三、声学系统零件声学性能的验证

汽车开发验证阶段主要验证各零件的 NVH 指标是否满足设计目标。整车厂会在不同的开发阶段，开发不同的工程样车来验证设计。

就整车级而言，主要考虑车内振动噪声指标，此指标反映一部汽车整体振动与噪声水准，分为顾客主观感受评价和客观测试评价。这些客观指标有：

① 驾乘人员耳旁噪声。

② 汽车地板或者座椅导轨处的振动。

③ 转向盘的振动。

④ 座椅上的振动和人体的振动。

评估通常在以下状态进行：怠速、全负荷、半负荷、匀速、倒车、减速和急踩/松加速踏板等。

就子系统级而言，主要是通过上一节中提到的混响室法验证零件的声学性能是否达到前期设定的目标要求。不过即使各系统、部件的目标都满足，但装配到整车上时，仍可能存在 NVH 性能超标的情况，以及在后期路试时也可能会存在 NVH 问题，这时就需要进行验证和改进。通过各种试验方法，确定 NVH 问题是源的问题还是结构问题，是空气声问题还是结构声问题。如果是源的问题，则分析是哪个源影响最大；如果是空气声问题，则分析是哪个零件哪条路径上的问题。

每个系统都有自己的结构特点，动力总成、底盘、车身结构、声学系统等在 NVH 问题上均有不同的特征与表现。因此，声学系统零件声学性能设计的内容是使汽车的各项 NVH 达到目标，最终呈现在用户面前的是一款安静、舒适的汽车。

第四节　声学系统典型零件

声学系统零件众多，地板地毯总成、前围内隔音垫、顶棚是内饰设计中最重要的部分。本节将从技术要求、结构设计、常见材料及工艺等方面对其做简单介绍。

一、地板地毯总成

1. 地板地毯总成概述

地板地毯总成是整车内饰里非常重要的部分，它用于覆盖车身地板钣金件、侧面门槛钣金件和前围下部钣金件等没有被覆盖的可视区域，美化车内环境，同时也是重要的声学处理零件，能阻隔车辆行驶中的路噪，给车内乘员提供舒适的乘车环境。地板地毯总成包含地板地毯本体和搁脚板。

（1）地板地毯总成

地板地毯总成（简称地板地毯）一般由地板地毯本体和集成在其上的各种必要的附件组成，其中附件主要包括地板地毯本体、脚踏垫、脚垫定位卡扣、VIN 码饰盖等，如图 10-18 所示。

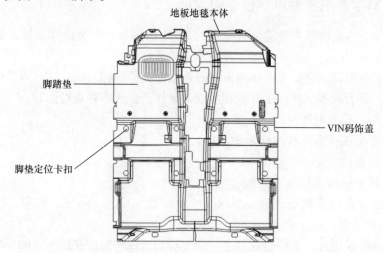

图 10-18　地板地毯示意图

（2）搁脚板

搁脚板可分为两大类：包裹集成式和单独分件式。

① 包裹集成式，即在地板地毯表面成型出脚踏面的特征，背后的支撑部件使用 EPP 或 EPS 这些材料制成，然后将这个支撑块集成在型面背面起支撑作用。该方案无须隔音垫开孔，降低 NVH 性能的效果佳。

② 单独分件式，即搁脚板作为一个独立的总装件，通常设计成塑料件，装配时覆盖在地板地毯上，通过地板地毯上的开孔连接并紧固到车身钣金件。此类搁脚板外观品质较高。

2. 地板地毯选型策略

地板地毯选型主要考虑材料和结构两方面，在设计中应着重考虑下列因素：整车的市场定位、地板地毯面料选型、车身地板结构、所采用的安装及匹配方式、整车 NVH 方面的要求。

市场定位决定了地板地毯零件的性能目标和材质选择；内饰色彩纹理定义决定了地板地毯颜色；车身地板结构限制了零件成型工艺；安装和匹配方式影响了地板地毯表面的成型特征；整车 NVH 要求地板地毯须满足声学曲线目标。围绕这些限制条件，零件设计时需要同时平衡各方面的要求。在经过一定的经验积累后，可以针对不同的车型定位预设出成本要求，结合内饰造型的策略、周边配合断面策略、整车 NVH 阶梯策略等关键因素，制定出一套常规的分级策略。

按照复合材料的结构，将地板地毯本体分为表层面料、成型基材和背衬材料这三层，如图 10-19 所示。

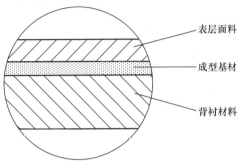

图 10-19 地板地毯本体的结构

3. 地板地毯技术要求

（1）标准与法规

地板地毯作为内饰的一个重要零件，必须满足目标市场所在国家和地区的法规和标准。在我国，地板地毯须符合标准法规 GB 8410—2006《汽车内饰材料的燃烧特性》。

（2）主要技术要求

汽车地板地毯应兼具装饰性和实用性，其主要技术要求如下：

① 外观要求。地板地毯毯面颜色匹配和外观评审的定义，必须与标准样板一致，不能出现色差、产品扭曲变形、边界拉丝等缺陷；零件可视区域开孔需有美观饰盖；地板地毯分缝线应尽量避开主视区域。

② 可靠性要求。考虑到使用过程中的各种外部条件，地板地毯应满足耐光照、耐磨损、耐霉菌、耐污渍等要求。

③ NVH 要求。一般根据定义的地板地毯声学曲线，在零件级别进行验证，根据实测效果做进一步的提升。与车身前围贴合良好；预留满足周边零部件装配的空间及运动间隙，将开孔尺寸及厚度损失减小至最低。

（3）主要试验要求

地板地毯须满足如表 10-2 所示的试验要求。

表 10-2 地板地毯主要试验

序号	试验项目	试验要求
1	光照色牢度	在模拟光照的氙灯照射试验条件下，3 个循环后灰度等级≥4
2	耐磨损	在试验后（H18[①]、10N[②]、1000 转[③]），相比原始样品，不能有大的退化迹象
3	耐霉菌	20 天内不得出现霉菌增长
4	耐污渍	用浸有清洗液的棉球擦试样件表面，无外观变化和性能降低
5	尺寸稳定性	在模拟的试验条件下，样件表面无膨胀变形等不良现象，尺寸收缩率小

（续）

序号	试验项目	试验要求
6	散发性及 VOC	不超出评价标准定义的限值
7	热存放	表面无缺陷，功能无失效
8	低温性能	表面无缺陷，功能无失效
9	环境试验	无明显扭曲变形、裂纹、破裂等，灰度等级≥4

① H18 是砂轮种类。

② 10N 为负荷。

③ 总的转数（转速为 60r/min）。

4. 地板地毯结构设计

（1）定位与安装

为了方便装配，在给其他子系统零件设计间隙孔时，应考虑车身、空调风道、线束等的制造误差，以保证正确配合和准确安装。地板地毯利用钣金型面以及安装点进行定位。地板地毯总成应牢固地固定在车身钣金件或其他周边零件上，优先使用卡扣、螺栓、铆钉等紧固件。固定点的位置，须考虑固定效果最佳以及装拆方便。

（2）设计要点

地板地毯与周边零件搭接处，应遵循零间隙的设计。如果有搭接分型线，应尽可能避开直视区域。地板地毯在乘员脚部活动区域，应保证平整，避免凸起或凹陷。地板地毯属于软饰件，与之相配合的塑料饰板，都应遵循"硬压软"的原则，根据不同的配合情况，设置合理的过盈量，最终实现零件配合处外观零间隙。关键设计要点如下：

① 地板地毯与隔音垫：地板地毯与前围内隔音垫在车身前围板处相互重叠，重合高度以第二排座位上的乘员正常坐姿下直视看不见前围内隔音垫为参考原则，地板地毯和前围内隔音垫交接处边界不应明显可见。

② 地板地毯与安全带及座椅：地板地毯应为安全带和座椅的安装固定及运动包络避让出足够的空间，在安全带下固定点和座椅固定点处可以使用饰盖覆盖或者其他方法以保证地板得到完整的覆盖，避免因覆盖不完整降低整车声学品质。

③ 地板地毯与线束：因为车身线束在地板地毯之前安装，所以地板地毯应提供检查孔或者开口，方便线束分布以及接头安装对接。

④ 地板地毯与车身钣金件：地板地毯应紧贴车身钣金型面，不能出现较大的间隙或者过度干涉。

⑤ 地板地毯与仪表板：仪表板在地板地毯之前安装。地板地毯前端边界要尽量隐藏到仪表板布置空间内，同时须注意校核边界延伸长度和装配便利性。

（3）匹配设计

① 地板地毯与中控台和内饰饰板的匹配设计。地板地毯与中控台和内饰饰板的配合断面如图 10-20 所示。地板地毯与中控台和内饰饰板配合应设计合理的干涉

量，确保实车装配没有缝隙，同时注意两者之间的搭接量，防止地板地毯被踩踏时从中控台或饰件翻边处脱出。此外，地板地毯在充分覆盖中通道钣金件的前提下，应给中控台安装留出空间。

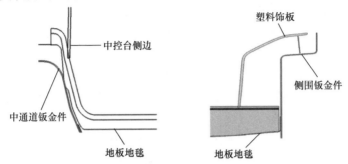

图 10-20　地板地毯与中控台和内饰饰板的配合

② 地板地毯与座椅固定点处的匹配设计。地板地毯与座椅固定的配合断面如图 10-21 所示。地板地毯上须开口避让座椅安装点，并注意座椅导轨与车身之间的间隙应略大于铺设在其间的地毯厚度。

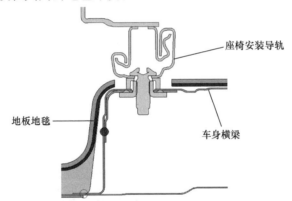

图 10-21　地板地毯与座椅的配合

③ 地板地毯与踏板的匹配设计。地板地毯与踏板的配合断面如图 10-22 所示。地板地毯表面与踏板（离合器踏板、制动踏板、加速踏板）的极限位置之间的间隙量≥15mm。考虑到踏板极限位置周边的软饰件实际装配效果有偏差，在布置空间充足的情况下，间隙量≥20mm。

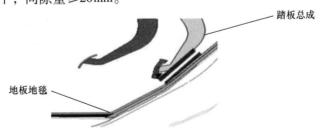

图 10-22　地板地毯与踏板的配合

5. 地板地毯常用的材料和工艺

（1）常用材料

地板地毯的材料选择方案较多，一般采用复合结构（见表10-3）。

① 面料在高档车型上采用 PA 簇绒地毯，中低档车型上采用 PET 针刺地毯。

② 成型基材常采用隔声层（EVA、EPDM 或 PVC 等）、成型棉毡及其他可成型的涂层材料。

③ 背衬材料主要是 PU 发泡、棉毡类材料。

④ 包裹集成式的搁脚板通常使用 EPP 或 EPS 材料做成支撑块，单独分件式搁脚板一般为改性 PP 支撑件。

表 10-3　地板地毯主要材料

地板地毯本体		
名称	材料推荐 1	材料推荐 2
面料层	PET 针刺地毯附背胶 + PE 阻挡膜	PET 针刺地毯附背胶
隔声层	EVA + 背覆无纺布	棉毡附膜
发泡层	PU	PU

其他附件	
名称	材料推荐
脚垫固定卡扣	PA66 – GF30/PA66
脚踏垫	TPO
VIN 码饰盖	PP – T20（T20 表示 20% 的滑石粉）
脚踩区域出厂保护膜	PE

（2）典型工艺

① 地板地毯主要工艺。地板地毯成型工艺包含四道工序：热压成型、PU 发泡、高频焊接和水刀切割。

● 热压成型：属于复合材料成型中常见的"热料冷模"，即将原材料片材或者卷材放在烘箱或平板模中加热软化，然后放置在下模的拉料机构上，上模向下合模的过程中，配合拉料机构的动作，模具闭合并保压至产品冷却定型，如图10-23 所示。

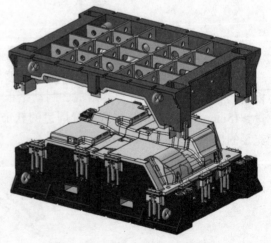

图 10-23　地板地毯热压成型模具

● PU 发泡：将已成型的地板地毯毯面反扣在发泡模具（图 10-24）下模的型

面上，在上模的模具型腔内注入 PU 发泡料，闭合模具；待发泡反应完成后，开模取出制品。

● 高频焊接：将待焊接的表皮材料放置在作为下模的焊接铜模上，再将地板地毯毯面朝下移至焊接位置；焊机上段压头向下压紧并通电焊接，即可将表皮材料牢固焊接在地板地毯表面。

● 水刀切割：即高压水射流切割技术。将半成品地板地毯放置在托架上，水刀沿着程序预设的轨迹，把产品的内外轮廓切出来，得到最终的零件。

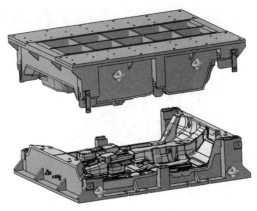

图 10-24　地板地毯 PU 发泡模具

② 搁脚板主要工艺。集成式搁脚板一般由 PU 包裹 EPP 成型，独立式搁脚板一般由塑料注射成型。

● EPP 发泡：EPP 支撑块的成型过程通常是将计量好的发泡料通入型腔，再通入蒸汽加热，发泡料膨胀并结合成型后水淋冷却，开模得到设计的产品。EPP 制造流程如图 10-25 所示。

● 塑料注射：即一般常见的塑料件注射成型。塑料在一定温度下，通过螺杆搅拌至完全熔融，高压射入型腔，经冷却固化后，得到成型品。

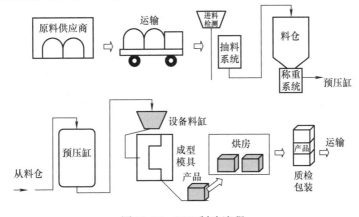

图 10-25　EPP 制造流程

二、前围内隔音垫

1. 前围内隔音垫概述

前围内隔音垫是包覆汽车乘员舱内前围钣金件的声学零件，如图 10-26 所示。

它用来阻隔发动机舱的噪声向乘员舱传播，是影响整车声学性能的关键零件。

前围内隔音垫一般由隔声层和吸声层组成。隔声层与前围钣金件构成"双层墙"结构，在两层材料之间是吸声层，如图 10-27 所示。下面所讨论的内容基于"隔声层 + 吸声层"的前围内隔音垫方案。

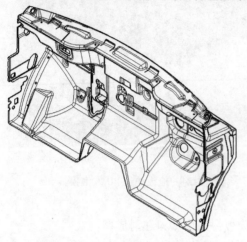

图 10-26　前围内隔音垫示意图

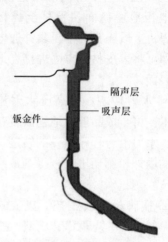

隔声层

吸声层

钣金件

图 10-27　前围内隔音垫与钣金件的"双层墙"结构断面示意

2. 前围内隔音垫选型策略

前围内隔音垫的选型一般考虑材料和覆盖面积两方面。

前围内隔音垫目前应用的材料方案很多。隔声层通常采用 EVA 或 EPDM，EVA 和 EPDM 由于其本身的特性可以添加一定量的无机填料，密度大，可以起到较好的隔声作用。吸声层常采用 PU 发泡、棉毡或吸音棉。

EVA 隔声层和 PU 发泡吸声层的组合方案可以满足绝大多数传统动力车型对前围内隔音垫的声学要求。对于混合动力车型、纯电动车型，电驱动单元带来的声频范围明显扩大，高频噪声对于乘员来说更为恼人，可以选择吸音棉作为前围内隔音垫的吸声层。吸音棉对高频噪声的吸声性能优于 PU 发泡，但是成本高于 PU 发泡。

当外部声源小时，也可以选择双层棉毡作为前围内隔音垫的材料。双层棉毡的成本较低，重量较低，吸声能力较强，但由于其重量轻，隔声能力相对较弱。

前围内隔音垫是否覆盖 A 柱内板和风窗横梁，对设计方案、制造方案乃至零件成本都会有影响。一般来说，覆盖面积越大，即钣金件的裸露面积越小，NVH 性能效果越佳，但是相应的材料用量、零件成本也会增加。

对于同一个架构的不同车型，应统筹考虑各个零件的布置方案，尽可能保证前围内隔音垫共用，缩短开发周期，保证设计质量。

3. 前围内隔音垫技术要求

（1）标准与法规

前围内隔音垫必须满足目标市场所在国家和地区的法规和标准。在我国，前围内隔音垫须符合标准 GB 8410—2006《汽车内饰材料的燃烧特性》。

（2）主要技术要求

1）外观要求

前围内隔音垫需要保证成型后零件外观良好，没有变形、破裂、褶皱等缺陷。尤其对于常用的 EVA + PU 发泡材料的隔音垫，EVA 层的破损、PU 发泡层的缺料或破损不仅影响零件外观，对零件及整车的 NVH 性能也会有影响。

2）可靠性要求

前围内隔音垫在整个目标生命周期内应满足下列要求：

① 材料应具有抗撕裂能力。

② 前围内隔音垫与地板地毯之间应匹配良好。

③ 材料不能因为涉水、高温老化而破损。

④ 必须保持尺寸稳定性。

3）NVH 性能要求

前围内隔音垫需要满足 NVH 提出的性能要求，包括隔音垫全密封状态的吸/隔声曲线要求。某车型前围内隔音垫的隔声曲线要求如图 10-28 所示，要求前围内隔音垫隔声插入损失（Insertion Loss，IL）应不低于图示要求；与车身前围板贴合良好；预留满足周边零部件装配及运动间隙后，将开孔尺寸及厚度损失减小至最低；零部件的过孔形成有效的双层密封结构，在车辆行驶过程中阻隔发动机舱噪声向乘员舱传播。

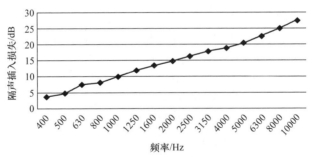

图 10-28　某车型前围内隔音垫隔声曲线要求

（3）主要试验要求

前围内隔音垫须满足的总成试验要求有耐久试验（环境试验、湿度老化试验、热老化试验、低温试验）、排放试验（VOC、气味测定、总碳测定、雾翳测定、甲醛散发）以及其他如层间附着力、尺寸稳定性、燃烧特性、有害物质测定 ELV 等。

4. 前围内隔音垫结构设计

控制噪声的原则是阻止声音直接传递至车内，确保前围上的各零部件与车身配合没有任何缝隙和孔洞。设计前围内隔音垫时，应重点考虑以下因素：平均厚度、覆盖率、密封。

一般来说，当前围内隔音垫的平均厚度达到20mm时，隔音垫与钣金件的"双层墙"结构能够比较有效地起到隔声作用。前围内隔音垫与周边零部件的配合，需要满足周边件正常装配及运动包络，并将开孔尺寸及厚度损失减小至最低。对于安装到钣金件上的过孔零件，前围内隔音垫需要配合其设计密封结构。

（1）前围内隔音垫的平均厚度与覆盖率

前围内隔音垫的平均厚度与覆盖率直接影响"双层墙"结构的声学效果。

在前围内隔音垫设计过程中，受周边件布置的限制，隔音垫的平均厚度一般不超过30mm。在此厚度范围内，增加厚度对提高吸声系数是有益的。某车型前围内隔音垫厚度分布情况如图10-29所示，通过厚度分布计算可对厚度相对薄弱的部位进行有针对性的优化，如将厚度分布小于15mm的区域占比优化到20%的范围内。

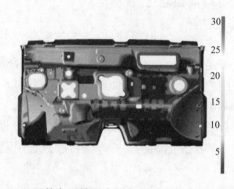

图10-29　某车型前围内隔音垫厚度分布（见彩插）

覆盖率是前围内隔音垫的另一重要指标。为达到较好的吸/隔声效果，前围内隔音垫的覆盖率要达到90%以上。设计前围内隔音垫时应尽量避免开孔。如必须开孔，则需做好开孔处的密封，如线束过孔处橡胶件的双层密封结构等。如果开孔较多覆盖率低，那么声音会直接通过孔和缝隙传递至车内，对其他没有开孔的位置进行隔声或吸声处理，所取得的效果就非常有限。

（2）前围内隔音垫与主线束的配合

主线束与前围内隔音垫的配合推荐双层密封的结构。线束密封件有两层唇边，分别与前围钣金件、前围内隔音垫密封。前围内隔音垫为密封件第一道唇边（与钣金件密封的唇边）预留合理间隙，使密封件能够正常与钣金件密封；隔音垫与密封件第二道唇边（与隔音垫密封的唇边）搭接并过盈，形成双层密封。推荐断面如图10-30所示。

（3）前围内隔音垫与踏板的配合

踏板总成如果以安装面整体贴合前围钣金件，那么前围内隔音垫的开孔会非常大。为了减小隔音垫的面积损失，建议将踏板总成固定点设计成凸台，仅以凸台面贴合钣金件。这样前围内隔音垫可以覆盖至踏板总成与前围钣金件之间，与之过盈形成双层密封。推荐断面如图10-31所示。

（4）前围内隔音垫与转向管柱密封件的配合

转向管柱周边的钣金型面呈碗形时，前围内隔音垫常常无法完全包覆，影响声学效果。通常通过在转向管柱上增加密封件与前围钣金及前围内隔音垫形成双层密封的方式解决此问题。推荐断面如图10-32所示。

（5）前围内隔音垫与空调箱膨胀阀的配合

空调箱膨胀阀由发泡类材料密封圈包覆，可以利用膨胀阀的密封圈分别与前围钣金件及前围内隔音垫设计双层密封结构。推荐断面如图10-33所示。

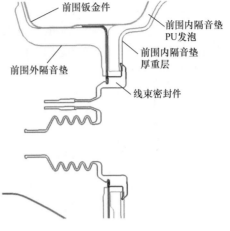

图 10-30　前围内隔音垫与
主线束的配合断面

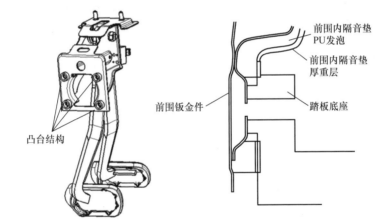

图 10-31　踏板安装面特征及与前围内隔音垫的配合断面

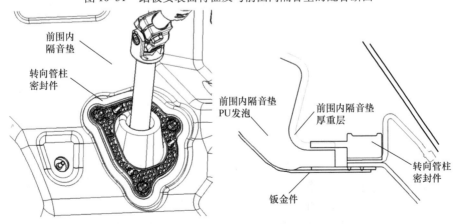

图 10-32　转向管柱密封件及与前围内隔音垫的配合断面

（6）前围内隔音垫与仪表板以及前风窗玻璃的配合

对于 PU 发泡作为吸声层的前围内隔音垫，在仪表板总成、风窗横梁、前风窗玻璃之间的空腔内，可将发泡延伸至隔音垫上表面以填充空腔，改善 NVH 性能。推荐断面配合如图 10-34 所示。

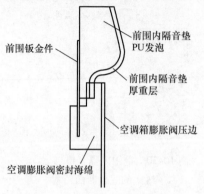

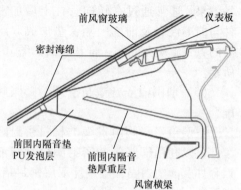

图 10-33　前围内隔音垫与空调
箱膨胀阀的配合断面

图 10-34　前围内隔音垫/仪表板/前风窗
玻璃的空腔区域内的发泡填充

5. 前围内隔音垫常用的材料和工艺

前围内隔音垫隔声层常用材料为 EVA 或 EPDM。吸声层常用的材料有 PU 发泡、棉毡和吸音棉。

一般来说，前围内隔音垫制造会依次经历三道工序：隔声层成型、吸声层成型、总成件开孔。在某些情况下，例如在 PU 发泡模具内预置刀口，可以将吸声层成型与总成件开孔两步工序合二为一，如图 10-35 所示。

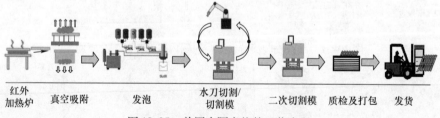

红外　　　真空吸附　　　发泡　　　水刀切割/　　二次切割模　质检及打包　发货
加热炉　　　　　　　　　　　　　切割模

图 10-35　前围内隔音垫的工艺流程

① 隔声层成型有真空吸附成型和热压成型两种工艺。其中真空吸附成型对零件型面要求较低，可以成型脱模斜度呈负角的型面，应用较广。

② 吸声层成型工艺可分为 PU 发泡成型和吸音棉成型。

● PU 发泡成型是将已成型的隔声层扣在一边的模具型面上，在另一边的模具型腔内注入 PU 发泡料，合模待发泡反应填充型腔。有时也会在发泡模具上做出刀口，这样在发泡的同时即可同步完成孔位的冲切。

● 吸音棉的成型是将已成型的隔声层放置在工装上，利用钉枪或超声波焊枪，将预先冲切好开孔的吸音棉固定在隔声层上。

③ 总成件的开孔方式有两种：模具冲切和水刀切割。

- 模具冲切是在发泡模具内制作刀口，在发泡时同步冲切开孔。
- 水刀切割是在发泡成型后另增加一道水切割工序。

前者生产效率更高，后者容错率更高，在造车时可以快速响应对开孔尺寸的调整需求。

三、顶棚

1. 顶棚概述

顶棚，或称顶饰，按照是否有天窗可分为普通型顶棚和天窗型顶棚。顶棚主要用来覆盖钣金件，吸声降噪，提升整车声学性能。顶棚一般包括顶棚本体以及顶棚本体上集成的前/后阅读灯框、化妆镜灯框、天窗加强框、蘑菇搭扣和泡块等零件。这些子零件一般使用热熔胶固定连接至顶棚本体上，如图 10-36 所示。

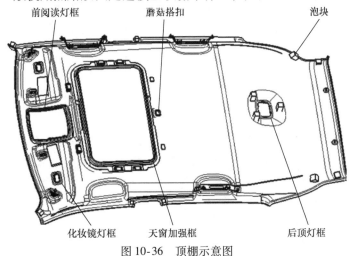

图 10-36　顶棚示意图

2. 顶棚技术要求

（1）头部空间要求

顶棚的设计需考虑车辆驾驶员及乘员的头部空间，一般是以 95% 的人体头部包络线对头部空间进行评价，要求顶棚造型面不得位于前/后排头部空间以内的区域，如图 10-37 所示。

（2）前视野要求

顶棚前沿须满足标准 GB 11562—2014《汽车驾驶员前方视野要求及测量方法》中的前视野要求，根据前视野线的位置对顶棚前沿造型面进行检查并认可。一般要求顶棚前沿位于前视野线以上，如图 10-38 所示。

（3）可靠性要求

顶棚除须满足夏季/冬季路试、暴晒试验、综合道路环境模拟试验、雨淋试验

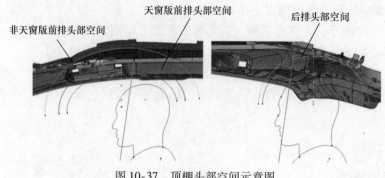

图 10-37　顶棚头部空间示意图

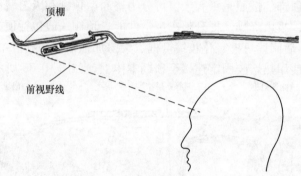

图 10-38　前视野要求示意图

等整车及系统可靠性试验之外，在产品设计阶段，为保证顶棚在各种环境条件下可靠地固定于车身上，同时为避免顶棚在运输、安装及使用过程中出现破损、表面质量等问题，一般需要进行下垂试验、基材弯曲强度试验、粘结强度试验、开关载荷试验和卡扣保持力试验等相关可靠性试验。

3. 顶棚结构设计

（1）定位与安装

顶棚的定位原则为一面两销，一般是将一侧遮阳板吊钩的安装孔作为四向（X，Y）定位，同时，将顶棚尾端与遮阳板吊钩对角线位置的定位销作为两向（Y）定位；将顶棚上与钣金件相接触的特征面（如遮阳板或顶拉手的安装面）、天窗蘑菇搭扣相接触面等作为 Z 向定位，如图 10-39 所示。

顶棚上一般有较多的功能件，如遮阳板、顶拉手、前/后阅读灯、顶控制台等，可以通过这些功能件将顶棚连接固定到车身上。但是在无功能件的顶棚区域，需要适当地增加如塑料卡扣、金属卡扣、蘑菇搭扣、磁铁等固定点连接于车身，如图 10-40 所示。

（2）顶棚的声学性能设计

顶棚作为汽车上一个重要的声学部件，须满足声学性能方面的吸声要求，吸声曲线的特性应包含全部车顶结构及吸音棉等附件综合达到的性能。

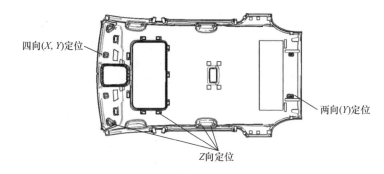

图 10-39　顶棚的定位策略示意

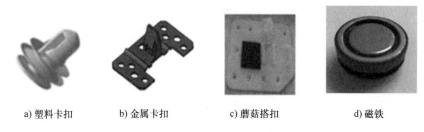

| a) 塑料卡扣 | b) 金属卡扣 | c) 蘑菇搭扣 | d) 磁铁 |

图 10-40　顶棚常用卡扣

对于顶棚的吸声要求，一般用顶棚装配材料（含顶棚基材、面料以及顶棚背面所附的吸音棉等声学部件）的平均吸收系数来体现。在设计开发前期，顶棚的吸声要求须在工程技术要求中明确体现。

在 100 ~ 6300Hz 音频范围内，吸声特性从低到高，分 A、B、C、D 四级要求。在所有阶段，试验所得的结果均应与顶棚吸声曲线进行比较，并满足相应要求，如图 10-41 所示。顶棚吸声特性测试方法通常有驻波管法和混响室法，一般推荐混响室法。

通常，为了提升顶棚的声学性能，除了选择合适的顶棚基材和面料外，也可选择合适的吸音棉并尽可能地加大吸音棉的贴附面积。另外，顶棚（指顶棚背面或 C 面）与车顶钣金件之间的设计间隙会影响整车声学性能，也需要重点关注，一般为 5 ~ 15mm。

> **Tips1** 一般情况下，顶棚的 A 面是指造型面，即面料层表面；B 面是指骨架层（基材）与面料层之间的面；C 面是指骨架层的背面。

（3）匹配设计

1）顶棚与密封条的匹配设计

顶棚有三个侧边与密封条进行匹配，其中左/右两侧边的匹配形式根据门框形式的不同，分为与冲压车门门框密封条匹配和与辊压车门门框密封条匹配，如图10-42 所示。如果是掀背或 SUV 车型，则顶棚后端是与行李箱密封条进行匹配，如

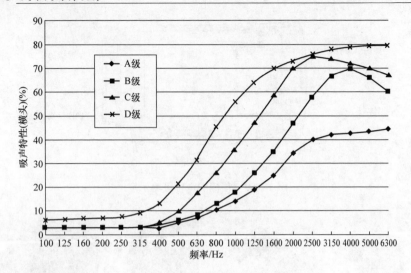

图 10-41　顶棚吸声曲线

图 10-43 所示。

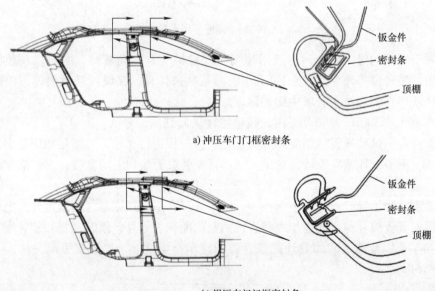

a) 冲压车门门框密封条

b) 辊压车门门框密封条

图 10-42　顶棚与前/后门框密封条的配合形式

　　为了避免密封条卷边无法包住顶棚的问题，进行顶棚与密封条的匹配设计时需要重点考虑：

　　① 顶棚与密封条的搭接量，一般为 8 ~ 10mm。

　　② 顶棚与密封条的匹配角度，与密封条类型有关。

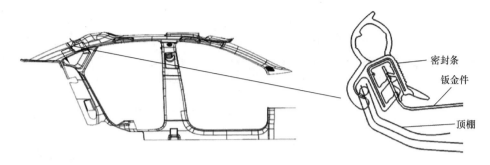

图 10-43　顶棚与行李箱密封条的配合形式

Tips2　对于顶棚与密封条的匹配角度，是指顶棚与密封条搭接处的造型面与钣金止口边的法向之间的夹角。对于图 10-42a 所示的冲压车门门框密封条，推荐 25°~35°；对于图 10-41b 所示的辊压车门门框密封条，推荐 70°~85°；对于图 10-43 所示的行李箱密封条，推荐 0~20°。

2）顶棚与立柱上饰板的匹配设计

顶棚与立柱上饰板之间常见的配合形式有搭接和对接，如图 10-44 所示。其中搭接形式匹配效果更好，但对接形式更有利于侧气帘爆破。顶棚与立柱上饰板的分界线越低越好，一般要求在侧气帘支架的下方，以保证侧气帘在爆破时可以顺利展开。理论上，顶棚与密封条的匹配角度和立柱饰板与密封条的匹配角度是一致的，即使有差异，也不应出现角度的突变，以防出现顶棚与立柱上饰板搭接处密封条卷边问题。

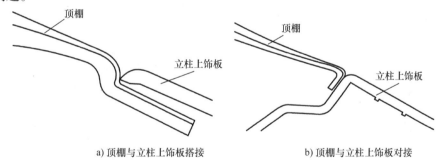

a) 顶棚与立柱上饰板搭接　　　　　　　b) 顶棚与立柱上饰板对接

图 10-44　顶棚与立柱上饰板常见的配合形式

3）顶棚与前/后风窗玻璃的匹配设计

为保证外观匹配及装配要求，顶棚与前/后风窗玻璃之间应留一定的间隙，一般间隙为 2.5~3.0mm。同时，要求风窗玻璃的黑边要能遮挡顶棚的边缘，防止从车外透过玻璃看到顶棚的边缘，如图 10-45 所示。

4）顶棚与天窗的匹配设计

顶棚与天窗的匹配形式通常有两种：一种为顶棚在开口处翻边，与天窗直接匹配；另一种为顶棚与天窗通过 U 形密封条连接到一起，如图 10-46 所示。前者顶棚需要翻边结构，外观效果好，但匹配一致性难度较大；后者需增加天窗 U 形密封条，成本增加，且外观匹配效果不如前者。

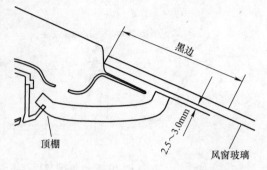

图 10-45　顶棚与风窗玻璃的配合要求

5）顶棚与遮阳板、顶拉手的匹配设计

进行顶棚与遮阳板、顶拉手的匹配设计时需要考虑如下几点：

① 为保证顶棚型面与遮阳板、顶拉手不产生干涉，顶棚须与遮阳板、顶拉手周边一圈均匀地留有间隙，一般为 5mm，如图 10-47 所示。

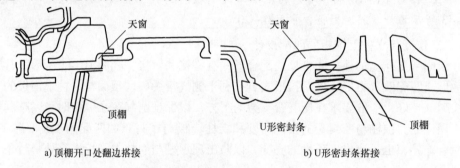

a) 顶棚开口处翻边搭接　　　　　　　　b) U 形密封条搭接

图 10-46　顶棚与天窗的配合形式

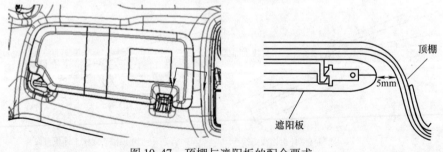

图 10-47　顶棚与遮阳板的配合要求

② 为满足人机工程要求，顶棚与遮阳板局部区域、顶拉手手柄之间须留有一定的手部操作空间。

③ 为保证顶棚在遮阳板基座及拉手基座开孔处不露包边，顶棚须与遮阳板、拉手基座有一定的重叠量，一般为 3～5mm，同时也须有一定的干涉量，一般为 1～2mm，如图 10-48 所示。

6）顶棚与侧气帘的匹配设计

对于有侧气帘配置的车型，在顶棚靠近边缘的位置会设计窄且深的凹槽，称为弱化线（槽），其作用为帮助气帘在指定区域展开。弱化线（槽）的位置和走向须结合侧气帘点爆要求确定。常见弱化槽的形状有 V 形和 U 形两种，弱化槽的宽度和深度须结合侧气帘点爆试验结果及顶棚基材的材料和厚度、制造工艺等因素决定。一般情况下，V 形弱化槽的尺寸为宽 5mm、深 1.5mm，U 形弱化槽的尺寸为宽 5mm、深 2mm。在侧气帘点爆时，顶棚上飞溅物

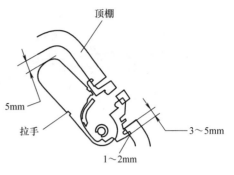

图 10-48　顶棚与拉手的配合要求

的重量需满足侧气帘的试验标准。若侧气帘的气体发生器布置在 B 柱位置，则顶拉手应布置在气帘导向支架之上，避免打裂顶拉手或顶拉手上的衣帽钩。

4. 顶棚常用的材料和工艺

（1）顶棚常用材料

顶棚主要由表皮和基材组成，如图 10-49 所示。表皮材料一般有 PVC 薄膜、无纺布或针织面料，顶棚的基材一般有改性 PS/PP/PU、PP 木粉板、ABS 板、再生纤维毡、麻纤维、玻璃纤维、玻璃棉等。

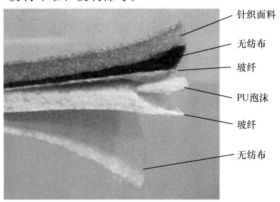

图 10-49　顶棚结构

（2）顶棚常用工艺

顶棚的成型工艺主要为热压/模压成型，一般可分为干法和湿法，如图 10-50 所示。干法又称冷模法，是将半硬质聚氨酯发泡复合板材加热到 $180 \sim 200℃$，使之达到塑性状态，然后将其放在模具内与顶棚面料材料同时压制成型。半硬质聚氨酯发泡复合板材主要由热熔胶粉或胶膜、玻璃纤维、半硬质 PU 和无纺布复合而成。湿法又称为热脱法，是在半硬质聚氨酯泡沫复合板材上、下表面辊胶（热固性聚氨酯粘胶剂），然后分别铺玻璃纤维和无纺布，在加热模内压制成型。湿法按照成型步骤又分为一步法和两步法：一步法指面料和基材同时模压成型；两步法指先成型基材，再复合面料。

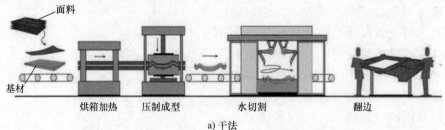

a) 干法

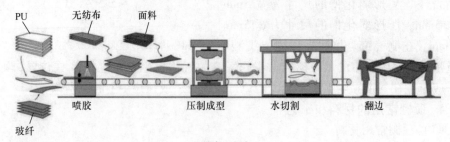

b) 湿法一步法

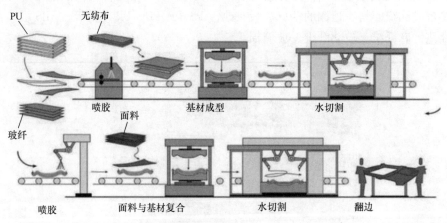

c) 湿法两步法

图 10-50　顶棚制造工艺流程

如表 10-4 所示，干法的优点是自动化程度较高，设备投入低，但 NVH 性能较差，一般用于低成本车型。湿法产品的 NVH 性能与尺寸稳定性更为优异，但生产效率较低。相比湿法两步法，干法与湿法一步法均不适用有倒拔模的顶棚；同时对于型面较为复杂的顶棚，干法与湿法一步法更易出现面料褶皱的现象。

表 10-4　顶棚制造工艺特点对比

项目	干法	湿法一步法	湿法两步法
基材温度	高温	常温	常温
模具	冷模	热模	热模
面料翻边	不易翻边	不易翻边	易翻边
负拔模角	不适用	不适用	适用
NVH	一般	好	好

（续）

项目	干法	湿法一步法	湿法两步法
生产效率	高	高	低
基材	PU + GF/PP + GF/PET/天然纤维板/蜂窝硬纸板	PU + GF	PU + GF
尺寸稳定性	一般	好	好
设备投入	低	较低	高
环保	可回收	不可回收	不可回收
适用范围	低成本，大批量生产	型面简单	型面复杂

在产品设计阶段，顶棚设计应充分考虑制造工艺要求，如拔模角度/深度、凹坑转角等，避免成型工程中出现褶皱、撕裂等问题。

第五节　声学系统品质设计与发展趋势

汽车的声品质是通过人的听觉感知到的，被广泛认同的声品质的定义是：声品质是在特定的技术目标或任务内涵中声音的适宜性。目前声学零件的设计已经开始从"降低噪声"向"声品质控制"转变。声学零件的品质设计包括在产品布置的前期提出质量要求，确定产品的质量水平，选择主要的性能参数，各相关部门按照配合断面进行设计，制定公差标准和其他技术条件等内容。

一、声学系统品质设计

1. 地板地毯品质设计

地板地毯的主要性能是耐用和美观，也是主要的声学零件，对整车的声学性能有着重要的贡献。与地板地毯品质相关的主要因素有两个：一是地板地毯与周边饰板及座椅支架匹配的间隙；二是与地板地毯厚度及毯面材质相关的脚踩舒适性。间隙主要通过内饰件合理的配合设计和安装定位方式来控制。

高档车型地板地毯的触感舒适性可通过材质选择进行优化，将地板地毯定义为"簇绒地毯 + 隔声层 + PU 发泡"的方案，并对材料规格进行详细定义。例如簇绒地毯有较好的触感，隔声层需要达到一定的单位面积质量以降低路噪，发泡层的密度需满足脚踏区域的压缩回弹以及材料的声学曲线。当然主要材料定义完成后，还需要注意各层之间的工艺辅料定义，例如防溢料阻隔膜、增加粘结力的无纺布层等。

2. 前围内隔音垫品质设计

前围内隔音垫的品质设计一般通过控制零件的材料、厚度、密度、尺寸、工艺以及合理的结构设计来达到预期的效果。表 10-5 展示了某车型前围内隔音垫通过结构优化实现减重降本的典型案例。通过提高平均厚度、覆盖率，优化空调过孔和三踏板过孔，优化后的方案在所有频段的隔声效果均优于原方案，尤其在低中频段

（1250Hz 以下）。在优化后的方案中，隔声量提升 2～5dB，零件声学性能提高的同时实现了减重降本的目标。

表 10-5　前围内隔音垫优化典例

	优化前状态	优化后状态
图示	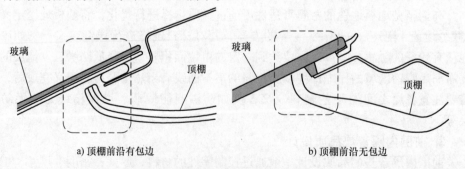	
材料方案	EVA（7.0kg/m²）+ PU 发泡	EVA（4.8kg/m²）+ PU 发泡
过孔优化	① 空调相关过孔优化 ② 三踏板过孔优化	
平均厚度	12.6mm	18.2mm
覆盖率	79%	85%
台架测试结论	① 前围板安装关键过孔零件测试：优化方案在所有频段均优于原方案，尤其在低中频段（1250Hz 以下），优化方案隔声量提升 2～5dB。 ② 优化方案中，EVA 克重由 7.0kg/m² 减至 4.8kg/m²，隔声性能无降低。 ③ 前围板过孔全密封测试：以 1600Hz 分界，低频段原方案略优，高频段优化方案略优。	

3. 顶棚品质设计

顶棚的品质设计涉及顶棚面料、前后沿包边和顶棚拉手手部操作特征三部分内容。

顶棚表皮面料一般选用带海绵层的针织面料，提升了内饰品质感和触感。

顶棚前后沿与前/后风窗玻璃匹配的边缘建议包边，以避免毛边外露等问题，影响顶棚的品质效果，如图 10-51 所示。

a) 顶棚前沿有包边　　　　　　　　b) 顶棚前沿无包边

图 10-51　顶棚前沿包边对比示意图

顶棚拉手手部操作特征可为乘员操作顶拉手提供便利性和舒适性，对于无自带操作空间的车顶拉手，可在顶棚相应位置上设置凸起或凹坑特征，如图 10-52

所示。

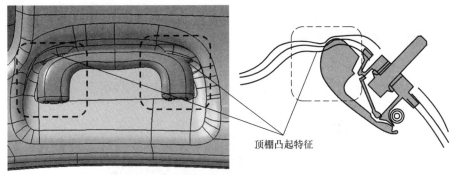

顶棚凸起特征

图 10-52 顶棚车顶拉手操作空间（凸起特征）示意图

二、声学系统发展趋势

如上文介绍，声学系统对于空气噪声的处理是非常关键的。从噪声的三要素上看，"源—路径—接收"，其中降低源的影响是最重要的。在传统动力车型上，动力总成的噪声是最主要的源，各厂家开发的新产品除了充分提高燃油利用率，声品质也成为重要的考量指标，因此声学系统零件设计早期已经延伸到动力总成，例如自结皮 PU 发泡的发动机舱盖等的应用，而且新材料和新技术在不断涌现，也同样适用于混合动力车型。

对于纯电动汽车车型，没有了动力总成这个最大的噪声源，理论上 NVH 问题似乎就更容易处理，然而实际情况是，失去了动力噪声的掩蔽，原来的风噪、胎噪以及电驱动的激励噪声更容易被乘员接收，而且声频范围扩大，噪声处理挑战加大。在声学系统零件设计中，新材料如吸音棉在前围内隔音垫中的应用，对纯电动汽车中电驱动等中高频噪声表现出非常优异的吸声性能；成型热复合工艺也越来越成熟，在新能源车型上已有较多应用，对于整车声品质的提升有非常大的贡献。

未来的声学系统发展，除了通过吸/隔声材料在传递通道上阻隔声音进入乘员舱外，也可以通过声学系统的不断调整，如结构精准化设计、材料轻量化方案、成型工艺创新、整车正向开发等，甚至附加反向激励声源等方式，使得乘客听到的声音更加舒适，从而提升整车的声品质。下文将对声学系统设计精准化、轻量化、环保化的发展趋势进行详细说明。

1. 精准化

通过 CAE 或者实测分析，发现整车某一区域的噪声影响较大，就可以采用重点处理措施，而某一区域的噪声影响较小，就可以做一般处理措施，而不是统一采用提升整体厚度或者密度的方案。目前前围内隔音垫 CIM 工艺的应用，就是精准设计的实际应用。

首先将整个前围内隔音垫按不同区域分块，通过混响室 - 消声室法测试，得到每个区域的隔声量；再根据需要对薄弱的区域进行增强，对过设计的区域适当减弱，在布置空间受限的情况下主要通过改变隔声层的厚度来改善隔声量。经过精准化设计，隔音垫的隔声层最终被设计成不等厚（不等面密度）的结构，如图 10-53 所示。

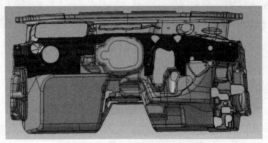

图 10-53　不同厚度分布的前围内隔音垫

对于不等厚结构的零件，采用传统的热压成型和真空吸附成型的工艺是无法实现的，需要用到全新的 CIM 生产工艺。CIM 工艺与注射成型工艺类似，但使用的原料不是一般的塑料粒子，而是热塑弹性体 + 固体的矿物填充的一种粒子。这样的不等厚设计，大大减小了零件的重量。但这种方案需要较高的模具费用，限制了其推广应用。

2. 轻量化

轻量化是各大主机厂多年来不断研究的方向，实现轻量化主要途径有：

① 轻量化材料的应用。

② 进行轻量化设计，优化产品结构，减少零部件数量或降低零件重量，达到减重的目的。

吸声材料如聚丙烯纤维，较之传统棉纤维有轻质、吸声性能好、可回收等优点；新型三层消声结构（软毡 + 聚乙烯膜 + 热塑性毡）有望取代传统结构（PU/毡 + EVA/EPDM），在提升高频吸声性能的同时减轻了消声结构 20% ~ 50% 的重量。

3. 环保化

环保也是汽车行业发展的重要方向。有研究表明，由天然麻纤维和丙纶纤维复合而成的汽车内饰件产品及其生产方法，从根本上解决了汽车内饰加工工艺复杂、污染环境的问题，且该产品强度高、密度低、耐冲击，可以提高内饰件强度，减少整车重量，成品可进一步应用于门饰板、行李箱侧围板、车顶棚、衣帽架等位置。

第十一章 饰件系统

第一节 饰件系统概述

汽车饰件系统是指分布在汽车内外表面起装饰或带有部分功能作用的零件系统，其装饰效果的优劣直接影响到汽车内外部的形象，是整车造型设计时重点关注的子系统之一。饰件系统具有分布杂散、数量繁多、涉及的材料和工艺复杂等特点，是内外饰系统中的"零件大熔炉"。为了更直观地了解和学习饰件系统，本章根据零件在整车的区位将饰件系统划分为两个部分进行介绍：外饰饰件系统和内饰饰件系统，分别对应汽车的外部饰件、内部的乘员舱和行李箱饰件。

汽车外饰饰件系统，顾名思义，是指安装在汽车外部的装饰性零件。而实际上，汽车外饰饰件不仅包括外部装饰件，还包含一些汽车外部具备特殊功能的零件。由于外饰饰件种类繁多，分布广泛，为便于理解和总结，可按照零件的性质和功能分为四个子系统：玻璃系统、风阻及 NVH 系统、功能件系统、装饰件系统，如图 11-1 所示。

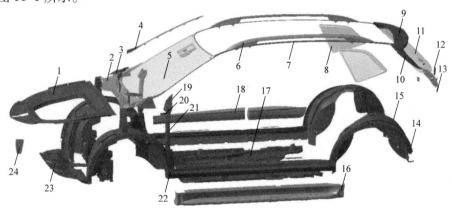

图 11-1 汽车外饰饰件结构分解图

1—前舱饰板 2—空调进气格栅 3—发盖装饰件 4—A 柱饰条 5—前风窗玻璃 6—行李架 7—顶饰条
8—三角窗玻璃 9—扰流板 10—D 柱饰板 11—后风窗玻璃 12—后字牌 13—后牌照饰板 14—前后轮眉
15—前后轮罩及吸音垫 16—脚踏板 17—底部导流板 18—前后防擦条 19—角窗饰盖 20—翼子板装饰件
21—翼子板吸音垫 22—门槛饰条 23—小腿保护板 24—前标牌

玻璃系统是指固定玻璃，一般包含前风窗玻璃总成、后风窗玻璃总成、侧围三角窗玻璃总成；风阻及 NVH 系统是指涉及整车风阻及 NVH 的饰件，一般包含 A 柱饰条总成、尾门扰流板总成、D 柱饰板总成、底部导流板总成、轮罩及吸音垫总成等；功能件系统是指不仅具有装饰作用，还有一定功能性作用的饰件，一般包含车顶行李架总成、脚踏板总成、后牌照饰板总成、空调进气格栅总成、车门防擦条总成、小腿保护板总成等；装饰件系统一般包含字标牌总成、角窗饰盖总成、顶饰条总成、迎宾踏板总成、发动机舱盖及翼子板装饰件总成、前后轮眉总成、门槛饰条总成、前舱饰板总成等。

汽车内饰饰件系统是指安装在汽车内部的装饰性零件，一般包括侧围饰件、行李箱饰件和衣帽架饰件等，如图 11-2 所示。侧围饰件指立柱饰板及后侧围饰板，用来包覆车身侧围钣金件，美化外观。一般包含 A 柱上饰板、A 柱下饰板、B 柱上饰板、B 柱下饰板、前/后门槛饰板、C 柱上饰板、C/D 柱下饰板、D 柱上饰板、行李箱侧饰板、尾门上饰板、尾门上侧饰板、尾门下饰板以及尾门门槛饰板/行李箱门槛饰板等零件。行李箱饰件指汽车行李箱区域以包覆与装饰为主要功能的零件，除外观装饰属性外，还有储物、承载及私密性相关的衍生功能。它主要包括行李箱遮物帘、行李箱侧饰板、行李箱地毯与行李箱储物盒等零件。

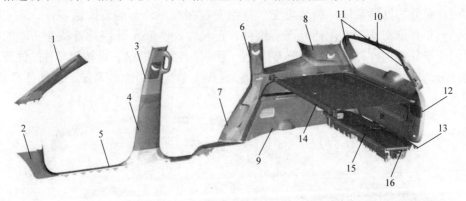

图 11-2　汽车内饰饰件结构分解图

1—A 柱上饰板　2—A 柱下饰板　3—B 柱上饰板　4—B 柱下饰板　5—前/后门槛饰板
6—C 柱上饰板　7—C/D 柱下饰板　8—D 柱上饰板　9—行李箱侧饰板　10—尾门上饰板
11—尾门上侧饰板　12—尾门下饰板　13—尾门门槛饰板/行李箱门槛饰板　14—行李箱
遮物帘/衣帽架　15—行李箱地毯　16—行李箱中央储物盒

随着消费者对汽车外观的要求越来越高，汽车饰件系统的零件种类越来越多，覆盖范围也在不断扩大，未来也会有更多个性化、定制化的饰件逐步加入进来，让整车更美观、更有个性。

第二节　外饰饰件系统

外饰饰件系统纷繁复杂，涉及的零件较多，本节选取固定玻璃总成、字标牌总成和车顶行李架总成三类典型零件进行介绍，分别代表了无机非金属、塑料、金属三大类材料及其背后迥然不同的工艺。

一、固定玻璃总成

1. 固定玻璃总成概述

固定玻璃总成是指安装在车身上，不可移动的风窗玻璃，通常包括前风窗玻璃、后风窗玻璃和后三角窗玻璃，如图11-3所示。

图 11-3　固定玻璃示意图

① 前风窗玻璃安装于汽车乘员舱前部，用于挡风及为驾乘人员提供清晰视野。汽车前风窗玻璃通常为夹层玻璃。夹层玻璃是在两层玻璃之间夹一层以聚乙烯醇缩丁醛为主要成分的PVB（Polyvinyl Butyral）中间膜。它将塑料的强韧性和玻璃的坚硬性结合在一起，增加玻璃的抗破碎能力。当前风窗玻璃受到冲击破碎时，因PVB膜的存在，可将玻璃碎片粘在PVB膜上，从而防止对乘员造成二次伤害。

② 后风窗玻璃安装在车身后部，为驾乘人员提供可视区域、构成驾乘人员保护空间，一般采用钢化玻璃。钢化玻璃是一种预应力玻璃——为提高玻璃的强度，在玻璃表面形成压应力，玻璃在承受外力时首先抵消表面应力，从而提高了承载能力。承载能力的提高改善了玻璃的易碎性质，钢化玻璃即使破碎也是无锐角的小碎片，极大降低了碎片对乘员的伤害。

③ 后三角窗玻璃是指位于汽车C柱区域的固定玻璃。后三角窗玻璃不仅能增加后座采光和后排乘员的视野范围，而且能满足造型需求，使整车线条更加舒展，减少臃肿感。目前，后三角窗玻璃主要出现在SUV、MPV以及部分轿车中。后三角窗玻璃通常采用钢化玻璃，且为达到与车门饰条和水切一致的外观装饰效果，往往会采用PVC模内注射成型的工艺增加黑色PVC包边或不锈钢饰条。

2. 固定玻璃总成技术要求

（1）标准与法规

固定玻璃需满足GB 9656—2003《汽车安全玻璃》的要求，标准中详细规定了风窗玻璃在光学性能和机械性能方面的基本要求。若车型有出口需求，风窗玻璃还应满足潜在市场所在国家的相关法规要求。比如车辆出口泰国，则须满足TIS 2602—2556《泰国汽车安全玻璃材料工业标准》；如出口欧洲，则须满足ECE R43

《SAFETY GLAZING MATERIALS AND THEIR INSTALLATION ON VEHICLES》。

（2）视野要求

前风窗玻璃必须满足视野要求，即风窗玻璃透明区至少应包括风窗玻璃基准点连线所包围的面积，详见标准 GB 11562—2014《汽车驾驶员前方视野要求及测量方法》。为确保特殊天气情况下能提供良好的视线和视野，后风窗玻璃均有除霜除雾的特殊要求，通常要求通电 20min，A 区除霜率达到 95% 以上。

3. 固定玻璃总成结构设计

（1）常见结构形式

前风窗玻璃可分为裸边玻璃和带密封条玻璃。裸边玻璃附件较少，成本相对较低。带密封条玻璃可额外提升整车的 NVH 性能，成本相对裸边玻璃较高。另外，为满足空调进气格栅总成的安装要求及装配后的良好视觉效果，越来越多的前风窗玻璃集成下卡条，如别克昂科威、荣威 950、大众全系车型等。后风窗玻璃通常为裸边玻璃，玻璃上印刷加热线和天线。后三角窗玻璃可分为黑色包胶包覆的三角窗玻璃以及在此基础上增加不锈钢亮饰条的三角窗玻璃。

（2）定位与安装

前后风窗玻璃的定位，以轿车裸边玻璃为例，支撑前后风窗玻璃的安装面规定为 Z 向，即 A 基准（Z 向）为垫块；B 基准（X 向）位于玻璃上边外侧；C 基准（Y 向）位于玻璃两侧边中间位置，如图 11-4 所示。对于带密封条的前风窗玻璃，A 基准（Z 向）为密封条，B、C 基准同上。对于 SUV 车型的后风窗玻璃，安装方向为 X 向，则 A 基准（X 向）仍为垫块；B 基准（Z 向）为位于玻璃下侧的定位销；C 基准（Y 向）位于玻璃两侧边中间位置。

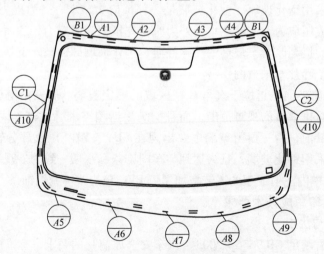

图 11-4　前风窗玻璃基准示意图

安装前后风窗玻璃时以定位销为导向，用玻璃胶粘贴于钣金件上。在玻璃胶固化前，采用胶带辅助固定，防止玻璃下滑。

对于后三角窗玻璃的定位，A 基准（Y 向）通常选取卡扣的安装面或翻边凸台面，B 基准（Z 向）与 C 基准（X 向）采用卡扣定位。具体的定位方式如图 11-5 所示。

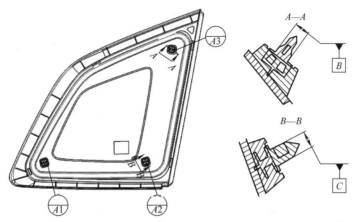

图 11-5　后三角窗玻璃定位方式

布置安装后三角窗玻璃卡扣时，需遵守安装点连线组成的多边形面积最大的原则，保证卡扣安装的最大效力。如果后三角窗玻璃造型为三角形，则三个安装卡扣分别位于三角形的三个顶点位置；如果后三角窗玻璃的造型为四边形，且钣金冲压可行，则尽量布置四个卡扣，分别位于四边形的四个顶点位置；若钣金因冲压问题不可行，则后三角窗玻璃无法布置四个卡扣，可采用三个卡扣加一个凸台的形式。

后三角窗玻璃的安装需满足易安装、密封性、缓冲性、耐久性等要求。为满足这些要求，目前常用两种安装方式：聚氨酯结构胶粘贴和丁基胶加螺栓固定。

① 聚氨酯结构胶的固定方式具有良好的粘结强度、密封性、缓冲性和耐久性等优点，是一种优异的零件连接方式。但是结构胶表面固化至少需要 24h，完全固化需要 7 天左右。在这段时间内，在自身重力或者外力作用下，三角窗的位置会发生窜动，影响最终的匹配效果。解决该问题的方式是配合三个定位卡扣。卡扣在安装时不仅起到自定位作用，还在结构胶固化之前起到固定作用。

② 丁基胶加螺栓的固定方式：丁基胶起密封作用，螺栓起定位和紧固作用。该方式成本相对较低，售后返修方便，但存在装配工时较长、漏水风险较高等问题，目前只有部分低端车型使用该方式。两种固定方式的具体参数对比如图 11-6 所示。

（3）匹配设计

前后风窗玻璃通过聚氨酯结构胶粘结在钣金面上，因此与钣金面的配合关系直接影响前后风窗玻璃的安装可靠性。前后风窗玻璃的匹配设计包括：玻璃与顶盖处、玻璃与侧围处及玻璃与空调进气格栅或后行李箱盖处，如图 11-7 所示。

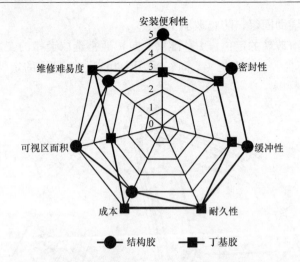

图 11-6　后三角窗玻璃两种安装方式参数对比

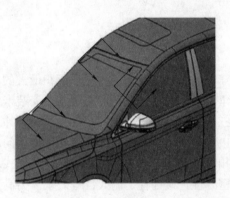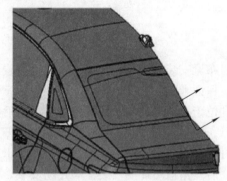

图 11-7　前后风窗玻璃典型断面位置图示

　　图 11-8 是玻璃与顶盖处的典型断面。为保证风窗玻璃安装时与顶盖不干涉且装配后与顶盖配合良好，玻璃与顶盖间隙须满足要求：带密封条玻璃为 5mm，无密封条玻璃为 3mm；面差一般是玻璃比顶盖低 3mm；用于粘结的聚氨酯结构胶压扁后的高度为 5mm，宽度小于 14mm；钣金涂胶面要求平整，宽度至少保证 19mm。

　　前风窗玻璃与侧围、A 柱饰板处的典型断面如图 11-9 所示。与顶盖处相同，侧围涂胶面的宽度至少保证 19mm。前风窗玻璃两侧的黑边宽度直接影响驾驶员的视野范围，因此设计时黑边宽度是重点关

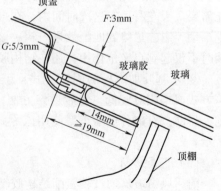

图 11-8　前风窗玻璃与顶盖处典型断面

注因素，常见做法是在 A 柱饰板投影的基础上偏置 8mm 左右。后风窗玻璃此处的断面与前风窗玻璃类似，需要注意的是，内饰板与钣金件之间应留足够的间隙，以便布置加热线的舌片。

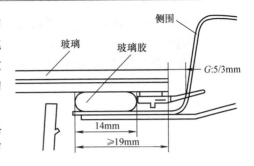

图 11-9　前风窗玻璃与侧围、
A 柱饰板处典型断面

前风窗玻璃与空调进气格栅处的典型断面如图 11-10 所示。同样的，风窗下横梁的涂胶面宽度至少保证 19mm，下黑边设计时需要覆盖仪表板边界投影，防止仪表板内部零件外露，同时下黑边（包括花点区）不能超过下视野线，以免影响驾驶员视野。

后风窗玻璃与后行李箱盖处的典型断面如图 11-11 所示。与前风窗一致，后风窗下横梁涂胶面宽度至少 19mm。为防止视觉外露问题，后风窗玻璃需要伸入后行李箱盖一定距离，通常这段距离不小于 8mm。

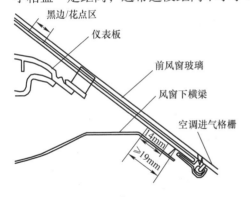

图 11-10　前风窗玻璃与空调进气
格栅处的典型断面

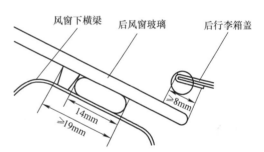

图 11-11　后风窗玻璃与后行李箱
盖处的典型断面

后三角窗玻璃的关键设计主要包括：上部饰条与侧围匹配（*A—A* 处）、下部饰条与侧围匹配（*B—B* 处）、包边条与后车门匹配（*C—C* 处）以及包边条端头处（*D—D* 处），如图 11-12 所示。

上部饰条与侧围匹配的典型断面如图 11-13 所示。对于一体注射成型的 U 形包边带亮条三角窗玻璃而言，考虑到亮条模内定位精度及注射精度，需要对塑料包边的包覆厚度提出要求。塑料包边的唇边作用是遮挡玻璃与钣金件的间隙，因此设计唇边时需要考虑唇边与钣金件的搭接和过盈量，确保能够吸收三角窗玻璃与钣金件的制

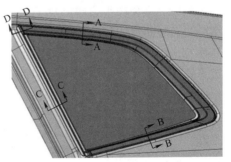

图 11-12　后三角窗典型断面位置图示

造公差。同时还需要考虑唇边与三角窗的搭接角度，确保具有足够的搭接力以及避免软质塑料受到环境影响后材料的回弹发生变化从而导致的离缝问题。另外，平面包边形式的带亮条三角窗玻璃还需要注意玻璃与亮条的间距。因此断面 A—A 最重要的四个参数为：塑料包边对亮饰条的包覆量、唇边与钣金件搭接的过盈量、唇边与钣金件的搭接角度以及玻璃与亮条的间距。具体要求如图 11-13 所示。

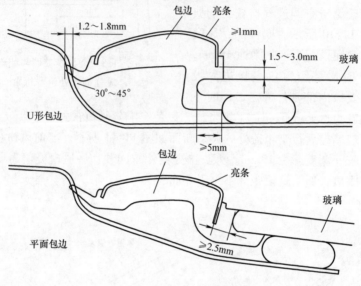

图 11-13 A—A 断面

下部饰条与侧围匹配的典型断面如图 11-14 所示。此处重点关注塑料包边与钣金件匹配的参数。亮条翻边面需要与匹配的侧围钣金件平行，间隙一般为 1.0mm。为避免与钣金件产生离缝，此处包边与钣金件采用过盈配合，过盈量为 0.2 ~ 0.3mm。为避免脱模时亮条表面被划伤，此处的包胶位于亮条 R 角以上。

后三角窗与后车门匹配的断面如图 11-15 所示。此处主要通过控制塑料包边的料厚等手段，避免产生缩印。对于 PVC 材料，最大的料厚建议不超过 6mm。另外，后车门与后三角窗的间隙一般为 4mm，很容易从间隙中看见钣金件，降低整车视觉品质感。因此，设计时可以巧妙利用塑料包边的唇边来遮挡钣金件。唇边与后门的重合长度、后车门与侧围钣金件的垂直距离的比值常设计成 2:1。

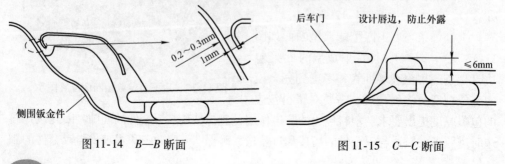

图 11-14 B—B 断面　　　　　　　图 11-15 C—C 断面

塑料包边端头处的典型断面如图 11-16 所示。三角窗玻璃的上部与下部端头分别与车窗上饰条和水切边零面差匹配。为了确保两者端头的视觉一致性，通常需要根据车窗上饰条和水切边的端头选用对应的形式。对于一体注射成型的三角窗玻璃，通常采用三种不同形式的端头：包胶端头、平面端头、无端头。

三种不同端头涉及的主要参数为包胶宽度和包胶厚度。包胶端头和无端头这两种形式的包胶宽度要求大于 2mm；包胶端头的包胶厚度要求大于 1mm。对于平面端头形式，由于亮条会增加一道精冲工艺，如果亮条的端头尺寸公差控制较好，那么端头的最小包胶宽度可降低到 1.5mm。

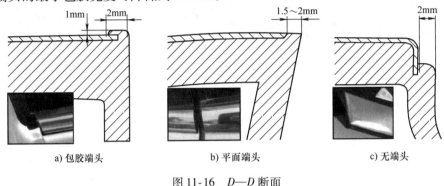

a) 包胶端头　　　　　　　b) 平面端头　　　　　　　c) 无端头

图 11-16　D—D 断面

（4）关键零件设计

1）前后风窗玻璃

前后风窗玻璃的设计难点主要有三个方面：一是玻璃本身工艺可行性；二是与周边零件的配合；三是后风窗玻璃加热功率的仿真设计。

前后风窗玻璃的造型面直接影响工艺可行性，主要关注点包括玻璃的曲率、安装角度、拱高、圆角等。

前后风窗玻璃是区隔汽车内外的核心零件之一，周边有配合关系的零件非常多，车外的零件有顶盖、侧围、空调进气格栅、侧角、刮水器、A 柱饰条等，车内的零件有仪表板、A 柱内饰板、顶棚、各类传感器及罩盖等。设计时需要通盘考虑这些周边零件的配合关系，这里不再赘述。

相较前风窗玻璃通过空调实现除霜除雾的功能，后风窗玻璃需自带除霜除雾的功能，这一功能是通过预埋加热线实现的。加热线是指在玻璃内侧印刷的银浆和母线，并通过焊接在母线上的接插件与整车线束连接，形成完整的电路。打开加热开关后，即可实现后风窗玻璃的电加热。加热线的设计和玻璃的面积、加热功率以及要求的除霜除雾效果相关。加热区域面积的计算方法是：最顶端的加热线往上偏移加热线间距的一半，最底端的加热线往下偏移加热线间距的一半，偏移后的两根曲线与母线最内缘在玻璃内表面所包围的曲面面积。加热功率为

$$P_{总} = S_{加热面积} \times \rho_{功率密度}$$

式中，$\rho_{功率密度}$ 推荐为 $4.5\text{W}/\text{dm}^2 \pm 10\%$。

需要注意的是，加热线设计锁定前需要进行 CAE 模拟分析，以评估设计方案是否满足加热功率和热点温度的要求，如图 11-17 所示。

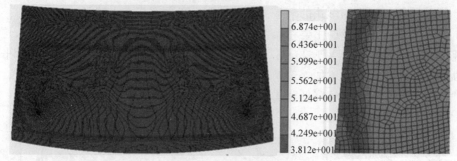

图 11-17　后风窗玻璃加热仿真分析（见彩插）

2）后三角窗玻璃

后三角窗玻璃的设计难点在于无亮条型后三角窗玻璃的设计，无亮条型后三角窗玻璃的表面包覆全部为软质塑料，如硬度为邵氏 A 70° ~ 80° 的软质 PVC 或者 TPE。如果唇边过宽，即悬空长度过长，则唇边的搭接强度将大幅降低，易发生唇边与钣金件离缝或下塌的问题，引起客户抱怨。目前三角窗玻璃的流行设计趋势是宽唇边设计。为了有效解决造型需求和工程设计的冲突，可采用以下方法：

① 将玻璃延伸至唇边以下，尽量缩短塑料唇边的悬空段长度。这种方式对钣金件冲压工艺要求较高，头道翻边冲压角度为 0°，确保玻璃能延伸足够多的距离。

② 在唇边偏软处增加加强骨架。在前种方式不可行的情况下，可考虑这种方式。这种方式需要在前期设计阶段判定唇边的软硬程度，确定是否需要增加骨架。可以通过最大挠度的概念，取单位长度唇边作为研究对象，简化成等截面的悬臂梁（唇边局部可设计成等截面）来计算和判定唇边的软硬程度。

若判定结果为唇边偏软，则需要增加额外的骨架，如图 11-18 所示。骨架材料可选用厚度大于 0.6mm 的 SUS430 不锈钢，也可选用厚度大于 3mm 的塑料件。若选用塑料骨架，则厚度并不是越厚效果越好。过厚将在骨架端部的包边处产生尺寸突变，导致缩印等外观缺陷。具体设计需要根据实际情况一例一析。

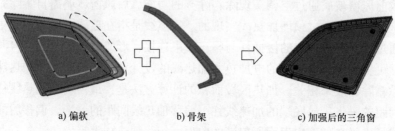

a) 偏软　　　　　　　b) 骨架　　　　　　　c) 加强后的三角窗

图 11-18　荣威 RX5 后三角窗加强骨架示意图

4. 固定玻璃总成常用材料和工艺

（1）常用材料

前风窗玻璃由夹层玻璃与玻璃附件组成。夹层玻璃由两层玻璃和中间膜组成，单片玻璃的厚度为 2.1mm，中间膜为厚度 0.76mm 的 PVB 膜，内片的内侧用油墨印刷出黑边、花点和商标。玻璃附件包含内后视镜基座、传感器支架、定位销、限高块、包边条、下卡条等零件。其中内后视镜基座为内后视镜提供安装结构，常用铝或不锈钢材料压铸成型，背面粘贴双面胶带。定位销用来限制 Z 向位置，常用 ABS 材料，通过注射成型，背面粘贴双面胶带。限高块用来限制 X 向位置，常用 EPDM 材料，硬度一般为邵氏 A 60°±5°，通过注射成型，背面粘贴双面胶带。包边条用来提升整车 NVH 性能，减弱风窗玻璃位置的风噪，由软质部分、硬质部分和骨架等三部分通过共挤的方式成型。软质部分常用硬度邵氏 A 68°±5°的 PVC 材料，硬质部分常用硬度邵氏 D 37°±5°的 PVC，起限高作用，骨架常用铝或铜合金材料，增加支撑作用。下卡条采用硬度邵氏 A 56°±3°的 TPV 材料，内部增加铝带骨架支撑，防止收缩变形。

后风窗玻璃由钢化玻璃和附件组成。其中，钢化玻璃常见厚度为 3.2mm 或 3.5mm，内侧用油墨印刷出黑边和花点，用银浆印刷出加热线和商标。后风窗玻璃附件包含定位销、限高块、加热线舌片、天线舌片等零件。定位销与限高块的材料与功能与前风窗玻璃一致。加热线舌片或天线舌片一般采用的材料为铜，厚度推荐 0.8mm。

后三角窗玻璃一般包括塑料包边、亮条及钢化玻璃，推荐的材料和工艺如下：

① 塑料包边：常用材料为 PVC 和 TPE。PVC 成本较低，材料易于成型，注射成型时最大料厚可达 6mm，不易产生缩印，但耐候性较差。TPE 具有触感柔软、耐候性好、抗疲劳和耐高低温等优点，但成本高于 PVC，表面也容易划伤。

② 亮条：常用的材料为不锈钢和铝合金。不锈钢表面可以进行镜面级抛光处理，成本相对较低，易于加工，是目前亮条选用的主流材料，常见牌号为 B442D LB 和 B442D BA6。铝合金表面白亮，抗腐蚀性强，易于成形，可加工成形状较为复杂的亮条。如果使用挤出成形，通常选用 AL6401；如果使用冲压成形，通常使用 AL5505 或者 Al6060。另外，随着整车外观品质和客户需求的不断提升，一些新的材料如高亮黑铝合金、高亮黑的 PMMA 也逐步应用到三角窗玻璃亮条的选材中。

近年来，随着汽车轻量化要求的不断提高，三角窗玻璃除选用钢化玻璃外，有的主机厂开始逐步采用 PMMA 或 PC 有机玻璃。

① PMMA 有机玻璃：PMMA 是目前最优良的高分子透明材料，透光率达到 92%，比玻璃的透光度高；抗拉伸强度达到 50~77MPa，弯曲强度达到 90~130MPa，抗冲压的能力比普通玻璃高 7~18 倍；密度为 1150~1190 kg/m^3，是玻璃密度的一半，同样体积的材料，重量仅有普通玻璃的一半。而且 PMMA 易于加工，不仅可以采用吹塑、注射、挤出等成型工艺，还能利用车床进行局部切削，可

加工制造曲率较大的车窗。另外,PMMA 的耐候性较强,可保持长久不褪色。但 PMMA 的耐热性不高,高温易变形和开裂,同时表面硬度低,容易被划伤而失去光泽。如将 PMMA 用于三角窗玻璃,则表面需要进行镀膜以改善这些性能。

② PC 有机玻璃:PC 材料的密度也是玻璃的一半。考虑到刚性等因素的影响,PC 有机玻璃三角窗要比玻璃三角窗厚,因此实际 PC 有机玻璃三角窗的重量约为玻璃三角窗的 2/3。三角窗玻璃对材料的雾度、耐刮擦、耐候性、耐化学性、耐高低温等性能要求较高,而单独 PC 材料表面的耐刮擦、耐候性等非常差,因此用于三角窗玻璃时,PC 材料需要进行硬涂层处理。选用耐候性较好的硬涂层材料,然后进行热固化或者紫外固化(UV 固化)烧结涂层,一般而言采用热固化的效果更好。

目前三种材料均有应用,但钢化玻璃仍为主流,主要性能对比见表 11-1。

表 11-1 PMMA、PC 和钢化玻璃的性能对比

性能	PMMA	PC	钢化玻璃
轻量化	+ +	+ +	– –
易成形性	+ +	+	–
高透光性	+ +	+	+ +
耐刮擦性	+	–	+ +
破碎强度	–	+ +	–
耐冲击性	+	+ +	–
耐破损性	+ +	+ +	– –
耐候性	+ +	–	+ +
刚性	+	–	+ +
表面光泽	+	–	+ +
生命周期	+ +	+	– –

注:+ + 表示非常好,+ 表示较好,– 表示较差,– – 表示非常差。

(2)常用工艺

固定玻璃的原片通常采用浮法成型,具体工艺介绍详见本书第十二章。

① 利用玻璃原片生产前风窗玻璃的工艺过程为:

切片→磨边→清洗→印刷→烘弯成型→合片→装配附件

② 利用玻璃原片生产后风窗玻璃的工艺过程为:

切片→磨边→清洗→印刷→钢化成型→装配附件

③ 根据后三角窗玻璃所用玻璃材料的不同,选择不同的工艺成型。对于目前普遍采用的钢化玻璃三角窗,常采用一体注射包边的工艺,即将钢化玻璃、金属亮条和卡扣在同一副模具中固定,然后注射成型,工艺过程为:

玻璃预涂→底漆活化→整体注射→修边清理

二、字标牌总成

1. 字标牌总成概述

字标牌总成是指安装在汽车前后保险杠、发动机舱盖、翼子板、尾门或行李箱盖等位置的汽车标识，也被称为车辆LOGO，如图11-19所示。一般而言，车身前部外表面的易见部位上应当至少布置一个能永久保持的商标；在车身尾部显著位置应标注车辆的生产企业名称、商品商标、车型名称等。如果标注商品商标，则应标注于车身尾部外表面的中间位置（车身尾部带备用轮胎架或车身后部左右开门的车辆除外）。其余体现车辆排量、车辆配置或宣传策略等信息的字标牌总成并没有强制要求安装至车辆上。汽车的字标牌缤纷多彩，各具特色，是整车外部最具辨识度的零部件之一。

图11-19 各类字标牌总成

2. 字标牌总成技术要求

（1）标准与法规

根据GB 11566—2009《乘用车外部凸出物》关于外部凸出物方面车辆认证统一规定的相关条款，适用于字标牌的条款如下：对于安装在钣金件上的字标牌，对凸出支承面超过10mm的，在大致平行于其安装面的平面内，从任何方向对字标牌凸出的最高点施加100N的外力时，该字标牌应能收缩到支承面之内、脱落或弯曲变形。字标牌缩进、脱落或弯曲之后，剩余的部分凸出高度不应大于10mm。对于安装在格栅或其他装饰条上的字标牌，可作为其他装饰件的子零件按总成的标准检查。

（2）尺寸要求

根据发改委［2005］038号《汽车产品外部标识管理办法》，对在中国境内生产的面向国内市场销售的汽车字标牌有以下规定：汽车生产企业名称必须采用中文汉字标注。车长超过4.2m的车型，中文汉字高度不得低于25mm；车长不超过4.2m的车型，中文汉字高度不得低于20mm。生产企业名称和商品文字商标必须采用同一材料标注。车型名称可以采用中文汉字，也可以采用字母，文字高度不得低于15mm。汽车产品外部标识标注的内容应当与车辆产品标牌、车辆整车出厂合格证明等文件标注的内容一致。在车身的前部和尾部标识中，汽车生产企业名称、商品商标、车型名称等应能永久保持，不得采用涂料喷涂方式和不干胶粘贴方式。

3. 字标牌总成结构设计

（1）常见结构形式

标牌的形式种类繁多，这里以荣威、名爵标牌为例做简单介绍。荣威标牌由体现荣威图形的半透明嵌件与电镀底座组成，两部分通过胶带粘结；名爵标牌由三部分组成：电镀字符"MG"、黑色底板、电镀基座。电镀字符"MG"热铆焊接至黑色底板上，黑色底板与电镀基座通过胶带粘结，如图 11-20 所示。

图 11-20　荣威名爵标牌示意图

字牌的电镀字符直接使用胶带粘结至钣金件上，一般无特殊结构，如图 11-21 所示。

上汽集团

图 11-21　字牌示意图

（2）定位与安装

标牌一般采用定位销实现定位，如图 11-22 所示。以名爵标牌为例，在标牌底座上设计两个圆柱形定位销，配合安装面的定位孔限定 Y 向和 Z 向自由度，安装的平面限定 X 向自由度，以保证标牌安装后定位准确，间隙均匀。

标牌常见的装配方式是胶带粘结。在保证足够粘结力的前提下，考虑是否需要在胶带上预留排气孔以防止出现困气、胶带起皱现象。为防止标牌后续脱落，一般要求胶带的粘结力大于 200N。

图 11-22　标牌圆柱定位
销示意图

对于少数有特殊要求的标牌，例如本身重量较大或使用时会受较大外力作用的标牌，可采用螺栓与胶带相结合的装配方式，保证安装的可靠性。

在通常情况下，字牌因为无特殊结构与钣金件实现自定位，所以在安装时利用仿形定位工装实现定位，装配完成后撕掉表面的静电保护膜，如图 11-23 所示。绝大多数字牌的装配方式采用胶带粘结。由于单个字牌尺寸较小，为保证字牌粘结不脱落，一般要求胶带粘接面积大于 180mm^2，即单个字牌的粘接力大于 50N。

（3）关键零件设计

名爵标牌的典型断面如图 11-24 所示。标牌与标牌基座的主壁厚要求大于 2.0mm，局部位置为避免表面缩印允许进行减胶处理，标牌与对手件 A—A 的间隙一般为 0.3mm。

　　图 11-23　字牌定位工装示意图

　　图 11-24　标牌典型断面

字牌与钣金件常用胶带粘结，因此要求胶带粘贴面与对应钣金面齐平。很多主机厂经常沿用部分通用性字牌，无法做到每个车型的沿用字牌胶带粘结面与钣金面齐平。在这种情况下，胶带粘贴面与钣金面的间隙值可以允许在 $-0.3 \sim 0.3\text{mm}$ 内波动，并通过装车阶段实车验证粘贴效果。

值得一提的是，若字标牌采用定位销定位，则需做防水设计避免漏水问题。常见的解决方案是用胶带直接粘贴于字标牌背部平面，去除粘贴胶带常用的支撑筋结构，保证字标牌背部、胶带和钣金件之间无间隙，利用胶带直接密封。字标牌背部结构对比如图 11-25 所示。

　a) 支撑筋结构(不推荐)　　　　　　　　　b) 无支撑筋结构(推荐)

图 11-25　字标牌背部结构对比

4. 字标牌总成常用的材料和工艺

字标牌总成常见的工艺有电镀、喷漆、真空镀膜等。

① 电镀与喷漆字标牌基材一般选用 ABS。ABS 材料在汽车塑料件上应用极为广泛，成本低，工艺性好，注射成型后变形小。而且经过电镀或喷漆后，表面电镀层、涂料层附着力较大，不易剥落。电镀字标牌由 ABS 注射成型后通过电镀处理而成，这类字标牌工艺最为简单，造型最为精简，大部分字标牌都采用此工艺。代

表车型有奥迪、奔驰、名爵等。喷漆字标牌同样通过 ABS 注射成型，一般在电镀字标牌的基础上再经过遮蔽喷漆处理，不再是单一的银色，色彩更丰富，代表车型有雪佛兰、尼桑、别克等。

② 真空镀膜字标牌的基材是 PMMA。PMMA 经过注射成型后，能够产生半透明的视觉效果，因此适合在其背面使用真空镀膜、喷漆、丝网印刷等处理，使成品看起来颜色丰富，充满立体感，且表面不会留存任何工艺处理的痕迹。这种工艺相对复杂，代表车型有荣威、福特等。

三、车顶行李架总成

1. 车顶行李架概述

车顶行李架总成是指安装在汽车顶部、用于安全方便地固定行李的支撑架或部件，常见于两厢的旅行车、SUV 和 MPV 等车型，如图 11-26 所示。车顶行李架可以配合行李架横梁、车顶箱或车顶框安放行李箱放不下的物品，如体积大的行李、自行车、折叠床、滑雪板、帆船等，是自驾旅行的好帮手。

图 11-26　车顶行李架示意图

2. 车顶行李架的技术要求

（1）承载能力要求

根据主机厂要求的不同，车顶行李架会有不同的额定载荷承载要求：非承载式行李架作为外饰装饰件，承载要求为零；中小型乘用车承载要求一般为 50kg；大型或越野类车型一般要求为 75kg。车顶行李架在整车设计开发阶段以及后续客户使用过程中都不得出现松动、异响和无法承载额定载荷的现象，设计时可参考行业标准 QC/T 948—2013《汽车顶部装载装置》。

（2）拆装维修性要求

行李架大多采用内装的方式，维修更换时需要拆卸顶棚和内饰板，工序较为繁琐，在目前维修率较低的情况下尚可接受。但从拆装便捷性的角度出发，建议行李架可改为外装或在顶棚/内饰板上预留拆卸空间，在前期设计时这些需求也应考虑进去。

（3）工艺要求

车顶行李架铝杆的主要工艺为挤出、拉弯。由于这两种工艺的特殊性，在前期设计阶段需要确保满足制造可行性。挤出工艺要求铝杆断面为等截面,拉弯工艺首先需要明确是二维拉弯还是三维拉弯,再根据具体拉弯工艺确认供应商设备能力是否满足制造要求。

3. 车顶行李架的结构设计

（1）常见的结构形式

常见的行李架的结构形式按照造型可分为分离式行李架和贴顶式行李架。顾名思义,分离式行李架与顶盖钣金件安装面部分分离,类似拱桥形设计,而贴顶式即行李架与顶盖钣金件安装面完全贴合,类似仿形设计,见表11-2。

表11-2　行李架形式分类

形式	分离式		贴顶式	
			贴顶一体式	
	分离分段式	分离一体式	塑料	金属
图示				

分离式行李架又可细分为分段式和一体式两种。分离分段式行李架一般由注射饰盖、塑料注射或铝压铸支承座、二维拉弯挤出铝型材纵梁、注射衬垫等子件构成。分离分段式行李架的承载能力较差,外观品质感不高,但因其工艺简单、成本低廉,目前在中低端车型中常见此形式,代表车型有名爵 MG3 CROSS、宝骏系列、长安 CS 系列等。分离一体式行李架一般由注射饰盖、铝压铸支承座、三维拉弯挤出铝型材纵梁、注射衬垫等子件构成,目前多用在中高端车型中,代表车型有荣威 RX5、名爵 GS、名爵 ZS、大众途观等。

贴顶式行李架又可细分为金属和塑料两种。贴顶一体式金属行李架一般由三维拉弯挤出铝型材纵梁和注射衬垫等子件构成。此种行李架制造难度较高,但外观精致、承载力强,已逐渐成为车顶行李架的发展趋势,代表车型有奥迪 Q 系列、宝马 X 系列。贴顶一体式塑料行李架一般由注射饰盖、注射支承座及注塑衬垫等子件构成,模具成本较高,承载能力有限,市场上较少见,代表车型有观致 5、福特翼博等。

（2）定位与安装

行李架定位和安装方式一般选择螺栓配合拉铆螺母的形式。以行李架的安装平面约束 Z 向,其中一个中部安装螺栓约束 X 与 Y 向,其他安装螺栓与拉铆螺母为过孔配合。

行李架安装点的个数根据行李架形式的不同会有所区别。分离式行李架通常有 4 个安装点,前后支承座各两个。若行李架长度超过 1800mm,则需在行李架中部增加一个安装支座和安装点以保证零件承载力。贴顶式行李架的长度若不超过

1800mm，则推荐 4 个安装点；若超过 1800mm，则推荐 5 个安装点。安装点均匀分布。为优化行李架端部的匹配效果，前后两个安装点须布置在距行李架边缘 200mm 以内，以避免端头出现起翘、离缝等问题。同时前期布置安装点时需留出足够的手部空间以锁紧螺母，安装后螺栓与顶棚之间的安全间隙不小于 15mm。

根据行李架所选定的螺栓、螺母强度，安装行李架螺母的动态力矩推荐值为 7 ~ 10N·m。由于其承载功能，需要给行李架的安装螺母定义产品特性标识系统要求，保证总装现场控制行李架总成的静态力矩，以避免后期因力矩衰退出现松动、异响等问题，造成顾客加载行李时的安全隐患。

（3）关键零件设计

行李架由于安装位置的特殊性，其关键设计主要是安装点处的设计。以顶盖激光焊的车型为例，顶盖加强板和顶盖之间采用拉铆螺母的方式连接，行李架螺栓通过拉铆螺母与安装螺母固定。

行李架的形式不同，典型断面会有所差异，下面介绍常见的三种典型断面。

图 11-27a 所示为分离分段式行李架纵梁和支承座连接处的典型断面。若支承座为铝合金压铸件，则纵梁与支承座之间通过螺钉固定；若支承座为塑料件，则采用过盈配合来实现连接。若行李架有承载要求，则推荐支承座采用铝合金压铸的形式，纵梁和支承座之间通过螺钉固定；否则纵梁和支承座连接处强度无法满足要求，在受侧向拉力时会出现晃动。

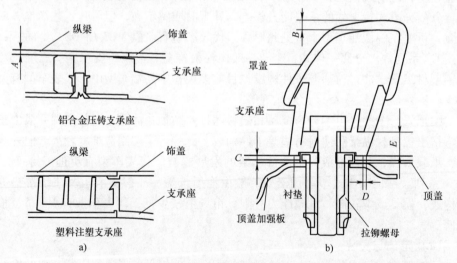

图 11-27　分离分段式行李架断面

图 11-27b 所示为分离分段式行李架安装点处的典型断面。断面关键尺寸要求：为保证车顶行李架的强度，推荐纵梁壁厚 A 为 2.5mm，饰盖壁厚 B 为 2.5mm，衬垫壁厚 C 为 1.5mm；为保证衬垫的美观性，推荐衬垫形式采用隐藏式，衬垫缩进量 D 通常为 1.5mm；为保证螺栓安装处支承座的强度，其厚度 E 要求不小

于6mm。

图11-28所示为分离一体式行李架安装点处的典型断面。一般纵梁壁厚 A 为2.5mm，饰盖壁厚 B 为2.5mm。为保证衬垫的美观性，推荐采用隐藏式衬垫，壁厚 C 为1.5mm，缩进量 D 为1.5mm；为保证螺栓安装处支承座的强度，其厚度 E 要求不小于6mm；为防止分离一体式行李架饰盖端部起翘，纵梁需要增加"耳朵"特征，见图11-29圆圈标识处；为防止纵梁三维拉弯后出现塌陷的工艺缺陷，纵梁顶部要求为弧线或拱形。

图11-29所示为贴顶一体式行李架安装点处的典型断面。纵梁为铝型材挤出后三维拉弯而成，衬垫一般为模切EPDM闭孔泡棉，泡棉压缩量推荐为30%～50%。贴顶一体式行李架附件较少，典型断面也相对简单。纵梁壁厚 A 推荐为2.5mm，纵梁与顶盖间隙 B 一般为1.5mm，以避免与钣金件出现离缝的视觉缺陷。为提升零件本身的强度以及布置螺栓的安装点，纵梁铝型材通常为双层设计，内壁 Y 向尺寸 C 不小于24mm。

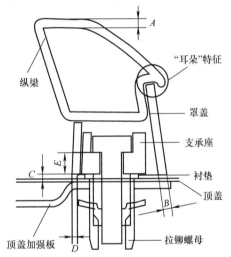

图11-28　分离一体式行李架安装点处断面

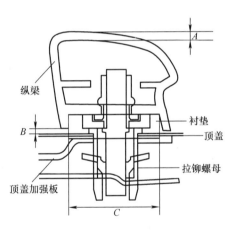

图11-29　贴顶一体式行李架安装点处的典型断面

车顶行李架既是外饰装饰件，同时也是功能件，承载能力为其主要功能特性，也是设计过程中的难点和关键检查点。前期设计阶段会综合考虑整车的承载需求，锁定具体的开发要求。数据设计阶段会进行CAE模拟承载分析，以辅助优化行李架结构。后续硬模零件需要进行台架试验验证静态载荷的可靠性，同时根据路试车辆及路试场地制定动载荷试验来校核动态承载能力。

下面介绍行李架静态强度性能CAE分析的约束条件、加载条件和结果分析。

① 约束条件：约束行李架与车身固定点的所有自由度，如图11-30所示。

② 加载条件：试验工况信息见表11-3。

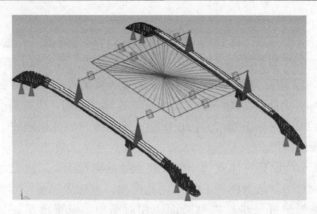

图 11-30　车顶行李架约束条件示意图

表 11-3　行李架的试验工况

序号	工况代号	工况说明
1	F_{lq}	与整车前进方向夹角 20°，2 倍最大额定载荷
2	F_r	后退方向，2 倍最大额定载荷
3	F_s	侧向，1.5 倍最大额定载荷
4	F_d	垂直向下，2 倍最大额定载荷
5	F_u	垂直向上，2.5 倍最大额定载荷
6	F_l	整车前进方向，4 倍最大额定载荷
7	$2F_{lq}$	整车前进方向夹角 20°，4 倍最大额定载荷
8	F_a	垂直向上，2500N + 50% 额定载荷
9	$F_s - 600N$	侧向，加载 600N

③ 结果分析：各个工况下 CAE 分析结果均有位移图谱和应力图谱，要求最大位移不超过 3mm，最大应力不超过对应材料的屈服强度。如 CAE 分析结果满足上述要求，则可初步判定该设计可以满足额定载荷要求。图 11-31 所示为其中一个工况下的位移图谱和应力图谱。

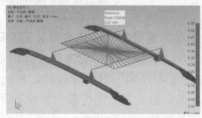

图 11-31　位移和应力图谱（见彩插）

在 CAE 分析中，将行李架横杆横截面设定为直径 60mm 的实心圆，通过刚性单元与行李架连接。行李架总成常用材料的物理特性见表 11-4。

表11-4 常用材料及对应的材料物理特性

部件	材料	密度/(kg/m³)	弹性模量/MPa	泊松比	屈服强度/MPa	抗拉强度/MPa
纵梁	Al 6063	2.7	68900	0.33	130	180
支承座	AlSi10Mg	2.6	71000	0.33	140	240
	PA6 – GF30	1.35	11000	0.35	165	225
横梁	RIGID	7.8	210000	0.29	640	800

行李架的静态载荷台架试验通常由供应商完成。试验要求行李架的静态载荷试验模型为两根固定在工装上的行李架，行李架的相对位置与实车保持一致，如图11-32所示。两横杆的间距为700mm，配载的方形重物，尺寸为长1000mm，宽600mm，配载牢靠固定于行李架上，在试验过程中不能移动。经过九种不同工况的测试，均要求行李架的变形量均小于3mm；在过载拉力试验中，行李架没有子件分离。如果测试结果满足上述要求，则可判定行李架总成的静态载荷能力符合设计要求。

图11-32 行李架静态载荷台架试验

经过前期静态载荷试验验证后，行李架会在整车路试阶段进行动态载荷试验。动态载荷试验是在整车上加载荷进行的路试试验，这种试验直接考察的是在不同工况下行李架受力时的表现。所用的车辆及工装如图11-33所示，行李架上安装用工装固定的横杆，横杆上加装重物进行负载试验。

图11-33 行李架动态载荷试验工装

根据路试车辆及场地的实际情况，行李架的路试试验通常包括砖砌路负载试验、7%里程的一般耐久载荷试验、S弯负载试验、高速负载试验以及制动负载试验。动态载荷试验主要考核行李架安装力矩的衰减量及行李架总成高度方向的变形量，要求试验后力矩的衰减量不超过25％，高度方向的永久变形量不超过2mm。

4. 车顶行李架常用的材料和工艺

不同形式的车顶行李架总成采用的材料与工艺不尽相同，常用材料和工艺见表11-5。

表11-5 行李架常见的材料及工艺

形式		分离式		贴顶式	
		分离分段式	分离一体式	贴顶一体式	
				塑料	金属
表面处理		喷漆/ 喷粉 + 皮纹	喷粉/阳极氧化	喷漆	喷粉/阳极氧化
主要工艺	纵梁	挤出、二维拉弯	挤出、三维拉弯	注射成型	挤出、三维拉弯
	支撑座	压铸/注射成型	压铸	注射成型	注射成型
	罩盖	注射成型	注射成型	—	—
	衬垫	注射成型	注射成型	注射成型	注射成型
常用材料	纵梁	Al6063	Al6063	PC + ABS	Al6063
	支撑座	AlSi10Mg、 ADC12/ PA6 – GF30	AlSi10Mg、 ADC12	PA6 – GF30	—
	罩盖	PC + ABS/ ASA	ASA	—	—
	衬垫	TPV、 PP + EPDM、 EPDM	TPV、 PP + EPDM、 EPDM	TPV、 PP + EPDM、 EPDM	EPDM

具体的工艺介绍详见本书第十二章。

第三节 内饰饰件系统

一、侧围饰件

1. 侧围饰件概述

侧围饰件系统通常包含立柱饰板系统及后侧围饰板系统，如图11-34所示。其中立柱饰板系统包含A柱上饰板、A柱下饰板、B柱上饰板、B柱下饰板、前/后门槛饰板、C柱上饰板、C/D柱下饰板、D柱上饰板等；后侧围饰板系统包括尾门上饰板、尾门上侧饰板、尾门下饰板以及尾门门槛饰板/行李箱门槛饰板等，是包覆车身侧围钣金件的主要内饰件，具有美化外观及保护乘员等功能。

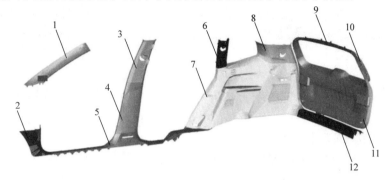

图 11-34　侧围饰件系统零件示意图

1—A柱上饰板　2—A柱下饰板　3—B柱上饰板　4—B柱下饰板　5—前/后门槛饰板
6—C柱上饰板　7—C/D柱下饰板　8—D柱上饰板　9—尾门上饰板　10—尾门上侧饰板
11—尾门下饰板　12—尾门门槛饰板/行李箱门槛饰板

2. 侧围饰件技术要求

（1）安全要求

立柱饰板必须要满足整车安全要求，不得阻碍侧气帘的展开，饰板无飞溅物产生。在整车侧面碰撞过程中，立柱饰板为乘员胸部、腹部、髋部提供一定支撑，满足一定位移下的溃缩要求，以免对乘员造成过大伤害；同时在受到撞击后立柱饰板不能出现破损的尖角，以免造成对乘员的二次伤害。

（2）视野要求

A柱上饰板需满足 GB 11562—2014《汽车驾驶员前方视野要求及测量方法》中的前视野要求，一般 A 柱双目障碍角须小于 6°，以保证驾驶员视野开阔，更好地识别前方障碍物。A 柱双目障碍角示意图如图 11-35 所示，具体测试方法可参见 GB 11562—2014。为达到最佳的前视野，要求在前期开发时优化 A 柱上饰板内部零件布置，以保证 A 柱宽度尽量小。

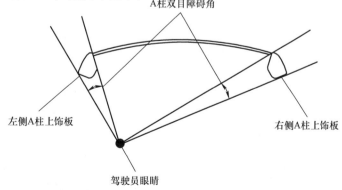

图 11-35　A 柱双目障碍角示意图

C/D柱上饰板需满足 GB 15084—2013《机动车辆 间接视野装置 性能和安装要求》的后视野要求，要求 C/D柱上饰板造型面与内后视镜眼睛点的反射线不相交，两者之间的距离越大越好。

（3）进出性要求

立柱饰板必须要满足整车进出性要求，不能阻碍乘员上下车。要求在前期整车开发时，优化立柱饰板内部线束、水管、安全带等零件的布置，采用更加紧凑的结构设计，以保证饰板尽量贴近钣金件，增大内饰空间。

（4）脚部空间要求

A柱下饰板的设计要满足整车人机要求，保证乘员在乘坐时有舒适的脚部空间。通常由于驾驶侧线束及接插件布置较多，此区域 A柱下饰板与钣金件间隙较大，脚部空间紧张。要求前期开发时，在不影响整车安全性的情况下，钣金件采用凹槽形式，将线束及接插件藏于凹槽内，以节省内部空间。

（5）可靠性要求

侧围饰件应满足整车及系统的可靠性和寿命要求，在开发阶段应对饰板的可靠性进行全面验证。可靠性验证主要包括零件固定点结构耐久性、破坏性试验、B柱上饰板滑板及按钮的操作力测试等。相关的整车试验有：夏季/冬季路试、暴晒试验、综合道路环境模拟试验、雨淋试验等。尤其是综合道路环境模拟试验，试验环境苛刻，立柱和周边件的配合易产生离缝和松动问题，需要在前期设计时，对重点区域进行加强，以满足试验要求。

3. 侧围饰件结构设计

（1）定位与安装

侧围饰件可通过卡扣、销、筋等结构形式实现定位，一般定位原则如下：立柱上饰板和立柱下饰板的四向定位分别布置在与顶棚匹配处和与立柱上饰板匹配处，两向定位布置在零件下端。定位结构的布置须考虑装配因素，建议布置在利于工人装配的地方，避免盲装。

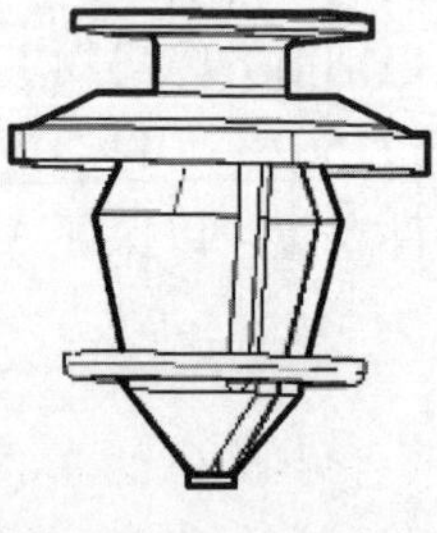

常见的安装和紧固方式有：塑料卡扣、金属卡扣、螺钉、螺栓、侧气帘专用卡扣、磁铁卡扣等，如图 11-36～图 11-39 所示。在布置侧围饰件固定点时，一方面要考虑其安装的强度及紧固的可靠性，另一方面还需要考虑其外观性要求，通常采用卡扣和螺钉组合的安装方式。根据侧围饰件各固定位置的不同，结合各种安装方式的优缺点选择不同的紧固件。例如，为了保证侧围饰件的外观，在其可视外观面上常采用卡扣紧固；在两个侧围饰件搭接的非可视区域，可采用自攻螺钉的安装方式；在有侧气帘配置的车型中，

图 11-36　塑料卡扣

图 11-37　防水性金属卡扣

立柱上饰板的上边界处应采用螺钉/螺栓或侧气帘卡扣固定，以保证受力零件紧固的强度。另外，在具体选择某一种或某几种安装和紧固方式时，也需要考虑防水性、钣金件安装尺寸、紧固点的布置间距、螺钉力矩等因素。

（2）匹配设计

1）立柱饰板与密封条匹配设计

立柱饰板与密封条的配合形式常见的有三种，如图 11-40 所示，图 11-40a 和 b 所示的形式常用于前后门密封条与立柱饰板的配合，图 11-40c 所示的形式常用于尾门密封条与尾门门槛饰板的配合。

另外，形式一中密封条对饰板无支撑，饰板边缘可设计为 U 形结构，通过和密封条配合起到防转作用；形式二中密封条可以对饰板起支撑和防转作用。

图 11-38　侧气帘卡扣

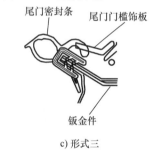

图 11-39　磁铁卡扣

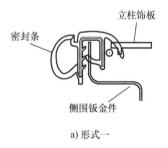

a) 形式一　　　　　　　　　b) 形式二　　　　　　　　　c) 形式三

图 11-40　立柱与密封条配合形式

Tips1　形式一常用于辊压窗框形式的密封条；形式二常用于冲压窗框形式的密封条。一般情况下，冲压窗框形式的密封条常见于中高档车型中。

2）立柱饰板内部匹配设计

立柱饰板可采用一体式注射成型卡扣的连接方式控制彼此之间间隙和面差的一致性。其中前/后门槛饰板与 A 柱下饰板和 D 柱下饰板的匹配常采用搭接形式，如图 11-41 所示；其余立柱饰板间的匹配常采用对接形式，如图 11-42 所示。

3）A 柱上饰板与仪表板的匹配设计

A 柱上饰板与仪表板（以下简称 IP）的配合面由于在高关注区域，通常要求 X、Y 方向间隙尽可能小。为了达到外观美观、均匀间隙和面差并保证可靠性，通常可以从以下三种结构中选择一种或几种进行组合。

① 第一种结构：在 IP 两侧设计 U 形槽，A 柱上饰板插入槽内，在饰板背部做筋，通过调整筋的尺寸来控制 A 柱上饰板与仪表板 Y 向间隙，如图 11-43 所示。

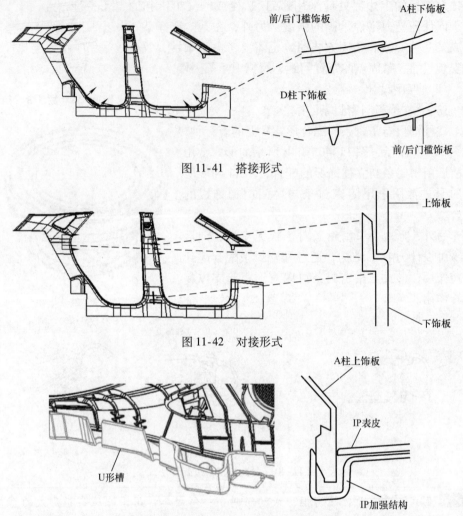

图 11-41　搭接形式

图 11-42　对接形式

图 11-43　第一种结构方案

② 第二种结构：在 IP 两侧设计长孔，A 柱上饰板设计相应的卡脚插入长孔内，通过调整卡脚上筋的尺寸来控制 A 柱上饰板与 IP 的 Y 向间隙，如图 11-44 所示。

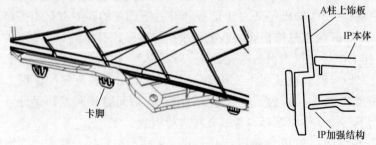

图 11-44　第二种结构方案

③ 第三种结构：A 柱上饰板侧边增加筋顶住 IP 端盖板，通过调节筋的尺寸来控制与 IP 端盖板的 X 向面差，如图 11-45 所示。

此外，考虑 A 柱上饰板与 IP 的匹配，设计时应注意：

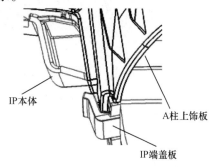

① 检查 A 柱上饰板与 IP 造型面配合处的间隙，满足 DTS 要求。

② 为提高 A 柱上饰板与 IP 匹配的外观质量，配合处的 A 柱表面应平缓垂直，尽可能设计一个能无限延伸的面，利于吸收上下公差。

③ A 柱上饰板与 IP 在 Z 向建议设计最小 7mm 的重叠量。

图 11-45　第三种结构方案

④ A 柱上饰板与 IP 接缝处的圆角应尽可能小，以弱化饰板与 IP 的视觉间隙。

⑤ 在 IP 外侧应设计导向结构，便于 A 柱上饰板安装。

⑥ 需对 A 柱上饰板进行装配模拟分析，防止装配干涉。

4）B 柱上饰板与安全带匹配设计

B 柱上饰板根据是否具有安全带固定点高度可调功能（简称高调），可分为带滑板饰板和无滑板饰板。其中带滑板饰板与高调的设计要求高调可正常使用，无异响且操作力满足人机要求。图 11-46 所示为带滑板 B 柱上饰板的典型设计断面，设计 B 柱上饰板时，应重点关注图中所示尺寸：

① D_1 过小，安全带使用过程中会出现阻滞的现象；D_1 过大，内部结构会外露。推荐设计值 2.5 ～ 3mm。

② D_2 过小，安全带使用过程中会出现磨损饰板的现象，推荐设计值 ≥ 2.5mm。

③ D_3、D_4 过小，高调按钮使用过程中会与高调脱离。D_3 推荐设计值 ≥ 5mm，D_4 推荐设计值 ≥ 9mm。

④ D_5、D_6 过大，高调解锁不充分，运动过程中会出现"哒哒哒"的异响。D_5、D_6 推荐设计值 0.2mm。

⑤ D_7 须大于高调解锁的最小要求，但过大会影响外观感知质量。

⑥ D_8 须大于高调解锁行程。

⑦ 安全带织带与 Z 向夹角 $\alpha \geqslant 0°$。

除了满足与安全带的间隙要求之外，设计过程中还需保证滑板运动过程中与 B 柱上饰板本体的间隙均匀，保证与内部结构有适当的安全间隙。

Tips2　对于有高调和滑板的 B 柱上饰板，还需要重点校核 B 柱上饰板安全带"笑脸"开口的形状和尺寸是否与安全带的运动包络匹配，安全间隙是否满足设计要求，需要与安全带工程师共同确认。

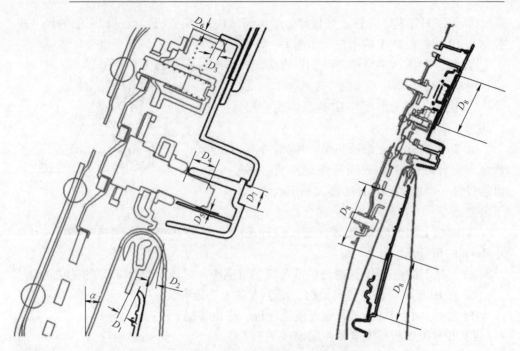

图 11-46　B 柱上饰板滑板设计断面

D_1—导向环下摆面与滑板内表面的间隙　D_2—导向环外露平面与滑板外表面的间隙

D_3—高调按压开关与按钮的有效搭接量　D_4—高调螺柱与滑板的有效搭接量

D_5—高调螺柱与滑板的间隙　D_6—高调按压开关与按钮的间隙

D_7—按钮与滑板的间隙　D_8—滑板与本体的搭接量　α—安全带与 Z 向夹角

5）D 柱上饰板与顶棚匹配设计

在带有三角窗玻璃的车型中，增大三角窗区域的透光面积是一个系统工程，这与 D 柱上饰板的分件形式有密切联系。目前这类车型的 D 柱上饰板与顶棚的分件形式主要有如下三种，如图 11-47 所示。

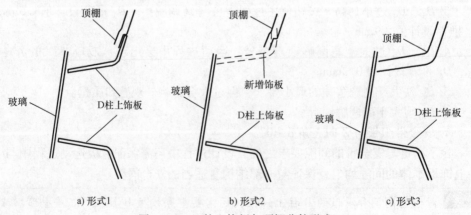

a) 形式1　　　　　　　　b) 形式2　　　　　　　　c) 形式3

图 11-47　D 柱上饰板与顶棚分件形式

① D 柱上饰板为单独件：外观美观，易于匹配，成本较低，但影响三角窗区

域透光面积大小。

②D柱上饰板分为两个或多个件：三角窗区域透光面积大，但分件多，结构设计复杂，匹配难度大，成本高。

③D柱上饰板上端作为顶棚的翻边：三角窗区域透光面积大，但匹配难度大，同时为避免顶棚此翻边区域露毛边，需要包边，成本较高。

6）门槛饰板与安全带匹配设计

为提升内饰品质感，门槛饰板可采用遮住安全带下固定点的设计方案。设计中，需要考虑安全带的运动包络、门槛饰板的安装方式、门槛饰板开口的位置及关闭盖板的结构设计，以保证门槛的设计美观，确保安全带在使用过程中门槛开口不会拉脱，如图11-48所示，主要注意如下几个设计参数：

①开口长度L：为避免织带磨损饰板，建议饰板开口与安全带织带包络前后预留至少10mm间隙。

②门槛饰板Y向与安全带织带包络干涉量H，为避免干涉过多导致织带将开口拉变形，推荐$H \leqslant 8mm$。

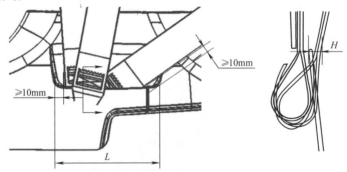

图11-48 门槛饰板安全带开口尺寸参考图

7）行李箱门槛饰板与尾门锁匹配设计

行李箱门槛饰板根据盖板类型，可分为固定式盖板和可翻转式盖板。其中带有翻转盖板的行李箱门槛饰板，设计时需考虑轴销布置及盖板翻转角度问题，还需考虑尾门关闭时锁壳撞击盖板的位置及是否会产生异响等问题，如图11-49所示。

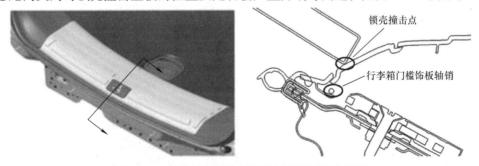

图11-49 行李箱门槛饰板与尾门锁壳配合参考图

4. 侧围饰件常用材料和工艺

上饰板常用材料有 PP + EPDM – T20、PP/PE、PC + ABS、ABS 等；下饰板及门槛饰板常用材料有 PP + EPDM – T05、PP + EPDM – T10、PP + EPDM – T15、PP + EPDM – T20、PP – T20、PP/PE 等；B 柱上滑板、按钮常用材料有 PA66 – MD20、PP + EPDM – T20 等。

侧围饰件零件常用工艺有注射成型、低压注射成型、气辅成型、面料包覆、面料热压复合、植绒等。具体的工艺介绍详见本书第十二章。

二、行李箱饰件

1. 行李箱饰件概述

行李箱饰件主要包含行李箱侧饰板及行李箱地毯，如图 11-50 所示。行李箱饰件是行李箱内装饰性覆盖件，主要功能是保证行李箱内无钣金件外露；其次，在车辆行驶的各种工况下，需对外界环境的冲击、磨损及其他可能产生失效模式的影响因素等有足够的耐受力，保证提供实用美观的行李箱空间；此外，行李箱饰件还可为整车的声学性能做出一定的贡献。

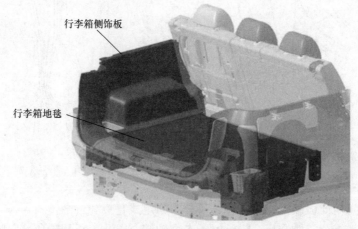

行李箱侧饰板

行李箱地毯

图 11-50 行李箱饰件示意

2. 行李箱饰件技术要求

（1）标准与法规

行李箱饰件应满足 GB 8410—2006《汽车内饰材料的燃烧特性》。

（2）主要技术要求

① 外观要求。行李箱饰件应与色彩纹理样板相匹配，与行李箱内座椅靠背、塑料件色彩纹理保持统一。零件不允许有拉毛、分层、褶皱、颜色不均、透胶、拉破等工艺缺陷。零件背部空洞区域要有合理支撑，按压变形可回弹，有良好的型面保持能力；系统内、外匹配边界处，按压无明显变形、离缝等。

② 人机工程要求。行李箱饰件人机工程要求主要包括三个方面：取放操作便利性、储物便利性以及维修便利性。重点关注内容包括：校核行李箱地毯尺寸与门

洞线尺寸的关系，要求行李箱地毯能顺利从尾门取出，保证取放包络不能与周边环境干涉；行李箱地毯有转轴机构和开启定位机构时，需要保证行李箱地毯的开启角度方便备胎取放；充分考虑辅助储物功能的设计，例如侧饰板网兜、便利袋挂钩、安全网挂钩、储物盒等，方便各种储物需求；针对新能源车型，应特别关注售后维修需求，例如蓄电池、充电器及其他电器模块的维修等；行李箱饰件的设计应方便拆装，预留工具及人工操作的空间。

③ 承载要求。行李箱地毯应满足承载试验标准。

④ NVH 要求。行李箱饰件需根据整车声学性能的指标要求，集成声学子件，例如吸音棉等。另外，客户使用过程中应无明显不可接受的结构异响，满足开发过程中各类路试的要求。重点关注内容包括：行李箱饰件本体与集成子件的集成方式可靠合理；行李箱饰件与外部边界的安装定位合理，缓冲材料与缓冲结构设计合理，保证零件无明显窜动或者在轻微窜动过程中不产生结构异响。

3. 行李箱饰件结构设计

（1）常见结构形式

1）行李箱侧饰板

行李箱侧饰板分注射成型件和热压成型件两大类，现以较常见的热压成型侧饰板进行说明。热压成型侧饰板为多层复合结构，一般分为面料和基材两层，并采用焊接、粘接等工艺集成多种附件，如储物网兜、维修口饰盖、支撑块、卡扣座、吸音棉等，如图 11-51 所示。

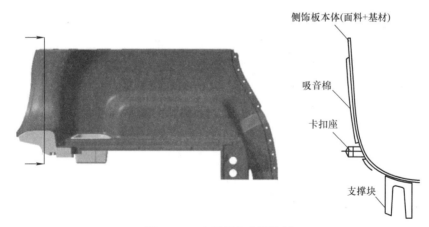

图 11-51　多层复合式侧饰板

2）行李箱地毯

① 面料基材一体成型：面料、基材一体粘合成型，一般面料尺寸大于基材尺寸，常见于普通轿车，如图 11-52 所示。

② 基材成型后面料包覆：基材成型后，经包边工装再加工，将面料按基材型面整体包覆，常见于 SUV 车型，如图 11-53 所示。

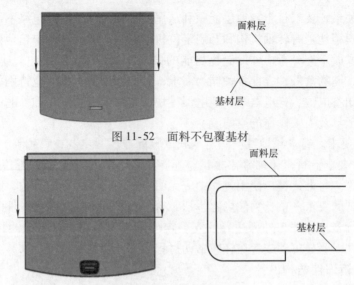

图 11-52　面料不包覆基材

图 11-53　面料包覆基材

（2）定位与安装

1）行李箱侧饰板的定位与安装

行李箱侧饰板的定位原则：符合"3－2－1"定位原则，如图 11-54 所示。

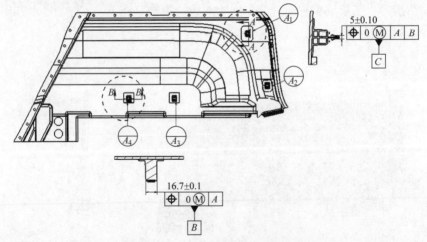

图 11-54　行李箱侧饰板的定位示例

行李箱侧饰板的安装原则：建议以尽可能少的固定点数量，辅以自身结构或周边零件实现产品固定；需要考虑紧固件外露对外观品质的影响。对于非重点关注区域，一般采用侧饰板与钣金件同时开孔，以卡扣直接紧固；对于重点关注的外观区域，一般采取本体背面集成卡扣座的方式对零件进行紧固。

2）行李箱地毯的定位与安装

行李箱地毯型面比较简单，通常为平板件，一般不需要利用紧固件进行紧固，而是利用与周边零件的匹配型面特征对零件进行定位，同时达到紧固的效果。对于自重较大的行李箱地毯，为避免颠簸路面的异响风险，一般会在开启拉手处单独增加零件的卡接结构，限制 Z 向的跳动，如图 11-55 所示。

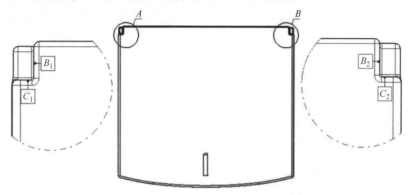

图 11-55 行李箱地毯的定位示例

（3）匹配设计

行李箱饰件最基本的功能属性是包覆钣金件与美化造型，设计要点主要体现在以下几方面：综合考虑边界条件、造型平整度与行李箱容积。特别对于两厢轿车、SUV 等行李箱与乘员舱直接连通的车型，需重点考虑行李箱平整美观，并兼顾行李箱容积及行李取放的便捷性，行李箱饰件内、外边界的匹配方式与尺寸控制。下面以行李箱饰件中常见的关键匹配区域为例进行简要介绍。

1）行李箱侧饰板与轮罩钣金件匹配设计

行李箱侧饰板作为行李箱左右侧围处覆盖面积最大的外观件，在乘员取放行李时，外观面必然要直接受到各个方向的外力作用。因此，外观面的抗变形能力对于两厢轿车和 SUV 车型尤为重要。

一般情况下，为防止外力作用下的变形，以轮罩钣金件作为背部支撑结构，控制侧饰板 B 面与钣金造型面的间隙（D_1）。支撑面间距以及布置限制无法达到断面要求时，需要在侧饰板背部增加合理的支撑结构，以满足支撑强度及外观平整度的双重要求，如图 11-56 所示。

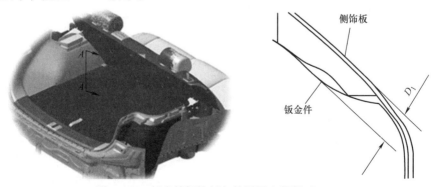

图 11-56 行李箱侧饰板与轮罩钣金件断面 A—A

2）行李箱地毯与尾门槛饰板匹配设计

行李箱地毯与尾门槛饰板一般采用间隙配合，地毯与饰板应保留一定的均匀间隙（D_1），以保证行李箱地毯取放的便捷性；同时，地毯与饰板下部台阶应具有一定的搭接量，确保饰板对行李箱地毯起到一定的支撑作用，如图 11-57 所示。

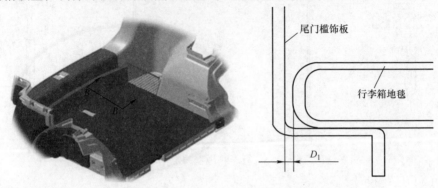

尾门槛饰板

行李箱地毯

D_1

图 11-57　行李箱地毯与尾门槛饰板断面 B—B

3）行李箱地毯与后座椅匹配设计

行李箱地毯与后座椅靠背的配合如图 11-59 所示，需关注行李箱地毯与直立靠背的 X 向距离 D_1；行李箱地毯与放平靠背的 Z 向高度差 D_2；行李箱地毯与放平靠背的 X 向距离 D_3。尽可能保证靠背在直立和放平两种状态下，匹配边界的相对配合尺寸不能发生剧烈的变化，否则会影响外观品质甚至导致地板钣金件直接裸露。若受限于布置情况不能满足以上配合要求，则需要考虑其他解决方案优化外观品质，如增加行李箱前端饰件或座椅增加布帘等，如图 11-58 所示。

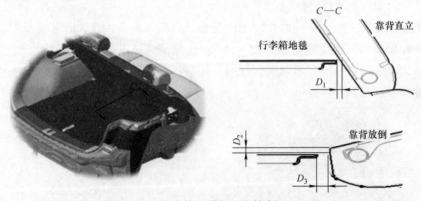

C—C

靠背直立

行李箱地毯

D_1

靠背放倒

D_2

D_3

图 11-58　行李箱地毯与后座椅断面 C—C

4. 行李箱饰件常用材料和工艺

（1）行李箱侧饰板

① 面料：一般采用 PET 针刺面料。根据车型级别不同，分为针刺和针刺起绒两种风格，其中起绒风格外观品质高，成本高，适用于高级别车型。

② 基材：采用 PET 成型毡、PP 玻纤板等。结合外观品质感和成本因素考虑，三厢、两厢轿车以及入门级 SUV 一般选择成型毡作为基材；入门级以上 SUV 选择 PP 玻纤板或者直接采用注塑件，见表 11-6。

（2）行李箱地毯

① 面料：同行李箱侧饰板，地毯面料应满足更高的耐磨要求。

② 基材：采用 PP 中空板、PU – GF 纸蜂窝板、PP – GF 纸蜂窝板等。其中 PP 中空板承载性能较差，一般只用作辅助承载形式的行李箱地毯基材。

对于行李箱饰件面料，个别豪华品牌的高端车型会使用簇绒面料，但受限于成本，并不具有普遍性。

表 11-6　行李箱饰件常用材料

零件	主要子零件	材料
行李箱侧饰板	面料	PET（针刺、针刺起绒）
	基材	PET 成型毡、PP 玻纤板等
行李箱地毯	面料	PET（针刺、针刺起绒、簇绒）
	基材	PP 中空板、PU – GF 纸蜂窝板、PP – GF 纸蜂窝板等
	底部无纺布	PET

三、衣帽架饰件

1. 衣帽架饰件概述

衣帽架饰件是指覆盖后座椅靠背后部、后风窗玻璃前部、后侧围上部钣金件及可见区域的装饰饰板，旨在提供一个耐用、美观的覆盖件，以遮蔽行李箱私密空间，且利于乘员轻便物品的存放。衣帽架饰件一般分为固定式和翻转式两种类型，在越来越多的车型上已演变为遮物帘，如图 11-59 ~ 图 11-61 所示。

图 11-59　固定式衣帽架　　　图 11-60　翻转式衣帽架　　　图 11-61　行李箱遮物帘

2. 衣帽架饰件选型策略

三厢轿车一般选用固定式衣帽架，本小节涉及的选型主要针对两厢及 SUV 车型，即翻转式衣帽架和遮物帘的选型。目前市场上衣帽架为主流应用，不过在以奔驰、宝马、奥迪为代表的中高端车型上，遮物帘的配置比例占据主导。表 11-7 罗列了衣帽架和遮物帘选型时的相关考量因素。

表 11-7 衣帽架和遮物帘选型对比

项目		遮物帘	衣帽架	说明	图示
成本			●	同等布置尺寸，遮物帘的成本约为衣帽架 1.5 倍	A
重量		●	●	同等布置尺寸，重量相近	
功能	外观		●	衣帽架外观相对平整，面料风格易与整个行李箱匹配	B
	收纳	●		遮物帘易收纳存放于行李箱地毯下方不可见区域，如 A 所示	
	承载		●	衣帽架基材刚度高，具备较高的承载能力	C
	操作		●	衣帽架挂绳与尾门饰板相连，可随尾门开启，如 B 所示	
	集成	●		遮物帘集成多种功能，提升品质，如阻尼，如 C 所示	D
	空间	●		遮物帘可卷收，占用更少行李箱容积，如 D 所示	
匹配	座椅	●		针对靠背角度可调的后排座椅，遮物帘可通过座椅和外管间集成小布帘消除间隙，如 E 所示	E
	尾门饰板		●	衣帽架与尾门饰板匹配区域可调整衣帽架翻边角度，消除看穿问题（see through），如 F 所示	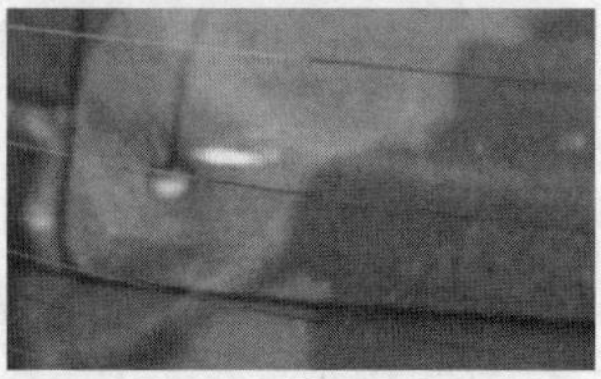 F

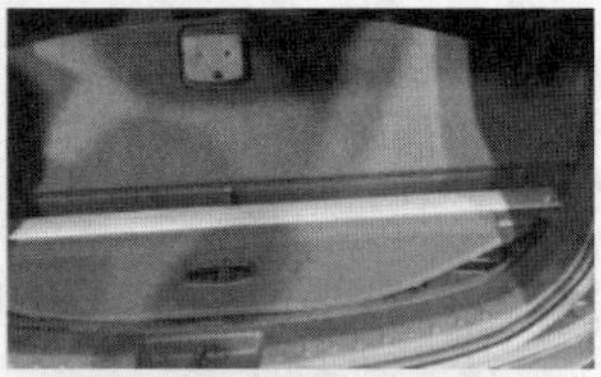

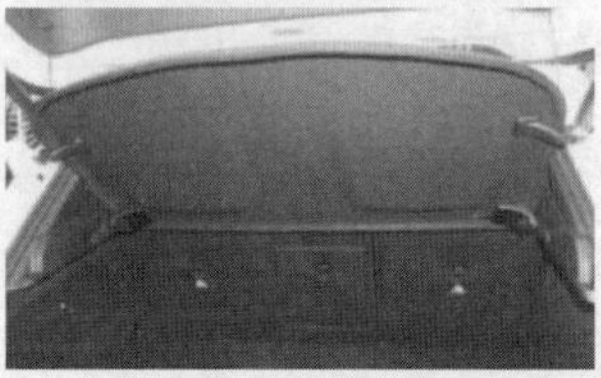

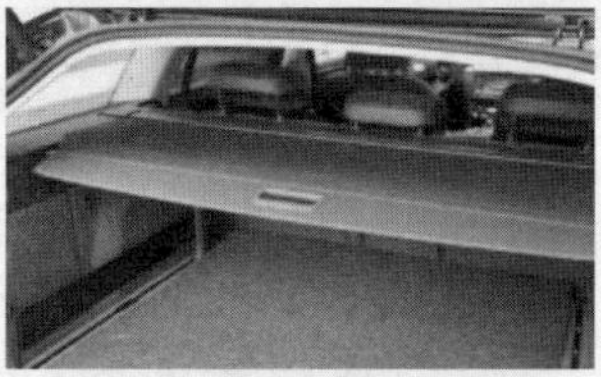

● 表示优势项

3. 衣帽架饰件技术要求

（1）标准与法规

衣帽架饰件应满足国标 GB 8410—2006《汽车内饰材料的燃烧特性》。

（2）主要技术要求

① 乘员安全要求。零件的设计应满足驾驶员后视野要求，零件不宜设计过高，上表面应位于视野线以下位置。

② 外观要求。衣帽架饰件应与色彩纹理样板匹配，与行李箱侧饰板、塑料件或顶饰色彩纹理保持统一。零件不允许有拉毛、分层、褶皱、颜色不均、透胶、拉破、塌陷、波纹等工艺缺陷。零件本体与子件匹配要求牢固可靠、无松动，间隙面差均匀；零件与周边件匹配，如后排座椅应保证合理的 Z 向高度差及 X 向间隙，尾门下饰板应尽量消除看穿问题。

③ 人机工程要求。衣帽架饰件人机工程要求主要包括三个方面：拆装便利性、存储便利性以及操作便利性。

● 拆装便利性：零件的总质量、安装操作力不宜过大；零件应易于拆装且避免拆装过程中划伤周边零件，特别针对行李箱 X 向深度较大的车型，应考虑在左右侧后门区域拆装零件的便利性。

● 存储便利性：在行李箱放置大物件时，零件尤其是遮物帘应具备存放于行李箱地毯下部的功能。存储的位置应易于识别，存储区域的安装定位应尽量与行李箱内状态一致。

● 操作便利性：针对翻转式衣帽架，零件翻转状态应尽可能大地展现行李箱空间，便于用户取放行李物品；针对遮物帘，零件应能方便地展开与回收，挂点的设计应具有导向性，不应让用户产生操作的困惑。

④ 承载要求。零件应满足承载试验标准。

⑤ NVH 要求。衣帽架饰件需根据整车声学性能指标要求，集成声学子件，如吸音棉等。另外，客户使用过程中无明显不可接受的异响，包括零件内、外部与周边件的碰撞异响，满足开发过程中各类路试要求。

4. 衣帽架饰件结构设计

（1）常见结构形式

1）固定式衣帽架

固定式衣帽架通常为整体式结构，由表层面料、基材及底层面料组成，并集成多种附件，如遮阳帘、高位制动灯、安全带饰盖、音响饰盖、通风格栅、儿童座椅支架饰盖、吸音棉、垫块等，如图 11-62 所示。

衣帽架应具有一定的承载能力，固定式衣帽架的加强类型一般有整体型面加强和局部型面加强两种。通常固定式衣帽架背部均有衣帽架钣金件或支撑块支撑。

2）翻转式衣帽架

翻转式衣帽架通常由表层面料、基材及底层面料组成，并集成多种附件，如旋转轴、缓冲块、挂绳组件等，如图 11-63 所示。产品结构一般分为整体式、折叠式

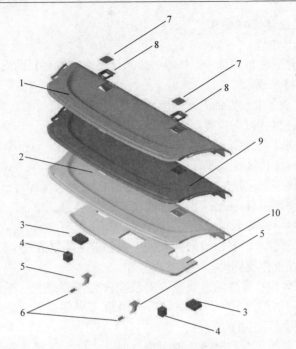

图 11-62　固定式衣帽架组成

1—表面地毯　2—底部无纺布　3—支撑块　4—支撑块　5—固定插脚　6—插脚包套
7—儿童座椅支架饰盖　8—儿童座椅支架饰框　9—PP 玻纤板　10—吸音棉

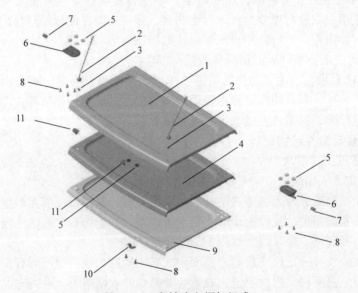

图 11-63　翻转式衣帽架组成

1—表面地毯　2—组合挂绳　3—挂绳衬套　4—PHC 板　5—四角螺母　6—旋转轴
7—转轴包套　8—螺钉　9—底部无纺布　10—行李箱地毯挂钩套　11—缓冲块

和分段式三种，以整体式为主。受整车尾部造型影响，如两厢车中的溜背车
（Fastback），对于这种衣帽架纵向尺寸相对较大的情况，有两种常见的解决方案，
即折叠式和分段式结构，分别如图 11-64 和图 11-65 所示。两者的共性在于靠近后
排座椅侧的衣帽架都是固定的，不同点在于折叠式是通过将靠近尾门侧的衣帽架挂
绳挂接于尾门饰板挂钩，尾门开启时尾门侧的衣帽架同时翻转；而分段式则是尾门
开启时，尾门侧的衣帽架直接脱离另一侧的衣帽架，随尾门一同开启。

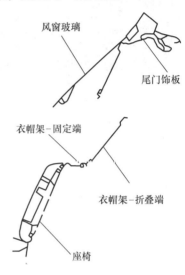

图 11-64　翻转式衣帽架折叠式结构示意

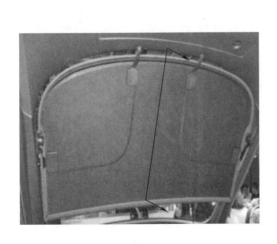
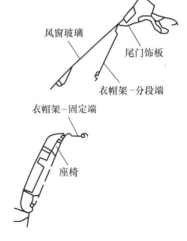

图 11-65　翻转式衣帽架分段式结构示意

翻转式衣帽架的加强类型一般有型面结构加强及双层中空结构加强两种。针

对翻转式衣帽架较高的承载要求，选用添加玻纤的聚氨酯（PU - GF）纸蜂窝板等高刚度的基材具有立竿见影的效果，如图 11-66 所示。

a) 型面结构加强　　　　　　　　　　　　b) 双层中空结构加强

图 11-66　翻转式衣帽架常见的加强结构

3）遮物帘

遮物帘通常由布帘、外管、内管、外封盖、内封盖、边塞、密迪板、拉手等组成，如图 11-67 所示。

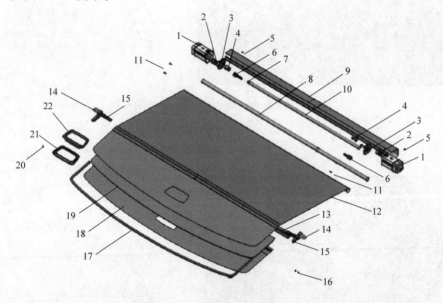

图 11-67　遮物帘组成

1—外封盖　2—压簧　3—内封盖　4—轴套　5—限位螺钉　6—弹簧珠　7—扭簧　8—内管
9—外管　10—消声套管　11—内盖螺钉　12—无纺布　13—边管　14—边管塞包胶　15—边管塞
16—铆钉　17—包边条　18—无纺布　19—密迪板　20—拉手螺钉　21—拉手下盖　22—拉手上盖

按布帘展开形式的不同，遮物帘可分为单开式和双开式，如图 11-68 所示。单开式布帘从外管一侧展开至尾门侧固定；双开式布帘在单开的基础上可从外管另一侧展开固定于座椅侧。双开式遮物帘可解决遮物帘与靠背间隙大的问题，同时针对中大型 SUV 存在遮物帘展开尺寸大、影响人机操作的情况，双开式遮物帘可解决用户操作不便捷的问题。双开式又可分为双开单卷收和双开双卷收两种形式。

a) 单开式　　　　　　　　　　　　　　　　b) 双开式

图 11-68　遮物帘按布帘展开形式分类

遮物帘按导向结构不同又可分为非导轨式遮物帘和导轨式遮物帘，如图 11-69 所示。两者的差异在于导轨式遮物帘在展开和回收过程中以特定的轨道限制边塞运动，提高了操作便捷性。导轨式又分为水平开启和垂直开启两种类型。

a) 非导轨式　　　　　　b) 导轨式-水平开启　　　　　　c) 导轨式-垂直开启

图 11-69　遮物帘按导向结构分类

（2）定位与安装

以固定式衣帽架为例。如图 11-70 所示，一般选择衣帽架背部塑料插脚与衣帽架钣金插槽的匹配面、衣帽架钣金件与背部支撑块的匹配面作为限定 Z 向的基准；选择后座椅靠背侧衣帽架翻边的四向圆孔同时限制产品的 Z 向和 Y 向；选择后座椅靠背侧衣帽架翻边的两向腰形定位孔作为限制产品 Y 向的基准；在后座椅靠背侧衣帽架翻边的安装点位置选择合适面积作为限定产品 X 向的基准。

另外，建议采用尽可能少的固定点数量，辅以自身结构或周边零件实现产品固定。

（3）匹配设计

衣帽架饰件与周边零件的匹配是体现衣帽架品质设计的重要方面，也是衣帽架饰件的设计要点。下面主要以衣帽架的 Y_0（Y 向中心位置）断面来说明产品和后排座椅区域及尾门饰板区域的设计，如图 11-71 所示。

① 与后排座椅区域匹配设计。衣帽架与后排座椅区域的匹配主要体现在衣帽

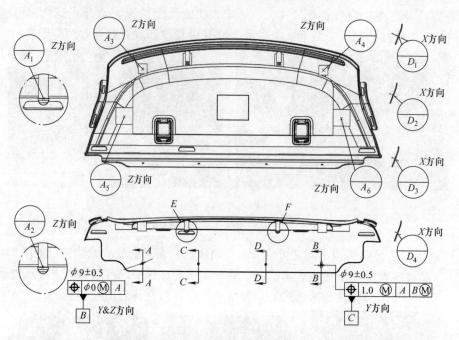

图 11-70　固定式衣帽架安装策略

架上表面与座椅靠背的高度位置关系（D_1）；衣帽架过高，有影响后视野的风险，并且会给后排乘客压抑的感觉；衣帽架过低，将影响行李箱的有效容积。此外，衣帽架与后排座椅的匹配还体现在衣帽架与靠背的间隙要求（D_2），不仅需要满足产品间的安全间隙，还需要考虑靠背解锁机构的手部空间要求。

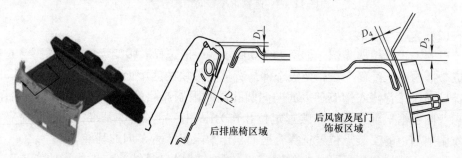

图 11-71　后排座椅、后风窗及尾门饰板区域匹配设计

② 与后风窗及尾门饰板区域匹配设计。衣帽架与后风窗及尾门饰板的匹配主要体现在：

- 与后风窗玻璃黑边或与尾门饰板棱线的位置关系（D_3）。
- 与后风窗或尾门饰板的间隙要求（D_4）。

固定式衣帽架翻边后边缘与衣帽架钣金件及后风窗玻璃的间隙，应结合尺寸链计算安全间隙；衣帽架翻边与风窗玻璃黑边应有明确的相对位置关系，以确保产品边缘不暴露于视野中。

翻转式衣帽架翻边与尾门饰板应预留安全间隙，但是从衣帽架正上方视角观察，不应出现看穿问题；衣帽架上表面与尾门饰板匹配处的造型应尽量过渡平顺。

> **Tips3** 衣帽架饰件的匹配除了涉及后排座椅、尾门饰板（或风窗玻璃），还涉及左右两侧饰板。另外，固定式衣帽架与安全带饰盖、儿童座椅支架饰盖、高位制动灯等均存在匹配关系。

5. 衣帽架饰件常用的材料和工艺

固定式衣帽架、翻转式衣帽架及遮物帘所包含的子零件各不相同，不同子零件的常用材料也有较大差异。下面将着重介绍衣帽架饰件的主要子零件选材，见表11-8。

表11-8　衣帽架饰件常用材料

零件	主要了零件	材　料
固定式衣帽架	面料	PET（针刺、针刺起绒、针织）
	基材	PP玻纤、PP/PE、麻纤板
	面料	PET
翻转式衣帽架	面料	PET（针刺、针刺起绒、针织）
	基材	PHC、PP玻纤
	面料	PET
遮物帘	布帘	PVC或PET无纺布
	密迪板	PP玻纤板、木粉板或纸板
	外管、内管及边管	铝或铁

① 固定式衣帽架：面料为PET，按风格一般分为针刺、针刺起绒和针织等；基材一般为PP玻纤、PP/PE、麻纤板等；底部无纺布为PET。

② 翻转式衣帽架：面料的选材同上，基材一般为PU玻纤纸蜂窝板、PP玻纤板等。

③ 遮物帘：布帘一般为PVC或PET无纺布；密迪板为PP玻纤板、木粉板或纸板等；外管、内管及边管一般为铝型材或镀锌钢板。

第四节　饰件系统品质设计

一、外饰饰件品质设计

前后风窗玻璃总成的黑边和花点设计直接关系到驾乘人员的视野和车内光线的明暗，影响整车品质感的评判。黑边的主要作用包括两方面：保护玻璃胶不被阳光暴晒，防止玻璃胶老化导致前风窗脱落；其次，黑边可遮挡内饰切边、内后视镜或传感器支架等，让整车更美观。花点位于黑边内侧，主要作用是作为黑边到透明玻璃的过渡，弱化视觉突变；另外，花点还可包容黑边制造偏差。由此可见，黑边和花点的设计难点在于与周边零件配合良好的同时要保证美观性。花点示意图如图 11-72 所示。

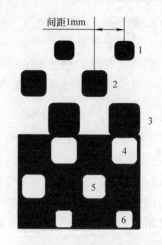

图 11-72 玻璃花点示意图

设计风窗玻璃黑边、花点时，应先绘制典型断面，保证黑边、花点超出内饰投影 8mm 以上（2mm 黑边，6mm 花点），使内饰翻边不外露。黑边尽可能与周边零件平行，圆角应尽可能小，保证外观美观。根据 GB 11562—2014《汽车驾驶员前方视野要求及测量方法》的要求，前风窗玻璃的黑边必须满足视野要求，设计前期需要确认视野的极限位置，黑边不能超过视野线。在满足视野的前提下，下黑边尽可能遮挡刮水器轴，保证坐在乘员舱内刮水器轴不可见，视野内容更简单明晰。

二、内饰饰件品质设计

1. 侧围饰件品质设计

立柱饰板零件按表面材质可分为普通注射皮纹件和表面包覆件。表面包覆立柱饰板因表面美观、触感好，越来越多地应用于中高档车型上。立柱饰板的包覆工艺通常可分为手工包覆和低压注射成型。手工包覆工艺是在饰板本体成型冷却后，通过热熔胶将面料和本体粘结在一起，生产效率低，气味大，包覆质量不易控制；低压注射成型工艺是在饰板成型过程中，将面料和本体一起注射出来，只需一次成型，生产效率高，产品一致性好，已成为行业趋势，应用于中高端车型。为提升内饰品质感，建议 A 柱上饰板和 B 柱上饰板采用包覆工艺，其他立柱饰板可根据需求选择性地采用，如图 11-73 所示。

2. 行李箱饰件品质设计

宏观来讲，行李箱饰件的品质设计主要体现在外观造型和功能多样化两方面。

高品质的外观首先要有整洁大气的造型面，在保证行李箱有效容积的同时，给客户以美观舒适的感觉。其次要有合理的面料包覆，面料要根据车型与级别有针对性地进行选择，以达到品质与成本的高度平衡。同时，面料的颜色要与边界零件做适应性匹配。由于行李箱饰件包覆面积较大，涉及的匹配零件较多，边界的匹配质量也是高品质外观的一个重要影响因素，如图 11-74 所示。

行李箱饰件的功能，应从客户的角度出发，把客户的实际使用诉求转化并融

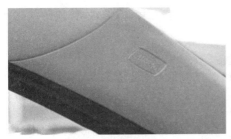

a) 皮纹

b) 包覆

图 11-73 A柱上饰板皮纹件与包覆件对比

图 11-74 高品质行李箱饰件外观设计

入工程设计中，实现行李箱饰件的人性化设计。主要包括如下方面：通过增加储物盒、侧饰板网兜的设计，实现辅助储物的功能；通过集成行李箱灯、行李箱挂物钩、行李箱隔离网，实现方便行李取放或者固定；通过增加可拆卸手电筒式行李箱灯、可折叠便携式储物盒的设计，实现其他拓展功能。可折叠便携式储物盒如图 11-75 所示。

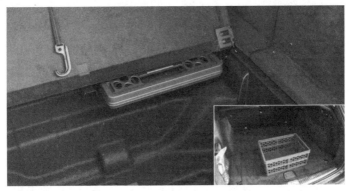

图 11-75 可折叠便携式储物盒

3. 衣帽架饰件品质设计

衣帽架饰件的品质设计包含产品的外观造型、与周边件的匹配设计、功能可靠性和操作便捷性等方面。下面分别以衣帽架功能可靠性和遮物帘操作便捷性为例加以描述。

衣帽架具有承载轻便物品的功能，一般要求在衣帽架中心位置的一定面积承载 5～10kg 砝码，考核衣帽架的最大变形量和永久变形量。与此同时，衣帽架在实车状态下的型面保持和刚性要求也是主观评估的重要方面。选用高刚度的基材以及加强型面结构是实现功能可靠性的主要途径，如图 11-76 所示。

图 11-76　PU 纸箱蜂窝板基材衣帽架

遮物帘在展开和回收过程中的操作便捷性是提升用户使用感知的重要途径，通常导轨式遮物帘在一定程度上改善了收拉操作的困难度。但遮物帘在展开固定到末挂点（图 11-77 箭头所示）或者从末挂点脱出时还应特别关注人机的顺畅性。具体表现为展开挂接时遮物帘边管塞不与末挂点碰撞，以及遮物帘边管塞从末挂点脱出时可以沿水平方向操作。另外，非导轨式遮物帘末挂点的设计要求开口尺寸尽可能大，以便边管塞挂持。以上结构的设计优化可以有效提升操作品质，如图 11-77所示。

图 11-77　导轨式遮物帘

第五节　饰件系统发展趋势

汽车行业"新四化"的发展潮流也对饰件系统的设计开发提出了新的要求。饰件系统作为内外饰重要的子系统之一，在顺应这种发展趋势的同时，呈现出工艺多样化、零件智能化等显著特点。

一、工艺多样化

饰件系统涉及的成型工艺和表面处理工艺多达 20 余种，本身就是内外饰系统的"材料库"和"工艺库"。近年来随着技术的进步，越来越多的新工艺应用到饰件系统中，呈现出面向经济性、品质化的发展趋势。

1. 水辅成型

水辅成型可将行李架纵梁、前后支架、前后饰盖等子零件整合为一体化零件整体成型。图 11-78 所示为采用巴斯夫原料水辅成型的一款行李架。由当前十余种子零件简化到五六种子零件，水辅成型极大简化了子零件种类及内部装配关系，同时免去了铝型材打磨抛光的工艺过程，可实现约 35% 的成本降低和 50% 左右的减重，后续将进一步扩大应用范围。

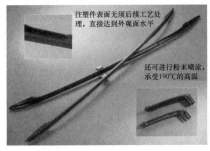

图 11-78　水辅成型行李架

2. 带色注射

采用带色原材料直接注射成型，成型后产品达到喷漆的表面处理效果，可代替对应颜色的喷漆工艺。相对喷涂工艺而言，该工艺具有更高效、更环保、更低成本的优势。目前该工艺在某些新能源车型的轮眉总成、防擦条总成等零件上已经获得量产，未来将有更多的喷漆类零件被带色注射取代。

3. 高光注射

直接采用高光材料注射成型，同时对模具进行镜面级抛光，使零件注射出来即达到高光的效果，可替代复杂的高光喷涂工艺。相对高光喷涂工艺而言，该工艺具有更高效、更环保、造型更自由、成本更节约的优势。未来的 A/D 柱饰条总成、尾门扰流板总成、后牌照饰板总成、字标牌等零件将进一步应用该工艺。

二、零件智能化

1. 智能标牌

主动巡航标牌是一种可以有效穿透雷达波的标牌。它采用的是表层镀铟工艺，由于铟是为数不多的电镀后不导电并形成极薄透明氧化膜的稳定金属，用其加工出来的标牌能在自然环境下保持金属光泽并可穿透雷达波，配合后方传感器实现主动巡航的功能，所以国内外汽车厂正在逐步采用这种工艺替代目前传统工艺的普通标牌，如图 11-79 所示。

图 11-79　主动巡航标牌和触控型标牌

触控型标牌不再仅仅是车辆的标志和装饰件，而是变身行李箱盖开关成为功能件，既新颖美观又便于操作。在用户手持重物时，可以用肘部顶压车标，行李箱盖便会自动弹起，非常人性化，在上汽荣威、阿尔法罗密欧的部分车型上已经得到应用。

2. 智能玻璃

随着消费者对汽车内部环境的要求越来越高，隔声隔热玻璃应运而生。隔声前风窗玻璃是在两层玻璃之间添加一层隔声 PVB 膜。与普通前风窗玻璃相比，隔声前风窗玻璃的应用可使整车在 1000 ~ 4000Hz 频段最大降低噪声约 10dB，有效降低高速行驶中的风噪。隔热前风窗玻璃是在玻璃 PVB 膜间加入隔热材料，或通过金属涂层反射，使通过玻璃传入汽车内部的红外线被大幅隔断，降低乘员舱的温度，提高乘员的舒适度。有数据表明，使用积水隔热 PVB 膜的前风窗玻璃，可以使在盛夏中烫手的转向盘温度下降约 10℃，如图 11-80 所示。这也为降低空调能耗、保护环境做出了贡献。

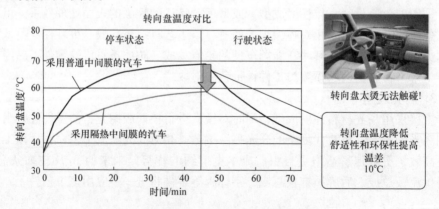

图 11-80　采用隔热 PVB 膜的前风窗玻璃效果测试

此外，采用隔热 PVB 膜的前风窗玻璃相对金属涂层隔热技术，也可以保证电磁波信号通畅，在车内使用手机、导航、ETC 等电子设备不会受到影响。

调光玻璃本质上是一种电致变色玻璃，它可以根据车外光强的变化来调节玻璃颜色的深浅，调节驾驶员的眼睛对光的适应性，从而避免带墨镜驾车，增强行车安全性。调光玻璃本身具有一切安全玻璃的特性，同时又具有控制玻璃透明与否的隐私保护功能。车内调光玻璃的隔断也能打破原有空间的局促和排布，带来一定的纵深感和一致性。

抬头显示玻璃是利用位于仪表板后端的投影仪将重要的信息如车辆速度、油耗等信息投射到前风窗玻璃上，通过前风窗玻璃再将其反射呈现给驾驶员，在方便驾驶的同时提升驾驶的安全性。增强现实抬头显示玻璃是在此基础上，在驾驶员视野区域内生动地叠加显示更多的驾驶信息，增强驾驶员对于实际驾驶环境的感知。例如车辆偏离既定行驶车道时，前风窗玻璃会在车道的边缘显示引导线，提醒驾驶员不要越线，如图 11-81 所示。此外，增强现实抬头显示还能进一步结合导航功能，在前风窗玻璃上更直观地显示导航路线和周边信息。

图 11-81　增强现实抬头显示玻璃

3. 智能遮物帘

轻拍式的遮物帘仅需用户轻轻拍打遮物帘密迪板，即可实现密迪板及布帘回收，如图 11-82 所示。而电动化的遮物帘可实现尾门打开时遮物帘自动回收、尾门关闭时遮物帘自动打开的功能。此外，遮物帘还可通过语音控制或手势控制实现产品的便捷操作，如图 11-83 所示。

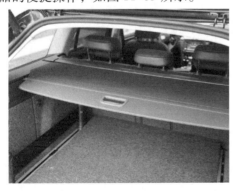

图 11-82　轻拍遮物帘

图 11-83　电动遮物帘

第十二章 内外饰常用工艺和材料

第一节 塑料成型工艺

塑料成型是将各种形态的塑料制成所需形状制品的过程。塑料成型工艺是内外饰系统最常用的工艺，种类繁多，主要包括注射成型工艺、吹塑成型工艺、表皮成型工艺、发泡工艺、挤出成型等。

一、注射成型工艺

1. 常规注射成型

常规注射成型即高压注射成型，其工作原理是把熔融态的塑料注射到密闭的模腔内，经过冷却定型，开模后顶出得到所需的塑料产品。注射机、塑料粒子和模具是常规注射成型的三大要素，缺一不可，如图 12-1 所示。

a) 注射机   b) 塑料粒子   c) 模具

图 12-1 常规注射成型三要素

常规注射成型的工艺流程如图 12-2 所示。

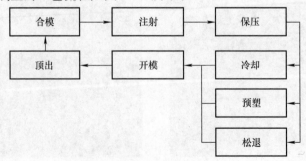

图 12-2 常规注射成型的工艺流程

常规注射成型的优点在于：

① 一次成型，生产效率高。

② 注射压力大，能成型较复杂的大型产品。

常规注射成型的缺陷有以下几种：缩印、变形、飞边、短射、熔接痕、温差线、气纹、顶白、困气等。

采用常规注射成型工艺的零件，设计要求如下：

① 合理选择注射机吨位，吨位过小会形成飞边。

② 合理选择浇口形式和尺寸，均匀布置浇口位置，防止熔接痕、温差线。

③ 分型线设计尽量连续、光顺，无不必要的尖角，尽量不设置在圆弧面上。如必须设置在圆弧面上，则可以设计一个 0.1～0.2mm 的工艺台阶。

④ 插穿角度满足模具设计要求：小型模具需≥3°，中型模具需≥5°，大型模具需≥7°，否则会影响模具寿命。

⑤ A 面拔模角度根据产品皮纹定义合理选择，过小会拉伤皮纹；无皮纹的 A 面拔模角推荐≥3°，B 面推荐≥1°，加强筋处≥0.5°。

⑥ 产品"几"字形结构的中部宽度与高度比推荐≥1/3，否则会产生模具薄铁，影响模具寿命。

⑦ 产品壁厚需均匀，壁厚不同处建议按 1:30 比例均匀过渡，防止变形和缩印。

2. 低压注射成型

低压（小于200bar）注射成型是把表皮预先放到模具内，然后借助螺杆推力将已塑化好的熔融态的塑料注射到密闭的模腔内，再经固化定型取得制品。

低压注射成型表皮所用的材料可以是针织面料，也可以是 PVC 面料。与传统的包覆工艺相比，该工艺具有以下优点：

① 低压注射成型是将表皮材料与塑料基材融为一体，不存在脱落的可能。

② 由于没有包覆工艺所必需的涂胶工序，低压注射成型工艺过程更为环保。

③ 低压注射成型零件的内部结构设计、表面造型的自由度相比包覆工艺更大，并且造型特征更清晰、硬朗。

④ 低压注射成型的生产效率更高。

采用低压注射成型工艺的零件，设计要求如下：

① 产品翻边长度≤20mm，翻边过长会导致注射时面料起皱、压伤。

② 产品表面弧长与直线段的比值需小于面料的延伸率，否则面料有拉破的风险。

③ 产品边缘轮廓设计尽量平顺，便于超声波切割或焊接等后道工序加工。

④ 产品背面分型线往里 10～15mm 不设计结构，便于面料焊接。

⑤ 产品转角不宜太多，尽量将大件拆成小件。

目前，该工艺被广泛应用于汽车门饰板、立柱饰板等包覆产品的生产。

3. 气辅成型

气辅成型（Gas – assisted Injection Molding，GAIM/GAM）是指在塑料填充到型腔（75% ~99%）的时候注入高压惰性气体（一般为氮气），气体推动熔融塑料继续填充型腔的一种工艺。

除了常规的注射机、塑料粒子、模具之外，气辅成型还需要氮气发生器、进气元件（气针）、气道、氮气控制器。

气辅成型的工艺流程如图12-3所示。

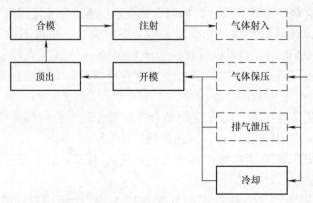

图 12-3　气辅成型的工艺流程

气辅成型的优点在于：
① 降低产品的残余应力，产品不易变形。
② 降低注射机的锁模力，减少成型机的损耗。
③ 减少制件的冷却时间，缩短生产周期。

采用气辅工艺的零件，设计要求如下：
① 产品截面尽量接近圆形，避免尖角，防止料在角部堆积导致壁厚不均匀。
② 气道转弯处的产品需有较大圆角，避免内外转角处的壁厚差异。
③ 产品截面尺寸变化应平缓过渡，防止收缩不均。
④ 进气口不应设置在外观面或产品受力处，防止影响外观和产品性能。
⑤ 进气口位置应接近浇口，以保证气体与料流方向一致，但两者距离建议大于30mm，防止气体反进入浇口。

气辅成型适用于厚壁产品，如车顶拉手、地图袋、尾门中饰板等。

二、吹塑工艺

吹塑工艺主要指中空吹塑，是借助于气体压力使闭合在模具中的热熔型坯吹胀形成中空制品的成型方法，是汽车行业常用的塑料成型方法，工艺流程如图12-4所示。

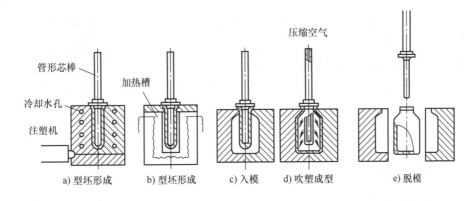

图 12-4 吹塑工艺流程

吹塑成型的主要形式有注射吹塑、挤出吹塑和拉伸吹塑三种，但拉伸吹塑不能独立成为一种加工方法，必须与注射吹塑或者挤出吹塑结合起来形成注射拉伸吹塑或挤出拉伸吹塑。尽管形式上有差异，但吹塑过程的基本步骤是相同的，即熔化材料、将熔融材料制成管状物或者型坯、将型坯置于吹塑模具中熔封、利用压缩空气吹胀型坯、冷却、取出制品、修整。吹塑机实物图如图 12-5 所示。

据统计，超过70%的吹塑制品采用挤出吹塑成型，其优点是生产效率高，设备成本低，模具选择范围广，缺点是良品率较低，废料的回收、利用差，制品的厚度控制受限制（厚度不均匀），成型后必须进行打磨和修边操作。尾门扰流板总成、洗涤壶等是典型的挤出吹塑成型零件，如图 12-6 所示。

图 12-5 吹塑机实物图

图 12-6 吹塑工艺典型零件扰流板总成

三、表皮成型工艺

内外饰常用的表皮成型工艺主要有搪塑成型、真空阳模成型、真空阴模成型、聚氨酯喷涂成型等。

1. 搪塑成型

搪塑成型是指通过将模具和粉盒结合后经过模具加热，模具旋转，然后使粉盒中的粉末与模具接触、熔化形成厚度均匀的片材，再通过冷却固化而制得表皮的工艺过程。

搪塑成型工艺流程如图 12-7 所示。

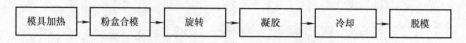

图 12-7　搪塑成型工艺流程

该工艺的主要优点是材料利用率高，造型自由度较高，成型过程表皮厚度均匀，不易开裂；其主要缺点是模具周期长且寿命短，模具成本及生产线成本高，生产过程能耗高。

2. 真空成型

真空成型是将已有的片材固定在真空成型模具上，对表皮进行加热，然后将模具抽真空，使片材紧贴在模腔成型，再通过模具冷却而制得表皮的工艺过程。

真空成型通常分为真空阳模成型和真空阴模成型两种形式。

（1）真空阳模成型

真空阳模成型工艺是指使用带有皮纹的片材，通过加热软化，然后模具阳模抽真空，将片材根据模具形状吸附在模具表面上获得表皮的工艺过程。

真空阳模成型工艺流程如图 12-8 所示。

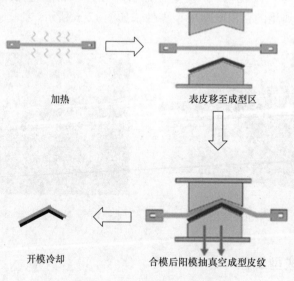

图 12-8　真空阳模成型工艺流程

该工艺的主要优点是模具投资小，寿命较长，生产效率高；其主要缺点是在表皮拉伸过程中，花纹会变浅或变形。

（2）真空阴模成型

真空阴模成型是指使用没有皮纹的片材，通过加热、抽真空在带有纹理或者图案的阴模内成型出带有形状表皮的工艺。真空阴模成型工艺流程如图12-9所示。

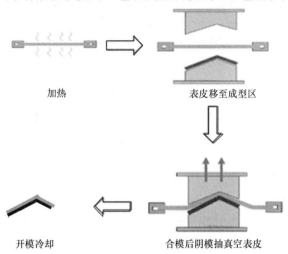

加热　　　　　　　　　　表皮移至成型区

开模冷却　　　　　　　　合模后阴模抽真空表皮

图 12-9　真空阴模成型工艺流程

和阳模成型相比，真空阴模成型设备投入成本都比较低，但是由于阴模成型模具表面刻有皮纹，皮纹是通过真空成型转压到表皮上的，因此阴模成型表皮上的皮纹没有拉伸变形和损失。

（3）真空成型技术要求

真空阳模成型和阴模成型由于工艺原理不同而在表面皮纹质量上有所区别，随着现代汽车对零件表面颜色、光泽、皮纹一致性，以及造型复杂程度要求的不断提高，传统的真空阳模成型工艺已经越来越难以满足这些要求，正逐步被真空阴模成型代替。两者性能比较见表12-1。

表 12-1　真空阳模成型和真空阴模成型性能对比

评价标准	真空阳模成型	真空阴模成型
皮纹质量	+ +	+ + + +
多种皮纹	+	+ + + + +
缝线	+ + +	+ + + + +
质感	+ + +	+ + + +
设计自由度	+ + +	+ + + +
厚度均一性	+ + + + +	+ + + + +
成型周期	5min	6min

3. 聚氨酯喷涂

聚氨酯（PU）喷涂是将聚氨酯原料增压后，经混合反应，然后喷涂到模具上，在镍壳上形成一张表皮的工艺过程。

聚氨酯喷涂工艺过程如图 12-10 所示。

| 喷脱模剂 | 第一次PU喷涂 | 第二次PU喷涂 | 反应固化 | 表皮取件 |

图 12-10　聚氨酯喷涂工艺流程

该工艺的主要优点是外观和手感较好，低温性能佳，散发性较低，耐候性良好；其主要缺点是成本较高，表皮厚度控制不均，且圆角大小有限制。

四、发泡工艺

1. 座椅发泡工艺

座椅发泡材料一般为聚氨酯发泡中的软质发泡，其生产过程可与面包的制作过程类比。但面包的制作过程主要是物理变化，聚氨酯发泡则是一个复杂的物理化学过程，分为发泡反应和凝胶反应。发泡初期分子链不断增长，主要是线型分子，黏度较小，物料流动性较好，反应到一定阶段，出现凝胶时，大分子开始交联，物料黏度急剧上升，流动性下降。初期链增长较快，反应过程放热量大，发泡剂气化快，使黏度较低的物料快速发泡，在凝胶出现之前充满模具，形成网状多孔的聚氨酯闭孔泡沫。

座椅发泡为模塑产品，考虑到生产效率，一般为环形线生产。典型的生产工艺流程如图 12-11 所示。

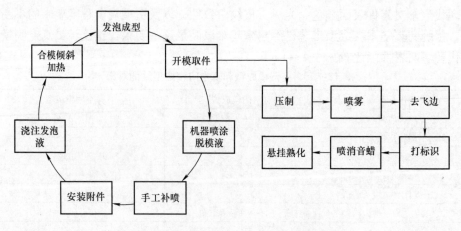

图 12-11　座椅发泡生产工艺流程

浇注需按一定的轨迹、流量、浇注时间向模具中进行投料，并控制原料的温度、模具的温度及浇注时的压力。泡沫出模后没有反应完全，还需进行熟化。熟化时间一般为6h，如图12-12所示。

图12-12　座椅发泡模具及悬挂熟化

该工艺为冷模塑方法，目前应用广泛，其优点是耗能低、脱模时间短、生产效率高、设备投资少。冷模塑泡沫具有高回弹性、高承载性、舒适耐用、滞后损失低的特点，适用于坐垫、靠背等大尺寸发泡产品。

对于尺寸较小且外观造型复杂的发泡产品，如座椅头枕，目前主流的技术是PIP发泡技术。PIP（Pour – In – Place）发泡技术直接向缝制好的面套内灌注发泡材料，一次性完成成型。使用该工艺生产的头枕，不仅装配效率高，而且外观饱满美观。该技术的关键问题在于防止发泡原料从面套渗出。目前常用的方法为在面套上复合一层3mm左右的海绵和一层热塑性聚氨酯（TPU）薄膜。

2. 仪表板发泡工艺

仪表板常用的发泡工艺可以实现仪表板良好的手部触感，是仪表板比较重要的工艺。发泡工艺是指在催化剂的作用下原材料发生聚合反应，形成聚氨酯泡沫体的工艺过程。根据浇注形式的不同，仪表板发泡主要分为开模发泡和闭模发泡两种。

① 开模发泡是指把仪表板表皮和骨架放入模具后，先浇注发泡材料，然后合模的工艺过程。开模发泡的主要优点是：工艺控制成本较低，废品率较低，对造型及骨架设计局限性较少。其主要缺点是：骨架为封闭设计，注射材料较浪费，模具成本较高，生产节拍较慢。

② 闭模发泡是指把仪表板表皮和骨架放入模具后，先合模，然后浇注发泡材料的工艺过程。闭模发泡的主要优点是：模具成本较低，节省注射材料，生产节拍较快。其主要缺点是：对造型限制较多，日常生产工艺控制成本高，废品及缺陷发生率高。

仪表板发泡工艺的设计要求主要有：发泡厚度一般为6~8mm；泡沫厚度应均匀，过渡平缓，厚度突变不大于3mm；零件边缘应设计密封结构，保证发泡时不会漏泡。

泡沫发泡的工艺流程如图12-13所示。

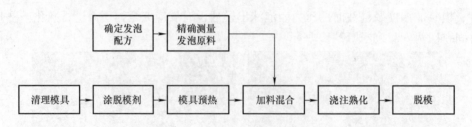

图 12-13　仪表板泡沫发泡工艺流程

3. 吸能块发泡工艺

吸能块发泡材料 EPP（Expandable Polypropylene）是一种高结晶型聚合物/气体复合材料，具有重量轻、缓冲性能好、有良好的可塑性以及可回收利用等特点。目前广泛应用于汽车吸能、减振零部件中，比如前后保险杠吸能块、门饰板吸能块等。图 12-14 所示为汽车保险杠系统吸能块，用于车辆后部缓冲。

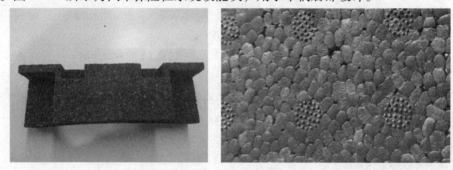

图 12-14　汽车保险杠系统吸能块

EPP 成型产品的加工过程主要包括预压处理、模压成型和后处理三大过程，如图 12-15 所示。

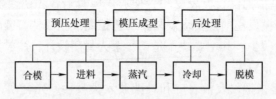

图 12-15　EPP 泡沫发泡工艺流程

为了生产出密度较低的零件，在模压处理前，需要通过气体穿透材料颗粒外壁来增强原料颗粒内部的压力，以生产出密度较低的零件，这个过程即为预压处理。预压处理可以通过改变时间、压力、温度等参数来实现各种不同密度的零件。此外，预压处理还能使零件在脱模后的收缩率下降，使其具有良好的表面质量。

在零件完成预压处理之后，下一步工序为模压成型。模压成型主要包括合模、进料、蒸汽、冷却、脱模几个步骤。

① 合模主要是对模具进行预热，使模具表面温度达到 EPP 原料的熔点。

② 接着是进料过程，原料通过料枪进入模具，在进料之后通入蒸汽，完成蒸汽过程之后模具内部的温度一般会达到 140℃左右。

③ 为了确保产品能够顺利脱模，必须使模温下降，因此接下来是冷却的过程。

④ 在模温下降到可以脱模温度时，即可进行脱模。

模压成型工艺后，最后一步为后处理工艺，后处理工艺主要是将脱模后的产品进行烘干定性，后处理结束即完成了整个成型工艺。

吸能块的设计要求如下：

① 吸能块的正前方位置需要有顶针的布置空间，如没有大平面，则需每间隔 200mm 以内布置一个顶针平台，平台半径 >12mm。如果零件重量 <30g，则可以不用顶针脱模。

② 零件的圆角需符合工艺要求，要求圆角大于 3mm。

③ 零件拔模角度需符合工艺要求，拔模角度要求大于 1°。

五、挤出成型

挤出成型又称为挤塑，是指物料在挤出机的作用下，受热熔融后等压定量通过口模最终形成等截面制品的成型方法，原理如图 12-16 所示。

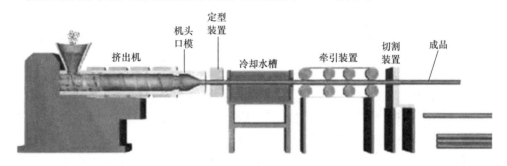

图 12-16　挤出机原理图

挤出成型工艺流程：塑料粒子进入料筒后，在螺杆旋转的作用下强制推向挤出机机头方向，疏松的固体原料向前输送的同时被压实；在料筒外加热、螺杆与料筒内壁摩擦剪切的双重作用下，固体原料温度升高开始熔融；由于螺杆一直稳定旋转推进，熔融的原料到达机头后被等压定量挤出，最终冷却定型得到制品。

挤出成型成品一般都是和口模形状一致的等截面制品，如图 12-17 和图 12-18 所示。在汽车内外饰系统中，顶饰条的 PVC 唇边、行李架的纵梁、天窗和座椅的导轨等都是采用挤出成型工艺的典型零件。

图 12-17　挤出机实物图

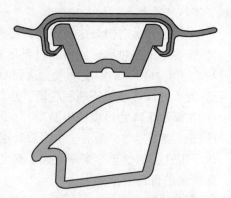

图 12-18　挤出工艺的典型断面

第二节　面料成型工艺

为获得零件表面的质感、触感、外观等感知效果，座椅、门饰板、仪表板、顶棚等内饰零件表面使用不同的面料包覆装饰。面料的主要类型包括织物、真皮、人造革等。本节将对各类面料的成型工艺进行简要说明。

一、织物成型

织物是内饰零件表面常用的一种装饰材料，具有成本较低、纹理多样、较为透气等优点。机织布作为织物面料的主要选择，其基本工艺如下：

① 络筒（丝）：改变原装筒丝的卷装形式，按工艺卷绕成一定形状和需要长度的筒子，同时要检查纱线直径，清除纱线上的细节和弱节，以适合后道工序的需要。

② 整经：按设计要求，将需求数量的筒子纱排列成设计要求幅宽和长度的平行纱片。按工艺规定要求卷绕到经轴上，要求张力均匀，供后续浆纱或并轴用。

③ 浆（纱）丝：把若干经轴引出的整个纱片浸入按工程要求调制的浆液槽中，通过与具有一定黏性的浆液充分浸润，直至进入纱线纤维内部。后通过挤压辊的侵轧，挤出纤维中的自由水，并使浆液进一步浸润，然后烘干，按规定匹数和长度再卷绕成若干织轴，以备织造使用。

④ 穿经：作为织造前的最后一个步骤，按照设计要求出具的织物组织结构图及工艺，将经轴上的经丝依次穿入停经片、综丝和钢筘，为后续在织机上与纬纱以一定规律交织成织物做好准备。穿经方法有三种：一是使用结经机在织机上结经；二是在机下穿经架上穿经；三是在引进的进口全自动穿经机上穿经。

⑤ 供纬：根据设计要求，纬纱可以选择股线、强捻或选择合股。对捻度较大的纬丝，为了防止织造时产生纬缩等疵布，对捻度不稳定的纬纱通常通过蒸纱进行定捻处理，使纬丝捻度稳定。

⑥ 织造：把织轴装在织机上，引出经纱，按织物工艺要求与纬纱交织成布。

⑦ 检验：布机上落下来的布卷在检验车间进行验布、定等，并根据规定的修、织、洗范围进行修整，然后根据不同的用途把坯布打卷入库。

二、真皮成型

真皮是面料中较为高端的一种，具有手感柔顺、质感高端等优点。内饰产品使用的真皮通常为牛皮，其基本成型工艺如下：

① 去毛：清洗浸盐的皮革，使皮革重新具有水分。用化学药剂溶解掉毛发，大致把皮革分层至需要的厚度。

② 铬鞣（蓝湿皮）：保护皮革不受腐蚀，加强皮革纤维结构，最后分层或削至需要的厚度。

③ 复鞣：用化学制剂使皮革具备强度、柔软性、颜色和其他特性。

④ 干燥：去除多余水分。

⑤ 表面处理：在皮革表面喷涂上合适的颜色，赋予皮革一定的特性。

三、人造革成型

汽车内饰中应用的人造革主要包括 PVC（Ployvinyl Chloride）人造革、PU（Poly Urethane）人造革、仿麂皮人造革等品种，是真皮的替代选择，广泛应用于座椅、门板、球头护套等内饰零件。

1. PVC 成型

PVC 人造革的主要原料是聚氯乙烯，底部贴合针织布或机织布。PVC 的优点是生产简便，产品质量均一，成本相对较低，但是透气透湿性不及真皮。其基本成型工艺介绍如下：

① 混合：将 PVC、阻燃剂、稳定剂及色料通过真空泵混合。

② 涂布：根据设计样板选定的纹理，挑选合适的离型纸，或根据纹理重新开发离型纸花辊；将上一步的混合料涂覆在离型纸上，经过多次的烘干及涂覆，到达合适的厚度以及均匀性；最后将准备好的底布与涂覆的 PVC 贴合，再次经过烘干后，分别将离型纸及面料收卷。PVC 人造革生产线如图 12-19 所示。

2. PU 成型

PU 人造革的主要原料为聚氨酯，具有手感丰满、回弹性好、有一定的透气透湿性的特点，更加接近天然皮革的质感。高端 PU 人造革甚至比真皮价格昂贵。普通 PU 人造革的成型工艺与 PVC 类似。

另一类目前应用较为广泛的是超细纤维 PU 人造革，简称超纤 PU。与普通 PU 的针织布底布不同，超纤 PU 的底布是海岛纤维制成的无纺布。海岛纤维是一种复合纤维，其纤维断面中，加强体像岛一般散布在基材中，因此得名。超纤底布织造成型后，经由含浸等工艺，制成超纤基材层，较普通 PU 质感更为高级。其底布制

图 12-19　PVC 人造革生产线

作工艺如下：

①织造：选取合适的海岛复合纤维，经由针刺、水刺等无纺布织造的手段成型，再通过物理手段定型。

②含浸：将织造完成的底布含浸在树脂中，经浸渍、凝固、水洗，反复上述流程，再经由后处理、收卷，制作成超纤底布。

超纤底布表面涂覆 PU 后即得到超纤 PU，表面涂布的工艺与普通 PU、PVC 类似。

3. 仿麂皮成型

仿麂皮因其触感柔顺、表面摩擦力较大等特点，广泛应用于跑车及运动型 SUV 等有较多激烈驾驶工况的车型座椅面料。同时因其具备高级质感，且重量比真皮轻，越来越多的高端电动汽车也开始选用仿麂皮面料作为座椅及门板等内饰件的包覆面料，如图 12-20 所示。

仿麂皮的基本工艺类似超纤 PU 底布。基于海岛纤维的纺丝，通过针刺、水刺等手段织造成型，经过含浸等工艺，最终通过后处理，使其起绒。

仿麂皮因其对外观及其他材料性能的要求较高，常规的超纤 PU 底布应用的海岛纤维无法满足，故目前广泛应用的仿麂皮均使用进口的海岛纤维，并在海外进行含浸开纤处理，导致其成本居高不下。图 12-21 所示为仿麂皮的微观结构。

图 12-20　仿麂皮面料座椅

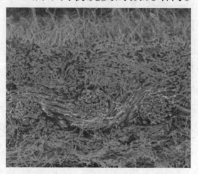

图 12-21　仿麂皮的微观结构

第三节　装饰件工艺

内外饰常用的装饰件工艺有很多，以下主要从皮纹、喷漆、电镀、水转印、热烫印、模内转印、嵌片注射、模外覆膜、真木、真铝、阳极氧化、真空镀膜、丝网印刷等工艺进行介绍。

一、皮纹

皮纹是指将所需花纹以物理或化学方式，对模具进行蚀刻的工艺。物理工艺就是通过喷砂对模具进行处理，一般可实现细皮纹。化学腐蚀工艺可实现动物纹理、几何纹理等，如图 12-22 所示。化学腐蚀工艺流程如下：

图 12-22　化学腐蚀工艺纹理图

① 菲林制作：一般是实物样品纹理翻制或电脑绘制底图，采用照相方法将底图制成丝网印刷网版，通过网版印制菲林。

② 模具前处理：一般使用汽油对模具型腔及四周进行清理，对于不做皮纹的表面，喷涂硝基漆保护；待漆膜干燥后，对于需要腐蚀皮纹的表面，用氧化镁除油，清洗直至表面能够被水完全润湿；最后将模具进行干燥。

③ 贴菲林转印：将菲林按照模具型腔特点裁剪成特定形状，贴于模具型腔，要求平整不能起皱；贴完可用刮板刮涂，使菲林上的油墨转印到模具上。

④ 化学腐蚀：在确保油墨与模具结合牢固的情况下，进行模具腐蚀，将模具浸入化学药水中，一般腐蚀的深度由浸泡的时间控制。

⑤ 模具后处理：先用氨水冲洗型腔表面，再用喷枪将砂粒均匀地喷在腐蚀过的模具表面，一方面去除表面残液，另一方面调整表面光泽度。

现在激光雕刻工艺越来越多地被应用到皮纹加工上，与化学腐蚀工艺相比工艺更加简单，纹理更加多样化，且可实现不同纹理间的无缝拼接。激光雕刻纹理如图 12-23 所示。激光雕刻加工工艺如下：

① 激光雕刻编程：扫描模具表面形成 3D 模型，将所需纹理渲染在表面。

② 激光雕刻加工：调整激光能量，进行激光雕刻。

图 12-23　激光雕刻工艺纹理图

皮纹作为最初级的塑料装饰工艺，工艺特点如下：

① 加工工艺成本较低，且与纹理种类有关，细纹理相对便宜，动物纹理相对较贵。

② 皮纹加工周期与纹理有关：一般细皮纹 1.5～2 天，动物纹理大于等于 5 天。

③ 采用化学腐蚀工艺同时做两种皮纹时，需要分色槽或者台阶来区分。

④ 皮纹深度和脱模角度有关，因此塑料件定义皮纹时需要考虑不同皮纹深度对脱模角度的影响。以 PP 类材料为例说明脱模角度与皮纹深度的关系，见表 12-2。

表 12-2　PP 材料脱模角度和皮纹深度对应表

脱模角度/(°)	3	5	7	8 以上
皮纹深度/μm	30～40	60～70	90～100	120 以上

二、喷漆

喷漆工艺是利用高速气流在喷枪内形成局部真空，从而吸入涂料使其雾化并喷射到零件表面，经过高温固化后在零件表面形成一层漆膜，达到改善零件外观和遮盖表面缺陷的一种表面处理工艺。内饰零件多数为塑料件，塑料件又分极性和非极性材料。极性材料如 ABS、PC + ABS 等可直接喷涂；非极性材料如 PP 等则需预处理，喷底漆或火焰处理等预处理后再喷涂。喷漆工艺流程如图 12-24 所示，关键工艺步骤如下：

① 退火：一般是将塑料零件加热至热变形温度 60℃以下，保温 2h 以消除塑料成型时的内应力，否则喷涂的零件易开裂。

② 脱脂、去油：通常用汽油或酒精清洗，然后进行碱液除油，最后用纯水清洗干净，晾干或烘干。如果零件表面清洗不干净，则涂料的附着力变差，喷涂后会产生龟裂、起泡和脱落的问题。

③ 去静电、除尘：一般采用高压离子化空气流同时进行去静电和除尘。塑料

制品是绝缘体，易产生静电，带电后容易吸附空气中的细小灰尘而附着于表面，不去除易导致表面颗粒缺陷。

④ 喷涂：一般分为手持喷枪喷涂和自动化喷涂。塑料零件涂层厚度为 15 ~ 20μm，通常要喷涂 2 ~ 3 道才能完成。高光表面还必须喷涂透明清漆。

⑤ 流平：主要目的是将湿漆工件表面的溶剂在一定时间内挥发掉。溶剂挥发的同时湿漆膜也得以流平，从而保证了漆膜的平整度和光泽度。

随着高亮黑涂料应用过程中易沾指纹、防刮擦性差等问题的暴露，紫外光固化漆（UV 漆）逐渐成为研究的热点。UV 漆是指在涂料中加入紫外光敏感剂的一种涂料，零件喷涂涂料后须经过 UV 烤炉。在紫外光照射下，紫外光敏感剂被激发，引发树脂分子交联反应而完成固化。UV 漆与聚氨酯漆（PU 漆）的区别主要是固化方式的差异，PU 漆主要通过热固化，而 UV 漆通过紫外光灯照射，能够在数秒内完成固化，有效地减少生产时间，且 UV 固化后表面硬度很高，通常在 2H 以上，无须担心零件表面多次擦拭后的光泽度下降及划伤问题。但 UV 漆也存在缺陷，一方面需要投资专门的 UV 设备，且固化效果受限于紫外光灯的布置。对于倒扣的零件来说，需要使用热固化与 UV 固化双重作用才能确保固化完全。另一方面，由于 UV 固化后表面硬度很高，结构复杂或面积较大的零件容易发生开裂的问题。

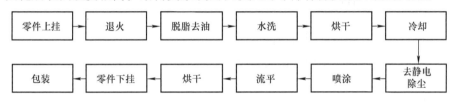

图 12-24　喷漆工艺流程图

喷漆工艺主要有以下特点：

① 可应用在不同材质表面，如真木、真铝、各种塑料、皮革、织物等材质。

② 零件设计限制少，多数零件都可进行喷漆处理，一般用比较简单的方法和设备就可施工，在被涂对象上得到所需要的外观效果。

③ 施工效率高，可大面积作业，且涂料可进行返修，但需控制返修的时间范围。

④ 能适应不同性能的要求，涂料能够按照不同的使用要求配制成不同的种类，如手感漆、自修复漆、防异响漆、防指纹漆等。涂料品种繁多，根据需要不断创新。

⑤ 涂料颜色更换容易，在不改变任何模具检具的条件下，能够快速更换外观颜色。

三、电镀

电镀是用电解的方法对零件表面进行加工的一种工艺。电镀时零件为负极，镀液中的金属离子在直流电的作用下沉积在零件表面形成均匀、致密的金属层。电镀的必要条件是外加的直流电源、镀液、镀件及阳极组成的电解装置。电镀的目的是改变零件表面的外观和物理化学性能，满足装饰性、耐腐蚀、耐磨性等各种性能要求。电镀工艺流程如图 12-25 所示。

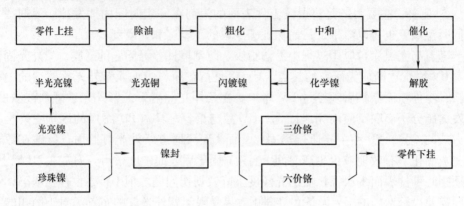

图 12-25　电镀工艺流程图

电镀工艺主要有以下特点：

① 赋予塑料件金属表面效果。

② 提高产品的耐热性和耐蚀性。

③ 目前采用的电镀液中含氰化物成分，有剧毒，对加工作业者存在危害。

④ 电镀产生的废水废气严重污染环境。

电镀工艺一般设计要求如下：

① 要求零件表面粗糙度 $Ra \leqslant 0.1mm$。

② 较大平面中间应呈凸起状，一般凸起高度为 $0.10 \sim 0.15mm$，所有棱边需要倒圆角，V 形槽的宽度应是深度的 3 倍，盲孔深度为直径的 $\frac{1}{3} \sim \frac{1}{2}$。

③ 零件应有足够的强度，壁厚设计一般约为 3mm，最薄不应小于 1.5mm，最厚不应大于 3.8mm。

④ 应留有电镀装挂位置，装挂位置应设计在不影响外观的部位。

四、水转印

水转印（Water Transfer Printing 或 Cubic）是一种表面印刷有纹路效果的 PVA 薄膜，经化学处理后，利用其遇水分离及溶解的特性，转印至各类不同造型的材质上，产生一种特殊高雅的效果从而增加其价值感的加工技术。水转印的工艺流程如图 12-26 所示。

水转印工艺主要有以下特点：

① 可披覆在任何形状的工件上，主要是因为水披覆薄膜张力佳，很容易缠绕

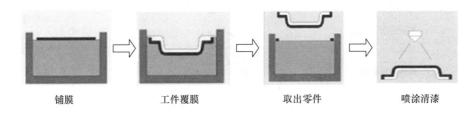

铺膜　　　　　　工件覆膜　　　　　取出零件　　　　喷涂清漆

图 12-26　水转印工艺流程

于产品表面形成图纹层。

② 可适用于装饰任何材质的表面，如塑料（ABS、PC、PU、PVC 等）、金属（钢、Fe、Al、Cu 等）、木头、玻璃、陶瓷等。

③ 图案不能定位，因此以无循环图案或小循环花纹图案居多。

④ 在转印过程中，容易出现花纹失真、拉模的现象。

水转印工艺一般设计要求如下：

① 零件翻边处转印时，需要注意翻边深度。当翻边深度大于 20mm 时，花纹容易拉散变形。

② 应避免图 12-27 中所示的结构设计，图中带圈部位易产生空气积聚从而导致花纹无法附着。

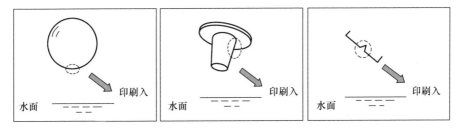

图 12-27　易产生空气积聚设计示例

五、热烫印

热烫印是通过一定的温度和压力，将烫金纸或烫印膜上的图案转移到承载物表面的一种装饰工艺。在烫印过程中，烫印膜的胶水层融化，与承载物表面形成附着力，同时塑料薄膜基材（PET）与保护层分离。热烫印膜结构如图 12-28 所示。热烫印工艺如图 12-29 所示，依次为平烫平、圆烫平、圆烫圆。

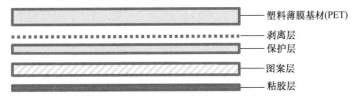

塑料薄膜基材(PET)

剥离层

保护层

图案层

粘胶层

图 12-28　热烫印膜结构

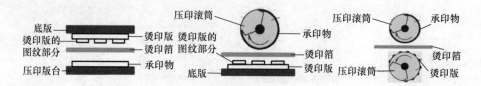

图 12-29　热烫印工艺图

热烫印工艺主要有以下特点：

① 烫印图案明亮、平滑、精度高、边缘清晰。

② 烫印箔的选择范围较广，可根据不同基材选择相适应的烫印箔。

③ 能够进行立体烫印，烫印图纹有立体层次感。

④ 需要采用特殊的设备进行加热。

⑤ 需要制作烫印版，时间周期长。

热烫印工艺一般设计要求如下：

① 热烫印工艺适合较平的表面，圆角要求 ≥0.2mm。

② 烫印面与非烫印面高度差要求 ≥0.2mm。

③ 烫印面表面粗糙度 $Ra \leqslant 0.4mm$。

六、模内转印

模内转印技术（InMoldDecoration，IMD）是一种将带有印刷好的薄膜制作成循环卷状带，安装到注射机上，在注射开模时将薄膜输入模腔内，合模注射使其图案转印在塑料表面的装饰方法。IMD 薄膜大致可分为四层：基材层（一般为 PET）、剥离层、图案层（油墨）和粘合层（一般为 PC + ABS，ABS），厚度一般约为 25μm。IMD 薄膜结构如图 12-30 所示，IMD 工艺流程如图 12-31 所示。IMD 覆膜过程与零件注射过程同时完成，因此注射模具上要有自动输膜机来配合膜片的送入。IMD 工艺的注射模具如图 12-32 所示。

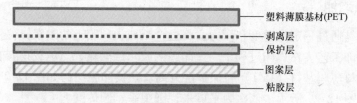

图 12-30　IMD 薄膜结构

IMD 工艺主要有以下特点：

① 工序实施方法简单清洁，无气体排放，不污染环境，不需要进行后处理。

② 表面装饰在一个注射周期中完成，效率高，注射完成则装饰完成。

③ 比水转印具有更高的仿真度。

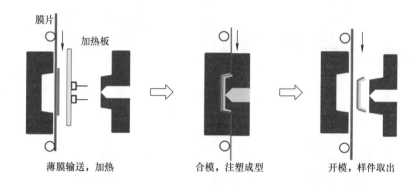

图 12-31　IMD 工艺流程图

膜片

加热板

薄膜输送，加热　　　　　合模，注塑成型　　　　　开模，样件取出

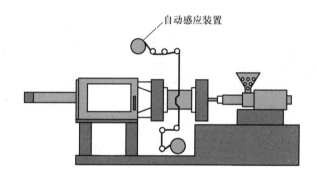

自动感应装置

图 12-32　IMD 工艺注射模具图

④ 初期须投资膜供给装置、IMD 模具和真空泵，投资成本较高。

⑤ 装饰面必须覆盖整个产品表面。

⑥ 局限于做扁平零件，且膜片只能包覆到圆角根部。

IMD 工艺一般设计要求如下：

① 须符合 IMD 薄膜拉伸的限制，一般拉伸率<30%。

② 装饰区域周边圆角 R_{around}≥0.8mm，产品拐角位置圆角 $R_{corners}$≥1.5R_{around}。

③ 尽量避免产品有翻边。

七、嵌片注射

嵌片注射工艺（Film Insert Molding，INS）是将带有花纹图案的膜片预先吸射成型，放到注射模具中，与胶料同时注射成型的一种工艺。当注射完成后，薄膜和塑胶融为一体，耐磨材料在最外面。此薄膜大致分为三层：保护层（一般为 PM-MA）、图案层和基材层（ABS）。INS 薄膜结构如图 12-33 所示，工艺流程如图 12-34 所示。

图 12-33　INS 薄膜结构

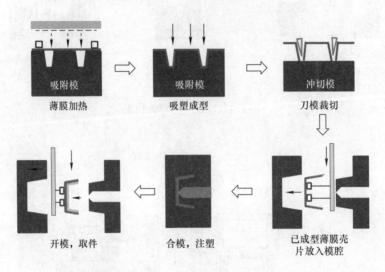

图 12-34　INS 工艺流程图

INS 工艺主要有以下特点:

①INS 薄膜具有良好的拉伸性能,与 IMD 工艺相比有更大的装饰深度,且能够实现倒扣包膜。

②INS 工艺一般采用潜伏式浇口,注塑产品表面的虎皮纹及熔接痕可以被膜片所覆盖。

③最初须投资吸塑模具和冲切模具及其设备,设备投资比 IMD 高,但最后一步的注射工艺采用普通注射模具即可。

④INS 膜片具有多种分类,可以实现不同的外观效果,成本由低到高依次为普通油墨类型、油墨带触感类型、真金属类型、真金属带触感类型。

⑤不同厂家的 INS 膜片收缩率及宽幅有所差异,此差异主要影响吸塑模具。若采用不同厂家的 INS 膜片,吸塑模具最好重开。

八、模外覆膜

模外覆膜工艺(Three Dimension Overlay Method,TOM)是指通过加热及真空加压的方式,将带有背胶的薄膜紧密贴附于具有 3D 形状的零件表面的新一代装饰工艺。与 INS、IMD 不同的是,TOM 工艺是在注射完成后进行的覆膜,也称为模外覆膜。TOM 膜片大致分为四层：触感层、图案层、基材层和背胶层。TOM 膜片结构如图 12-35 所示。TOM 成型机如图 12-36 所示。TOM 工艺流程如图 12-37 所示，主要工艺步骤如下：

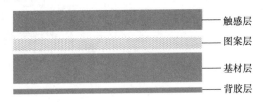

图 12-35　TOM 膜片结构

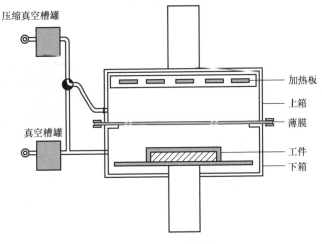

图 12-36　TOM 成型机

① TOM 膜的准备：将注射好的零件放置在底模工装上，通过输膜机将 TOM 膜片输送到指定位置，固定好薄膜。

② 膜片加热：上箱的加热板下降合模，整个箱体被膜片分为上下两个空间。上下箱同时抽真空，使用加热器辐射加热（主要为了较好的保持表面的触感），在加热过程中膜片开始软化。

③ 膜片吸附：底模工装上抬，将零件顶在薄膜上。上箱注入空气进行加压，下箱继续抽真空，将软化的膜片贴附在零件表面。

④ 零件完成：将工件从工装上取出，并切除零件周围多余的膜片。

TOM 工艺主要有以下特点：

① 装饰零件形状设计限制小，翻边深度更深，可掩盖分模线，可包覆倒锥面且装饰部件不再局限于中、小尺寸，最大可达 $1.1m \times 0.7m$。

② TOM 工艺在加热成型过程中属于非接触式加热，对膜片表面的触感损伤较小，因此表面装饰效果更加真实，可以实现精细触感。

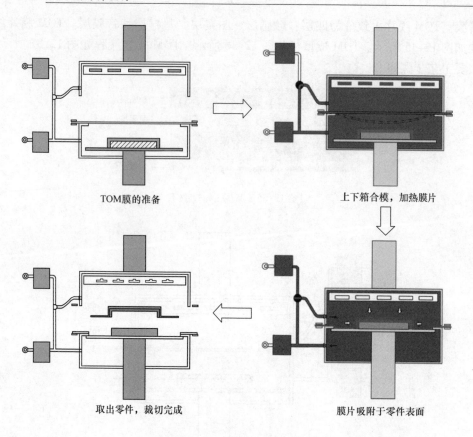

TOM膜的准备　　　　　　　　　上下箱合模，加热膜片

取出零件，裁切完成　　　　　　　膜片吸附于零件表面

图 12-37　TOM 工艺流程

③ 只需要一套 TOM 成型机和裁切设备，与 INS 相比工艺更简单，前期进行花纹选择时能够更快地进行产品验证。

TOM 工艺一般设计要求如下：

① 对于小孔或窄条的零件，TOM 工艺最后一步的切边工艺很难实现，因此不适用于小孔或窄条零件。

② 对于深孔或盲孔的零件（如杯托或储物盒），TOM 工艺无法将膜片包覆到零件底部。当有此类零件时，尽量采用拆件完成，TOM 膜片可包覆到圆角根部。

九、真木

真木装饰工艺是以真实木材作为表面装饰的一种工艺，木质片材热压成型后经过注射、打磨、上色、表面喷漆或 PUR 注射、抛光等多道工序，加工制成具有真实木质外观效果的装饰件。根据零件的层结构可以将真木装饰件分为以下几类：单层木皮、多层木皮和多层木皮 + 铝支架三种。一般真木工艺流程如下：

① 木皮的准备：常用的装饰木材有胡桃木、橡木、白栓木等。整根原木是无

法用来装饰的，首先需要将其裁切成木片，切好后选择出纹理清晰、厚度均匀、无虫眼以及一定尺寸的木片原料进入后道加工。

② 木片热压成型：将木片原料根据零件所需要的尺寸裁切成一定形状大小，根据所定义的厚度需求将表皮木片、木胶纸、夹层木片、无纺布、铝片等多层叠加和胶水粘合，而后放入热压模具进行热压成型，形成一定形状的半成品。

③ 注射：将带有表面木材的半成品放入到注射模具中，注射成型骨架。骨架材料一般采用 PC + ABS – GF（20% ~30%），厚度一般是 2.5mm。

④ 填腻、打磨、上色：对成型后的零件表面进行填腻、打磨等修复工作，然后根据设计师所定义的颜色进行上色处理。

⑤ 表面处理：喷漆或 PUR 注射。喷漆可以实现高光或哑光效果。PUR 注射是通过注射工艺将 PU 材料包覆到真木表面，相比传统喷漆方式，PUR 注射漆膜厚度更薄且均匀，生产效率、环保和工艺稳定性优于多道喷漆，缺点是需要设备和模具投入，且不易通过后道工序对产品进行修补。

⑥ 后处理：表面处理后的零件经过 CNC 铣削、表面抛光等处理后，进行检查和包装。

真木工艺主要有以下特点：

① 具有天然木材的真实纹理及触感，是高档车型的主流装饰。

② 根据不同的木材品种及木皮裁切角度，可实现不同图案效果，选择性灵活。

③ 真木装饰工艺对于曲率变化较大的零件难以成型，在铣削处会有外漏木质断层的风险，对于 R 角、翻边深度等设计参数要特别注意。

④ 真木零件开发周期比较长，一般制作一轮样品需一周左右，另外增加释放内应力的时间 24h。

⑤ 真木工艺成本高，木材一般为进口，且众多工序中大部分以手工完成。

⑥ 模具和设备工装投入较大。

十、真铝

真铝装饰工艺是以铝片作为表面装饰的一种工艺。主要有两种类型：一种为铝片表面进行油墨印刷、上色等处理后，冲切成零件所需的形状并在背面与塑料基体注射在一起，达到真铝的装饰效果，类似于 INS 工艺，此方式为主流工艺；另一种为铝片表面花纹处理好以后与塑料基体用胶粘在一起，而不需要注射。真铝产品的结构如图 12-38 所示，真铝工艺流程如图 12-39 和图 12-40 所示。

真铝工艺主要有以下特点：

① 运动款高档车型的主流装饰，能够体现整车的科技感。

② 表面真铝质感，图案选择灵活，可通过刷洗、铣削、数字蚀刻、喷砂等工艺实现不同的纹理效果，颜色也可以按需调整。

③ 图案开发周期短，制作一轮样品只需 2 天。但产品零件开发周期长，约为 6

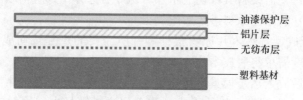

图 12-38　真铝产品结构

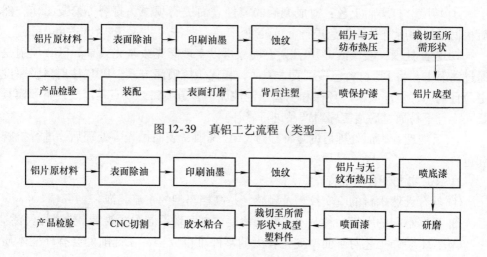

图 12-39　真铝工艺流程（类型一）

图 12-40　真铝工艺流程（类型二）

个月。

④ 真铝零件成本较高，一般为 2NS 零件 2 – 3 倍。且为零件总成供货。

⑤ 真铝片材的最大冲压深度达 30mm，拔模角度要求 6°以上，翻边处要求 $R \geqslant$ 2mm，尖角处要求 $R \geqslant 3$mm。

十一、阳极氧化

阳极氧化是指铝及其合金在相应的电解液和特定的工艺条件下，由于外加电流的作用，在铝制品（阳极）上形成一层氧化膜的表面处理工艺，如图 12-41 所示。

通过阳极氧化工艺生成的氧化膜具有良好的保护和装饰性，其特性曲线与氧化膜生长过程示意图如图 12-42 所示。一般情况下，阳极氧化通常指的是硫酸阳极氧化。

阳极氧化薄膜改变了铝及其合金表面的状态和性能，如表面颜色、提高抗腐蚀性、耐磨性及表面硬度，扩大了铝及其合金的应用范围，延长了使用寿命。其氧化层微观显示如图 12-43 所示。在内外饰系统中，行李架总成子件铝杆是采用阳极氧化工艺的典型零件。

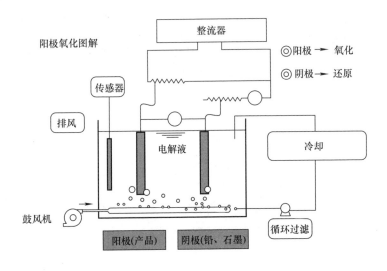

图 12-41　阳极氧化原理图

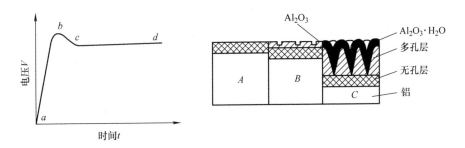

图 12-42　特性曲线与氧化膜生长过程示意图

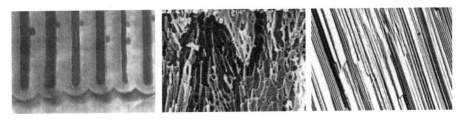

图 12-43　不同电解液形成的阳极氧化层

十二、真空镀膜

真空镀膜是一种将待镀材料和被镀基材放置于真空室内，采用一定方法加热待镀材料，使之蒸发或升华并飞溅到被镀基材表面凝聚成膜的表面处理工艺，如图 12-44 所示。

真空镀膜工艺可使塑料表面具有金属质感，并赋予一定的导电性能，其基材选择广泛，过程环保无毒，颜色相较电镀更加丰富。此工艺可分为三种类型：蒸发镀膜、溅射镀膜和离子镀。

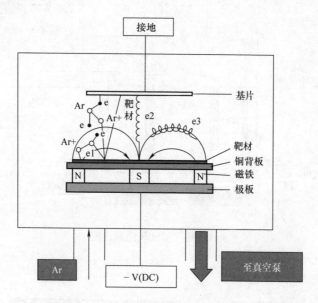

图 12-44　真空镀膜原理图

在内外饰系统中，荣威标牌嵌件是采用真空镀膜的典型零件。通过标牌嵌件背面镀的银色铝膜与淡黄色 PMMA 基材共同形成了高品质的金色狮子华表图案。荣威标牌嵌件采用的是真空镀膜工艺中的溅射镀膜。真空镀膜典型零件及镀膜机实物图如图 12-45 所示。

图 12-45　真空镀膜典型零件及镀膜机实物图

十三、丝网印刷

丝网印刷简称丝印，是通过一定的压力使油墨通过特定孔版的孔眼转移覆盖到承印物（如陶瓷、纸张、布料等）上，形成文字或图形，原理如图 12-46 所示。

丝网印刷设备简单，操作方便，适用范围广，成本低廉。某型丝网印刷机实物图如图 12-47 所示。丝网印刷应用范围广，常见的印刷品有：商品的标牌、印染

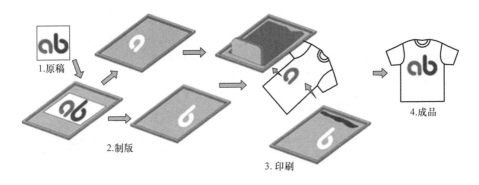

图 12-46 丝网印刷原理图

图 12-47 丝网印刷机实物图

纺织制品、汽车内外饰系统中的标牌嵌件及玻璃的黑边花边等，如图 12-48 所示。

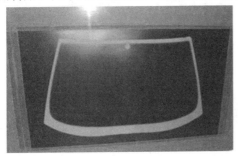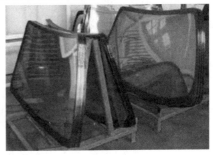

图 12-48 前风窗玻璃黑边网版及印刷成品

第四节 焊接工艺

焊接工艺可分为金属焊接和非金属焊接两大类。由于内外饰零件使用到的焊接工艺主要集中在非金属零件之间，以下仅对非金属焊接工艺进行介绍。

典型的非金属焊接包含热板焊接、超声波焊接、热卯焊接、振动摩擦焊接和激光焊接。

一、热板焊接

热板焊接是以热板产生的热量加热软化待焊接材料的接合表面，再通过施加压力以达到焊接效果的一种加压焊接方法。热板焊接的工艺流程如图 12-49 所示。

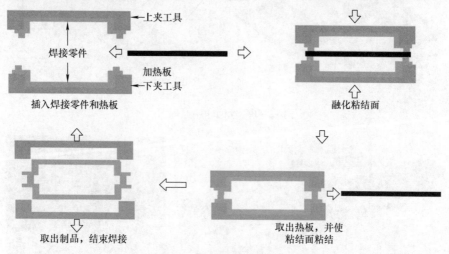

图 12-49　热板焊接工艺流程

在热板焊接工艺中，热板的高温会熔化待焊接材料，使待焊接材料之间形成分子级的牢固连结。因此热板焊接具有焊接强度高、效率高的优点。被焊接的材料间可达到气密接合，拥有较可靠的焊接强度。此外，制品、焊接部位的形状设计相对容易，一些较为复杂的形状都可通过热板焊接工艺实现。一般仪表板装饰件较多地使用热板焊接，比如中央面板、饰条等。

热板焊接工艺需要通过施加高温实现焊接，故存在加工时间长、耗电量高、被加工塑料易变质甚至产生恶臭味等缺点。此外，当不同种类的树脂或金属与树脂相结合时，会出现强度不足的现象。

二、超声波焊接

超声波是指振动频率大于 20kHz 的声波，具有穿透力强、声能高且易集中等特性。超声波焊接是利用高频率超声波振动，使被焊接材料的表面分子之间发生摩擦，产生大量的热从而使被焊接处迅速熔化，再通过施加一定压力使被焊接材料间形成坚固的分子链，从而实现连接的一种焊接工艺。超声波焊接的工艺流程如图 12-50 所示。

超声波焊接的优点主要有：操作简洁，无需任何粘结剂、填料或溶剂；焊接速度快，出产效率高（大多在 0.25 ~ 0.5s 内完结）；焊接强度高且焊接变形小；无需散烟散热的通风装置，容易实现自动化生产等。

超声波焊接工艺的缺点主要有：材料较为局限，常适用于热塑性塑料；焊接部

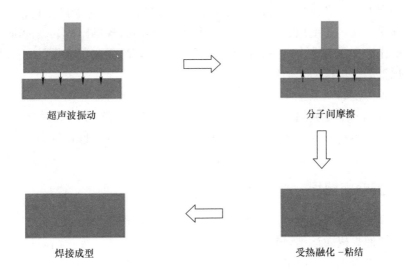

图 12-50　超声波焊接工艺流程

位的形状设计较为局限，常适用于焊接面积较小、构造规矩的焊件；由于现有设备功率限制，焊件厚度不能太厚等。

超声波焊接工艺多应用于塑料件制造，如焊接硬质热塑性塑料等。此外，超声波焊接工艺还可用于加工织物和薄膜。

三、热铆焊接

热铆焊是利用热气有选择性地加热穿过待焊接材料预留孔的热塑件铆柱，待其融化后再通过对成形铆头施以压力，在夹紧状态下使铆柱冷却成形实现待焊接材料与热塑件连接的一种焊接工艺。热铆焊的工艺流程如图 12-51 所示。

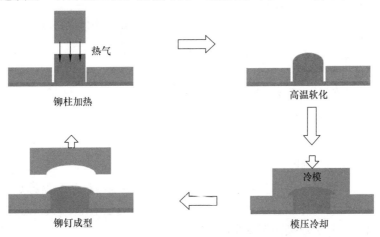

图 12-51　热铆焊工艺流程

热铆焊工艺是利用热气非接触式加热热塑性材料以实现焊接，具有以下优点：加工过程无振动、速度快、效率高；结构、工艺简单；连结牢固、耐冲击、密封性好；性价比高；无需熔合剂、粘结剂和紧固件，节能环保；更换模具方便快捷，适宜柔性化生产；焊接面光洁度好，外形美观等。

热铆焊工艺的缺点主要有应用范围受材料限制较大等。

热铆焊工艺主要应用于热塑性材料与金属或热固性高分子材料之间的紧固连结，例如用于热塑件与金属结构件的装配，轴承、端盖等零件在热塑件中的机械密封等。

四、振动摩擦焊

振动摩擦焊的焊接工艺过程是通过一定的压力摩擦需焊接的零件，摩擦所产生的热量能够使焊接面达到充分熔融的状态。在焊接过程中，能量沿熔接口部位传导生热而使零件熔化，当熔融的部分达到焊接所需要的连接要求时，相对运动停止，继而在保压下冷却固化完成，接口强度相当于本体强度。焊接工艺流程如图 12-52 所示。

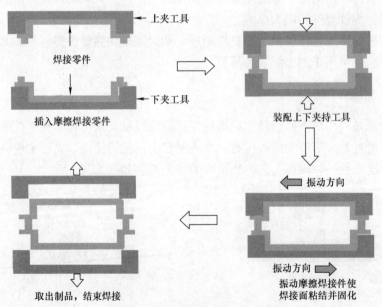

图 12-52　振动摩擦焊接工艺流程

摩擦焊接速度很快，每个工件仅需要几秒，而普通焊接的时间是它的数倍，而且摩擦焊接不产生电焊烟尘和锰、镍等对人体有害的污染物。摩擦焊接的强度也很高，有时甚至比被焊接材料本身的强度还要高，因此当用较大的外力拉扯时，被焊接的材料本身先于焊接区域发生断裂。

振动摩擦焊接不仅应用于塑料制品的焊接，在钢–钢、钢–铝、铜–铝等不同表面的焊接中也得到了广泛应用。

五、激光焊接

激光焊接是利用高能量密度的激光束作为热源的一种高效精密焊接方法，主要用于焊接薄壁材料和低速焊接。焊接过程属热传导型，即激光加热工件表面，使热量通过热传导由外部向内部扩散，通过调整激光的宽度、能量、功率和频率等参数，使焊件熔化。焊接流程如图 12-53 所示。

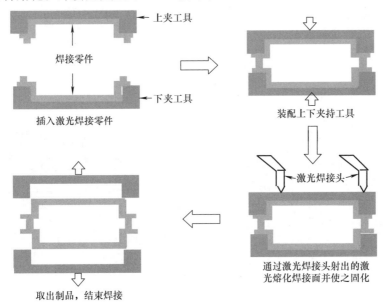

图 12-53　激光焊接工艺流程

激光焊接相对于传统焊接工艺具有如下优点：激光焊接速度较快且焊接深度较大，同时零件的变形程度较小；激光焊接可在不同介质、不同工况下进行，例如，焊接能够在空气、真空及某种气体环境中完成，也能够通过玻璃或其他透明材料施焊；激光能够焊接如钛、石英等难熔材料，对异性材料的焊接效果显著；通过聚焦使激光功率密度提高能够实现激光微型焊接，可应用于组合焊接微小型工件并大批量自动化生产。

激光焊接的缺点主要是激光焊接的相关设备价格昂贵，前期成本投入高。但由于激光焊的优点突出，在市场的应用也会越来越普遍。

第五节　弱化工艺

为了保证仪表板前排乘客侧气囊点爆时，仪表板骨架及表皮能够按设计的形式展开而不至于伤害到乘员，就需要对仪表板骨架及相关零件进行弱化处理。常用的弱化工艺有冷刀弱化、热刀弱化、铣削弱化和激光弱化。

一、冷刀弱化

冷刀弱化是指在一定的环境温度下，将表皮定位于胎具，利用高精度的薄刀片，通过数控加工程序控制刀刃切割点与胎具之间的距离来对表皮气囊区域按照一定的弱化轨迹进行切割，以达到降低表皮局部断裂强度的一种工艺，如图 12-54 所示。

冷刀弱化的特点是切割宽度非常窄，一般控制在 0.03 ~ 0.05mm；要求环境温度为 18 ~ 22℃；价格较高。

二、热刀弱化

热刀弱化是指将特殊刀口的热刀加热到 140℃ 左右，在表皮气囊区域切割表皮，以达到降低表皮局部断裂强度的目的，如图 12-55 所示。

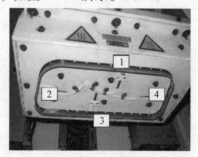

图 12-54　冷刀弱化工艺　　　　图 12-55　热刀弱化工艺

热刀弱化的特点是除了表皮，也可弱化骨架；受热刀厚度限制，表皮切割缝隙比较大，一般在 0.2mm 左右，弱化宽度太大，会影响外观质量；对于骨架弱化，热刀弱化缝窄，因此对于表皮和骨架弱化缝的位置平行度要求很高；工艺简单，但容易存在自愈合现象。

三、铣削弱化

铣削弱化是指在产品固定于胎具的前提下，利用高速旋转的铣刀，通过数控加工程序控制铣刀按照一定的运行轨迹对产品进行弱化、切割加工的一种制造工艺，如图 12-56 所示。

铣削弱化的特点是可用于骨架弱化，也可以用于骨架一体式切割，但是会产生碎屑，需要处理。

四、激光弱化

激光弱化是利用激光所具有的高能加工无缝安全气囊弱化线的工艺，如图

12-57所示。

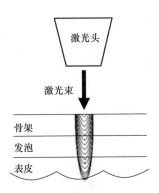

图 12-56 铣刀弱化工艺   图 12-57 激光弱化工艺

激光弱化的特点是：加工对象广，能够适用于常用的绝大部分材料，既可加工单一材料，也可一体式弱化，如搪塑仪表板骨架及其复合表皮；加工精度高、零件不易变形。但是弱化材料对激光的透过率会对焊接有较大影响，同时设备成本较高且工艺过程中会产生毒性气体，须增加相应的废气处理工艺。

表 12-3 对上文介绍的几种弱化工艺从适用范围、设备柔性、控制程序、加工精度、设备成本及特殊要求各方面进行了逐一对比。

表 12-3 弱化工艺对比

弱化类型	冷刀	热刀	铣刀	激光
适用范围	弱化表皮	弱化表皮、骨架	弱化、切割骨架	一体式弱化
设备柔性	高	低	高	高
控制程序	较复杂	简单	较复杂	复杂
加工精度	高	较高	高	最高
设备成本	低	较高	低	最高
特殊要求	环境温度恒定	控制弱化线平行	处理碎屑	废气处理装置

第六节　常用塑料

塑料是汽车内外饰选材中占比最大、用量最多的材料。它具有密度小、抗腐蚀、隔热、耐磨、减振、消声、易成型且能大批量生产，触觉舒适及视觉效果好等优点。这些优点符合当今汽车不断追求轻量化、舒适化的发展需求，重要性可见一斑。

一、塑料概述

塑料是指以树脂（或在加工过程中用单体直接聚合）为主要成分，以增塑剂、填充剂、润滑剂、着色剂等添加剂为辅助成分，在加工过程中能流动成型的材料。

根据受热后的性质不同，塑料分为热塑性塑料和热固性塑料。

① 热塑性塑料指在一定温度范围内，能反复加热软化和冷却硬化（变化过程可逆）的塑料，如聚氯乙烯、聚乙烯、聚苯乙烯等。

② 热固性塑料指在受热或其他条件下能固化（变化过程不可逆）成不熔（溶）特性的塑料，如酚醛塑料、氨基塑料、环氧树脂等。

根据不同使用特性，塑料分为通用塑料、工程塑料和特种塑料。

① 通用塑料是指产量大、价格低、应用范围广的塑料，主要包括聚烯烃、聚氯乙烯、聚苯乙烯、聚乙烯等。

② 工程塑料是指能承受一定外力作用、具有良好的机械性能和耐高温/低温性能、尺寸稳定性较好、可以用作工程结构的塑料，如聚酰胺、聚砜等。

③ 特种塑料是指具有特种功能，可用于航空、航天等特殊应用领域的塑料，如氟塑料、有机硅、增强塑料和泡沫塑料等。

目前在内外饰的应用中，以热塑性的通用塑料和工程塑料为主。

二、常用塑料性能和应用

1. ABS

ABS（丙烯腈–丁二烯–苯乙烯共聚物）具有优良的综合物理和机械性能，其抗冲击性、耐热性、耐低温性及电气性能优良，还具有易加工、制品尺寸稳定、表面光泽性好等特点。ABS 最显著的性能还体现在表面喷镀金属、电镀、焊接、热压和粘结等二次加工上，是一种用途极广的热塑性塑料。但 ABS 的耐化学性能差、耐候性差，改进型 ASA、AES 提升了材料的耐候性。ABS 在内外饰件上的应用多为电镀或喷漆件，如仪表板中控台饰条的装饰件、扰流板、门防擦条、门槛饰条、翼子板装饰件本体、后牌照饰板等。

2. PC

PC（聚碳酸酯）的物理机械性能优良，具有强度高、韧性好、耐蠕变性好、电绝缘性优良、耐候性佳、高度透明及尺寸稳定等优点。缺点是耐疲劳性差、耐磨性差，易产生应力开裂。由于 PC 高度透明且有很好的光学性，在车灯产品上有较多应用，如前照灯外配光镜、光导、聚光器、反射镜、饰圈、内配光镜等。

3. PC + ABS

PC + ABS 综合了 PC 和 ABS 性能。在韧性、耐热性、电镀性、阻燃性、加工性、喷涂性及冲击强度等方面均较单一材料有所提高，综合性能优良。PC + ABS 在内外饰上的应用有：仪表板饰条、上饰板、中央面板/饰条、内开扳手、转向盘装饰件、保险杠饰条、上格栅本体、上格栅饰框等。

4. PP

PP（聚丙烯）是一种无毒、无臭、无味的乳白色高结晶的聚合物，具有密度小、力学性能好、耐热性好、耐化学性能好、加工流动性好及易成型等优点。在改性 PP 方面，纤维增强 PP 类材料性能在耐高温、抗冲击性能、强度等方面均有所提高，在结构件上应用较多。滑石粉能增强 PP 类材料的性能，使它在耐热变形温度、尺寸稳定性、制品刚性、表面硬度、冲击强度等方面均有所提高。PP 在内外饰中应用范围最广，如饰件系统的空调进气格栅本体、后牌照饰板、前照灯灯体、外后视镜镜壳、仪表板本体、中控台本体、门饰板本体、前舱饰板、保险杠蒙皮、上格栅饰框、保险杠下格栅等。

5. POM

POM（聚甲醛）是一种表面光滑、有光泽的硬而致密的材料。POM 强度、刚度高，疲劳强度高，力学性能优异，耐反复冲击性强，具有自润滑性，耐磨性好。但 POM 耐候性差，耐高温性较差。POM 在内外饰件上的应用主要是在耐磨及刚性方面要求高的零件，如杂物箱衬套、饰件系统的 A 柱饰条卡扣、三角窗玻璃定位销、车顶饰条销钉卡扣、后牌照饰板卡扣、门防擦条卡扣、保险杠系统的前保险杠侧支架、后保险杠侧支架等。

三、发展趋势

随着汽车向着绿色、健康、环保、轻量化方向发展，塑料本身具备的优点及性能使其在内外饰上的应用日趋广泛，同时也对材料提出了更高的要求。内外饰塑料发展主要有以下趋势：

① 轻量：尽可能选用低密度塑料，以降低零件重量。开发流动性能好、刚度高、韧性好的塑料能使零件薄壁化，甚至开发可代替部分结构件金属的通用塑料。

② 通用：尽量减少材料的使用类别，精简数量，既可提高选材效率，又能降低成本。

③ 舒适：塑料件在内外饰中的大量应用，必然要求其零件具有更佳的舒适性、触觉性及视觉效果。要求塑料在耐刮擦、防污耐脏、触摸感等方面的性能不断提高。

④ 环保：在节约环保型社会和资源节约型社会构建的需求下，塑料在原材料制造、加工成型、后处理（喷漆电镀等）、最终回收利用等环节受到越来越严苛的限制，这也反向要求相关材料和工艺不断改进，以实现绿色环保的目的。

参 考 文 献

[1] 卜伟理. 道路照明自适应前照明系统（AFS）简介及发展趋势 [J]. 光源与照明, 2009 (2): 22 - 24.

[2] 恒润科技. 自适应大灯发展历程 [A/OL]. [2015 - 05 - 25]. https: //wenku. baidu. com/ view/4786307d04a1b0717fd5ddeb. html.

[3] CardesignPics 汽车设计圈. 奥迪灯光技术革新负责人 Stephan Berlitz 解密奥迪灯光实验室 [J/ OL]. [2017 - 11 - 25]. https: //mp. weixin. qq. com/s/jHz5E5uEaXblHyQEKL3wWQ.

[4] 钟柳华, 孟正华, 练朝春, 等. 汽车座椅设计与制造 [M]. 北京: 国防工业出版社, 2005.

[5] 陈娟. 轿车追尾碰撞对乘员的伤害及改进措施研究 [D]. 武汉: 武汉理工大学, 2013.

[6] 季莹, 胡国伟, 胡飞侠. 安全气囊气袋的技术现状及发展趋势 [J]. 汽车与配件, 2012 (10): 34 - 37.

[7] 李新起, 张晶, 李永川, 等. 轿车用安全带织带回收性能研究 [J]. 汽车工程学报, 2017, 7 (3): 220 - 225.

[8] 吴立鸿, 关绍康, 王利国, 等. 汽车方向盘用材料及成形方法研究进展 [J]. 材料导报, 2006, 20 (s1): 248 - 250.

[9] 张志军, 叶阳. 汽车内饰设计概论 [M]. 北京: 人民交通出版社, 2008.

[10] 曹渡, 苏忠. 汽车内外饰设计与实战手册 [M]. 2 版. 北京: 机械工业出版社, 2017.

[11] MÜLLER TEXTIL GROUP. 3mesh——面向所有行业的技术纺织品 [EB/OL]. [2018 - 06 - 26]. https: //www. mullertextiles. com/cn/3mesh/.

[12] 上海集腾会务会展有限公司. 汽车内饰的智能表面（Smart Surface）: 模内装饰资讯 [EB/OL]. (2017 - 08 - 29) [2018 - 06 - 26]. https: //mp. weixin. qq. com/s/d3hYGL31Pr2Chcs3q9UFtQ.

[13] 庞剑. 汽车车身噪声与振动控制 [M]. 北京: 机械工业出版社, 2017.

[14] 邓江华, 宋俊, 李灿, 等. 乘用车声学包设计开发与优化技术研究 [J]. 声学技术, 2015, 34 (4): 353 - 357.

[15] 张静, 袁国渊, 孙天宝. 聚氨酯生产的模塑方法 [J]. 客车技术与研究, 2003, 25 (3): 29 - 30.

[16] 张利国, 赵修文, 曾国林, 等. 一体成型聚氨酯头枕的工艺技术 [J]. 化学推进剂与高分子材料, 2013, 11 (3): 37 - 41

[17] 薛元, 易洪雷, 敖丽民, 等. 纺织导论 [M]. 北京: 化学工业出版社, 2013.

图 2-10　棕色内饰表现形式

图 2-11　红色应用示例

图 2-12　电动车内饰颜色举例

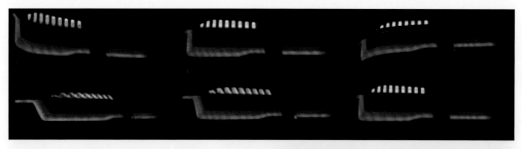

LOW BEAM REPORT

POSMON	VALAUE	GB MIN	MAX	GBOK
B50 L	0-32	—	0-4	OK
75 R	12-38	12	—	OK
75 L	2-21	—	12	OK
50 L	5-54	—	15	OK
50 R	14-06	12	—	OK
50 V	14-79	6	—	OK
25 L	4-55	2	—	OK
25 R	2-89	2	—	OK
H V	0-52	—	0-7	OK
Z m	0-54	—	0-7	OK

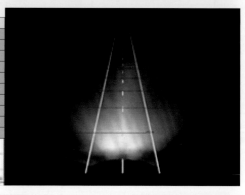

图 3-20 CAE 模拟示意图

光学系统实现方式	点亮效果	发光原理示意图
圆光导		
异形光导		
光导+离散内配		
LED直射+离散内配		
LED反射+离散内配		
LED+聚光器		

图 3-22 常见的位置灯光学系统

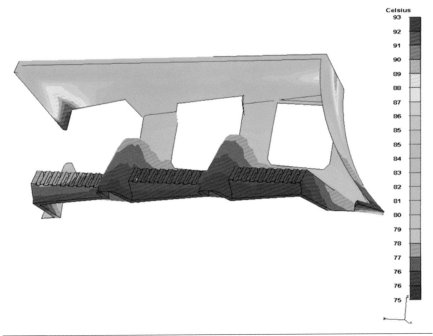

图 3-27 某前组合灯饰圈的热学 CAE 模拟结果

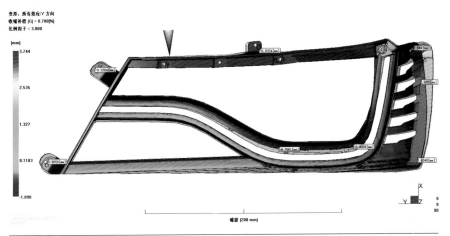

图 3-28 某前组合灯饰圈的模流 CAE 分析结果

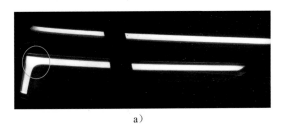

a)

b)

图 3-54 漏光对比示意图

图 3-67　激光前照灯

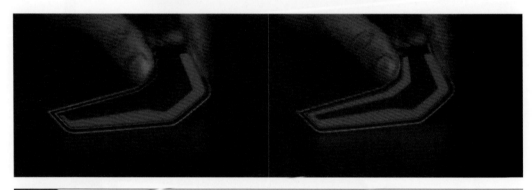

图 3-70　独立区块控制

图 3-71　氛围灯整体效果图

图 3-72 智能设备与氛围灯互联效果图

 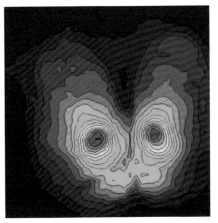

图 4-6 舒适性试验示意图

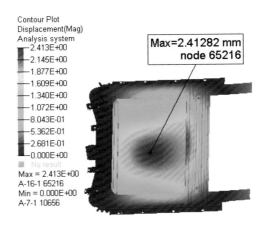

图 6-7 天窗 CAE 强度分析示意图

图 6-8 天窗模态分析示意图

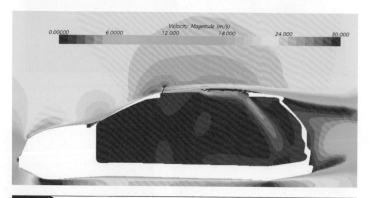

图 6-9 天窗风噪分析示意图

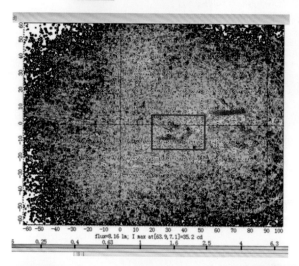

```
Regulation :
side turn signal: ECE R6 Cat. 5; left; yellow
=========================================
[deg] I 5.00 I 10.0 I 20.0 I 30.0 I 60.0 I
15.0 I 1.8 I 0.98 I 1.7 I 1.3 I 4.5 I
     I 0.60 I 0.60 I 0.60 I 0.60 I 0.60 I
     I 200 I 200 I 200 I 200 I 200 I
10.0 I 2.0 I 1.6 I 1.7 I 2.0 I 2.4 I
     I 0.60 I 0.60 I 0.60 I 0.60 I 0.60 I
     I 200 I 200 I 200 I 200 I 200 I
5.0  I 2.5 I 1.3 I 2.0 I 2.1 I 4.6 I
     I 0.60 I 0.60 I 0.60 I 0.60 I 0.60 I
     I 200 I 200 I 200 I 200 I 200 I
0.0  I 2.5 I 3.2 I 1.6 I 6.3 I 9.4 I
     I 0.60 I 0.60 I 0.60 I 0.60 I 0.60 I
     I 200 I 200 I 200 I 200 I 200 I
-5.0 I 2.1 I 1.3 I 3.6 I 2.9 I 2.7 I
     I 0.60 I 0.60 I 0.60 I 0.60 I 0.60 I
     I 200 I 200 I 200 I 200 I 200 I
-10.0 I 2.0 I 1.3 I 3.9 I 6.1 I 6.3 I
     I 0.60 I 0.60 I 0.60 I 0.60 I 0.60 I
     I 200 I 200 I 200 I 200 I 200 I
-15.0 I 1.9 I 2.8 I 2.8 I 2.9 I 1.8 I
     I 0.60 I 0.60 I 0.60 I 0.60 I 0.60 I
=========================================
name          value OK    min    max   test
              [cd]        [cd]   [cd]
I max         35.21 OK    0.60   200.0
The light intensity distribution is OK
```

图 6-36 侧转向灯配光要求

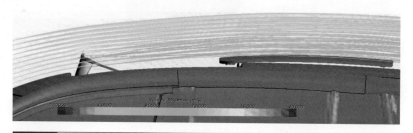

图 6-62 40km/h 工况下 CFD 空气流线图

基板模态分析

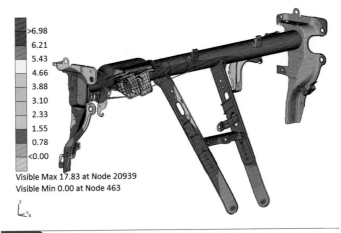

仪表板横梁的模态图

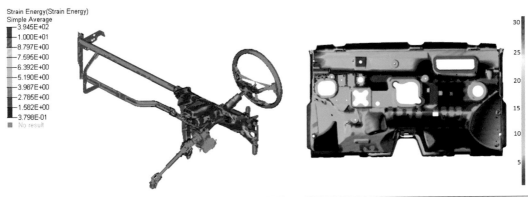

管柱支架的应力应变图　　　　 某车型前围内隔音垫厚度分布

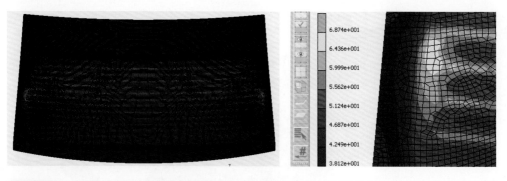

图 11-17   后风窗玻璃加热仿真分析

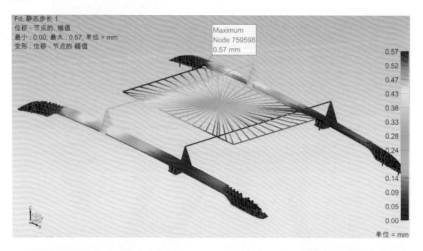

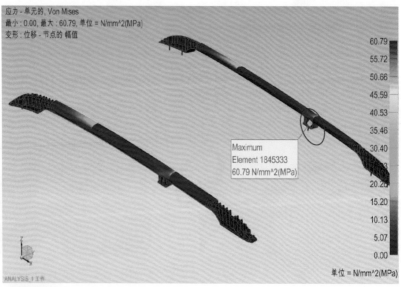

图 11-31   位移和应力图谱